普通高等教育"十一五"国家级规划教材

21世纪会计学系列教材

Accounting Textbook Series in 21st Century

U0751111

国际会计（第九版）

International Accounting

常勋 常亮 / 编著

厦门大学出版社 XIAMEN UNIVERSITY PRESS

国家一级出版社

全国百佳图书出版单位

Accounting

第九版前言

第九版与第八版比较,有以下几处重大的修订和补充:

1. 财务报告理事会于 2004 年进行的改组;

2. 英国会计准则委员会(ASB)建议采用的财务报告三级框架;

3. 德国 2009 年的《会计现代化法案》;

4. 2007 年至 2009 年日本在国际会计准则趋同方面的成果;

5. FAS157 对衍生金融工具的新定义。

书中的不足之处,请读者不吝赐教。

常勋　常亮

2012 年 2 月

Accounting

第八版前言

这次修订不多,主要是对一些统计数据,根据网上可能查得的最近讯息,作了更新。只有几处内容,作了重大的补充:

1. 美国 SEC 发布关于采纳 IFRS 路线图的征求意见稿。

2. 中美两国会计学会签署合作备忘录,推动两国会计学术交流合作。

3. 财政部于 2009 年 6 月发布《财政部关于中国企业会计准则与国际财务报告准则持续全面趋同路线图征求意见函》。

4. 第九届全国会计信息化年会在上海举行。

5. 二十国集团领导人金融市场和世界经济峰会对国际会计准则制定机构工作及国际趋同提出的要求。

6. 国际财务报告准则 XBRL 分类标准制定的工作机制最新进展。

最后要感谢天健光华会计事务所厦门分所为我提供了使用它的技术装备的权利,以及档案室吴美林同志在制作本书电子版过程中付出的辛勤劳动。

书中的不足和差错之处,请读者不吝指正。

常勋 常亮

2010 年 7 月

第七版前言

这次修订,主要有以下几处重大的更新:

1. C.诺比斯和 R.帕克:《比较国际会计》2008 年第十版的目录;

2. IASB 于 2008 年在修订的 IAS 1《财务报表的列表》中对全面收益报告表式的更新;

3. 法国在现行《会计方案》框架下发布的新的《准则》和《解释》;

4. 截至 2008 年 6 月,德国已发布的会计准则、解释公告、征求意见稿和讨论稿目录;

5. 截至 2007 年日本会计准则委员会已发布的 11 个财务会计准则的目录(根据 2009 年 3 月网上信息);

6. IAASB 于 2008 年对国际审计准则(ISA)的修改和重写;

7. 全面改进《编报财务报表的框架》分阶段计划的实际完成进度;

8. 用以取代 IAS 31 的《共同协议》准则和中小企业(SME)准则的制定过程;

9. IFRIC 的目录更新;

10. 修订现行 IASC 基金会章程的分阶段计划的进展;

11. 全球采纳 IFRS 的情况的进展(2003—2008 年);

12. 商誉会计的演变过程:(1)从确认为无形资产后逐年摊销到每次确认减值损失及(2)全面商誉概念的确立;

13. IASB 于 2008 年对以公允价值计量的金融工具重分类规定的修订。

最后要感谢天健光华会计事务所厦门分所为我们提供了使用它的技术装备的便利,以及档案室的吴美林同志在制作本书电子版过程中付出的辛勤劳动。

书中的不足和差错之处,请读者不吝指正。

常勋　常亮

2009 年 4 月

Accounting

第六版说明

　　这次修订改变了以往的方式,即不是先确定书中可能要修订之处,再去寻找资料,而是广选有关的网站及新出版的文献,从中寻找可能有的修订资料。这样做,当然要投入更多的精力,花费更多的时间,这次修订过程先后历时约五个月。内容充实和更新之处,又超过了第五版对第四版的修订,而且都是书中的关键性章节。

　　之所以会这样做,有一个机缘。今年1月,与我半生患难与共的老伴薛清渊同志,因病医治无效先我而去,哀痛之余,就打算把修订的担子更多地交给刚从伦敦政治经济学院毕业取得会计与法律硕士学位的孙儿常亮。他因奔丧回国,在厦门停留了两个多月,是他建议改用现在的修订方式,主动扩大了我原用的网站,并利用他在学时的该院图书馆藏资料,用中文写成初稿,由我审订后辑入;一部分工作是在他返伦敦后完成的。应该说,他承担了这次修订工作量的85%以上。因此,把他列为本书的第二作者。

　　这次修订的重中之重是:

　　1.第三章"比较会计模式"。对英国和日本的会计实务体系充实、更新最多;其次是德、美、法、荷和瑞典。

　　2.第四章"国际会计协调化和趋同化活动"。其中,以对欧盟(EU)和国际会计师联合会(IFAC)的活动的资料补充最多。

　　3.第五章"国际会计准则委员会及国际会计准则"。主要补充了全面改进《编报财务报表的框架》分阶段工作计划的近讯,以及IASC全面重组后组织结构的调整和IASB在制定IFRS和改进IAS方面的成果的介绍。

　　显然,这些章节构成了全书的重要内容。

　　全书的另一块重要内容是关于物价变动会计、企业合并与合并财务报表、金融工具会计和外币折算等"四大难题"的各章,以及国际税务。除"企业合并与合并财务报表"各章有较重大的补充外,其余各章虽然修订不多,但已作了全面的更新和充实。

Accounting

全书应用的统计数据,凡能查找到的,都更新至 2008 年 1 月为上。

今年适逢我从教 60 周年和 85 岁华诞,谨以此书第六版的出版作为纪念,我有生之年还会继续在这块专业园地上耕耘不辍。也谨以完成此书的修订工作,告慰我老伴在天之灵。

最后要感谢天健华证中洲会计师事务所厦门分所为我们提供了使用它的高效的因特网的便利,以及档案室的吴美林同志为收发我和常亮间的快速电邮提供的服务。

书中的不足和差错,请读者们不吝指正。

第六版说明

常　勋

2008 年 5 月于厦门大学

Accounting

第五版第二次印刷说明

　　这次印刷时,并没有对第五版的内容进行实质性的修订。但对该更新的资料,如2006年发布的对2005年度国际会计师事务所前10名的排名、新发布的IFRSs和IFRICs;等等,以及我能获取的有关信息,都作了更新,增补之处不少,请予关注。对少数我感到表述不够清晰之处,也作了补充修订。

　　第五版已另行出版了《学习指导与练习》,出版时对所有作业题都通过实际运算,进行了调整、修正、充实。本书第五版第二次印刷时,对这些作业题都作了相应的修改。

常 勋

2007年2月

第五版说明

本版也许是历次版本中,对内容更新、修订和充实最多的一次。如果说,前几次版本只是注意补充最新的信息,这次则同时关注到原来的表述与新加内容的协调;前几次修订侧重于收集网上信息,这次则同时着力收集相关的原始文献。由于提早动手,保证了将近半年的时间来收集资料和改写了相关部分,有些地方由于收集到更新的或更翔实的资料,改写了三、四次之多。这样,对本书的质量,应该又有进一步的提高。

以下简述各章的修订情况。

1.在第一章,只是更新了相关的数据资料,对表述的内容没有做实质性的变更。

2.在第二章,修订之处不多,只是对"会计惯例的分项国际比较",增补了一些近况;在"国际资本市场对全球财务报表可比性的要求"小节中,补充了欧盟推动 IASB 与美国 FASB 的"短期趋同计划"的信息。

3.在第三章,对分别阐述各国会计模式或实务体系的各节都有补充,但都不涉及重大的修订。读者应注意的是关于"德国财务报表公告的法律规定"所作的订正,以及有关 IASB 与日本会计准则委员会在准则趋同活动方面的进展。

4.在第四章,修订之处较多,除在第一节概说中对"趋同化"概念进一步作了较清晰的阐述外,主要是对欧盟、IOSCO 和 IFAC 的协调化活动进行了近期资料的补充,对"国际审计、鉴证公告"的资料更新至 2006 年 3 月,与第四版中的 IASB 于 2004 年初编辑的目录对比,有较大的变动。

5.第五章是本次修订的重点之一,主要是第三节"国际会计准则与核心准则体系"和第四节"重塑国际会计准则委员会的未来"。对于已发布和仍有效的 IAS/IFRS 及 SIC/IFRIC 目录,更新至 2006 年 3 月;对于新发布的 IFRS、被取代的 IAS 以及已撤销的 SIC、新发布的 IFRIC,值得关注;对于各项准则的修订、改进、废止等日期,则根据《国际财务报告准则 2004》和嗣后的网上信息,作了校订;对于 IASC 全面重组后各机构的活动,增补了 2005 年 3 月至 2006 年 3 月间的许多信息,包括 2005 年冬对各机构的人事更替;IASB 的工作成果也更新至 2006 年 3 月,并且增添了对"当前 IFRS 在全球范围内被采纳的情况"的表述。

6. 第六章和第七章基本上没有什么变动,这是由于物价变动会计现在已经淡出。

7. 第八章至第九章涉及的企业合并和合并财务报表,在本次修订中也改动较多,尽管第四版中对 FAS 141 和 IFRS 3 的发布,FASB 试图对合并政策进行重大变革和 IASB 的近期努力,都有涉及。本次的主要修订有:(1)关于区分控制性投资,具有重大影响的投资以及不具有重大影响的其他投资的持股比率量化界线在会计准则中的逐步淡出;(2)"joint control"恢复"共同控制"的译法,以及"common control"一词未为准则制定机构采用;(3)关于 IFRS 3 中有关负商誉会计处理方法的变革;(4)关于"新起点法"的不同观点;(5)FASB 于 2004 年 8 月发布的《合并财务报表,包括公司中非控制性股权的会计和报告》草案。

8. 第十章是修订最多的一章。主要包括:(1)修订后 IAS 32(2003 年 12 月)对"金融工具定义"的修订;(2)修订后 IAS 39(2003 年 12 月)将第一类金融资产或金融负债从"为交易而持有的"扩展为"以公允价值计量且其变动计入损益"的金融资产或金融负债,由此引发的国际质疑,以及 IASB 于 2005 年 8 月对"公允价值选择权"的限制条件作出的规定;(3)对交易日会计和结算日会计作出明确的诠释;(4)补充了权益性证券不能作为套期工具的说明;(5)根据 2005 年 8 月发布的 IFRS 7 重写了第四节"金融工具在财务报表中的披露",并与被取代的 IAS 32 的披露部分和 IAS 30 进行必要的对比说明。

9. 第十一章和第十三章基本上没有什么变动,对第十二章只有一处订正,即 IASB 在修订后 IAS 39 中要求对确定承诺按其性质应作为公允价值套期处理,但对外币承诺则规定既可按公允价值套期处理,也可仍按现金流量套期处理。

Accounting

10. 第十四章基本上没有什么变动。

还需要说明，从本版起，各章都增列了"研讨题"，并准备应读者要求编写本书的《学习指导与练习》。

最后，要感谢厦门天健华天会计事务所信息中心的王伟军、庄伟同志和档案资料室的吴美林同志在修订过程给我的大力帮助，以及在英国留学的孙儿常亮用电邮寄来多份原始资料文献，并提出他对一些问题的理解和观点。对于本版中可能存在的疏漏和差错，则恳请读者批评纠正。

常　勋

2006 年 6 月 21 日

于厦门大学

第五版说明

Accounting

第四版说明

第四版的修订,除了内容更新这个主轴外,更关注质量的提高,力求使概念更加清晰,表述更加恰切,例题更加切合实际,对体系也作了一些调整。

1. 在第一章,更新了有关展示国际会计师事务所规模的统计资料;增加了两本最新版本的权威著作的内容介绍:Choi、Frost 和 Meek 的《国际会计》第四版(2002)和 Nobes 和 Parker 的《比较国际会计》第八版(2004)。

2. 在第二章,在会计惯例的国际比较中,补充应用了 Arcy 和 Ordelheide 2001 年的国际调查资料,特别在分项比较中更新了直至 2004 年的信息。在财务报表的国际比较中,改动不大。

3. 在第三章,在会计模式的国际分类中,增加了 Nobes 1998 年对 1983 年的分层次分类的改进;在分别对美、英、法、德四大会计模式以及日、荷、瑞典的会计实务体系的论述中,在多处补充了更新至近期的资料,也在多处改进和充实了所表述的内容。特别要指出的是,增写了以捷克作为东欧转型期国家的代表的会计实务体系的改革。

4. 在第四章,主要是对重要国际会计组织的协调活动的信息进行补充和更新,重点是欧盟和证券委员会国际组织(IOSCO),如补充了对欧盟《第 7 号指令》的介绍以及 IOSCO 在评审认可与 IASC 合作的"国际会计核心准则体系"后的活动情况。对于国际会计师联合会(IFAC)的改革,在第三版中已作了介绍,但因修订时间的匆促,只是简要地增写了改革后的情况(如组织结构),仍然保留了对改革前情况的比较详细的论述,因而这次又进行了重写,只是简略地表述改革前的情况,而比较详细地论述了改革后的情况。此外,对会计职业界地域性国际组织中的欧洲会计师联合会和亚太地区会计师联合会的协调活动,也作了较多的补充。

5.在第五章,主要是对已发布的 IASs 和 IFRSs 以及 SICs 和 IFRICs 目录进行更新(截止期为 2005 年 3 月),对"国际会计核心准则体系"的完成情况进行表述(表 5-1)以及对 IASB 的近期工作成果进行评述。

6.对第六章和第七章只作了文字表述上的些微改进,鉴于物价变动会计已经淡出,如果在教学中感到修订后的版本内容较以前增加不少,可以将这两章略去不讲。

7.对第八章和第九章修订不多,值得关注的只是:第三版中 IFRS 3《企业合并》尚未发布,2004 年 3 月已经发布并取代了 IAS 22;原来译为"共同控制"的"joint control"改译为"联合控制",避免与现在开始比较广泛使用的"common control"(共同控制)概念相混淆。

8.应读者的要求,增写了第十章"金融工具会计",这是在第三版第十一章第二节的基础上扩展而成的。根据本科的教学要求,注意掌握了最基础的理论阐述的深度,以及对衍生金融工具的运用,增添了比较翔实的例题,目的是使读者尽可能理解在我国基本上还属于空白的这一会计课题,因而具有一定的前瞻性。

9.相应地,将第三版的第十章、第十一章、第十二章顺延为第十一章、第十二章、第十三章。这三章涉及外币交易和外币报表的折算问题,其中,现在的第十二章"期汇交易的会计处理"实际上就是外汇领域内衍生金融工具的运用。这一章的修订较大,一是改写了"对外币承诺套期保值"一节,改为采用 IAS 39 改进后对"确定承诺"不再作为现金流量套期而根据其性质按公允价值套期处理的规定,用同一个例题说明改进前后的不同会计处理程序(表 12-5),相信读者们从对比中将能更深刻理解公允价值套期与现金流量套期的不同程序和不同会计效应;二是删去了内容比较复杂且不很成熟的"外汇期权合同用于套期保值"这一节(第三版第十一章第六节)。这样做的意图是讲求实际教学效果。至于现在的第十一章"外币交易折算"和第十三章"外币报表折算",基本上没有作什么修订。

10.第十四章"国际税务"在第三版中为第十三章,在这次修订中只是对其部分内容进行了充实并改进了表述。

以上介绍对使用过第三版的读者在使用第四版时会有所帮助。而在"第三版说明"中预言的"估计下次印刷时不会再作修订"的愿望则未能实现,第四

Accounting

版在一年后再印时要不要修订为第五版,现在不想再作估计了。

我请求读者不吝指正的请求是真挚的。的确,从网上浏览的信息概而不全,很可能有疏漏,甚或在理解上有偏差。特别是只是根据理论上的阐述来设计实际应用的例题,更难免不很恰当甚至有错。我从使用本书的高校师生们的反馈意见中,受到很大的启迪,但来自实务界的同志们的评论还不多。

最后,要感谢厦门大学出版社编辑部的精心编辑和辛勤劳动。也要指出,现正在英国留学的爱孙常亮为我陆续提供了最新信息,特别是通过电邮打包寄来了 Nobes 和 Parker 的《比较国际会计》2004 年第八版的版本。

常 勋

2005 年 5 月 20 日

于厦门大学

国际会计

Accounting

第三版说明

与第二版的修订情况对比,第三版的修订力度更大,除了内容更新这个主轴外,并且注意到本书的写作质量。

一、更新的主要内容

从第二版于 2003 年 6 月出版至今,不过一年的时间,其间,由于 1993 年 11 月国际会计师联合会(IFAC)通过了改革方案,设置了新的组织结构,并在《国际审计、鉴证和道德公告,2004》中,对国际审计准则体系进行了调整和对已发布的公告重新进行了编号,这就需要在第三版中对第四章第六节的相应部分进行更新。

更为重要的是国际会计准则理事会(IASB)一年来的工作进展,据此,在第三版中对第六章第二节关于已发布的国际会计准则的有关信息和新发布的第 1 号和第 2 号国际财务报告准则(IFRS 1、IFRS 2)进行介绍;尤其是,IASB 于 2003 年 12 月发布了《改进国际会计准则》项目,对 13 个 IASs 进行了改进,其中,改进后 IAS 27、IAS 28 和 IAS 31 对本书第八、九章有关企业合并和合并财务报表的内容,改进后 IAS 21 对第十章外币交易折算,尤其是第十二章外币报表折算的内容影响甚广,这是第三版着力修订之处。

二、本书质量的提高

主要可举出以下几个方面:

1.首先,是在处理改进后 IASs 对本书相关内容的更新问题,简单的办法是作一次集中的介绍,我没有选择这个方式,而是按照本书的体例把它们分别补充到相关的章节,而后又作了在较大范围内的一定综述;在修订有关合并财务报表相关章节的过程中,我又感到必须修订第二版中的例题,才能给予读者以清晰的印象,从而把抽象的表述落到实处。为此不惜投入了很多的精力。

2.注意改进了第二版一些章节中在表述顺序和表述方式上的不当和疏漏,如:

(1)第十一章第四节[例1][例2]中对套期效应的表达式中,原来都使用"交易日"(指购销交易日),现改为"结算日",即期汇合同的结算日,以避免与衍生金融工具交易日的概念混淆。

(2)对第十一章第七节第二分节中的例题的表述顺序作了调整。

(3)第二版中对第十二章第二节"时态法"和第三节"现行汇率法"的例题中的"折算损益"和"累计折算调整额"的验算程序,在正、负号的使用上,运用了不同的概念,这会使读者感到困惑。现在已把它统一到"累计折算调整额的验算程序"中所使用的概念基础上,并在相关的注释中对所使用的正、负号的含义作了说明,以便于使用过第二版进行教学的老师们进行讲解。

(4)在不少章节增加了理论表述或是例题,适当地提高本书的深度,培养学生进一步思考的能力,比如,第十一章中对套期活动会计的论述,是补充理论探讨最多的;在第十三章中,增加了所得税征管制度的例题;等等。此外,还对第九章中编制合并财务报表的例题,改按修订后的 IAS 22(1998)的变革程序处理。

(5)在术语的使用上更加严谨。前面已提到的"交易日"、"结算日"问题便是一例;又如,对"原始成本"和"初始成本"概念的使用,把前者界定为"原始交易价格",后者则是与后续计量相联系的概念。

以上的介绍对第三版的使用,也许有所助益。经过这次较大幅度的修订后,估计下次印刷时不会再作修订,但会对那一时期有关更新的信息写个说明,请读者注意。

最后,要恳切地声明,以上的修订很可能是概而不全的,也很可能有疏漏和滞后;同时,根据原始文献就凭自己的理解来运用,甚至为之编写实例,难免有失偏颇甚至有错,欢迎读者们不吝指正。

常 勋

2004 年 6 月 21 日

(时年 80 周岁)

第二版说明

在本书出版尚不足两年的时间内,国际会计领域内又有了新的发展。为了补充和更新信息,因而在再版之际,就以下各个部分作了修订,主要有(依章节顺序):

1.第一章第二节中国际"五大"会计师事务所中的安达信已因2001年冬以来卷入美国安然等国际知名公司的财务欺诈案,于2002年秋宣告破产;有关"五大"会计师事务所经营概况的数据则更新至2000年。

2.第三章第二节补充了对2002年7月美国发布的《2002年公众公司会计改革和投资者保护法案》的简要介绍。

3.第三章第三节补充了英国会计准则委员会(ASB)已初步决定不再制定和发布新准则而只是制定和发布将国际准则运用于英国的相关准则的信息。

4.第三章第三节补充了关于法国的《会计方案》已一分为二的信息。

5.第三章第六节补充了关于日本转向主要依靠民间力量制定会计准则,于2001年7月组建"日本会计准则委员会"(ASBJ),取代只是作为大藏省顾问机构的"企业会计评议会"(BADC)的信息。

6.第四章第三节补充了关于欧盟决定欧洲上市公司在2005年必须采用国际会计准则的信息。

7.第四章第六节更新了现已发布的国际审计准则(ISAs)和国际审计实务公告(IAPSs)的目录。

8.第五章第二节更新了现已发布的国际会计准则(IASs)和常设解释委员会解释(SICs)的目录。

9.第五章第二节补充了关于证券委员会国际组织(IOSCO)认可核心会计准则的信息。

Accounting

10.第五章第四节补充了关于重组后的国际会计准则委员会(IASC)的受托管理委员会于 2002 年 4 月批准改写后的《国际财务报告准则前言》的信息。

11.第五章第四节补充了关于国际会计准则理事会(IASB)在制定国际财务报告准则(IFRS)方面的进展情况的简要介绍。

12.第八章第二节中"废止权益结合法的趋向"改为"权益结合法的废止",补充了 FAS 141(和 FAS 142)于 2001 年 6 月发布的信息。

13.第九章第一节补充了关于"上销交易"的会计处理。

14.第十章第二节例题中德国马克改为欧元,因自 2002 年 3 月起,欧元已成为欧元区 12 国的唯一法定货币,德国马克已废止。

15.第十一章第二节增加了金融工具会计准则制订工作还在联合攻关过程中的说明。

16.第十一章第五节[例 1]中法国法郎改为欧元。

17.对第 1 版中一些数字和文字错误,经验算和审阅后均予更正。

18.对第 1 版中一些表格中数字排列不规范之处,已尽可能加以规范。

本书修订工作自 2003 年 2 月开始,至 5 月完成。收集资料的截止期定为 2002 年底,个别数据的截止期为 2003 年 4 月,特此说明。

由于时间紧迫,修订中难免有疏漏乃至差错,请读者给予批评指正。

常 勋

2003 年 5 月 27 日

Accounting

第一版序

随着经济全球化的汹涌浪潮,会计的国际协调化趋势也越来越强劲,我们必须以崭新的观点,来学习和研究国际会计,来密切地关注国际组织在推动全球会计协调化方面的努力。

我和陈箭深博士曾在 20 世纪 90 年代中期,合著了由厦门大学出版社列入国家"八五"规划重点图书的《国际会计》,现在看来,内容已十分陈旧。根据厦门大学出版社 21 世纪会计系列教材的要求,现重新编写了这本《国际会计》。由于陈箭深博士已离校担任厦门天健华天会计师事务所首席合伙人,工作繁忙,无暇参与重新编写工作,只能由我一人完成任务。

新书现增加为 13 章,篇幅也相应增加了。如果说,1995 年出版的《国际会计》更多地注重描述国际差异,并同时指出国际协调化的发展趋势,那么,现在出版的《国际会计》则是从国际会计协调化的发展来着重描绘国际差异的缩小和弥合"求大同存小异"趋势,这种观点体现在全书各个章节。

从具体内容来说,与 1995 年出版的《国际会计》相比,(1)新增了"比较会计模式"一章。(2)从"国际的会计协调化活动"中,分出了一章专门论述"国际会计准则委员会及国际会计准则",在世纪之交,国际会计准则委员会的结构体制,已进行了全面重组,如何"重塑其未来",将是国际会计界密切关注的问题。(3)在很大程度上重写了"企业合并的会计处理"和"合并财务报表的编制",主要是增加介绍了当前正在启动的重大变革的内容。(4)基本上重写了"期汇交易的会计处理",根据有关衍生金融工具会计准则制定的最新成果,进行重新表述。改动较小的只是关于物价变动会计和国际税务的阐述。

当前,诸如金融工具会计、外币折算、企业合并与合并财务报表、报告全面收益等等重大会计问题,正面临重大的变革和发展。同时,因特网为我们提供了获取最新信息的机会,知识更新的周期越来越短。而且,在变革的过程中,会计准则要求和现行惯例之间、不同会计准则之间暂时出现的矛盾,几乎是不可避免的,这给本书的编写带来了一定的困难,而"最新"信息的取得,也可能有时间上的不同和有不够完整之处。再加上著者年龄和精力上的限制,新书中一定有不少不足乃至错误之处,请读者不吝指正。

最后要说明的是,本书使用的外来术语与 1995 年的《国际会计》相比也有一些改动,以适应当前惯用的译法。

常　勋

2001 年 6 月于厦门大学

Accounting

目　录

International Accounting

Accounting

第 一 章

国际会计的形成与发展

　　论者一般认为,国际会计成为一门新的会计学科,大致在 20 世纪 70 年代;把国际会计作为一个专题进行研究,在美国和西欧也只是 20 世纪 60 年代前后的事。所以,国际会计是现代会计的一个崭新的领域,其形成与发展,仅有近 40 年的历史。本章将分节考察"会计国际化"和"会计职业国际化"的历程,最后,则试图为国际会计下一个比较确切的定义。

▲ 第一节　会计的国际化

　　会计(确切地说是企业会计)跨越国界,当然是以企业的经营活动跨越国界为背景的。我们将就历史发展的进程,从以下四个方面来考察。

一、会计的世袭遗产就是国际性的

　　早在 14—15 世纪,意大利商人的经商活动就跨越国界了。作为现代簿记方法鼻祖的复式记账原理,始于意大利城邦,而后传播到德国、法国和荷兰等国家,又从那里传播到英国。会计从来就是随着商业活动的扩展而传播的。在 17 世纪和 18 世纪,作为"日不落帝国"的大英帝国的商船,随同炮舰驶往世界大部分地区,使英国成为会计的国际传播者。英国的会计和审计方法传遍了它当时的殖民地(主要是现在的英联邦各国),而且也传播到美国。与此同时,法国则把会计传播到它的非洲殖民地,荷兰会计传播到印尼和南非,德国也把会计传往瑞典等北欧国家以及沙皇俄国和日本。

　　随着英帝国的衰落和美国经济影响的增长,从第一次世界大战结束开始,特别是在第二次世界大战胜利后,美国确立了它当时在世界经济中的霸主地位,美国会计的影响向世界各地渗透。旧中国时代,"中式簿记"就逐步让位于

Accounting

以美国会计为主的"西式簿记"了。美国会计不仅传播到菲律宾、墨西哥、巴西等发展中国家,在二战以后又传播到战败的日本和德国,对现在的英联邦国家也产生程度不等的影响。加拿大因为地缘和对美自由贸易的关系,它的会计几乎与美国亦步亦趋,英国的会计影响只是留下一些残迹。

还应该指出的是,西方会计的发展及其在世界范围内的广泛传播,是与工业革命后现代企业组织和现代市场的发展相关联的。会计作为科学地管理现代企业的手段之一,既为资本家(企业主)谋求最大限度的利润服务,也形成和发展了其较严谨的科学理论和方法体系。基于商品经济发展的共性,会计一方面在现代的发达国家间互相渗透;另一方面,在殖民时代,它伴随着诸帝国主义国家政治和经济势力的入侵而向其殖民地国家扩散。二战以后,尽管民族独立的浪潮摧毁了帝国主义的殖民统治,但其历史影响仍然存在,会计方面也是如此。

由此可见,会计的世袭遗产是国际化的。在长期的历史进程中,会计的理论和方法都有一种国际渗透的趋向,这是无可否认的。

二、市场的国际化,特别是货币、资本市场的国际化

市场是商品经济的产物。市场的国际化,开端于国际贸易。早在殖民时代,"洋货"就堵塞了经济落后国家发展其民族经济的道路,使后者沦为经济发达国家的原料和劳动力的供应地,这种局面至今尚未彻底改观。在当代世界,经济发达国家通过国际贸易对经济落后国家予取予夺的年代虽然一去不复返了,发展中国家正努力发展自己的民族工业,从在出口前对原料进行加工的"追加价值"中觅求利益,并从发达国家引进先进设备与技术,以发展本国的新兴工业。但是,发达国家凭借其高科技的优势,凭借其在国际贸易网络中早已拥有的雄厚基础和力量,在世界经济中仍处于主导乃至垄断地位,但国际范围内的经济技术合作与交流毕竟大大地发展了。

二战以后,发达国家的企业除通过国际贸易将其有形的和无形的商品向海外输出外,其向海外的直接投资迅速扩大。发展中国家在发展本国经济中面临资金短缺和技术落后的困难,这促使它们在不损害国家主权的前提下吸收和鼓励来自发达国家的投资;那些在工业现代化方面取得一定成就的发展中国家,无不走上发展外向型经济的道路,积极参与国际经济技术的交流和合作,而且也进入向海外直接投资的行列。在发达国家之间,其相互的直接投资和资本流动,也达到相当可观的规模。

伴随国际资本流动而来的是货币市场和资本市场的国际化。国际金融机构如货币基金组织和世界银行、国际性的商业银行、国际性的证券交易所等已成为推动会计国际化的重要力量。当今,除了各国的传统金融市场外,还存在着相当活跃的欧洲美元、亚洲美元和欧洲货币市场,世界货币、资本市场的国际化在 20 世纪 90 年代更有了蓬勃的发展,不仅是跨国公司,即使是并不在多国范围内进行经营活动的国内公司,也向国际货币、资本市场融通资金。这就意味着,国际货币、资本市场对于贷款人或筹资者应提供在国际可比且可靠的财务信息的要求,正成为会计国际化的一大动力。

三、跨国公司的兴起

跨国公司(多国公司)的兴起始于发达国家。一般认为,当企业通过对国外的直接投资在东道国建立从事生产和(或)经营活动的机构时,它就可能跨入跨国公司的行列了。在多国范围内从事经营活动和筹集资本,已成为跨国公司的两大特征。但是,人们在把企业归入跨国公司时,往往还加上"规模"这个标准。被视为跨国公司的企业,世界上已远超过 1 000 家,它们的年销售额每家都超过2.5亿美元。跨国公司生产的产品约占全世界生产总值的1/4,国际贸易中大约有1/4 的进出口交易额属于跨国公司集团的内部销售,而跨国公司的雇员人数,几乎相当于发达国家全部就业机会的 1/4。又根据联合国跨国公司中心 1991 年 7 月发表的《世界投资报告》,1983 年以来,全球跨国直接投资平均每年增长 29%,比世界贸易额的增长幅度高 3 倍,比世界国民生产总值的增长幅度高 4 倍。1989 年全球跨国直接投资总额达到 1 960 亿美元,20 世纪 90 年代以来,其增长速度一年比一年快。而且,从 1997 年至 2000年,在世纪之交,又掀起了跨国合并的高潮。据美国 JP 摩根公司的统计报道,仅 1999 年前 9 个月,外国投资者收购美国公司的交易额就达到 2 560 亿美元。① 由此可见,跨国公司总体上的经济力量之巨大,早在世纪之交,已是无可置疑的了。

人们对跨国公司贬褒不一。它是发达国家向发展中国家进行经济榨取的工具呢,还是帮助发展中国家发展本国经济的"天使"呢?笔者认为,不能从这样两个极端来评价跨国公司。笔者赞同"养鸡取蛋"这样一个形象的比喻,垄断资本家是不会不"榨取"高额利润的,并且总是希望源源不断地"取蛋"的;但既然"养鸡取蛋"的"工场"设在东道国,也就会给这些发展中国家带来解决一部分就业机会和带动当地工业和经济发展的机遇。在当代世界的国际直接投资中,发达国家之间也出现凭借各自的产业优势相互渗透的局面:一方面形成"你中有我,我中有你"的依存关系,另一方面也激发了相互间的矛盾与斗争

---

① 见美国《华尔街日报》,1999 年 10 月 25 日。

（欧盟、日本与美国间的经济战就是突出的例子）。当然更不用说发展中国家与发达国家之间(南北之间)的矛盾与斗争了。经济比较发达的国家总是把劳动密集型的"夕阳工业"和造成环境污染的"祸害工业"转移到发展中国家；发展中国家则希望从吸收外资中扩大本国资本的积累和引进先进的技术与装备，发展知识和技术密集型的高科技工业，并且要求跨国公司在治理环境污染等方面履行其社会责任。这种矛盾也反映到国际会计协调化中南北双方作为跨国公司的母国和东道国的不同利益和立场中来。

跨国公司基于其跨国经营和向国际筹资的需要，也成为会计国际化的重要推动力量。但这里也必须指出，由于各个国家经济、政治、社会和文化等背景不同，而且也基于各国当前奉行的从有利于本国经济出发制定的政策，各国的会计理论和实务之间，还存在着不少差异，跨国公司一方面希望通过国际会计协调化来消除这些差异，以便于它们进行全球性的经营管理，另一方面，又十分重视利用各国现存的会计差异来谋求财务利益。但无论是哪一方面，都丰富了国际会计的内容，各国会计模式和重要会计方法的比较研究，正是顺应跨国公司的需要和利益而发展起来的。

四、特定会计方法的国际性质

以上述及的国际贸易、国际投资、国际货币市场和资本市场中的交易和对筹资者的财务报告要求，以及跨国公司的国际经营活动，都涉及外国通货的使用和转换。把外币交易和外币报表的折算引进会计领域，是会计国际化带来的一个独特问题。

跨国公司的经营活动导致的另一个独特的会计问题是，它(作为母公司)对国外子公司(和合营公司)的财务报表的合并。为合并目的而对国外子公司(和合营公司)的外币(往往是当地货币)报表进行折算，在方法上又显然与国际财务报表的合并要求密切相关。

与国际财务报表合并有关的另一个问题是：在世界各国物价变动趋向的差别如此悬殊的情况下，在合并遍布许多国家的国外子公司和合营公司的财务报表时，应该如何调整物价变动对国际财务报表合并的影响。

国际财务报表的合并与外币报表的折算、国际物价变动影响的调整，已成为国际会计研究中相互联系和制约、既需协调一致但又存在矛盾的两难课题，论者常把它们列举为国际会计的"三大课题"或"三大难题"。① 毫无疑问，它

---

① "三大难题"之说，首先见于20世纪80年代T.塞德勒的《国际会计的方法问题》一文，该文辑入F.D.S.崔编：《多国会计：八十年代的研究结构》一书。

们将构成国际会计这一新学科的重要内容。

另一个几乎同样重要的内容是国际税务会计。国际税务和各国税制、税法的差别,早已成为跨国公司十分关注的利害攸关的重大问题。它既可能给跨国公司带来巨额的财务利益,也可能使它遭受巨额的财务损失。

▲ 第二节 会计职业界的国际化

国际投资和跨国公司的经营活动,必然要求会计职业界提供国际性的服务,这是促使会计职业国际化的主要原因。

一、会计职业界提供国际性服务的三个层次

三个不同的层次标志着会计职业国际化的不同程度。直至现在,规模巨大的国际性的会计师事务所还是屈指可数的,为数众多的以本国为基地,以提供国内服务为主的中小型的会计师事务所,只是在临时性协作的基础上为它们的本国委托人提供国际性的服务。

(一)最高层次是一体化的国际性会计师事务所(会计公司)

它们的国际组织模式是国际性的典型的"合伙组织的合伙",在世界范围内以同一名称经营会计服务。总部设在美国和英国的八大会计师事务所,经过相互间的合并和兼并其他事务所,改组成五大会计师事务所。它们在世界范围内分地区(例如欧洲、北美、南美、远东和南太平洋、近东和非洲等)组成合伙组织,再结合成一个集中管理的国际合伙组织。

这五大会计师事务所按照 2000 年业务收入的排名序次是:

1. 普华永道(Price Waterhouse Coopers,PWC)①

2. 毕马威国际(Klynveld,Peat,Marwick,Goerdeler International,KPMG)

3. 德勤(Deloitte & Touche)

4. 安永国际(Ernst & Young International)

5. 安达信全球(Anderson Worldwide)

尽管这五大会计师事务所在业务经营和管理上有某些差别,但基本上是相似的。专业性的会计、审计和咨询服务都通过精细的内部控制程序和统一的培训计划来取得世界范围内的协调;业务的扩展和与委托人的联系都使用

---

① 普华与永道两大国际会计师事务所的合并是在 1997 年 10 月宣布的,在此之前为六大会计师事务所。

同一名称和同一语言进行;利润则在世界范围内的合伙人之间进行分配。通过表 1-1 引用的数据,可以看出这五大会计师事务所在世界范围内的业务活动,已经达到十分可观的规模。

表 1-1　五大国际会计师事务所概况(2000 年度)

次序	名　　称	业务收入 (百万美元)	合伙人	员工	分布国家、地区	数据截止期
1	普华永道	21 500	9 890	128 940	155	2000.6.30
2	毕马威国际	13 500	7 350	77 000	155	2000.9.30
3	德勤	11 200	缺	92 000	134	2000.5.31
4	安永国际	9 194	5 555	53 305	136	2000.6.30
5	安达信全球	8 400	3 495	55 258	84	2000.8.31

　　资料来源:英格兰和威尔士特许会计师协会《会计》杂志(Accountancy)2001 年 6 月号根据《国际会计公告》发布的数据,转引自《中国注册会计师》2001 年第 12 期。

　　表 1-1 展示的是安达信倒闭前的"五大"对比数据。2001 年秋冬以来,美国接连曝光了安然等国际知名公司的财务欺诈案,"五大"之一的安达信陷入了严重的诚信危机,并因销毁档案经裁定构成妨碍司法公正罪①,在 2002 年秋不得不宣布退出美国审计市场,现在"五大"已只剩下"四大"。

　　现再列示 2006 年度"四大"的规模对比数据如表 1-2。

表 1-2　四大国际会计师事务所概况(2006 年度)

次序	名　　称	2006业务收入(百万美元)	2005业务收入(百万美元)	合伙人	员工	分布国家、地区	办事处	成员所	年度末
1	普华永道	21 986	20 300	8 280	104 414	149	771	—	2006.6.30
2	德勤	20 000	18 200	8 000	99 900	120	670	—	2006.5.31
3	安永国际	18 400	16 900	7 217	82 299	140	700	—	2006.6.30
4	毕马威国际	16 800	15 690	7 094	84 041	148	730	148	2006.9.30

　　资料来源:英格兰和威尔士特许会计师协会《会计》杂志 2007 年 6 月号。

①　虽然美国联邦法院陪审团后来又裁定罪名不成立,但安达信的解体已无法挽回。

国际会计

（二）第二个层次是建立在"联盟"基础上的兼具国际和国内性质的会计师事务所

当今世界上大约有 20 多家这样的国际性会计师事务所,例如德豪国际（BDO）、罗申美国际（RSM International ）、均富国际（Grant Thornton International）、摩斯伦国际（MRI）、博泰国际（Baker Tilly International）、浩华国际（Horwath International）等。它们也以同一名称在国际范围内从事业务经营,但只是在入伙的各国会计师事务所之间"联盟"的基础上经营。入伙的成员之间的财务处理,一般都建立在按工作收费的基础上;在专业性的服务上则通常设有一个国际秘书处来推动交流、培训和技术工作。它们在国际上以同一名称和国际性的职业工作标准从事业务活动,而在各自国家内则仍以本国事务所的身份从事业务活动,在本国建立自主的管理机构。因此它兼具国际和国内的双重性质。应该说,这是各国的国内会计师事务所通过联合向国际性事务所发展的比较灵活的方式。

表 1-3 列示了排序为 5～10 位的第二层次国际会计师事务所的规模对比。

表 1-3　排序为 5～10 的国际会计师事务所概况（2006 年度）

次序	名　称	2006 业务收入 （百万美元）	2005 业务收入 （百万美元）	合伙人	员工	分布国家、地区	办事处	成员所	年度末
5	德豪国际	3 911	3 329	2 348	22 355	107	621	95	2006.9.30
6	均富国际	2 800	2 454	2 207	24 512	113	489	93	2006.9.30
7	罗申美国际	2 700	2 502	2 478	16 594	72	630	73	2006.9.30
8	日内瓦国际	2 491	2 185	1 286	10 216	61	332	227	2006.12.31
9	普雷西提国际	2 400	—	—	—	65			
10	博泰国际	2 300	2 120	—	21 900	93	583	126	2006.6.30

资料来源:英格兰和威尔士特许会计师协会《会计》杂志 2007 年 6 月号

对比表 1-2 与表 1-3 可知,第二层次国际会计师事务所的业务收入不过是"四大"的 1/6 左右,第二层次与第一层次国际会计师事务所间的规模差距还是很大的。

（三）第三个层次是国内性质的会计师事务所为从事国际业务而进行的临时性协作

为数众多的国内性质的会计师事务所(包括合伙开设的和个人开设的)为了对其国内委托人的国外经营机构提供业务服务,往往通过代理协议约请其他国家的会计师事务所进行,作为代理的事务所与它很少具有直接的组织系统关

Accounting

系,而只是同意在尊重双方的业务要求和质量标准的基础上各自为对方工作。约请的会计师事务所将向当地的委托人收费,并在约定的期限内把按双方约定方式计算的工作费拨付给国外的代理事务所。这种代理关系可能发展为经常性的和相互的,但只是在有业务需要时才逐项签订代理协议。这种代理安排往往是通过国际性的职业界会议来促进的,当然也可能通过双方直接联系。同时,大多数国家的职业会计师协会都设有国际联络委员,来推动这方面的工作。

我国的会计师事务所也已经在代理协议的基础上受托于或委托外国会计师事务所来处理国际性业务。在国内,还先后建立了 13 家与国际会计师事务所合作经营的事务所,还有 10 多家在"联盟"基础上成为国际会计师事务所的成员所。

二、会计职业界的国际组织

早在 1904 年,会计职业界就在圣路易斯举行了第一次国际会计师大会;从 1952 年于伦敦举行的第六次会议起,更确立了每五年举行一次会议的惯例。大会的程序是,一般性的论文在全体会议上提出,特定技术性问题的国际性总结在技术性会议上提出。选派代表参加会议的各国职业会计师协会正式提交会议的本国意见书,则是进行国际性总结的基础。而且,自 1962 年于纽约举行的第八次会议以来,每次会议都同时举行许多技术问题的小组讨论(每组人数不超过 25 人),这对职业会计师执行和拓展国际性业务提供了很好的交流和协调机会。1972 年于悉尼举行的第十次会议,又决定建立常设技术委员会及秘书处,继续在会议闭幕后进行工作,并且创设了会计职业界国际协调委员会(ICCAP),它就是 1977 年于慕尼黑举行的第十一次会议上创建的国际会计师联合会(IFAC)的前身。

国际会计师联合会成立后,每五年一次的国际会计师大会,即由它和那次会议东道国的会计职业团体联合主办。1973 年,由澳大利亚、加拿大、法国、前联邦德国、日本、墨西哥、荷兰、英国和爱尔兰、美国等国的 16 个主要职业会计团体发起,在伦敦成立了国际会计准则委员会(IASC),从事国际会计准则的制定工作。1977 年国际会计师联合会(IFAC)成立后,根据双方协商,国际会计准则委员会作为国际会计师联合会的团体会员,仍然负责并有权用它自己的名义制定并公布国际会计准则。而国际审计准则,则由国际会计师联合会所属的国际审计实务委员会(IAPC)制定发布,2003 年 IFAC 在机构改革(参见第四章第六节中的详细阐述)中,IAPC 改组为国际审计与鉴证委员会(IAAPC)。①

①   关于 IFAC 在 2003 年的机构改革,将在第 5 章再加论述。

综上所述,足以说明会计职业界不仅有自己的国际组织,而且对国际会计的发展,作出了重大的贡献。

三、会计职业国际化的阻力

然而,会计职业的国际化也面临着阻力,使它的进展落后于会计领域的国际化。究其原因,主要是各国对会计师职业执照要求的规章大相径庭,使会计师职业执照的国际认可障碍重重,而且也阻碍了职业会计师人才的国际流动。

发给职业会计师执照是各国司法管辖范围的主权。在涉及取得执照的必要学历条件、有否把后续教育作为更换执照的条件、可否有不同类型的执照以及职业考试等方面,各国都存在着很大的差异。

(一)取得执照的必要学历条件

对职业会计师学历的要求,国际上分歧十分显著。在美国的 53 个司法管辖区内,几乎全部都要求学士学位(一般规定为从立案的学院或大学获得的学士学位,有的则规定为主修会计学的学士);在德国(前联邦德国),则需要有从大学获得的高级研究生学位;在英国和荷兰,进入会计职业界有两条途径:(1)大学教育,或(2)在职培训加上通过全国职业协会开设的夜校课程或其他教育要求;在其他一些国家,则只要求高中毕业结合严格的职业培训和通过当地职业协会举办的业余课程学习。

(二)有否把后续教育作为更换执照的条件

各国的差别很大,既有在规定必须通过后续教育定期更换执照的同时,严格到规定每年必须完成的正式教育的最低时数,甚至还直接规定会计和审计课程的时数的,也有根本无需进行后续教育的,在后述情况下,会计职业执照无异于是终身性质的,根本没有定期更换执照的任何要求。

(三)可否有不同类型的执照

美国的许多司法管辖区为几种不同类型职业会计师颁发执照,例如"注册纳税申报编制人",这就发生了不明确的情况,即能否认定他就是"注册会计师";再如,有些司法管辖区除发给"注册会计师"的执照外,还就会计职业的专门任务发给副执照(如审计、税务、管理、咨询)。不同执照的并存当然也会阻挠国际相互认可。

(四)职业考试

除上述的学历要求和对专门业务的认可外,颁发职业执照通常需要包括一些条件,如:通过统一的职业考试;遵从职业协会制定的职业道德规范;以及

Accounting

最低年龄、国籍、在已取得执照的注册会计师督导下从事会计职业的年限等。除了在职业道德规范方面呈现出国际协调的趋势(国际会计师联合会也已制定公布了有关的职业道德标准)外,各国职业考试的结构和要求还存在着一定的差别。例如,有些国家的职业考试是一次连续完成的,有些国家则分为中间考试和最终考试。考试的范围和性质虽然相当类似,但侧重点则各具特色。例如,在美国,会计理论的比重较高;前联邦德国的考试强调需要应用的法律和规章;瑞士的最终考试的重点,则是冗长的审计和财务分析案例。再有,有些国家规定只有本国籍的公民才有取得职业执照的资格,在这种情况下,外国人当然不能参加职业考试了。

我国已从 1991 年起举行全国统一的注册会计师考试。目前,报考者的条件是:(1)具有大专或大专以上学历,(2)具有会计、审计、统计、经济中级或中级以上专业技术职称。考试及格者需在会计师事务所工作两年后才能取得注册会计师执业证书。自 1994 年起,我国已允许港、澳、台居民以及外国籍公民(该国法律允许中国公民参加该国注册会计师考试的)参加我国注册会计师统一考试。

概述以上的情况,对读者理解会计职业国际化的展望,也许是有帮助的。为了逐步排除上述障碍,就会计师的职业教育和颁发职业执照的标准寻求国际协调,国际会计师联合会在 1995 年 6 月发表了关于"会计职业资格认可"的理事会政策声明①,从教育、考试和经验三个方面,为职业资格的国际认可确立"评价原则",以帮助正在为资格相互认可进行谈判的国家,作出有根据的"程度对等"的决策。虽然多年来尚未取得很明显的成果,但两国会计职业团体对此进行的双边谈判已有进展。如中注协(CICPA)与英格兰及威尔士特许会计协会(ICAEW)于 2008 年 1 月在北京签署了两会间职业资格考试部分科目免试的协议。②

---

① 可参阅"Recognition of Professional Accountancy Qualifications" Statement of Policy of Council,载 IFAC *Handbook of Technical Pronouncements of Ethics and Auditing*,2000。

② 协议规定,参加过中注协全国统一考试取得全科合格的中注协会员报名参加 ICAEW 的 ACA 考试时,可以豁免会计、鉴证、公司和财务、法律、管理信息、税收原理、审计与鉴证、税法、财务会计等 9 个科目的考试,只需参加 ICAEW 的公司战略、财务管理、财务报告、公司报告、公司变革、案例分析等 6 个科目的考试;ICAEW 会员报考中国注册会计师时,可以豁免财务成本管理和审计两个科目的考试,只需参加会计、经济法、税法等 3 个科目的考试。

▲ **第三节 国际会计的内容和定义**

会计领域的国际化和会计职业的国际化进程,界定并发展了国际会计这门新学科的内容,从前两节的叙述中已可略见其端倪。

一、国际会计的内容

为了便于阐述,我们先引述近年出版的具有代表性的两本国际会计著作的分章目录:

(一)F. D. S. 崔、G. K. 米克:《国际会计》(2008年第六版)

1.导论	7.财务报告与物价变动
2.发展与分类	8.全球会计与审计准则
3.比较会计:欧洲	9.国际财务报表分析
4.比较会计:美洲和亚洲	10.管理计划与控制
5.报告和披露	11.金融风险管理
6.外币折算	12.国际税务和转让定价

(二)C. 诺比斯和 R. 帕克:《比较国际会计》(2008年第十版)

第一部分 背景

1.导论	3.财务报告的国际分类
2.国际差异的原因	4.国际协调

第二部分 上市公司财务报告

5.上市公司财务报告背景	9.国际财务报告的执行情况
6.国际财务报告准则的要求	10.政治游说下的会计准则——美国、英国和
7.对 IFRS 的不同观点	国际的经验
8.美国的财务报告	

第三部分 欧洲和东亚的协调和转型

11.欧洲的协调和转型	12.东亚的协调和转型(日本和中国分析)

第四部分 公司的财务报告

13.背景介绍	15.欧洲公司的会计规则(rules)和事务
14.为非上市公司制订财务会计准则	

第五部分 跨国公司的财务报告问题

16.热点问题(无形资产,资产计量,金融工具,或有事项,员工利益,递延税项,收入的确认,报告全面受益)

17.企业合并

Accounting

18.外币折算

19.分部报告

第六部分　分析和管理问题

20.国际财务分析　　　　　　　22.公司所得税的国际层面

21.国际审计　　　　　　　　　23.管理会计

这两本著作都展示了国际会计丰富和广泛的内容,但各具特色。第一本著作以会计方法和财务报告的国际比较和分析为主体,对会计模式的比较分析在第二章至第四章中概略地叙述,第十章至第十一章论述了国际管理会计。这本书及其第三、四版(由 F. D. S. 崔、C. A. 福罗斯特、G. K. 米克合著,1999、2002)和第一、二版(由 F. D. S. 崔、G. G. 缪勒合著,1984、1992),在理论上的深度是受到读者的普遍赞许的。诺比斯和帕克的著作(我们见到的最新版本是 2004 年第八版)着重描述了不同国家的财务报告和会计模式;论述了主要的会计方法和财务报告问题;还以较多的篇幅,阐述了国际管理会计;其论述的深度和广度在《国际会计》著作中受人称道。如果对这两本著作进行综合考察,可以归纳出如下的几个特征:

1.国际会计诸问题的研究,几乎无不与跨国公司的经营活动相关联,而且包括财务会计和管理会计,虽然其更多的内容属于财务会计。

2.正如我们在第一、二节中已经述及的,国际财务报告、以跨国公司合并国外子公司的外币报表为中心的外币报表折算和国际物价变动影响的调整问题、国际税务会计是国际(财务)会计的主要内容。国际审计也是国际会计可能包含的内容。

3.主要国家会计模式的比较研究,带有宏观会计的性质。当然,跨国公司为了顺应其在东道国从事经营活动所应遵循的会计要求,对各国会计模式和重要会计方法的差异的比较研究,也是十分关注的。

二、本书的内容

本书偏重于国际财务会计,在国际比较的基础上着重描述国际会计的协调化和趋同化,以符合当前的发展趋向。第二、第三章阐述了会计惯例和财务报表的比较以及主要的国别会计模式。接着,比较详细地讨论了物价变动会计、合并财务报表和外币折算这三大难题,这一部分受到多数没有开设“高级财务会计”课程的本科和专科财经院校的欢迎。本书还简述衍生金融工具会计这一新课题,也论述了国际税务和转让定价。

分章可参见目录,此处不再赘述。

三、国际会计的定义

怎样根据上述如此丰富和广泛的内容概括出国际会计的定义呢？

(一)早期(20世纪60年代)国际会计学者所下的不同定义

一开始,国际会计学者对国际会计的研究和发展就有两种截然不同的观点,如:

1.美国科拉里奇(Kollarich)和马霍(Mahon)于1967年提出的定义:[①]

"国际会计是对所有国家的会计原则、方法和准则进行研究和分析。"

2.美国齐默曼等于1968年提出的定义:[②]

"国际会计是最高层次的抽象,其目的在于打破国界,发展世界性的会计理论,并在任何一个国家的会计中加以应用。"

第一种观点强调会计的国别差异,只是把国际会计限定为对各国会计理论和实务的比较分析。他们缺乏远见,不认为国别会计可能向国际协调化的方向发展。

第二种观点则显示了学者们对开拓国际会计研究领域的抱负、热忱和较高的期望,认为国际会计应该向"世界会计"的方向发展。

这两种观点事实上一直贯穿在上世纪的"国别会计"与"世界会计"观点之争中。

(二)20世纪70年代国际会计研究中的三种不同观点

20世纪70年代在国际会计的研究中,存在着三种不同的观点:

1.乐观主义者的"世界会计"或"全球会计"观点

按照这一观点,国际会计被认为是可以为世界上所有国家采纳的全球体系。应该制定一套在世界范围内一致应用的公认会计准则。这样,跨国公司遵循这套准则编制的财务报表,就是世界各国都通用的报表,也是国际货币、资本市场所接受的报表。但是,当时世界上会计惯例的国际分歧还很难在协调的基础上产生这样一套理想的国际会计准则,尽管国际会计准则委员会正在向着这个方向努力,但它只是会计职业界的国际民间组织,所制定的准则当时也还达不到这样高的权威。因此,这种设想只能是国际会计的最终目标。

2.悲观主义者的"国别会计"观点

在他们看来,各国会计的差异是各国不同的经济、政治、社会、法律、文化、

---

① 引自王松年、钱嘉福:《国际会计的形成与发展》,载《财经研究》1986年第4期,第35页。

② 同上。

Accounting

地理等环境影响所形成的,是不大可能协调一致的。因此,国际会计应该是世界上所有国家的会计准则和惯例的集合体,要制定一套世界性的完整的能为各国真正接受的会计准则是不可能的。他们致力于对国别会计进行资料性和表述性的比较研究,并要求人们在学习国际会计时具有多种会计准则的意识。像美国注册会计师协会出版的《25个国家中的职业会计》(1964年)、《30个国家中的职业会计》(1975年)以及美国会计学会出版的 G. M. 斯各特的《88个国际会计问题》(1979年)这类著作,可以作为其代表。

然而,把国际会计的研究停留在国别会计的基础上是缺乏活力的。对各国会计准则和惯例的差异也不能以静止的观点来看待,如果不否认会计的世袭遗产是国际性的话,那么,在当今的国际经济技术交流合作不断发展、世界经济正走向一体化的情况下,原来相异的环境因素也是会趋同的,各国的会计准则和惯例的差异也会从对立走向协调。我们并不否定国别会计的比较研究的价值,只是认为应该持动态的观点和发展的观点,从存异趋同中探索国际会计协调化的有效途径,这才是既不盲目乐观也不消极悲观的实事求是的研究态度。

3. 实务主义者把国际会计视为跨国公司(母公司)与国外子公司会计的观点

我们在前面的论述中,含有把国际会计研究的课题视为几乎无不与跨国公司经营活动的要求有关的看法,即使是带有宏观会计性质的各国会计模式的比较研究,也是跨国经营所要求的。这一方面说明了持这种观点的人们不是完全没有道理的,但另一方面也必须指出,跨国公司经营活动所要求研究的课题,并不能等同于国际会计的研究领域,也并不局限于跨国公司与国外子公司的会计实务,这些课题甚至不局限于会计问题,还有法律问题、金融问题、税务问题等等。所以持这种实务主义的观点未免显得褊狭,并且有损于国际会计领域的理论研究。

对以上三种观点,美国会计学者 T. R. 韦里奇、C. G. 艾弗里和 H. R. 安德森曾在《国际会计的不同定义》一文(发表于《国际会计杂志》1971年秋季号)中概括为:(1)一个全球体系;(2)一种描述各国现行准则和惯例并提供与此有关的信息的方法;(3)母公司和国外子公司之间的会计实务。

(三)F. D. S. 崔和 G. G. 缪勒所下的定义

美国崔教授和缪勒教授对国际会计所下的定义也许是最全面的。他们在合著的《国际会计》(1984年版和1992年第二版)中写道:"国际会计把通用的、面向本国的会计在最广泛的含义上扩展到:(1)国际比较分析;(2)多国经营交易和多国企业经营方式下独特的会计计量和报告问题;(3)国际金融市场的会计需要;(4)通过政治的、组织的、职业界的和准则制定等方面的活动,对世界范围内会计和财务报告的差异进行的协调。"①

崔、缪勒的定义被广泛应用,它反映了 20 世纪 80 年代至 90 年代国际会计发展的趋向。

(四)M.Z.伊克彼、J.U.麦尔科和 A.A.伊利马拉夫所下的定义

他们在《国际会计:全球观》(1997 年版)中对国际会计所下的定义是:"国际性交易的会计,不同国家会计原则的比较,以及世界范围内不同会计准则的协调化。"

这个定义的特点是直截了当,简括而相当全面,也突出了国际会计的协调化。

研 讨 题

1-1　为什么说市场国际化,特别是货币市场和资本市场的国际化是会计国际化的主要推动力?

1-2　跨国公司是否在百分之百地推动会计国际化?说明你的观点。

1-3　会计随商业活动的扩展而传播,你同意这种说法吗?从历史发展的进程谈谈你的看法。

1-4　哪些特定会计方法具有国际性质?

1-5　你对会计国际化和国家化之间的矛盾及其消长有何看法?

1-6　为什么说会计国际化是促使会计职业国际化的主要推动力?它的进展又为什么落后于会计国际化的发展?或者,你也可以就不同意"落后"的说法,谈谈你的看法。

1-7　你对国际会计师联合会关于"会计职业资格认可"的理事会政策声明有何评论?你认为在近期内(比如说 5 年内)能实现会计资格的国际认可吗?

1-8　为什么说会计学家们对国际会计所下的定义反映了会计国际化和会计职业国际化进程的影响?

1-9　你倾向于把国际会计定义为全球会计,还是国别会计?

1-10　你赞成把国际会计等同于跨国公司与国外子公司之间的会计实务吗?

---

① 参见常勋、陆祖汶等的译本,立信会计图书用品社 1988 年出版,1990 年再版,第 22 页。引文在个别文字上作了修订。当时的译本把"Choi"译为"乔伊","Mueller"译为"米勒"。

Accounting

第 二 章

会计惯例和财务报表的国际比较

　　本章将从会计惯例和财务报表的国际比较中来阐明其间的重要差异,以便从交叉比较中得出较全面的图景。缩减乃至消灭这些差异,则是国际会计协调化的重大使命。

▲ 第一节　重要会计惯例的国际比较

　　在阐述会计惯例的国际差异之前,有必要说明"会计惯例"和"会计准则"之间的关系。

一、会计惯例与会计准则

　　无论是国际会计准则还是西方主要国家的国内会计准则的制定,迄今都是采取从现行会计惯例中筛选的方法。特别是初期,准则的制定受实用主义的影响,很少去注意会计方法的概念依据问题,不同会计准则之间,甚至在同一准则允许选用的会计方法之间,都不乏在概念依据上相矛盾的事例。这就促使会计准则的制定机构去构思一个财务会计概念框架(结构),来指导今后会计准则的制定,并着手对已发布的会计准则进行审查和修订。这一个趋向,使有些会计准则的要求,可能超越当时流行的会计惯例。

　　发布的会计准则有时也可能没有成为流行的会计惯例,或是因经济环境条件的改变而被停止执行或废止(有关物价变动会计的准则就有这种情况)。

　　无论是国际会计准则还是各国的国内会计准则,对一些会计问题(例如存货计价、固定资产折旧、外币报表折算等等)往往有几种可选择的处理方法。这样,同样属于会计准则允许的方法,有的可能成为占优势的会计惯例,有的则不那么流行;也可能几种方法的流行程度不相上下。

凡此种种,都说明,"会计准则"和"会计惯例"是既有联系又有区别的概念。会计准则是筛选出来的"标准"会计惯例,会计惯例一般地说是当时流行的会计准则。

西方有些会计学者,对一些重要的会计方法进行国际调查(一般是以大型跨国公司为样本),为会计惯例的国际差异或协调情况,提供实证资料,这无疑是很有价值的研究工作。本章将参考 F. D. S. 崔(Choi)和 V. B. 巴维希(Bavishi)在 1982 年发表的就 32 个重要会计方法的国际差异对美国、联合王国(英国)、日本、前联邦德国、法国、加拿大、瑞典、荷兰、瑞士、澳大利亚等 10 国的 869 家大型跨国工业企业 1979 年和 1980 年的年度报告进行调查研究的结果[1],以及奥德海德(Ordelheide)和毕马威国际会计公司(KPMG)编辑的《跨国会计》中辑入的 A. 阿茜(Arcy)和奥德海德在 2001 年发表的《一个参考矩阵》中对主要国家重要会计惯例的比较[2],来说明上世纪 80 年代前后至世纪之交的国别会计差异的概况。

二、会计惯例在整体上的国际比较

在整体上,我们可以从资产和负债的确认与计量以及业主权益和分期收益的确定这两个方面,来进行概括的国际比较。

(一)资产和负债的确认与计量

乍看起来,对资产和负债的确认与计量在国际惯例上似乎不存在什么差异,资产和负债的定义在各个国家基本上是类似的,资产和负债项目按其原始交易成本(历史成本)计价,至今仍是全球流行的会计计量原则。但细究起来,在一些"边缘"问题上,差异和疑义都是存在着的。

1. 在资产的确认和计量上,关于无形资产的确认也许是最突出的问题。例如:

(1)商誉的定义是超正常盈利能力的资本化,这是符合未来经济利益资本化的资产定义的,但对持续经营中企业的自创商誉则不予确认;企业合并中确认的商誉,其"原始交易成本"也往往不是遵循超正常盈利能力的定义来确定的。按照德、荷、法等国的跨国公司中较占优势的会计惯例,对企业合并中的

---

① 可参见常勋、陆祖汶等译:《国际会计》(崔、缪勒著,1984 年出版)第三章"比较会计惯例",立信会计图书用品社,1988 年出版,1990 年再版。

② Arcy, Anned, and Dieter Ordelheide, *A Reference Matrix*, *in the Transnational Accounting*, Edited by Dieter Ordelheide and KPMG, 2nd Edition,2001.

商誉,不是确认为资产而是从合并股东权益中注销,英国在历史上也曾如此,在 1989 年 7 月发布的第 22 号标准会计惯例(SAP 22)《商誉会计》中,才要求把商誉确认为应摊销的无形资产。欧共体第 7 号指令则允许在①把商誉确认为无形资产而系统地摊销或是②立即从合并股东权益中注销这两种方法中选用其一,而这两种方法,在概念依据上是不同的。美国财务会计准则委员会(FASB)在 2001 年 6 月 30 日发布的新准则 FAS 142《商誉和其他无形资产》中,改变摊销商誉的方法,代之以测试其减值损失(至少每年一次)的方法,即:只有商誉的账面记录金额超过它的公允价值的会计期间,才记录其减值,并将减值部分确认为当年费用。①

(2)自行研究开发而申请取得的专利权,其原始成本中往往不包括研究开发支出,因为在大、中型跨国公司中,以研究开发成功与否不能确定为理由,把支出都在当期费用化了,只把余下的技术鉴定和申请注册等支出资本化为专利权的原始成本。这样的计价基础显然是与未来经济利益资本化的资产定义不符的。

还可以继续举例。在自然资源的原始成本中是否包括风险性很大的勘探支出也是性质类似的问题。是资本化还是费用化,大、中型企业和小型企业往往会采取不同的会计政策。

2.“经济实质重于法律形式”还是“法律形式重于经济实质”,是一些会计问题的国际差异所以存在的主要原因,也是以美英为代表的不成文法系国家与以欧洲大陆国家为代表的成文法系国家在会计惯例上的主要差别。例如:

(1)长期融资租赁应否资本化?从法律形式上看,这是租赁关系,融资租入固定资产的所有权,要在付清最后一次租赁费并办理产权转让的法律手续后才能取得,因此不能资本化;但从经济实质上看,这是以租赁资产的形式给予承租人的长期信贷,租金实质上是贷款的偿还,贷款清偿后可以通过办理产权转让而取得资产的所有权,是合乎逻辑的结果。因此,在会计处理上要同时确认资产(融资租入固定资产)和负债(融资租赁应付款)。

(2)库存股份在形式上与购存其他公司的股份并无差别,应该同样地确认为资产(短期证券投资),但在实质上这是一部分业主权益的暂时收回,应该从股东权益中抵减。

---

① 关于商誉会计的较全面的探讨,可参阅常勋:《商誉会计面面观》,载《财务与会计》2005 年第 12 期。

3.资产的计量问题。从总体上看：

(1)在全球范围内至今流行的仍是历史成本(原始交易成本)计量模式，但实际上，任何国家或地区早就不存在"纯粹"的历史成本计量，而是或多或少地在应用原始交易成本时掺杂某种形式的重估价或按现行市价估价的方法。

在这方面，也存在着国际差异。例如，许多欧洲大陆国家和一些拉丁美洲国家都允许对固定资产进行重估价，把重估价准备作为资本调整项目；而美国则不这么做。在调整物价变动对会计计量的影响方面，国际差异更为显著。有的跨国公司甚至采用了对实收资本计算假计利息的比较独特的方法，这种方法显然是没有概念依据的。

(2)金融市场剧烈的价格波动和计量衍生金融工具的需要，以及由于技术创新及多种市场因素导致的资产减值问题，促使国际会计界(包括准则制定机构)启动了以公允价值计量取代历史成本计量的努力。

所谓"公允价值"，按照国际会计准则中给出的定义，是"指在公平交易中，熟悉情况的当事人自愿据以进行资产交换或负债清偿的金额"。在初始计量时，这当然也是原始交易成本。公允价值计量模式与历史成本计量模式的差别在于：前者要求在每一会计期间(至少是每一会计年度)终结时，对资产项目进行后续计量(重估价)，以确认其减值或增值；而后者则保持其初始计量不变，其在每一会计期末的金额(账面价值)，一般为原始成本的摊余值(摊余成本)。

公允价值有几种计量基础：①现行市价(也就是现行交易成本)，这是最可靠的后续计量基础；②评估价，这取决于专业评估机构的公正性、权威性和执业质量；③计价模型，可以比较恰当地设计，但模型所确定的只是变量及其相互间的作用，仍需要相当可靠的市场数据的输入，而且复杂的计价模型的设计也是相当困难的；④未来现金流量的折现值，其可靠性取决于对未来现金流入和折现率的估计，这将面对很多不确定因素。

由此可见，公允价值计量的可靠性，正是它能否全面取代历史成本计量的关键。不同的企业乃至同一企业的不同资产项目，应该选择它适用的公允价值计量基础，如果不适用，还是要沿用历史成本计量基础，看来，在一定时期内，"多元计量"是难以避免的。但是大型企业，特别是跨国公司，由于其经营活动在很大程度上卷入国际金融市场，在生产和经营手段上也更多地运用高、精、尖技术，因而面临着越来越大的市场风险，公允价值计量的发展又是大势所趋。然而，迄今为止，即使对金融工具，也只是最大限度地拓广了公允价值

Accounting

计量的运用。①

在当前(2008—2009年)的世界金融危机中,由于人们对以公允价值计量的金融工具市场越加失去信心,2008年10月,IASB(国际会计准则理事会)发布了《理事会专家组报告:在非活跃市场中计量金融工具的公允价值》,在坚持公允价值计量的目标和原则下,考虑了市场中的各种实际问题,通过放宽对金融工具重分类的规定,使一些原来以公允价值计量的金融工具,可以运用摊余成本等其他计量属性(回到以历史成本计量)。这就与美国准则原则上保持大体一致,以满足欧洲金融机构等报表使用者的要求。

4. 在负债的确认方面,情况也是类似的:

(1)所得税会计提供了突出的例证。在应税收益背离报告收益的情况下,如果是由于暂记性差异而采用跨期摊配的程序,原来采用的是递延法,这样形成的所得税负债不符合"负债"的定义。在美国已发布的关于所得税会计的新准则(1987年发布的第96号财务会计准则和取代它的在1992年5月发布的第109号财务会计准则)和国际会计准则委员会(IASC)于1994年重编、1996年修订的关于所得税会计的第12号国际会计准则(IAS 12)中,都转向"负债法"。其中,收益表负债法在当时是流行的会计惯例,而更体现纳税基本概念的资产负债表负债法还不很流行,而目前已成为超越收益表负债法的流行惯例。

在全球范围内,也还有一些国家是不采用确认递延所得税负债的方法的。例如,法、德等欧洲大陆国家由于会计方法基本上从属于税法要求,很少出现暂记性差异;瑞士采用的是分期预提应计所得税的会计程序;在阿根廷等国,则根本不去预计所得税负债,而只是在收付实现制的基础上确认所得税支出。

(2)在处理确认养老金负债方面,差异也是很突出的。例如,是否预计在职职工的养老金负债,按什么基础预计,许多国家都还没有制定发布这方面的会计准则。即使在美国,不少企业对要求以保险统计为基础预计养老金负债的本国会计准则也不很积极支持。

5. 由于负债的计量不可避免地带有程度不等的不确定性,不确知的未来事件对现有资产价值影响的估价也总有程度不等的主观判断性(例如,市场价格和外汇汇率的变动导致的存货跌价)。例如,西欧主要国家长期以来就容许企业通过故意确认和高估可计量的或有负债和不确知的未来事件对资产价值

---

① 本书第四版起已增加了"金融工具会计"一章,但未作深入探讨。更全面的论述可参阅常勋:《财务会计四大难题》第一篇,立信会计出版社2002年第一版,2005年第二版,2006年第三版,2008年第四版。

的影响,作为制造"秘密准备"的最方便的方法。尽管自 20 世纪 90 年代以来,随着证券市场的发展,以及欧盟在致力于各成员国会计协调化方面的卓有成效的努力,各国政府和会计职业界都有遏制这种做法的倾向,但要促使西欧国家的跨国公司彻底改变这种积习已深的所谓"审慎"的会计惯例,还得假以时日。

(二)业主权益与分期收益的确定

在业主权益与分期收益的确定方面,同样存在值得关注的国际差异,其中:

1.最重大的差异来自收益确定的"总括"观念(all-inclusive concept)和"当期经营"观念(current operating concept)。在 20 世纪 50 年代,美国就奉行收益确定的总括观念,在财务会计概念公告中要求:除业主投资、业主派得(distribution to owners)、资本捐赠、资本交易以及重大的前期调整项目以外的所有会计事项都通过收益表,而不能直接计入留存收益。非常损益和会计政策变更的影响都不能作为对业主权益的直接调整;但在几乎所有的非英语国家,则仍然允许把非常损益和会计政策变更的影响,直接作为对业主权益的调整而计入留存收益。

然而,对报告财务业绩方面的改革,美国却滞后于英国。1992 年 10 月,英国会计准则委员会(ASB)发布了第 3 号财务报告准则(FRS 3)《报告财务业绩》,率先倡议编制"全部已确认利得和损失表",与已实现损益表一起共同表述某一报告主体的全部财务业绩,在"全部已确认利得和损失表"中,也将报告反映企业的财务业绩但根据法律要求或此前的会计准则作为直接进入权益的"准备";美国 FASB 在 1997 年 6 月才发布了 FAS 130《报告全面收益》,将全面收益划分为净收益和其他全面收益,一方面保留了传统净收益的概念,另一方面在其他全面收益中,主要报告那些绕过收益表直接列入权益的项目;IASC 也在 1997 年 8 月发布的修订后的 IAS 1《财务报表的列报》中,提出了与英、美准则制定机构的设想相同的改革业绩报告的要求。[①] 但是,其他国家的准则制定机构还很少提出这种构想。

2.同等重要的是"收益平稳化"(income smoothing)问题。其根源也许在于对计量经营成果的会计分期概念上的差别。美国的会计准则要求明确地按年度分期,反对利用会计方法谋求"收益平稳化"。例如,在外币交易会计中不允许递延汇兑损益,就是一个突出的例子。但西欧国家和拉丁美洲国家的会

---

① 有兴趣进一步了解上述全面收益表的不同列报方式的,可参阅常勋、常亮:《国际会计》第五版第九章 9.3"财务业绩报告的改革:列报全面收益",东北财经大学出版社 2008 年版,第 228~237 页。

Accounting

计准则则认为,对合理地确定经营成果来说,按年度分期过于短暂,因此,允许甚至支持在报告年度之间进行某些方式的"收益平稳化"。在瑞典,有人还认为,生产经营周期的长度才是计量和报告企业经营成果最合适的分期。

3.股份公司业主权益会计中的国际差别,很多来自各国不同的法律要求。例如,许多国家规定,每类股票应具有统一的面值,但有一些国家则规定同一类股票可以具有不同的面值。在德国,"每股收益额"就是一个毫无意义的概念,因为大多数有面值的普通股都具有不同的每股马克价格(当时的德国货币);美国等不少国家则允许发行无面值股票。再如,在关于股票分派(在美国和北美洲的用语为股票股利和股票分割)、认股权计划等事项,特别是库存股份的会计处理上,北美和欧洲国家存在着显著的差别,对分派少量(不超过外发股份的20%)股票股利按市价借记留存收益,是美国独特的惯例,其目的在于限制滥用分派股票股利的方式(特别是在法定面值远低于现行市价的情况下)。

当然,上述的两个方面(资产和负债的确认和计量与收益的确定)之间,存在着交互的影响。资产或负债的浮计或低估,与收益表相应项目的虚报或漏列,常常是联在一起的。

三、会计惯例的分项国际比较与协调趋同[①]

以下再就重要的会计方法进行分项国际比较。由于本书有专章分别论述物价变动会计、企业合并和合并财务报表、金融工具会计、外币交易会计和外币报表折算,这四个领域会计方法的国际差异相对来说很可能是最突出的,我们将分别在各章中加以说明,而且,有些也作为例子在上面提到了(如企业合并中商誉的确认与摊销)。现只就除此以外的重要会计方法,介绍其中值得关注的国际差异及协调趋向。

总的说来,在这些已有长期历史的传统会计方法中,在20世纪80年代,国际协调的程度就已超过了国际差异。有些方法是大同而小异,但有些方法的差异还是不容忽视的。

(一)存货计价

1.成本与市价孰低规则在期末存货计价中的应用,长期以来在西方国家是普遍采用的方法,但细究起来,国际差异也是存在的。例如,美国对成本与市价孰低规则的应用,有一个条件限制,即存货的售价已经下跌。因此,订立

---

① 参照常勋主编:《国际会计研究》专题二"会计惯例的国际比较",该专题作者曲晓辉,中国金融出版社2005年8月第一版。

了固定售价的合同而尚未发售的存货,虽然其重置价格低于成本,却不能适用这一规则。而欧洲国家的会计惯例则没有这样的条件限制,在北欧国家甚至对进口和出口存货允许计提一定的跌价准备,而不问其重置价格的走向如何。

2. 在存货发出的计价中,美国企业比较流行后进先出法,这主要是基于纳税利益的考虑;在英联邦国家和德国以及瑞典等北欧国家,占优势的惯例则是先进先出法。1993 年修订的 IAS 2《存货》规定的基准处理方法是先进先出法和加权平均法,后进先出法只被列为允许选用的方法。2003 年 12 月,国际会计准则理事会(IASB)①在其《改进国际会计准则》项目的改进后 IAS 2《存货》中,已经取消了后进先出法,因为这种方法与存货的实物流动情况不符,因而没有合理的概念依据;但 FASB 在 2004 年 11 月发布的 FAS 151《存货成本》中,仍允许采用后进先出法。

3. 关于存货适用资产减值的会计处理,IASC 于 1998 年 4 月发布了 IAS 36《资产减值》。

4. 在资产负债表中,存货按完全成本而不是按变动成本计价(即固定制造费用应分配于产品成本),变动成本计算只应用于企业的内部决策和成本控制,这是世界范围内的通行惯例,但瑞士的不少公司则在对外财务报告中按变动成本对存货计价。

(二)有价证券计价

短期投资中,对于有市场报价的证券,如按历史成本计量,西方国家普遍采用成本与市价孰低规则,但有些国家的会计惯例,只是在市价的低幅大到足够的程度时,才允许采用这一规则,而且有分项采用还是分类采用之别。根据 Arcy 和 Ordelheied 的调查研究(2001),分项采用应估价值与成本孰低规则确认期末属于短期投资的有价证券的国家主要有澳大利亚、奥地利、比利时、法国、德国;加拿大则既可以分项比较也可以分类比较;丹麦既可采用成本或重估的成本,也可采用分项估价或投资组合估价;芬兰和葡萄牙采用成本与市价孰低(分项或按投资组合)方法;荷兰采用历史成本或市场价值;英国则一般分项采用应估价值与成本孰低规则,但对列报的为交易目的而持有的有价证券可以按照市场价格估价;瑞士分项采用重估价值与成本或与市价孰低规则,但在某些情况下使用投资组合方法;美国比照投资准则的规定处理;IASC 则采用市价或市价与成本孰低(分项或投资组合基础),交易证券的利得或损失报

---

① IASB 是国际会计准则委员会全面重组后建立的制定国际会计准则的机构,可参阅第五章第四节,其《改进国际会计准则》项目包括对 13 个 IASs 的改进。

告为损益,可供出售证券的利得或损失反映为股东权益的单独组成部分或损益。

根据 IAS 39《金融工具:确认和计量》(1998 年 12 月),对这种为交易而持有的有价证券(包括债券和股票),在初始计量后,应按公允价值后续计量,并将公允价值的变动(增值或减值)计入各期损益。对于可供出售的有价证券的利得或损失,可计入损益或股东权益;IASB 在修订 IAS 39(2003/12)时,只规定应计入各期损益。

(三)提取坏账准备

应收票据和应收账款等应收款项,不可避免地会发生坏账损失。确认坏账损失有两种方法:直接销账法和备抵法。备抵法是西方国家流行的惯例。但在 Choi 和 Bavishi 在 1982 年所作的国际调查中,在纳入样本的 49 家法国跨国公司中,流行的却不是备抵法,而是直接销账法。鉴于欧洲大陆的国际证券市场的发展,法国公司的这种情况势必有所改变。

从应收款项适用资产减值的会计处理(IAS 36)来看,其可收回金额(recoverable amount)和计入各期损益的坏账损失,应该采用备抵法来确认。

(四)固定资产折旧和重估价

1. 在折旧方法方面,多数国家比较流行的还是直线法,但这并不排除在纳税申报中采用加速折旧法。以美国为代表的不成文法系国家,编制对外财务报表所遵循的会计准则与所得税法的会计要求基本上相背离;但在法国和德国等欧洲大陆的成文法系国家,两者则要求基本上保持一致,即会计准则基本上要遵从税法要求,在这种情况下,在对外财务报告和纳税申报中,可能是同时采用直线法,而经准许在纳税申报中采用加速折旧法的企业,在对外财务报告中也必须采用加速折旧法。在崔、巴维希 1982 年的国际调查样本中,法国公司和德国公司采用直线法或加速折旧法折旧的,几乎不相上下。

2. 关于折旧额能否超过固定资产原价的问题,则有较大的国际差异。根据 Arcy 和 Ordelheide(2001)在会计惯例国际比较矩阵中的调查研究,美国、加拿大、德国、日本等国都不允许超过原价,英国、法国、荷兰、瑞典、瑞士、澳大利亚等国则允许超过原价。

3. 在历史成本计量模式下,固定资产的重估价一般是不允许的,除非是在提供物价变动影响的补充资料中。但法国等西欧国家和阿根廷、智利等拉丁美洲国家的会计惯例则允许对固定资产重估增值。

按照公允价值计量的要求,每一会计期末,都应对固定资产(和无形资产)重新估价,并确认其减值损失,增值则应先扣抵已提的减值准备。

（五）流动负债和长期负债的划分

一般的惯例是以1年为界限,凡在资产负债表日期1年以后到期的负债项目,应归入长期负债。但德国国内公司的会计惯例则要求4年以后到期的负债项目才归入长期负债,这也从一个侧面反映了德国企业所持的长期经营目标的观点。再者,按照上述以1年为划分流动负债和长期负债的界限,原来的长期负债中,凡在资产负债表日期后1年内到期的项目,就应归入流动负债,但有些国家对划分流动负债和长期负债的期限界限,还采用了"一年或营业周期孰长"的规定。

（六）长期债券溢价和折价是否摊销

根据Choi和Bavishi1982年所作的国际调查,在长期债券溢价和折价是否摊销的问题上,存在着较大的国际分歧。就所调查的869家跨国大型工业公司而言,在413家美国公司、111家日本公司、36家加拿大公司、21家荷兰公司、17家澳大利亚公司中,摊销是占支配地位的惯例;而在107家英国公司、66家前联邦德国公司、49家法国公司、31家瑞典公司、18家瑞士公司中则没有这样的惯例。20世纪90年代以来,这一调查结果显示的情况已有重大改变,摊销的流行程度已大大提高。

（七）长期融资租赁是否资本化

根据Choi和Bavishi的同一调查,对长期融资租赁是否资本化,同样是存在着较大的国际差异。只有美国和加拿大这两个北美国家的公司,才流行资本化的惯例。其余的7个欧洲国家和澳大利亚的公司,流行的惯例都是不进行资本化。我们在稍前的论述中,曾以此作为"实质重于形式"还是"形式重于实质"的例证。而IASC在1987年对其会员团体进行的关于国际会计准则在世界范围内的适用情况的调查中,法国、前联邦德国、瑞士、日本等国表示,主张融资租赁资本化的IAS 17《租赁》对它们不适用;英国和荷兰没有作不适用的答复（这两个国家的会员团体答复了IASC的问卷）;加拿大则答复不适用。这两份国际调查中的这种歧异,可能是由于时隔几年后情况出现了变化,也可能是由于抽样中的样本差别,或是由于答问者是从不同的角度着眼的,等等（我们只能指出这些可能,难下断语）。

但是,随着融资租赁业务的进一步发展,在Arcy和Ordelheide(2001)编制的会计惯例国际比较矩阵中,列入统计的绝大多数国家已要求对融资租赁资本化,这些国家包括澳大利亚、奥地利、比利时、加拿大、德国、日本、荷兰、葡萄牙、瑞典、瑞士、英国、美国以及IASC。由此可见租赁会计的国际协调进展显著。

（八）研究与开发支出是否费用化

在 Choi 和 Bavishi 的国际调查中（1982），费用化已是 10 国 869 家公司流行的惯例。但进一步仔细考察，研究与开发支出的流行会计惯例，一般因研究与开发活动的分类而异。由于基础研究的成功几率一般较低，存在很大程度的不确定性，其研究成本通常费用化；应用研究的针对性虽然很强，但成功的不确定性仍然很高，因而其研究支出的主流惯例也趋于费用化；开发活动则是在研究已经达到预期目标，大规模投产可以合理预期的前提下的一个稳定性开发过程，因此其支出的会计处理的主流惯例是资本化。此外，对于研究与开发阶段的产品的利润分配，也有不同的会计惯例。这样，研究与开发的会计惯例通常可以按照以下类别来区分：基础研究成本、应用研究成本和开发成本。

基础研究成本确认的会计惯例较少明确规定。在有规定的情况下，也大多是由会计准则机构推荐某些处理方法。例如，意大利规定基础研究成本的确认条件是：与之关联的预期未来事项是确定或可能的。

应用研究成本确认的会计惯例的明确规定也不多。澳大利亚规定只允许对那些无可置疑的并且成本预期能够被收回的应用研究成本予以确认；意大利则规定应用研究成本的确认条件是与之关联的预期未来事项是确定或可能的；葡萄牙允许对被解释为开发成本的符合某些条件的应用研究成本予以确认；西班牙和瑞典都允许对符合某些条件的应用研究成本予以确认。

开发成本确认的会计惯例较之基础研究成本和应用研究成本多些，但优势惯例是允许确认而非要求确认。Arcy 和 Ordelheide 的调查研究（2001）揭示了以下惯例：澳大利亚规定只允许对那些无可置疑的并且成本预期能够被收回的开发成本予以确认，也适用于勘探成本；加拿大允许对符合某些条件的开发成本予以确认；而 IASC、葡萄牙则要求对符合某些条件的开发成本予以确认；意大利则规定开发成本的确认条件是与之关联的预期未来事项是确定或可能的；荷兰允许确认开发成本，也适用于某些勘探成本；比利时、芬兰、法国和挪威允许确认开发成本；英国则只允许对某些开发成本予以确认；美国要求对符合某些条件的软件的开发成本予以确认，但不允许确认其他开发成本；奥地利和德国则不允许确认开发成本。

同样具有很大不确知性（指是否能取得成功和具有经济效益）的矿山勘探支出，选择费用化还是资本化，往往取决于企业的经营规模和承受能力。其实，这种差异实质上并不是国际差异，在国内的大企业与中小企业之间同样存在这种差异。

（九）递延所得税的会计处理

在前面的论述中,我们已把所得税会计作为在负债确认方面的国际差异的突出例证,并且概述了递延法被负债法取代的过程,以及资产负债表负债法超越收益表负债法成为当前国际流行的会计惯例的情况。这里,还要进一步说明递延所得税资产确认惯例中存在的较大差异。众所周知,作为资产的递延税款借项,是在有关经济事项导致未来纳税利益的情况下确认的,需要以企业未来产生足够的应税收益为前提,否则所预期的未来纳税利益是不可能实现的。由于企业的经济环境和自身经营存在很大的不确定性,基于会计的稳健原则,很多国家对递延所得税资产的确认规定比较严格的条件。根据 Arcy 和 Ordelheide 的调查,比利时不允许确认递延所得税资产;丹麦、芬兰、意大利、荷兰和葡萄牙允许确认所得税资产;奥地利不允许确认以后结转亏损的所得税资产,但如果其产生一项净所得税负债,则要求予以考虑;英国要求确认递延所得税资产;其他一些要求确认递延所得税资产的国家都附加了一些条件。例如,澳大利亚一般要求确认递延所得税资产,但对于以后结转亏损的递延所得税资产,则要求仅在预期其所代表的未来纳税利益的实现能够在实质上确定的情况下才可以确认;日本的规定在总体上也要求确认递延所得税资产,但不允许确认在一定条件下的以后结转亏损的所得税资产;加拿大要求确认递延所得税资产,包括在一定条件下以后结转亏损的递延所得税资产;挪威要求在计算递延税款净额时,递延所得税资产大于递延所得税负债时才确认递延所得税资产;美国不但要求确认递延所得税资产,而且要求确认在一定条件下以后结转亏损的所得税资产;IASC 则要求企业未来在这些所得税资产实现时有足够的应税利润用于抵销,方能确认递延所得税资产。

此外,关于递延税款期末余额是否调整以及递延税款在资产负债表中的列报和所得税成本或利益在损益表中的列报问题,国际上也存在着不同的惯例。

（十）库存股份是否从股东权益中减除

在前面的论述中,我们已把"库存股份是作为股东权益的减除,还是作为一项资产(就像对其他公司股份的短期投资一样)",作为"实质重于形式"还是"形式重于实质"的例证。一般地说,这也是存在于美国、加拿大等北美国家与欧洲大陆国家之间的国际差异。日本公司则是从原先仿效欧洲大陆的惯例转向仿效北美的惯例的。在 Choi、Bavishi 的国际调查中,日本公司流行的惯例已经是把库存股份作为股东权益的减项,但却仍然把库存股份出售时与其取得成本间的差额确认为当期损益,而不是把库存股份的出售作为资本交易。这样,就在相关联的会计方法中导致了概念上的矛盾。

Accounting

（十一）是否提留法定公积和任意公积

这是美国和英联邦国家与欧洲大陆国家和日本的会计惯例中的一大差别。前者只允许为特定目的在收益分配中提留专用准备,美国称为"留存收益的分拨",并在会计术语中废除了"准备"这个词,一俟该目的实现或摒弃,已分拨的留存收益就要转回,即不再限制从中分配股利;欧洲大陆国家和日本则要求在收益分配中提留法定公积(准备)和允许提留可以任意处理的任意公积(通用准备),并且把法定公积和任意公积永久地留存在企业中。

▲ 第二节　财务报表的国际比较

向企业外界的使用者提供财务报告,在世界各国已经是一种普遍的惯例,但各国财务报表之间也存在着差异。当然,更深刻的分歧在于前已阐述的各国财务报表所赖以建立的会计准则。然而,财务报表列报方式上的差异也困扰着外国和跨国使用者。我们在比较这些差异后,还将说明一些国家如何帮助外国和跨国使用者理解和使用本国报表的举措。从而,也突出了国际会计协调化的迫切要求。

一、财务报表的国际比较

我们将分别比较报表种类的差异、报表格式的差异以及报表项目分类和术语的差异这三个方面。

（一）报表种类的差异

资产负债表和收益表(损益表)是世界各国都要求编制的最基本的财务报表。因为,报表的外部使用者最需要的是关于企业财务状况和经营成果的信息。在其他方面就有所不同了。

1.作为第三报表的财务状况的变动表,已被现金流量表取代

在美国,公认会计准则在 20 世纪 70 年代初把反映企业营运资本(working capital)的来源和运用及增、减净额的财务状况变动表(statement of changes in financial position)列为对外通用财务报表,并要求其内容能展示企业筹资和投资活动的全貌(美国会计原则委员会第 19 号意见书,1971 年)。这就使财务状况变动表成为美国企业在资产负债和收益表之外必须编制的第三种基本财务报表。英国则要求年经营收入在 2 500 英镑以上的企业编制财务状况变动表。其他欧盟国家以及瑞士、日本等国则很少提出这一要求,但不少大型企业则自愿

对外提供财务状况变动表。1987 年,美国又发布了 FAS 95,以现金流量表
(statement of cash flow)取代原先要求编制的财务状况变动表。相应的,IASC
也在 1992 年发布新的 IAS 7,以现金流量表取代原先于 1977 年发布的 IAS 7 要
求编制的财务状况变动表。可以说,在国际范围内,现金流量表已基本上奠定了
它作为对外通用财务报表中的"第三报表"的地位。我国也于 1998 年 1 月 1 日
起执行《企业会计准则——现金流量表》,以取代财务状况变动表。

2. 全面收益表将成为第二收益表

全面收益(comprehensive income)也译为综合收益。如前所述,它包括
传统概念上的净收益和其他全面收益,后者指现行实务中绕过收益表直接列
入资产负债表业主权益的项目。就其整个构想而言,在传统的收益表中将列
报已确认的已实现收益,算出的净收益,将转入全面收益表,在全面收益表的
"其他全面收益"部分,列报的是已确认的未实现收益①,两者的合计金额(净
收益+其他全面收益)即全面收益。因此全面收益表也可以称为传统收益表
以外的第二收益表。

表 2-1 列示美国 FASB 推荐的在收益表之外另编的全面收益表的格式:

表 2-1 泛美公司全面收益表
20×0 年 12 月 31 日止的会计年度

净收益		$73 800
其他全面收益(税后)		
外币折算调整		11 000
未实现的证券利得		
本期产生的未实现利得	$41 400	
减:包括在净收益中的利得重新分类调整	(4 300)	37 100
最低退休金负债调整		(5 700)
其他全面收益		42 400
全面收益		$116 200
每股全面收益		$4.65
每股净收益		$3.39

IASB 在 2008 年修订的 IAS 1《财务报表的列报》中也对企业全面收益表的
格式和内容作了更新,也允许企业选用以下两种不同的格式来呈报全面收益:

---

① 为此,在现行实务中包括在净收益中的未实现收益(如未实现的汇兑损益),应在
其他全面收益中列报。

（1）仅提供一份"全面收益表"来报告"总计全面收益"（total comprehensive income）。"总计全面收益"由当期实现的损益和"其他全面收益"（other comprehensive income）构成。[①]

（2）提供一份"收益表"来报告当期实现的损益，和另一份报表显示"其他全面收益"。

以下是更新后的 IAS 1 所推荐的报告全面收益的两种格式，见表 2-2、表 2-3、表 2-4：

表 2-2　XYZ 集团全面收益表

（格式一）　　　　　　　至 20×3 年 12 月 31 日止的会计年度

销售收入	×	×
销售成本	(×)	(×)
净收益	×	×
其他运营收入	×	×
推销成本	(×)	(×)
管理费用	(×)	(×)
其他运营费用	(×)	(×)
经营利润	×	×
融资成本	(×)	(×)
占联营公司利润的份额	×	×
税前利润	×	×
所得税费用	(×)	(×)
本期利润	×	×
其他全面收益		
外币报表折算确认的利得和损失	×	(×)
重新计量"可供出售"的金融资产所确认的利得和损失	×	(×)
现金流量套期(工具)的利得和损失的有效部分	×	(×)
固定资产重估的利得和损失	×	(×)
占联营公司其他全面收益的份额	×	(×)

[①]　"其他全面收益"可包含（但不仅有）：固定资产重估的利得和损失；依照 IAS 19《雇员利益》所确认的"确定收益型养老金"的精算利得和损失；对国外子公司的财务报表进行折算所确认的利得和损失；重新计量"可供出售"的金融资产所确认的利得和损失；现金流量套期(工具)的利得和损失的有效部分。

续表

"确定收益型养老金"的精算利得和损失	×	（×）
其他全面收益组成部分的所得税（总额）*	（×）	（×）
税后其他全面收益	×	×
本年度总计全面收益	×	×
本期利润的分配		
母公司股东	×	×
非控制股权股东	×	×
	×	×
本年度总计全面收益分配		
母公司股东	×	×
非控制权股东	×	×
	×	×

＊见下页（p.32）注①。

表 2-3　XYZ 集团收益表

（格式二之 1）　　　　至 20×3 年 12 月 31 日止的会计年度

销售收入	×	×
销售成本	（×）	（×）
净收益	×	×
其他运营收入	×	×
配送成本	（×）	（×）
管理费用	（×）	（×）
其他运营费用	（×）	（×）
经营利润	×	×
融资成本	（×）	（×）
占联营公司利润的份额	×	×
税前利润	×	×
所得税费用	（×）	（×）
本期利润	×	×
本期利润的分配		
母公司股东	×	×
非控制股权股东	×	×
	×	×

表 2-4   XYZ 集团全面收益表

（格式二之 2）   至 20×3 年 12 月 31 日止的会计年度

本期利润（从以上的利润表）	×	×
其他全面收益		
外币报表折算确认的利得和损失	×	（×）
重新计量"可供出售"的金融资产所确认的利得和损失	×	（×）
现金流量套期（工具）的利得和损失的有效部分	×	（×）
固定资产重估的利得和损失	×	（×）
占联营公司其他全面收益的份额	×	（×）
"确定收益型养老金"的精算利得和损失	×	（×）
其他全面收益组成部分的所得税（总额）①	（×）	（×）
本年度总计全面收益	<u>×</u>	<u>×</u>
本年度总计全面收益分配		
母公司股东	×	×
非控制权股东	×	×
	<u>×</u>	<u>×</u>

值得注意的是，和以前 IAS 1 的各个版本不同，2008 年修订的版本中，"分派给业主的股利"不在"利润表"或者是"全面收益表"中反映。股利应反映在"业主权益变动表"或在财务报表的附注中。IAS 1 此举是为了分开披露由于"业主投入变化"和"非业主投入变化"而导致的业主权益的变动。

3. 增值表始创于西欧，也流行于西欧

20 世纪 80 年代，在前联邦德国和英国提供对外通用财务报表的企业中，约有半数以上编制增值表；法国、挪威、丹麦、意大利等国，也有一些企业编制增值表；而美国、日本、新加坡等国企业则基本上没有对外提供增值表。可以说，在国际范围内，增值表还没有奠定它作为对外通用财务报表的地位，从而成为第四种基本财务报表或继全面收益表之后的第五种基本财务报表。但不少国家的会计界已对增值表产生了浓厚的兴趣。

---

①   IAS 1 要求企业披露所得税对"其他全面收益"各组成部分的影响。准则允许两种披露方式：第一种是逐项披露所得税对各组成部分的影响，因此在报告中各组成部分以税后净值出现。第二种则是以上例子中运用的方法——报告"其他全面收益"组成部分的税前值，以及总共的所得税。IAS 1 强调：之所以要求披露各组成部分的所得税，是因为它们的税率和企业经营活动适用的税率通常是极不相同的。

增值表还没有标准的表式,表 2-5 简示英国帝国化工公司编制的增值表的表式(表中的数字是任意假设的)。可以看出,增值表实际上是一种反映社会责任和分配关系的报表,它由两部分组成,第一部分从销售收入中减去外购材料和劳务,得出增值额;第二部分将增值额分配给各有关方面如雇员、政府、出资者、企业(作为内部积累重新投入企业)等。

表 2-5 帝国化工公司增值表

20×2 年度

	20×2 年度 (百万英镑)	20×1 年度 (百万英镑)	增减比例 %
收益来源			
销售	7 358	6 581	+12
特许使用费和其他收益	99	82	+21
减:耗用的材料和劳务	5 272	4 551	+16
生产和销售活动所增加的价值	2 185	2 112	+3
来自联属企业和商业投资的净利润	39	52	−25
增值总额	2 224	2 164	+3
增值总额的分配			
雇员	1 444	1 362	+6
工资加上退休金、保险金和解职费利润	1 421	1 335	
分享奖金	23	27	
政府	67	88	−24
公司所得税	92	111	
减:减免	25	23	
出资者	283	287	−1
借款利息成本	146	142	
股东股利	115	113	
子公司的少数股权股利	22	32	
重新投入企业	430	427	+1
折旧和非常项目准备金	400	354	
留存收益	30	73	
	2 224	2 164	

4.在财务报表中披露企业的社会责任

这始于 20 世纪 60 年代,其背景是:西方发达国家在发展经济的同时,也暴露出工业化的弊端,较突出的是环境污染事故和职工伤亡事故时有发生,一味追求高额利润的企业不仅受到社会舆论的抨击,而且受到企业职工的抵制。另一方面,企业产品(含提供的服务)的质量也越来越受到消费者乃至全社会的关注。这种情况产生了两方面的后果:社会对企业经营所造成的影响的关注和企业管理当局在决策时不能不注意到企业的社会形象。这些变化体现在财务报告中,就是社会责任的披露。

正因为社会责任披露的发展历史还不长,它还显得很不成熟。国与国之间、企业与企业之间不仅在披露的内容和程度上存在很大差别,就是对披露的方式也存在着不同的做法。有的企业在年度财务报告中披露社会责任信息,也有的企业另行编制单独的社会责任报告。即使是同样在年度财务报告中披露社会责任信息,不同的企业也有所不同,有的将信息放在财务报表中,有的放在报表注释中,还有的放在文字说明部分。社会责任披露的内容,差别就更大了,综合各国的实务,大致包括以下领域:(1)环境;(2)就业机会;(3)人事;(4)参与社区活动;(5)产品的性能和安全;(6)企业行为;(7)商业道德。绝大部分企业只是披露其中的部分内容。

对社会责任披露的另一争论是:对企业有关社会责任的投入产出应该侧重定量反映还是提倡定性披露。所谓投入,是指特定社会责任项目的实际举措,如控制空气污染装置、职工安全保护等;所谓产出,是指这些举措所产生的实际后果,如空气污染和职工工伤事故的减少程度等。在定性还是定量的选择中,作出断然选择的企业不多,大部分企业都是采用某种形式的折中。常见的社会责任披露一般有以下三种形式:

(1)投入和产出都以文字的、定性的方式表示。

(2)投入以定量的、货币计量的方式(如费用、投资等)表示,而产出则以定性的、非货币计量的方式(如实物量、社会指标等)表示。

(3)投入和产出均以定量的、货币计量的方式表示。

以工伤事故的控制为例,可以按上述不同的方式表述如下:

(1)本公司在减少工伤事故方面投入可观的资金,改善了……安全保护设施,并且已经取得了显著的成功。

(2)本公司在一项旨在减少工伤事故的计划中花费了 60 万美元,从而使工伤事故发生率下降了 54%。

(3)本公司在一项旨在减少工伤事故的计划中花费了 60 万美元,从而使工伤事故的善后处理和赔偿费以及其他费用和损失减少了 98 万美元。

就主要西方国家来说,法国和荷兰采用的是非货币计量方式。法国的国营公司采用相当完备的账户来定期计量每项计划的实施所带来的产量增长的绝对额和相对额。1977 年 7 月,法国通过了一项法令,要求所有职工人数达到或超过 300 人的企业都须编制"社会资产负债表"。从 1984 年起,社会资产负债表必须列示 3 年的数据,并且要分别按各下属工厂和整个公司编制。法国的社会资产负债表分七个方面:(1)职工人数;(2)工资及福利成本;(3)健康和安全保护;(4)其他工作条件;(5)雇员培训;(6)行业联系;(7)雇员住房、交通等生活条件状况。这七类内容又进一步划分为若干个子项目,直到分解成非常具体的报表指标。

瑞典的社会(责任)报告对投入采用货币计量方式,对产出则用实物量表示。前联邦德国也以货币计量表述投入量,对产出则采用对社会目标的实现程度进行评价的方式。美国则只有大型企业才在年度报告中以简短的文字披露社会责任的履行情况。但也有一些企业非常重视社会责任的披露,如美国一家著名的咨询集团 ABT 公司就采用复式簿记来归纳、计算年度净社会效益,并在财务报表中分别按公司、股东、雇员、客户、一般公众和社区来反映其社会效益。

社会(责任)报告对跨国公司更为重要,其分公司、子公司、联营公司等所在的东道国政府和社会舆论,为了保护本国的环境和工人的劳动安全,都要求跨国公司下属的当地公司能充分披露其履行社会责任的信息。迄今为止,已有不少国际组织在确定社会责任披露的内容方面作了多种努力,其中较为突出的是联合国跨国公司中心、经济合作与发展组织和欧洲经济共同体。

联合国跨国公司中心所属的国际会计与报告准则专家小组于 1982 年在《联合国跨国公司行为准则草案》中,对社会责任的披露提出了较为全面的建议。该草案建议在跨国公司的财务报告中包括以下非财务信息:(1)跨国公司的组织结构、对外及相互之间拥有业主权的百分比;(2)各主体的主要活动;(3)就业信息,包括平均职工人数;(4)编制和合并报表时所用的会计方针;(5)有关转让价格的政策。而且,还要求对以上信息按地理区域和按行业作必要的分解。其中,第(3)项和第(5)项都与披露社会责任有关。

经济合作与发展组织在其《跨国公司指南》中提出了非财务信息披露的建议。与联合国的建议相对照,经济合作与发展组织的披露建议只是对披露每一地理区域平均职工人数的信息作了规定。欧盟的前身欧洲经济共同体更进了一步,在平均职工人数之外还要求提供各类职工的年度人事成本,接着,还提出了一些扩大跨国公司披露的要求,包括披露经济与财务情况、生产和销售

趋势、投资和生产计划、合理化方案、新工作方法的采用以及任何可能对职工利益产生重大影响的事项。

(二)报表格式的差异

虽然,资产负债表和收益表(损益表)是各国的会计准则都要求编制的两种最基本的财务报表,但它们的格式仍有所不同。

1.资产负债表格式的差异

就资产负债表而言,美国和受美国会计模式影响的国家的企业大都采用账户式,资产列在左方,负债和业主权益列在右方;采用账户式资产负债表的大多数英联邦国家的企业则恰好相反,把资产列在右方,而把负债和业主权益列在左方。此外,英国和欧洲大陆各国还流行一种称为"财务状况式"的资产负债表。即在表的上端,先列示企业流动资产减去流动负债后的营运资本,而后加上长期投资、固定资产、无形资产等非流动资产,再减去长期负债(非流动负债),最终得出企业的业主权益,这种格式反映了欧洲大陆国家和美国一样,也开始关注企业的营运资本。简示其表式如表2-6。

表2-6　泛欧实业公司资产负债表

20×0年12月31日

流动资产	
……	
……	
流动资产合计	×××
减:流动负债	
……	
……	
流动负债合计	×××
营运资本	×××
加:长期投资	×××
固定资产(净值)	×××
无形资产(净值)	×××
减:长期负债	×××
业主权益	×××

关于资产负债表项目的排列,美国的企业把变现能力最强的项目列在最先。在资产方,先流动资产后非流动资产;在负债和业主权益方,先流动负债后长期负债,再后为业主权益。西欧国家的企业则往往相反。在资产方,先非流动资产,而后流动资产;在业主权益和负债方,先业主权益,后长期负债,再

后为流动负债。前者是重视企业短期偿债能力的反映,后者则是重视企业长期财务实力的反映。

再者,值得一提的是,IASB 在对 IAS 1《财务报表的列报》的改进项目(2003 年 12 月)中①,在资产负债表的结构中,增加了"生物资产"这一单独列报项目;对所得税资产和负债,按流动/非流动的标准,分别增列了"当期所得税负债和资产"和"递延所得税负债和资产"单独列报项目。

2. 收益表(损益表)格式的差异

收益表的格式,有多步式与一步式之分。但这并不是国际差异的标志。许多企业往往不是采用典型的分步式(如教科书中表述的),而是采用对收入和费用项目都有所细分的一步式。国际差异的主要标志则在于,西欧国家的企业可以按销售成本法和按总费用法编制损益表,前者是国际通用的格式,也是欧盟要求的格式,后者则是德国等欧洲大陆国家长期采用的传统格式。国际通用的销售成本式损益表反映的是销售业绩,而总费用式损益表,则不仅要反映销售业绩,而且要反映生产业绩,即还应包括只完成部分生产过程或已完成全部生产过程但尚未出售的在产品和产成品以及企业自制自用的产品的增减变动,同时在费用部分则应扣除期内发生的所有费用,即"总费用"。

对收益表的结构,IASB 对 IAS 1《财务报表的列报》改进项目也作了如下的变革:

(1)取消了"经营活动成果"单独列报项目。这是因为,在 IASB 的国际财务报告准则中尚未对"经营活动"进行界定,势必导致混淆。就我们的理解,取消只是为了不把"经营活动成果"作为准则正式规范的术语。因为改进后 IAS 1 中又指出,有些主体可能会用这样的或类似的项目披露经营活动的成果,那么,该主体应当确保所披露的金额代表了通常作为"经营性"的活动。

(2)取消了"非常项目"单独列报项目。其原因是 IASB 认为,即使是以不经常或不定期发生为特征的非常项目,仍然主要是由该主体面临的正常业务风险所带来的,因此,不需要在收益表内作为一个单独组成部分进行列报;确定是否应在收益表内单独列报,应该是交易或事项的性质或功能,而不是其发生的频率。

(3)增加了"可归属于终止经营的资产处置或负债清偿的已确认税前利得或损失"单独列报项目。

①   对《改进项目》的介绍,可参阅张象至、李红霞:《〈改进国际会计准则〉项目13项国际会计准则主要变化》,载《会计研究》2004 年第 1～5 期。对改进后 IAS 1 的介绍,在第 1 期,或《国际财务报告准则 2004》(中文译本)中各该准则改进后的版本,中国财政经济出版社出版。

(4)将当期损益划分为"归属于母公司权益持有者"和"归属于少数股权"两个部分。

由此可见,改进后 IAS 1 在收益表结构方面作出的变更,是值得我们关注的。

(三)改进后 IAS 1 对财务报表列报的重大改进

在 IASB《改进国际会计准则》项目的改进后第 1 号国际会计准则(IAS 1)《财务报表的列报》中,有一项重大的改进值得在这里提出,这涉及财务报表的公允性与合法性问题。改进前的 IAS 1 已允许当企业管理层断定在遵从 IAS 的某项具体要求时将导致误解,为实现公允列报的目的,可以背离准则的规定;但在实务中,有些国家和地区的监管法规允许企业为了实现公允列报而背离准则,有些国家和地区的监管法规则不允许这样做。针对这两种不同的环境,改进后 IAS 1 分别作出了不同的披露要求:

1.相关的监管法规要求或不禁止在特定情况下背离准则

在这种情况下,应该披露:

(1)管理层已断定这样背离相关准则后编制的财务报表公允地反映了该主体的财务状况、财务业绩和现金流量;

(2)除为实现公允列报而背离了相关准则的某项规定外,该主体在所有重要方面均已遵循了适用的准则和解释公告;

(3)该主体背离的那项准则或解释公告的名称,背离的性质,包括该项准则或解释公告要求的处理方法,该处理方法在那种情况下导致误解以致与《编报财务报表的框架》中规定的目标相矛盾的原因,以及现在采用的处理方法;

(4)每个列报期间,这种背离对假如遵循了该项规定编制的财务报表中各个项目的财务影响。

2.相关的监管法规禁止背离准则

在这种情况下,改进后 IAS 1 不要求背离,但要求该主体披露:

(1)可能导致误解的准则或解释公告的名称,准则中该项要求的性质,管理层断定遵循该项规定将导致误解以致与《编报财务报表的框架》中规定的财务报表目标相矛盾的原因;

(2)管理层断定为达到公允列报,对每个列报期间财务报表的各个项目应作的必要调整。

这就比较妥善地解决了披露不同国家与地区间的监管规定中有关公允性与合法性之间的矛盾问题。

(四)报表项目分类和术语差异

1.报表项目分类的国际差异

关于报表项目分类的国际差异,在前面已有述及。最值得指出的也许是,前联邦德国对国内企业以 4 年为界限来划分流动与非流动项目的,这与受美国和英国会计模式影响的世界大多数国家以 1 年为界限来划分流动与非流动项目的分类法大相径庭;美国、加拿大等国的会计惯例将库存股份(treasury stock)列为股东权益的减项,而前联邦德国、意大利、葡萄牙等国的会计惯例则把它列为资产项目。还可以举出其他的例子,如在递延费用中应将在资产负债表日期后 1 年内摊销的部分从非流动资产转为流动资产,长期负债中应将在一年内到期的部分转为流动负债的规定,不少国家的企业并不遵循;如前所述,企业合并中形成的商誉一般列为无形资产,但法国、荷兰等多数西欧国家也允许从合并股东权益中立即注销商誉,而且在有些国家,这还是占优势的会计惯例。等等。

　　2.常用术语的国际差异

　　由于语言的不同,各国会计界在财务报告中所采用的术语往往是不同的。即使是某种共同的语言(如英语),会计术语的歧义依然存在,甚至足以引起误解。表 2-7 清楚地说明了美国和英国的一些常用财务报告术语的差别。

表 2-7　美、英财务报告术语的差异

财务报告术语	美　　　国	英　　　国
同一名词表示不同的概念		
stock	股本	存货
accounts	账户	报表
turnover	周转率	营业收入
同一概念采用不同的名词		
收益表/损益表	income statement	profit and loss account
留存收益表	statement of retained earnings	appropriation account
财务状况变动表/资金表	statement of changes in financial position	funds statement
应付款	payables	creditors
应收款	receivables	debtors
股票股利	stock dividend	bonus issue
资本盈余	capital surplus	share premium
普通股	common stock	ordinary shares
现行汇率法/期末汇率法	current rate method	closing rate method
会计年度/财务年度	fiscal year	financial year

Accounting

国
际
会
计

续表

财务报告术语	美　　国	英　　国
收益/利润	income	profit
存货	inventories	stocks
票据	notes	bills
面值	par value	nominal value
权益集合法/权益联营法	pooling of interests	merger accounting
优先股	preferred stock	preference shares
不动产、厂场和设备/固定资产	property、plant and equitment	fixed assets
销售额	sales	turnover
股份	stock	share
股东权益	stockholders' equity	shareholders' equity
股票分割	stocks split	bonus issues

此外,英美两国有时虽然对同一概念采用同样的术语,但由于会计准则的要求不同,在具体内容上却可能有重要的差别。如"前期调整"一词,美国指前期财务报表差错的更正以及主购企业在合并前的亏损所带来纳税抵减额的实现;英国则指前期财务报表差错的更正以及会计方针的变更所产生的影响。显然,忽视各国财务报告术语的差别,完全有可能在使用财务报表提供的信息时导致误解并作出错误的判断。

二、对外国公司财务报表的披露要求和传统调整方法

鉴于以上所述的各国财务报表存在着诸多差异,如何使外国的股东、债权人等报表使用者充分理解本国公司的财务报表,或者说,如何使本国的报表使用者充分理解外国公司的财务报表,从而能对企业的经营业绩和发展前景作出明智的判断呢? 为了保证本国投资者能够得到作出正确判断所需要的财务信息,许多国家政府都对进入本国证券市场的外国公司提出了专门的强制性的信息披露要求。提出这种披露要求的通常是各国政府专设的管理机构,如美国的证券交易委员会、日本的大藏省、意大利的公司证券全国委员会等。

在财务报告的披露要求上,各国政府大多倾向于为本国投资者提供平等、一致的保护,而不管这些投资者是投资于本国公司的证券还是外国公司的证券。但这一原则的实行面临着如何遵从不同的国家在法律、经营惯例及会计准则等方面普遍存在着差异的难题。消除这种差异会给编制报告的外国公司带来很大的困难,而屈从于这些差异又会损害本国投资者所应得的平等保护。许多国家采用的实际上是折中的办法,即对外国公司提出一些不同于本国公司的披露要求。

对于投资于外国公司的股东来说,一份以外国的会计准则为依据、以外国的语言和货币单位编制的财务报告几乎是没有意义的。让所有这些股东去熟悉外国公司所在国的语言、经济制度、经营环境和会计准则,显然是既不可能也不必要的。从历史发展的过程看,对外国公司的财务报告先作一些补充或调整是唯一可行的办法,也是唯一有效的办法。从历史发展上看,对外国公司财务报告所作的传统调整方法一般有以下几种:

(一)表下注释

一些国家允许外国公司按原在国的会计准则编制财务报告,但同时必须在报表的注释中注明两国会计准则的差别及其对报表数据的影响。美国、法国、比利时、日本等国都对外国公司作出了这类规定。

(二)翻译和折算

翻译是指跨国公司将财务报告的语言部分翻译成各主要读者集团的民族语言,例如,日本的跨国公司将寄给美国股东的财务报告翻译成英文,或是将英文译本随同原日文文本一同寄给美国股东。荷兰、德国、瑞典和瑞士等国对财务报告的翻译较为普遍。这些国家的许多公司都以六种语言发布定期的财务报告。相比之下,美国和法国的民族主义倾向较为强烈,一般不愿对财务报告作翻译和折算。

折算比翻译又进了一步,除了语言翻译外,还把货币金额折算为以报表读者所在国的货币单位的数额。折算结果的列示有两种方法。一种是只列示折算后的结果,如瑞典的艾利克森公司在其送交美国读者的报表中,只列示折算的美元金额,并在报表的每一页上都注明表中美元数额的换算标准。另一种方法是设置两个金额栏目,同时列示折算前的原币数额和折算后的外币数额,日本的富士通公司和智利的全国铜业公司都采用这一方法。

翻译和折算无疑为外国读者理解和运用财务报告提供了方便,但翻译和折算也存在着局限性。尽管报告中的语言和金额都转换成外国读者所能理解的形式,但据以编制财务报告的会计准则并没有加以转换,审计准则和惯例上的差别也没有随着语言障碍的消除而告消失,而读者却往往以为会计准则也已随着财务报告被"翻译"过了。这种误解很容易造成读者判断上的失误。为克服这些局限性,在翻译和折算后的财务报告中,可对会计准则、审计准则等的差别作一些必要的披露。

Accounting

(三)增加专用信息

对翻译和折算的局限性尽管采取了说明会计准则差别的补救措施,但并不是每一个读者都能精通所有现行的各国会计准则并能对它们的应用作出正确的理解和判断的。为此,一些企业采取了进一步解释会计准则和惯例的其他方法,如以瑞典为本土的跨国公司在寄给非瑞典读者的财务报告中,都附加一份名为《理解瑞典财务报表入门》的资料性小册子。这一做法的长处在于它有助于帮助读者深刻理解和比较两国会计准则的异同,从而避免望文生义所带来的误解。它的局限性则表现在,它对没有能力自行调整会计准则差异数额的读者并没有多少帮助,受惠的都是熟悉报表编制技术的内行。

(四)重新表述

重新表述比以上各种方法都更为彻底,它是指跨国公司按照报告读者所在国的会计准则对报表的各项数字重新进行表述。这样一来,财务报告的外国读者就能看到与他所熟悉的会计惯例相符合的收益额和其他财务数据。重新表述一般只局限于部分重要的指标,如收益额、普通股每股收益额等。但财务报表的重新表述往往会改变原报表的财务比率。

(五)增加辅助财务报表

辅助财务报表是相对基本财务报表而言的。这里所说的基本财务报表是指一般意义上的财务报表,即按公司原在国的公认会计准则、以该国的文字和货币编制的财务报表。辅助财务报表则是专门为其他国家的财务报告读者所编制的,它一般具有以下特征:

1.遵从某一外国的财务报告准则;

2.全部报表金额折算为某一外国货币额;

3.报表的语言翻译为某一外国文字;

4.审计报告按某一外国的惯例进行表述。

辅助财务报表是由会计师国际研究组在1975年发表的研究报告中建议编制的,该研究组建议那些在本国以外的其他国家拥有财务报告读者的公司,在提供基本报表的同时也编制辅助报表。当时,一些日本公司如日立公司和本田公司就采用了辅助财务报表的方式。

采用基本财务报表和辅助报表的优点首先是信息数量的增加和质量的提高,这种报告形式对外国读者更具有相关性。其次,这种报告形式明确地承认了其他国家的财务报告准则和惯例,承认了跨国经营的特殊性和多样性,因此是一种更为现实的做法,既有利于在国外树立公司的形象,也有助于管理人员掌握国外资本市场的动向。此外,跨国公司采用基本和辅助的财务报告可促进国际资本市场的发展。经营成绩优越的跨国公司还可借此来吸引公众的注意和重视,从而获得成本较低的长期货币资本。

采用这种报告形式的缺点是编制成本的增加和报告对外发布的延迟。

根据以上的分析可以看出,现有的解释外国公司财务报告的各种辅助措施都不是十分完美的,采用这些措施时必须谨慎地对待这些方法所存在的局限性。而克服财务报告局限性最有效的方法还是增加披露,即增加对差异、差异产生的原因以及差异的影响作出必要的说明。

三、国际资本市场对全球财务报表可比性的要求

对于国际资本市场而言,以上的各种"补救"方法显然都难以从根本上适应其要求。只有来自全球的外国公司的财务报表都具有可比性,才符合其监控外国公司的证券(权益证券和债务证券)上市和交易的需要。在美国,证券交易委员会(SEC)对外国公司申报上市和进行交易,制定了专用的申报和披露规程,为纽约证券交易所和美国证券交易所所遵循,上市公司报送的经审计的财务报表必须符合美国的公认会计原则(GAAP)。英国和欧洲大陆国家的证券交易所,在遵循本国证券监控机构的申报和披露要求的情况下,可以接受甚或要求按国际会计准则编制财务报表。因而,国际金融市场(包括资本市场和货币市场)一向是国际会计协调化最积极的支持者。基于各国证券市场国际化的强劲趋势,特别是欧洲大陆各国的证券市场和英国一样,已接受并要求按国际会计准则编制财务报表,随着国际融资活动的快速增长,这种发展趋势也不断增长,促使了国际会计准则的权威性的大大提高,同时也对准则的制定工作,提出了更高的要求。我们将在第四章和第五章中详加阐述。

迄今为止,各国的国际资本市场和金融市场,除美国外,大都接受甚或要求报送按国际财务报告准则(IFRS)编报的财务报表,IASB(国际会计准则理事会)开始运作后,在欧洲证券监管机构委员会(欧盟下设机构)的建议和推动下,并通过美国证券交易委员会(SEC),IASB 与美国财务会计准则委员会(FASB)于 2002 年 10 月达成执行一项 IFRS 与 FAS(财务会计准则)"短期趋同计划"的《诺沃克协议》[①],2004 年 2 月,双方又发布了一项备忘录,这份新协议包含了美国方面消除两套准则之间调节项目的"路线图"的主要内容。这是一个令人鼓舞的发展,它证实了国际会计准则的趋同已成为国际资本市场的迫切需求。

---

① 诺沃克是 FASB 所在地。

研 讨 题

2-1 "会计惯例"与"会计准则"这两个概念是否等同？其关联和区别表现在哪些方面？

2-2 在资产和负债的确认和计量上的国际协调是否超过国际差异？你认为现存差异还值得关注吗？

2-3 在业主权益与分期收益的确定方面,最值得关注的重大差异在哪些方面？其协调前景如何？

2-4 以长期融资租赁和研究与开发支出为例,探讨资本化与费用化问题。

2-5 从递延所得税会计处理的国际惯例演变中,你有哪些体会？

2-6 将库存股份视为资产或认为应从股东权益中减除,是否体现了"法律形式与经济实质"孰重的观点？你主张应遵从哪种观点？

2-7 是提留公积还是只允许进行留存收益分拨,实质上的不同何在？

2-8 为什么要对财务业绩报告进行改革？列报全面收益的重大意义何在？

2-9 你认为增值表能在世界范围内流行吗？能成为第四种或第五种基本财务报表吗？

2-10 报告社会责任是否能全部采用定量指标,并作为一种单独的基本报表？

2-11 你认为资产负债表在格式上的国际差异重大吗？为什么会存在这些差异？

2-12 你对 IASB 在改进 IAS 1《财务报表的列报》中对收益表结构的变革有什么评价？

2-13 从 2006 年 2 月发布的我国《企业会计准则》来看,在与国际会计准则趋同方面又有了哪些进展？

2-14 根据国际资本市场对上市者提供可比的财务报表的要求,你认为最有效和最能节省筹资成本的举措是什么？

Accounting

第 三 章

比较会计模式

在论述了会计惯例和财务报表的国际比较以后,本章将继而对国别会计进行比较,即对主要国家的会计实务体系的基本特征进行论述和比较。在阐明会计模式这一概念的基础上,首先介绍几种具有代表性的对会计模式进行的国际分类;而后论述美、英、法、德四种会计模式和日本、荷兰、瑞典三国的会计实务体系,以及作为东欧转型期国家代表的捷克的会计实务体系;最后,对发展中国家会计实务体系的共同特征作简要的概括。

▲ 第一节　会计模式的国际分类

首先概述会计模式的定义。

一、会计模式与会计实务体系

一般地说,"模式"是指某种事物或过程的已定型的标准形式。故会计模式可简括地表述为会计实务体系的示范形式,它是对已定型的具有代表性的会计实务体系的概括和描述。不同国家和地区的会计实务体系,其基本的共同特征可以被描述为一种会计模式,而并不排除属于同一模式的各国和各地区会计实务体系中仍存在某些非基本性的差异。不同的会计模式则是就其基本特征的差异而相区别的。

会计模式所描述的是会计实务体系,但实际上,不同模式的会计实务体系都体现了特定的会计理论和概念。小而言之,某一会计方法(例如物价变动会计)可以有不同的模式,并各有其不同的理论和概念依据。大而言之,会计模式是对特定国家和地区的会计实务体系的概括和描述,它的内容是非常广泛丰富的,可以包括会计目标、会计信息的质量要求、会计原则和会计准则、会计

的组织和管理体制等等。人们在进行描述时并没有很明确的范围,特别是对哪些才是区别不同会计模式的不同特征的基本要素,在近期内看来还不可能求得观点上的一致。

然而人们却普遍认为,会计模式的特征在很大程度上取决于其所处的外部环境。正是由于各国的经济、政治、社会、法律、文化、地理等环境不同,才会形成各具特色的不同的会计模式。在不同的环境因素没有转变之前,不同的会计模式是很难趋同的。而当代国际范围内的经济技术交流与合作,特别是全球经济的一体化,则在促进环境因素的趋同(包括各国政策上的协调),这是会计国际协调化和趋同化的前提。

从这个意义上说,比较和分析各国会计实务体系的基本特征,把它们概括分类为若干会计模式,联系现存的环境因素及其演变趋向,探求求同存异的国际协调化的途径,当然是国际会计的重要内容。

下面,简要地介绍有关会计模式的国际分类研究。

如前所述,各国的会计实务体系,既存在着异,也存在着同,于是,人们便引用"模式"的概念来探讨各国会计所属的类型。在国际范围内对会计模式的这种分类研究,能突出地概括出各类会计模式的主要特征,尽管对世界现存会计模式的分类,研究者见仁见智,众说纷纭。以下介绍一些重要的研究成果,对我们会有所启迪。

二、缪勒创始的会计模式国际分类

对世界各国的会计实务体系进行分类研究,是 G. G. 缪勒(Mueller)教授在 1968 年创始的。

缪勒的分类主要以公认会计原则为标志,根据主观判断,辨别出 10 组不同的会计实务体系。他把这 10 个组别与企业在经营中所处的不同环境相联系,据称,每一组至少在一个重要的方面不同于其他各组。10 个组别如下:

(1)美国/加拿大/荷兰;

(2)英联邦(不包括加拿大);

(3)联邦德国/日本;

(4)欧洲大陆(不包括联邦德国、荷兰和斯堪的纳维亚各国);

(5)斯堪的纳维亚各国;

(6)以色列/墨西哥;

(7)南美洲;

(8)近东和远东的发展中国家;

（9）非洲（不包括南非）；

（10）共产主义国家。

上述分类方案曾被各国会计师协会和国际会计师事务所广泛利用，与以下介绍的分类也大致类同。也许，值得质疑的是为什么把以色列和墨西哥分为一组，这很可能是由于当时两国都经历着较严重的通货膨胀，这是它们不同于其他各组的一个重要方面。

三、美国会计学会的会计模式国际分类

美国会计学会（AAA）国际会计工作和教育委员会在 1975—1976 年的报告（发表于 1977 年的《会计评论》第 52 卷增刊中）指出：世界的会计模式可以根据"影响地区"划分。这份详细的报告根据不同国家和地区中影响作为会计计量和财务报告基础的会计原则的历史和文化及社会经济等因素，在经过分析后作出结论，区分出以下 5 个明显的"影响地区"：

（1）英联邦；

（2）法国/西班牙/葡萄牙；

（3）德国/荷兰；

（4）美国；

（5）共产主义国家。

美国会计学会国际会计工作和教育委员会这份报告的贡献还在于：正如该委员会所提出的，它的目标是"在国际范围内，为会计体系的比较研究提出方法论的纲要"。在考虑了许多系统和子系统之后，最终形成了如图 3-1 所示的"比较会计体系的框架形态"。在这个框架中，把环境因素分为 8 个参数，构成 5 种不同的形态。从中可以了解该委员会考虑的因素范围以及所假设的框架形态的风格。这份报告的缺陷是，由于报告的各个部分是委员会成员分头撰写的，最终并没有编撰成一个整体。报告发表后，也没有任何继续的行动。

四、诺比斯的具有独到创见的会计模式国际分类

C. W. 诺比斯（Nobes）教授在考察各国会计惯例的基础上，提出了对世界范围内的会计实务体系的分类系统，这个分类系统划分为 5 个层次（见图 3-2）。他借用生物学中的术语，把第 1 个层次称为"纲"，指他所考察的财务报告惯例。在第 2 层次"亚纲"中，他把世界范围内的财务报告惯例，区分为以微观和以宏观统一为基础的两类。然后，在第 3 层次"族"中，进一步把以微观为基础的财务报告惯例，区分为侧重商业经济学和注重理论的以及侧重商业惯例和实用主义的两类；把以宏观统一为基础的财务报告惯例，区分为根据税制、

Accounting

参数	形 态 1	2	3	4	5
P₁——政治体系	传统的寡头政治	极权主义的寡头政治	现代化的寡头政治	监护的民主政治	民主政治
P₂——经济体制	传统的经济	市场经济	有计划的市场经济	计划经济	
P₃——经济发展阶段	传统的社会	经济起飞前	经济起飞	趋向成熟	大量消费
P₄——财务报告目标（←微观的　宏观的→）	投资决策	经营管理业绩	社会计量	部门计划和控制	全国政策目标
P₅——准则的来源或认可	行政法令	立法行动	政府行政机构	政府民间联合	民间
P₆——教育,培训和发给职业执照	非正规的	正规的（←政府　民间→）	非正规的	正规的	民间
P₇——职业道德准则的执行	行政部门	政府行政机构	司法部门	民间	
P₈——委托人	政府	公众	公营（←企业→）	民营	民间

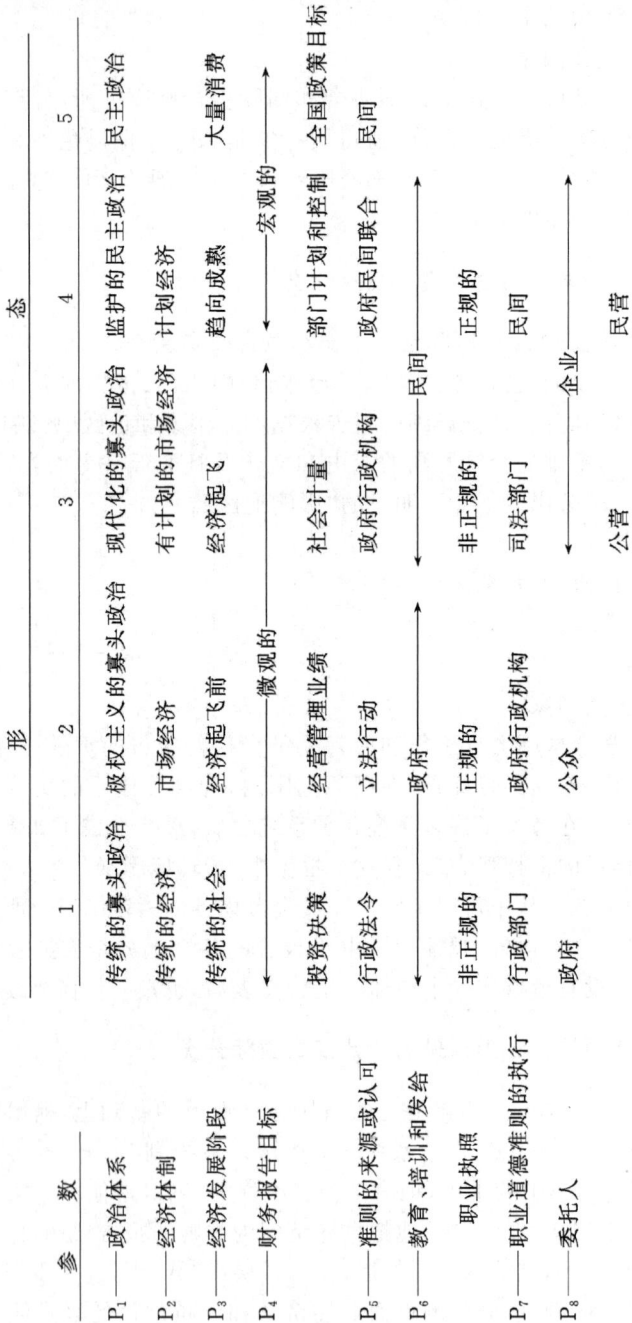

图3-1 比较会计体系的框架形态

法律和根据经济学理论的两类。在第 4 个层次"种"中,又把起源于英国的侧重商业惯例和实用主义的财务报告惯例,区分为仍受英国影响和受美国影响的两类;把根据税制、法律的财务报告惯例,区分为根据税制和根据法律的两类。第 5 层次的"个体",则列出各国财务报告惯例在这个分类系统中的归属。例如,澳大利亚的财务报告惯例在第 4 层次"种"中属于受英国影响的,但它与属于受美国影响的加拿大的财务报告惯例在第 3 层次中则同样属于侧重商业惯例和实用主义这个"族",这样,澳大利亚的财务报告惯例最接近英国模式,但与同英国模式几乎是孪生兄弟的爱尔兰相比则略逊一筹;如与接近美国模式的加拿大相比,就稍远了;但如果与属于另一个"族"(侧重商业经济学和注重理论)的荷兰模式相比,它又较接近于加拿大了;再上溯至第 2 层次,与属于以宏观统一为基础这个亚纲的法国模式、联邦德国模式或瑞典模式相比,它又稍接近于荷兰了。如此等等。而从第 2 层次至第 4 层次,则又系统地标明了各类会计模式的基本特征。根据这个分类系统,在世界范围内,可以说存在着荷兰会计模式、英国会计模式、美国会计模式、法国会计模式、联邦德国会计模式、瑞典会计模式这六种相区别的模式。

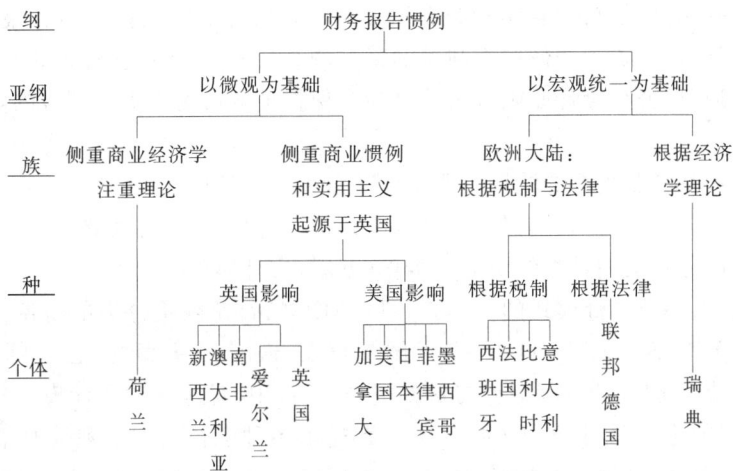

图 3-2　根据财务报告惯例对会计体系的分类——诺比斯(1983)

Nobes 的分类系统展示了各国会计实务体系的"亲疏"关系,这种"亲疏"关系隐含着历史、文化、地理、经济纽带、法制、理论等多重因素的影响。这种分层次的分类系统是他的创举,具有一定的概念基础,予人以启迪。但他在分类系统中借用生物学中的术语却遭到非议,如 A. D. Roberts(1995)认为,借用生物学的术语,隐含着其间具有的"进化"概念,这对描述财务报告实务的发展是不适合的;其次,以国家而不是以企业为目标进行分类研究,也会导入误解,因为同一国家的企业在特定时期内可能使用一种制度,也可能使用几种不同的制度。①

鉴于这些批评,Nobes 在 1998 年改进了上述分类系统(改进后的分类系统参见图 3-3),主要是:

(1)在研究中主要关注的不再是不同的国家,而是提供财务报告的公司;

(2)所分的层次不再借用生物学的术语,而是使用对财务报告实务的分类用语,分为"类"(class)、"属"(family)和"体系"(system),并且,以举"例"(examples)的方式列示不同国家的不同公司的财务报告所属的类别。

五、流传颇广的阿伦的会计模式国际分类

P. H. 阿伦(Aron)博士对会计模式的国际分类也许是流传最广的。他以维护谁的利益作为分类的标志,把世界各国的会计实务体系分为以下 5 个主要模式:

(1)强调公司应按"真实和公允"(true and fair)的观点提供财务报告,主要是为了保护投资人和债权人利益的不列颠会计模式(英国会计模式);

(2)通过"公认会计原则",主要是为了保护证券市场投资人利益的美国会计模式;

(3)服从税制需要的法国—西班牙—意大利会计模式;

(4)以公司利益为导向的北欧(以联邦德国为代表)会计模式;

(5)服务于集中计划经济的苏维埃(苏联)会计模式。

这种对各类会计模式的基本特征的高度概括,是阿伦分类的特色。他在为 L. J. 塞特(Seider)和 D. R. 卡米歇尔(Carmichael)主编的《会计师手册》(1981 年版)撰写的"国际会计与财务报告"一章中,对这 5 种会计模式作了简要而精辟的论述,并且列表(见表 3-1)表述了各种会计模式的典型代表性国家和地区及受其影响的国家和地区,有些国家和地区被列在两种模式之间,表示它们同时受这两种模式的影响。

---

① A. D. Roberts, The Very Idea of Classification in International Accounting, *Accounting Organizations and Society*, 20,7/8,1995.

Accounting

财务报告体系

强大的股票市场 A 类

荷兰 准则 1.荷兰 报表

英国 GAAP 1.英国 报表 2.爱尔兰 报表

IAS GAAP 1.新加坡 上市公司 2.Bayer公司(瑞士)Nokia公司(芬兰)

美国 GAAP 1.美国向证交会注册的公司报表 2.日本的一些合并报表

弱小的股票市场 B 类

比利时 准则 1.比利时 报表

法国 准则 1.法国 个别报表和一些 合并报表

德国 准则 1.德国 个别报表和合并 报表,但 一些大型 上市公司 合并报表 除外 2.奥地利 个别报表

意大利 准则 1.意大利 个别报表 或非上市 公司的 合并报表

日本 准则 1.日本 个别报表和 大多数 合并报表

类

属

体系

例

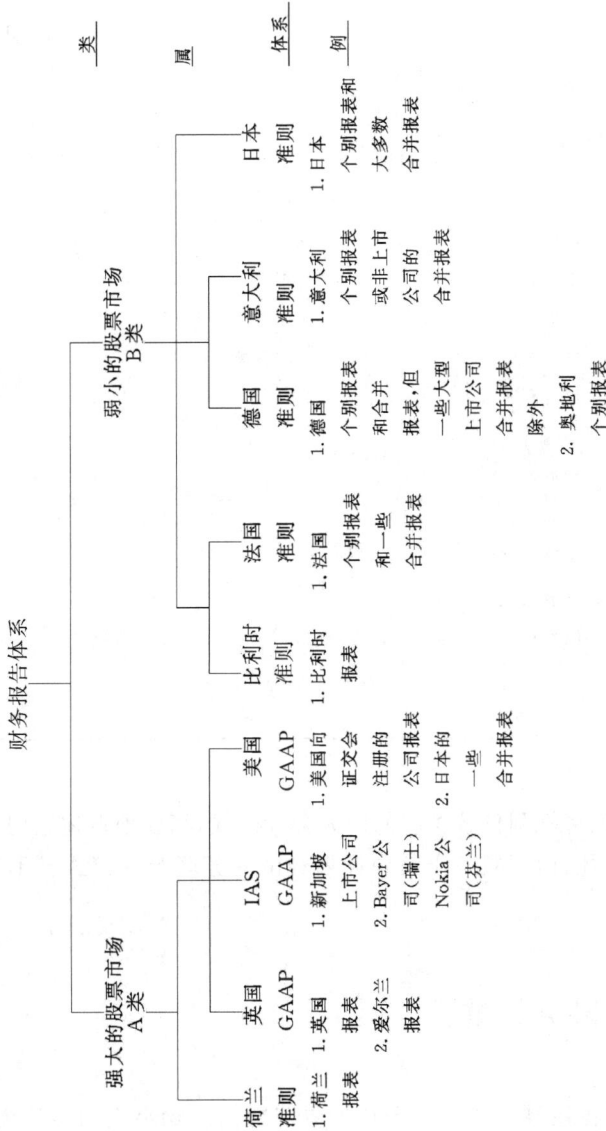

图3-3 Nobes对财务报告实务的改进后分层次分类(1998)

资料来源:C. W. Nobes(1998),Towards a General Model of the Reasons for International Differences in Financial Reporting, *Abacus*, Vol. 34, No. 2;转引自 Christopher Nobes & Robert Parker (2002, 2004),*Comparative International Accounting*,7th Edition, p. 67; 8th Edition, p. 69.

Accounting

表 3-1 阿伦的会计模式分类

法国—西班牙—意大利模式	不列颠模式		美国模式	北欧模式	苏维埃模式
法国*	英国*		美国*	联邦德国*	苏联*
西班牙*	（包括爱尔兰）			荷兰	匈牙利
意大利*		加拿大		瑞士	波兰
比利时		澳大利亚		挪威	保加利亚
葡萄牙		以色列		瑞典	中国
希腊	印度		墨西哥	丹麦	
土耳其	巴基斯坦		委内瑞拉	芬兰	
黎巴嫩	中国香港		日本		
埃及	新加坡		菲律宾		
阿尔及利亚	马来西亚		中国台湾		
摩洛哥	尼日利亚				
扎伊尔	加纳				
刚果	肯尼亚				
巴西	南非				
厄瓜多尔	津巴布韦				
哥伦比亚	百慕大				
秘鲁	巴哈马				
	阿根廷				
	智利				

有 * 号的为典型代表性国家。

国际会计

在以下各节，我们将就阿伦分类中的四大会计模式，简要地概述它们的会计实务体系的基本特征，由于服务于集中计划经济的苏联会计模式已不复存在，故对此略去不论。

▲ 第二节 美国会计模式

美国的会计实务体系被公认为当今在世界范围内影响最大的会计模式。阿伦把"公认会计原则"作为美国会计模式的基本特征，应该说是恰当的。因此，对美国会计模式的概述也将以此为重点。

一、在官方的支持和影响下由民间机构制定会计准则

　　美国是世界上着手制定会计准则最早的国家。1929 年至 1932 年的经济危机导致美国证券市场的崩溃,美国国会于 1933 年和 1934 年先后通过了《证券法》和《证券交易法》,联邦政府根据《证券交易法》成立了证券交易委员会(SEC),它是法律授权可对证券上市交易和证券公开发行的非上市公司(统称公众公司)制定其在提供财务报告时应遵循的规则的政府机构。但证券交易委员会成立后,却决定自己不去直接制定会计准则,而把这一权力委托给民间的会计职业界,它自己则保持监督和最终修订权。1938 年 4 月,证券交易委员会在它发布的第 4 号《会计系列文告》(ASRs)①中明确表态,同意接受按"具有实质性权威支持"的会计准则编制的财务报告。这就使正在积极从事会计准则制定工作的美国注册会计师协会取得了官方的正式支持。它的会计程序委员会(CAP,1936—1958)于 1939 年发表了美国的第一份公认会计准则文告——第 1 号《会计研究公报》(ARB),开创了由民间机构制定会计准则的先例。

　　众所周知,美国的公认会计准则,是由会计程序委员会发表的《会计研究公报》、其后继者会计原则委员会(APB,1958—1973)发表的《意见书》以及财务会计准则委员会(FASB,1973—　　)发表的《财务会计准则公告》和《财务会计准则解释》以及不同层次的技术性文告组成的"公认会计原则"(GAAP)所构成的。这些准则中,凡未被嗣后发布的准则取代或修订的,都仍然有效。财务会计准则委员会是以美国注册会计师协会、财务经理协会、财务分析师协会、全国会计人员协会、证券业协会、美国会计学会等六个组织成立的财务会计基金会(FAF)②为其母体的,它的成立改变了由会计职业界独揽会计准则制定工作的局面,由此形成了由证券业、工商界、金融界、学术界也共同参与的比较广泛的基础。后来,基金会的理事会扩大到包括(以英文字母为序):美国会计学会、美国注册会计师协会、财务经理协会、财务分析师协会、政府财务官员协会、管理会计师协会(全国会计人员协会重组成立)、州审计师审计官及司库全国协会、证券业协会等 8 个组织。

------

　　①　作为监管程序的一个组成部分,SEC 发布《会计系列文告》、《财务报告文告》、《工作人员会计公告》。S-X 规则包括必须提交给 SEC 的财务报告编制规则,其中,美国和加拿大公司的年报采用格式 10-K,除加拿大以外的所有其他外国公司,采用格式 8-K。

　　②　财务会计基金会的理事会原来由 11 人组成。美国执业会计师协会 5 名,其中有 1 名为当然主席;财务经理协会 2 名,其余四个组织各 1 名。

就在财务会计准则委员会成立后不久,证券交易委员会又通过第150号《会计系列文告》,重申了它"继续采取期望由民间负责制定和改善会计原则的政策",并且明确地表示:"财务会计准则委员会在其公告和解释中制定的会计原则、准则和惯例"被认为"具有实质性的权威支持"。

论者普遍认为,在美国,证券交易委员会与财务会计准则委员会之间的合作和协调关系是成功的。证券交易委员会通过它的会计系列文告,对它认为必须立即制定准则的会计问题或它不同意民间准则制定机构的见解的会计问题,正面阐明自己的立场,来影响和引导会计准则的制定工作,而避免采用直接干预或批评的做法;财务会计准则委员会则十分尊重证券交易委员会的表态,努力作出符合官方要求的反应。这样,就巩固了这种在官方的支持和影响下由民间机构制定会计准则的体制。这种格局一直保持到2002年7月为应对不少驰名上市公司的财务欺诈案接连曝光对证券市场和会计职业界形成的巨大冲击而进行的重大结构性改革(参见稍后的专门论述)。

二、年度审计和财务报告的要求主要适用于股票上市交易或公开发行的公司

美国体制的另一个重要特点是:州和领地的法律没有对定期公布经过审计的财务报告提出要求。美国的52个州和领地在其管辖范围内或多或少地具有要求设置不同的会计账册和记录并提供某些财务报告的粗略的公司法令。但许多法令都没有严格执行,向地方机构提供的公司财务报告并不向公众公布。特拉华州是许多美国公司在那里注册的州,它的州公司法甚至没有提到设置会计记录和提供财务报告的要求。

因此,对年度审计和公布财务报告的要求实际上只存在于联邦一级。这些要求只适用于股票在证券交易所上市交易或在场外市场发行的公司以及股东超过500人而且资产超过100万美元的公司。这些要求由证券交易委员会监管,目前适用于约10 000家公司(仅占近370万家美国公司的3.24%)。由此可见,大部分的美国公司并不要求进行年度审计或公布其财务报告。但尽管没有正式的法律要求,许多中、小公司仍然编制经过审计的年度财务报表,这是由于银行或其他金融信贷机构、公司董事会或公司高级管理层的要求,或者是作为对良好的商业惯例的响应。而且,各州的法律规章也不一定要求执行审计业务的审计师必须是属于联邦一级的美国注册会计师协会(AICPA)的会员——注册会计师(CPA),当然,以上规定只适用于在各该州注册的企业。

在这样的外部环境因素下,美国公司财务报告的目标,主要是为证券(股票和债券)投资者提供决策有用的信息,而公认会计准则的制定,也以维护这些投资人的利益为前提。

Accounting

三、以财务会计概念框架指导会计准则的制定

迄今为止,美国财务会计准则的制定和国际会计准则及各国会计准则的制定一样,还是采取通过对会计实务的考察从惯例中进行筛选的方式,而不是通过对财务会计的环境、目标和基本特征等因素推导得出的。许多准则的制定,往往是不同利益集团利害关系的调和、折中和妥协的产物。然而,美国的会计准则的制定机构也一向重视会计方法的概念依据,避免在个别会计准则中出现概念混淆和矛盾的情况,强调"经济实质重于法律形式",美国是不成文法国家,经济案件的判例也往往考虑案情的经济实质。因此,可以说,美国的会计准则体现了实用主义和理论研究的相结合。对一些复杂的会计问题,在制定准则之前,常常组织专门的机构并聘请有名望的专家主持,来进行专题研究。而在美国所开创的从准则制定机构内部的"讨论备忘录"到公开发布的《征求意见稿》再到最终的准则《公告》的公认会计准则的制定过程,并且通过征集评论函件和举行听证会等方式让各利益集团充分参与的做法,反映了准则的制定过程正是各方利害关系的矛盾消长折中的结果。

但无论如何,美国的准则制定机构关于需要建立一个关于财务报告目标以及与其相关联的基本概念协调一致的系统,来指导公认会计准则的制定的计划,在经过数度尝试后,由财务会计准则委员会(FASB)付诸实现了。它在1976年正式宣布要执行一项探讨财务会计和财务报告的概念框架(conceptual framework,或译作概念结构)的长期计划,从1978年至1985年,先后发布了关于财务报告的目标、会计信息的质量特征、财务报表的要素及其定义、会计确认与计量等方面的6个《财务会计概念公告》(SFACs),以此来指导新的会计准则的制定,并着手修订旧的会计准则。尽管当时对美国的财务会计概念框架公告褒贬不一,特别是在会计计量问题上停留于描述五种计量属性的现行惯例而无所突破,遭到了像D.索洛蒙斯教授等颇有声望的会计学者的非议[1],但这一努力的成果毕竟是有价值的,特别对20世纪90年代以来制定的会计准则,具有广泛的影响。

相隔16年以后,FASB于2000年2月发表了第7号SFAC《在会计计量

---

[1] 可参阅 D. 索洛蒙斯著,常勋译:《对财务会计准则委员会概念结构的评价》,载《经济资料译丛》1987年第1期。已辑入《西方会计参考资料》,中央广播电视大学出版社1987年版及以后各版;并且辑入了东北财经大学出版社2004年11月出版的《会计创新及国际协调——常勋教授论(译)著文集》。

中使用现金流量信息和现值》,为发展公允价值计量持续启动了财务会计概念框架的工作,并且准备修订 1984 年 12 月发布的第 5 号 SFAC《企业财务报表中的确认和计量》。

表 3-2 列示了迄今已发布的 SFACs:

表 3-2　美国的财务会计概念公告

编号	名　　称	发布年月
1	财务报告的目标	1978 年 11 月
2	会计信息的质量特征	1980 年 5 月
3	企业财务报表的要素	1980 年 12 月
4	非营利事业组织财务报告的目标	1980 年 12 月
5	企业财务报表中的确认和计量	1984 年 12 月
6	财务报表的要素	1985 年 12 月
7	在会计计量中使用现金流量信息和现值	2000 年 2 月

四、税务会计与财务会计相背离

美国所得税法的会计要求与公认会计准则在许多方面是不一致的。特别是在收入和费用的确认上,公认会计准则主要采用应计制,而所得税法则主要依据实现制。美国政府十分重视利用所得税作为刺激投资和调节分配的经济杠杆,这也是导致税务会计与财务会计相背离的重要原因。例如,在资本资产(固定资产)折旧问题上,美国政府为了刺激投资,使企业主尽早回收其投入的资本,一向允许在纳税申报中采用加速折旧法,而企业在其财务报表中则可以仍采用直线折旧法,1981 年国会通过的《经济复苏税务法案》(Economic Recovery Tax Act)引入了"加速成本回收制"(accelerated cost recovery system),对资本资产规定了 3 年、5 年、10 年的经济回收期,又导致了企业在编制纳税申报及编制财务报表时可能采用不同的折旧年限。这个法案仍然规定可采用定率—递减余额法(定率为直线折旧率的 2 倍或1.5倍)这一加速折旧法。1987 年 1 月 1 日生效的《税制改革法案,1986》(Tax Reform Act,1986)中的"修订的加速成本回收制"(modified ACRS)对经济回收期作了很大的修订,把资本资产分为 8 类,增加了 7 年、15 年、20 年、27.5 年、31.5 年等五个经济回收期,使纳税申报和财务报表中的折旧费有可能按同样的折旧年数摊提,以避免过大的背离。所得税法的会计要求和公认会计准则之间的不一致,再加上美国有关所得税、销售税、货物税、财产税等税收的大量税务规章中提出的会计要求,促使税务会计从财务会计中分离出来,成为会计实务的一个独立分支。再者,由于按照税法要求计算的应税收益和以公认会计准则为依据的报告收益之间存在着大量的暂记性差异,使"所得税的跨期摊配"成为财务会计中的一大课题。而美国公司的资产负债表中,则往往出现数额可观的递延所得税借项或贷项。

五、其他重要特征

(一)重视短期偿债能力分析,强调充分披露,不赞同利润平稳化

美国是发达资本主义国家中货币市场和资本市场最发达的国家,企业管理层的经营思想也侧重于短期目标,这些都对财务会计具有比较深刻的影响。例如,在财务分析中对企业短期偿债能力的重视,而且在商业习惯上要求企业保持相当高的流动比率(200%)和速动比率(100%)及利息保障倍数(6.5倍);强调"充分披露"(full disclosure)原则,美国公司公布的财务报表在国际对比中可以说是透明度最高的,公认会计准则中也常常提出披露方面的要求。美国会计准则制定机构一向不赞同甚或反对通过会计方法达到"利润平稳化"(income smoothing)的目的,这种指导思想往往体现在已公布的会计准则中,并且不乏由此而招致美国的跨国公司管理层的反对的事例。

(二)详细和繁多的会计准则和审计规章

美国详细的财务会计准则和审计规章可以说是一大特色,它们也许比世界其他国家的会计准则和审计规章的总和还多。这充分体现了美国在会计准则制定中长期奉行"规则基础"的指导思想。就财务会计准则而言,包括会计程序委员会的 51 个《会计研究公报》①、会计原则委员会的 31 个《意见书》,以及财务会计准则委员会至今(2008 年 1 月)已发布的 160 个《财务会计准则公告》、48 个《财务会计准则解释》、55 个《技术公报》(Technical Bulletin)及 511 个 EITE(紧迫问题工作组)的一致意见中仍继续有效的项目②;而美国的 GAAP(公认会计原则)还包括 SEC 发布的《会计系列文告》(ARS)和《工作人员会计公报》(SAB,Staff Accounting Bulletin)以及 AICPA 下设的会计准则执行委员会(ACSEC)的立场公告等等;难怪美国企业界纷纷抱怨"准则超

---

① 其中,第 1 至 42 号已汇编修订为第 43 号会计研究公报《对第 1 至 42 号会计研究公报的重述和修订》。

② 这四类公认会计准则中,有的经过修订仍沿用原来的编号,也有的已被废止而留出空号。财务会计准则和解释采用连续编号,技术公报和 EITE 则采用分年度连续编号。

载"。这终于促使 FASB 在 2004 年启动了会计准则汇编和整合这一巨大的工作项目。我们将在第八节予以说明。

(三)强大的会计职业界组织

美国是联邦制国家,但美国会计职业界的全国统一的组织美国注册会计师协会(AICPA)却是力量强大的具有高度权威的。自 1939 年至 1973 年,它所属的会计程序委员会和会计原则委员会,先后是美国公认会计准则的制定机构;在 2002 年 7 月末美国《2002 年公众公司会计改革和投资者保护法案》批准生效之前,它是财务会计准则委员会的母体——财务会计基金会的最主要的支柱。作为注册会计师的行业自律组织,它发布的审计准则和规章及职业道德规范,对会计职业界有效地发挥了约束力量。美国注册会计师对企业财务报表的审查,是以"公允表述"和"一贯遵循公认会计原则"为前提的,企业总是希望注册会计师能对审查的财务报表提出无保留意见,以证实报表的可信性,美国注册会计师协会的上述立场,也是对公认会计准则的权威性的有力支持。

六、SEC 和 FASB 创议的高质量会计准则

在美国会计学会(AAA)与 FASB 联合举行的财务报告问题研讨会 1997 年年会上,当时的 SEC 主席 A. Levitt(列维)发表了"高质量会计准则的重要性"的演讲,提出了需要高质量的会计准则问题,Levitt 的观点可概括为:

1. 要建立发达而健全的资本市场,必须有效地保护投资人,使投资人能够获得上市公司经营活动的真实、完整、公允并具有透明度的财务图景,这就是公司通过财务报表披露的信息。

2. 鉴于当前资本市场已经全球化,因此,不仅要求本国会计准则高质量,而且要求在世界范围内具有公认的高质量的国际会计准则。

3. 高质量国际会计准则必须符合以下三项目标:

(1)准则必须包括公认的综合性的会计基本概念中的核心部分。

(2)准则必须高质量。Levitt 把高质量理解为"能导致可比性、透明度和提供充分的信息披露。利用这些信息,投资人在公司的不同会计期间能有意义地分析公司业绩"。

(3)准则必须严格地加以解释和应用。

对高质量会计准则的要求,在美国会计界引起了强烈的反响。AAA 通过 FASB、投资管理研究协会、管理会计师协会(IMA)等就"什么是高质量会计准则的属性和特征"等问题,展开了热烈的讨论。

对高质量国际会计准则要求,还标志着美国 SEC 和 FASB 转向积极介入国际会计准则的制定活动,我们将在第五章中再加阐述。

七、《2002 年公众公司会计改革和投资者保护法案》的重大结构性改革

2001 年冬至 2002 年夏之间,美国的不少国际知名公司,如安然、世通、施乐等的财务欺诈案接连曝光,以及安达信等著名国际会计公司的卷入,震撼了全球股市,使社会公众对证券市场、上市公司和会计师事务所的信任一落千丈。诸如证券市场的监管机制、公司的治理机制以及会计准则的制定机制、CPA 行业的自律机制,都被认为存在着重大的结构性问题。2002 年 7 月 25日,美国国会通过了《2002 年萨班斯—奥克斯利法案》(Sarbanes—Oxley Act of 2002),即《2002 年公众公司①会计改革和投资者保护法案》(Public Company Accounting Reform and Investor Protection Act of 2002),在 7 月 30 日即由布什总统签署成为法律正式生效。该法不仅对《1933 年证券法》和《1934 年证券交易法》进行了多处修订,而且标志着对前述各项机制进行了全面的结构性大调整和大改革。

《法案》凸显了"投资者利益至上"的原则。除了强化 SEC 的监管权力和作为公司治理机制基石的独立董事制度外,就会计准则的制定机制和对 CPA 独立审计的监督机制来说,这次结构性改革的主要举措,是削弱在历史上形成的 AICPA 的强势地位。简括地概述如下:

(一)在财务会计准则的制定方面

1.如前所述,美国是由政府授权民间机构制定会计准则的典型,FASB 采取了由专家专职制定准则的超然独立的形态,但实际上它的母体财务会计基金会仍是以 AICPA 为主联合其他职业协会组成的,FASB 独立发布准则,SEC 实际上只保留了否决权。《法案》则规定,今后 FASB 制定的准则均需经SEC 认可。更为重要的是,《法案》切断了 AICPA(和其他职业协会)对 FASB 的财务支持,改由公众公司支付"会计支持费"作为 FASB 的运作资金来源,此举旨在从财务上切断鉴证中介机构对 FASB 的影响,以维护会计准则制定的独立性。

2.FASB 一向以其"规则基础"(rule-based)的准则制定方针而自豪,对国

---

① 按照股份公司的募股方式,可分为公众公司(公募公司,public company)和私人公司(私募公司,private company),公众公司中在证券市场挂牌交易的,则是上市公司(listed company)。

Accounting

际会计准则等"原则基础"(principle-based)的会计准则的可操作性质疑,但安然等财务欺诈案充分暴露了:会计规则越具体,在操作中越会留下可以规避和利用的漏洞和"灰色地带",为精心策划造假者留下空间。鉴于《法案》要求SEC具体研究美国采用原则基础的会计体系问题,FASB迅速采取行动,于2002年10月21日发出了关于《美国准则制定趋向原则基础的建议》,公开征求意见,并且已形成意见。

(二)在独立审计的监督机制方面

《法案》规定,建立一个独立的公众监督机构——公众公司会计监督委员会(Public Company Accoumting Oversight Board,PCAOB),负责对CPA行业的监督。PCAOB属于非营利法人组织而非政府机构,其主要职责包括审计准则的制定、会计师事务所的注册、对CPA行业的监督、对审计事件的查处,可以说是把大部分重大权力从AICPA的行业自律权中剥离出去,使它主要只留下行业的职业道德建设(含监管)及维护CPA的正当权益(包括对CPA审计失败责任的鉴定)的职责了。PCAOB的运作资金来源,也来自公众公司支付的"会计支持费",但处理会计师事务所注册申请和处理年度报告所发生的费用,则来自事务所缴纳的注册费和年费。①

《法案》在实施过程中引发了不少争议的问题。无论是美国国内和国际上,对《法案》是否矫枉过正和过于激进,新构建的权责架构能否达到预期的成效,都有不同的评论和质疑,有关审计独立性的规范要求,已有所修订。其执行效果还有待观察和证实。

八、美国财务会计准则委员会对公认会计原则的整合

2004年,美国财务会计基金会(FAF)批准启动了"美国财务会计准则委员会会计准则汇编"这一被称为FASB有史以来最大的工作项目,旨在将构成美国GAAP各级次的所有会计准则进行整合,以简化会计准则。"汇编"没有改变美国GAAP的现有内容,而是将散见于上千部会计规范中的规定重新组织,构成约90个会计主题,采用一致的结构体系,分别按照确认、计量、披露等类别重新展现。FASB主席R. H. Herz(赫兹)在2005年6月美国SEC和财务报告协会第24届年会的讲演中,就公开表示有必要对会计准则按一定的级次予以简化并重新组织。至2007年,这一巨大项目已经完成。

① 可参阅陆建桥:《后安然时代的会计与审计》,载《会计研究》2002年第10期;或常勋:《整治诚信危机中的结构性调整和改革问题》,载《财会通讯》2003年第2期。

　　2008年1月15日,美国FASB发布新闻公告,正式启动"美国财务会计准则委员会会计准则汇编"为期一年的校验阶段。在此期间,所有利益关系人都可使用网上的汇编研究系统,为该"汇编"是否准确反映现行非政府主体的公认会计原则(GAAP)提供反馈意见。该"汇编"在经过一年的校验期后,经过FASB理事会的批准,将与美国SEC发布的有关会计规定一起构成美国GAAP的唯一权威来源,未被包括在"汇编"中的其他会计规定将失去权威性。"汇编"将进行适时更新,通过使用该"汇编",会计人员在解决会计问题时查找权威文献时花费的精力和时间将大大减少,会计规范的可用性将得到增强,违规风险也将随之降低。不少论者赞誉,这将标志着美国会计准则制定历史上的一个里程碑。

九、美国证券交易委员会发布关于采纳国际财务报告准则路线图的征求意见稿

　　为了规范美国上市公司根据国际财务报告准则(IFRS)编制财务报告,2008年11月,美国证券交易委员会(SEC)发布了关于采纳IFRS路线图的征求意见稿。《征求意见稿》首先阐述了强制美国上市公司采用IFRS的七个里程碑,简述其内容如下:

　　1.改进会计准则。2002年和2006年FASB与国际会计准则理事会分别签署协议和谅解备忘录,旨在共同努力制定一套共同的、高质量的全球会计准则,工作计划的截止期为2011年。然后对改进后准则的质量进行评价,以考虑是否强制美国上市公司采用IFRS。

　　2.国际会计准则委员会基金会负责筹资资助理事会。SEC将认真考虑维持基金会的独立性,并改善理事会准则制定程序的筹资机构的可靠性和稳定程度。对基金会进行有效的监管对于强制美国上市公司采用IFRS至关重要。SEC正与其他国家的证券管理当局及IOSCO(证券委员会国际组织)合作建立这样的监督小组。

　　3.提高运用交互数据提供按照IFRS编制财务报告的能力。

　　4.为投资者及消费者、评级机构和分析师等其他使用者提供教育和培训。

　　5.允许有限范围内的公司提前采纳IFRS。

　　6.对SEC未来制定规则作出时间安排。

　　7.分阶段强制上市公司采用IFRS。

表 3-3　分阶段强制上市公司采用 IFRS

大型加速报告公司 （市值≥7 亿美元）	一般加速报告公司 （7 500 万美元≤市值≥7 亿美元）	非加速报告公司 （市值≤7 500 万美元）
2014 会计年度末 或 12 月 15 日之后	2015 会计年度末 或 12 月 15 日之后	2016 会计年度末 或 12 月 15 日之后
每一类型公司都应在采用 IFRS 的第一年提交前三年按 IFRS 编制并经过审计的财务报告		

十、中美两国会计学会签署合作备忘录，推动两国会计学术交流合作

根据中国会计学会与美国会计学会签署的《中国会计学会与美国会计学会交流与合作备忘录》，2008 年 12 月，中国会计学会和南京大学会计与财务研究院共同举办了"中国会计与财务国际论坛"。该备忘录规定，双方每年互派学术访问团赴对方参加学术会议，以便及时交流。双方并根据两国版权与相关权利保护领域内现行的法律和国际法准则的规定，有权将对方已提供的已公开出版的书刊翻译成英文或中文出版并推广。

十一、财政部于 2009 年 6 月发布《财政部关于中国企业会计准则与国际财务报告准则持续全面趋同路线图征求意见函》

函内有许多关于中国准则趋同的现状和过程的描述，也提到修订后的准则的组成。

由于 IASB 将在 2011 年完成金融工具、收入与列报的修订工作，《征求意见函》将 2011 年设定为中国准则与 IFRS 完全趋同的时点，从 2010 年开始，中国开始修订新的会计准则，并要求所有大、中型企业在 2010 年采用修订后的准则。

2008 年 4 月，中国会计准则委员会与 FASB 签订《谅解备忘录》，约定双方应定期交换意见，中国会计准则委员会将派出人员研究美国 GAAP 及美国 FASB 与 IASB 趋同的情况；FASB 也将派人了解中国会计准则及中国会计准则委员会与 IASB 趋同的情况。

十二、第九届全国会计信息化年会在上海举行

2010 年 5 月，由中国会计学会会计信息化专业委员会主办、上海国家会计学院承办的第九届全国会计信息化会议在上海举行，会议采用主题演讲、高层论坛、辩论会与小组讨论等形式，对会计信息化理论与实务进行深入研讨。

会议的主题报告是"加强理论与实务互动,把握未来发展方向",并就(1)财务管理信息化问题、(2)XBRL 分类标准与财务信息资源数据的关系、(3)会计人员 IT 能力架构进行进一步的发言。对(1)会计信息化标准体系建设与应用、(2)内部控制与 IT 风险管理研究与应用、(3)会计信息化应用及实施、(4)会计信息化人才队伍建设等问题,进行了专题研讨。

▲ 第三节　英国会计模式

　　由于联合王国的会计实务体系在英联邦国家内具有广泛的影响,它被普遍称为英国(不列颠)会计模式。在历史上,英国的会计曾对美国会计的发展有过重大的影响,而美国会计的发展在 20 世纪 60 年代又推动了英国的会计发展,因此,英国会计模式与美国会计模式颇有类似之处。嗣后,英国会计模式又在欧洲经济共同体(现欧洲联盟)的努力下处于与欧洲大陆国家的会计模式相互协调的过程中。

　　以下概述英国会计模式的基本特征。

一、通过《公司法》管理公司事务、包括对公司财务会计和报告的要求

　　这是英国会计模式区别于美国会计模式的最主要特征。公司法是全国性的法律,目前执行的是 2006 年全面修订的《公司法》。英国最早的《公司法》可追溯至 1844 年,后于 1907 年、1948 年、1967 年、1976 年、1981 年、1985 年和 1989 年进行了几次重大的修订。

　　1948 年的《公司法》规定,所有注册的公司,不论是股份公开发行的还是不公开发行的,都要公布它们的损益表和资产负债表(对财务报表应包含的内容也作了规定);公司必须编制合并财务报表;也指明了公司董事的权利和义务;而且,它还首次提出了"真实和公允"这一高于一切的指导思想(true and fair override)。英国(联合王国)与爱尔兰共和国在 1973 年 1 月 1 日加入欧洲经济共同体,自此以后,英国公司法的修订,就反映出与欧洲经济共同体理事会指令的协调趋向。例如,1981 年修订的《公司法》提出了与欧洲经济共同体第 4 号指令提出的十分类似的五项会计原则:

　　1.持续经营假设(presumption of a going concern);

　　2.一致性(consistency);

　　3.审慎(prudence);

4.应用权责发生制(use of the accrual basis);

5.分开确定任何总数的组成部分(separate determination of the components of any total)。

1981年修订的《公司法》规定了资产负债表和损益表的格式;还规定了有关会计计量的会计规则,即"历史成本"及其"替代方案"(alternative)。前者规定了历史成本会计的传统规则,后者则必须是现值,并在其基础上调整折旧。当时,这可以说是为英国发布第16号标准会计惯例《现行成本会计》(1980年发布)增添了法律支持。

在1985年的《公司法》根据当时的近期立法作了补充和修订的基础上,1989年修订的《公司法》又认可了欧洲经济共同体的第7号指令,要求编制合并财务报表。尽管在英国,1948年的《公司法》已经规定公司必须编制合并财务报表,但对于编制的具体方法并没有提出具体的要求,而且对于子公司的定义依然是"持有超过50%的股权"。而依照第7号指令,判定子公司的标准是"有效控制"(effective control),而不是简单的持股比例。

1989年修订的《公司法》要求公司(除《公司法》定义的中小规模公司外)的董事披露年度报表是否按照现行的会计准则编制,并对任何违反准则的情况作出解释。

2006年修订的《公司法》涉及:(1)将某些判例作为成文法规;(2)允许公司选用英国公司法(及英国GAAP)或国际规章编报个别或集团报表;(3)在某些极端案件中要求审计师承担刑事责任。从中,可见这次修订的重大影响。

英国公司法中有关财务会计和报告的要求,的确构成英国会计准则制定的基础,会计准则的要求不能违反公司法的规定。英国不存在像美国证券交易委员会那样的对公司财务会计准则的制定保持着监督和最终修订权力的政府机构。但自2004年起,英国贸易和工业部(Department of Trade and Industry,DTI)已授权独立的监管机构——财务报告理事会(Financial Reporting Council,FRC)负责会计准则的制定(参见第二节)。

除《公司法》,上市公司的财务报告还应该遵从《伦敦证券交易所手册》的规定(London Stock Exchange Handbook)以及《金融服务市场法案》(Financial Service Market Act)的要求。

二、会计准则的制定

(一)会计职业界创议制定会计准则的过程

直到第二次世界大战时,英国的会计实务完全由法律支配并由每个会计师作出职业判断,由于法律只涉及原则性的规定,在会计实务中就存在着多种选择的余地,具有很大的任意性。1942年,英格兰和威尔士特许会计师协会(ICAEW,英国最大的会计职业组织)开始制定和发布《会计原则推荐书》(Recommendation on Accounting Principles),它与当时美国的《会计研究公报》很类似,具有浓厚的实用主义色彩,容纳了多种会计处理方法,但它并不具有像美国《会计研究公报》那样的权威性和对会计职业界的约束力,因此起不了多大的规范作用。

20世纪60年代,英国发生了多起财务报表失去"真实和公允"性的重大案例①,引起很大的震动。英国会计职业界迫切地感到在会计准则的制定工作上远远落后于"大西洋彼岸"(指美国)。1970年,英格兰和威尔士特许会计师协会和不列颠诸岛的其他会计职业团体苏格兰特许会计师协会(ICAS)、特许注册会计师协会(ACCA)及管理会计师特许协会(CIMA)联合组成了会计标准筹划指导委员会(ASSC),于1971年起开始发布标准会计惯例公告(Statement of Standard Accounting Practice, SSAP)。爱尔兰特许会计师协会(ICAI)也参加在内。标准会计惯例公告对组成会计标准筹划指导委员会的所有职业团体的成员都具有约束力。1974年,这些既联系又独立的会计职业团体又组成了会计职业团体协商委员会(CCAB),以共同加强会计职业界的地位。1976年,不列颠的另一个会计职业团体——财政与会计工作者特许协会(CIPFA)也参加了,会计标准筹划指导委员会于这一年2月改组为会计标准委员会(Accounting Standard Committee,ASC)。至1982年,会计标准委员会又吸收除执业会计师以外的工业界的、政府部门的和从事审计业务的会计专家以及若干非会计人士参加,以扩大其社会基础。

(二)由独立的民间机构制定会计准则

由于英国贸易和工业部委托迪尔林委员会(Dearing Committee)对由会计职业界制定准则的模式进行考察,委员会建议:会计准则的制定应该由独立的民间机构来完成,法律不应直接介入会计准则的制定。依照以上的建议,1990年8月,会计标准委员会(ASC)被以财务报告理事会(FRC, Financial Reporting Council)为母体的会计准则委员会(ASB, Accounting Standard Board)所取代。财务报告理事会的25名理事及若干观察员,来自代表财务报

---

① 最突出的一宗也许是AEI公司的事例。该公司在1967年10月宣布的年度利润预测约100万英镑,而公布的年终决算报表却报告了450万英镑的亏损。就在此时,GEC公司兼并了AEI公司,在根据GEC公司的会计政策调整后,这笔巨额亏损又立即消失了。

表使用者、编制者和审计者这些金融界和证券业、企业界及会计职业界的人士,ASB设有专职的主席和技术顾问,其兼职委员中也不仅包括会计职业界,而且有其他界别的会计、财务专家,以树立超然独立的形象。这个过程,与美国之成立超然独立的财务会计准则委员会,也有类似的地方。

(三)政府对会计行业的监管及会计(审计)准则的制定进行的改革

鉴于2001年美国知名公司财务欺诈的影响,英国也像美国那样进行了全面的机制改革。英国贸易和工业部于2002年宣布:对会计行业的监管及会计、审计准则的制定进行全面的考察。考察的结论于2003年公布,主要是明确了财务报告理事会(FRC)作为独立监管者的角色,由它负责会计准则、审计准则的制定、监督和执行,及监管会计职业团体。为了更好地履行其职责,财务报告理事会于2004年进行了改组,改组后的理事会下设以下六个分支机构:

1.会计准则委员会(Accounting Standards Board,ASB)

负责本国会计准则的制定。

2.财务报告检查小组(Financial Reporting Review Panel,FRRP)

由于英国的会计准则有法律效力,财务报告检查小组负责检查公司执行会计准则的情况。如发现有违反的情况,并在与公司董事会沟通失效的情况下,检查小组拥有法律赋予的权利要求法庭责令公司(董事)重新按照会计准则的要求编制财务报表。为此所发生的一切费用,由董事个人承担。

3.会计行业监督委员会(Professional Oversight Board for Accountancy,POBA)

负责监管审计行业,监督对大型企业审计的质量,监管会计职业团体。

4.审计实务委员会(Auditing Practices Board,APB)

于2002年4月成立,负责制定高质量的审计准则以确保公众对财务信息质量及审计的信心;除制定本国的审计准则,审计实务委员会亦致力于与国际审计准则的协调。

5.会计行业调查与纪律委员会(Accountancy Investigation and Discipline Board,AIDB)

负责会计职业团体(ICAEW,ICAS,ACCA,CIMA和CIPFA)会员的违纪情况(尤其是事关公众利益的)。

6.精算准则委员会(Board for Actuarial Standards)

其目的是制定独立于精算职业界的高质量精算准则。财务报告理事会还将会计行业监督委员会的职权范围扩大至对精算职业界的规管,以及扩大了会计行业调查与纪律委员会的职权范围。

（四）英国的会计准则

至 1990 年 7 月会计标准委员会（ASC）被取代前，它发布了 25 个标准会计惯例公告（SSAPs，Statements of Accounting Practice，至今仍有 11 个继续有效）。会计准则委员会（ASB）发布的会计准则称为"财务报告准则"（FRSs，Financial Reporting Standards），第 1 号财务报告准则《现金流动表》于 1992年 3 月发布，至 2006 年 3 月，已发布了 29 个财务报告准则；另有 1 个《小主体财务报告准则》（于 2002 年 6 月生效，修订本于 2005 年 1 月生效）。论者认为，英国的会计准则属于"原则基础"。

2001 年国际会计准则委员会（IASC）进行了全面重组、国际会计准则理事会（IASB）开展工作后（见第五章第四节中的阐述），欧盟给予大力支持，在欧盟《国际会计法令 2005》生效后，ASB 宣布不再制定和发布英国本身准则，而只是制定和发布将国际准则运用于英国的相关准则。自 FRS 20 起，ASB已经这样做了，至 2006 年 3 月，已发布了与 IFRS/IAS 同名或参照 IFRS 制定的 FRS 20～29 等 10 个财务报告准则。经查阅网上信息，至 2008 年 1 月，已发布的 FRSs 仍为 29 个。

三、关于"真实和公允"观点

如上所述，"真实和公允"观点，是英国《公司法》提出的对公司财务会计和报告要求的指导思想。阿伦在其对世界范围内会计模式的分类中，把它列为英国会计模式的基本特征。

对于"真实和公允"，在官方文献中并没有正式的定义。论者认为，看来是有意提得这样笼统，以避免公司逃避责任。在 H. P. 霍尔泽（Holzer）等著《国际会计》一书的第 10 章"会计在英国"中，作者 G. A. 李认为："真实和公允"的观点在英国会计界被理解为：必须揭示所有"真实的"（truthful）、"诚实的"（honest）重要信息，而不管其有利或不利。必须"不抱偏见"，不故弄玄虚，不隐瞒重大事实，同时，也不能在需要时把公司法要求的详细披露搁在一边（without bias，mystification，or concealment of material facts and to overside，if necessary，the detailed disclosure requirements of the Companies Acts）。从历史上看，"真实和公允的观点"来源于传统的、英国人对财产所有者承担"经管责任"（stewardship）所奉行的信条。

应如何正确理解"真实和公允"是编制财务报告"高于一切"的指导思想呢？首先，遵守法律及会计准则的规定来编制财务报告是达到"真实和公允"的条件之一；如果出现即使在遵守法律及会计准则亦达不到"真实和公允"的

情况,会计师可以运用自己的专业判断,甚至违反法律(或会计准则)的规定进行报告,以求达到这一高于一切的原则。与"真实和公允"相对应的会计准则是第5号财务报告准则(FRS 5)《报告交易的实质》(Reporting the Substance of Transactions)。该准则明确提出公司应该报告交易的(商业)实质,而不是(法律)形式。

据《会计读物》(Accountancy Books)于2004年的一份调查(A Survey of UK Reporting Practice)显示:超过1/4的公司应用"真实和公允"这一原则,不遵循《公司法》的某些要求来编制财务报告(例如:不按照《公司法》的要求对无形资产进行摊销,因为重估后发现无形资产并没有消耗。因此如果简单地遵守了法律的规定,反而无法达到"真实和公允"这一目标)。

应该看到,在法律中规定"真实和公允"高于一切的原则反映了英国会计职业界的长期强势:法律对公司的财务报告提出了笼统的要求,同时也需要倚重会计师的职业判断。

"真实和公允"的观点,同样也指导着英国的审计准则。还值得指出的是,英国会计的"真实和公允"的观点,已为欧洲经济共同体第4号指令所接受。现所有欧盟国家的法律都要求公司的财务报告按照"真实和公允"这一指导思想编制。

四、重新构造公司对外财务报告

C. W. 诺比斯在根据财务报告惯例对会计体系的分类中,把英国会计视为实用主义的起源。英国会计标准委员会制定的会计准则称为"标准会计惯例",即从会计惯例筛选出来的"标准",突出地说明了这一点。但会计标准筹划指导委员会也在1975年提出了一份重新构造公司对外财务报告的设想,内容涉及公司报告的目标、报告信息的质量要求、计量方法等方面,这份题为《公司报告》(The Corporate Report)的讨论稿,与美国财务会计准则委员会的财务会计概念框架,同样说明了英国的会计准则机构在准则制定中探求概念框架的努力。但时隔多年,ASB才以《财务报告原则公告》(Statement of Principles for Financial Reporting)的名称于1993年发布了征求意见稿,以后又发布了修订的征求意见稿,至1999年才正式发布了《原则公告》,其体例与美国FASB的财务会计概念框架十分类似,但比较简括。所表现的英国特色为:

1. 在"引言"部分,明确地指出"以真实和公允观点为其基础"。

2. 对"财务报表的目标",除供报表使用者"作经济决策"外,还突出地提出供使用者"评价企业管理当局的经管责任"。

3. 对财务报表的质量特征,只简要提出(1)相关性,(2)可靠性,(3)可比性和(4)可理解性(相对而言,美国 FASB 在第 2 号 SFAC 中提出的"会计质量分级",则描绘出更为翔实的图景)。

4. 对财务报表的要素,只分为"资产"、"负债"、"业主权益"、"利得"、"损失"五要素,所下的定义也较简括。①

5. 关于财务报表中的确认(recognition)、计量(measure)和列报(presentation),提出了初始确认中按交易成本计量,初始确认以后对账面金额(carrying amount)的计量,可以以历史成本或现行价值为计量基础,在财务报表中应列报的是现金流量信息(而非营运资本信息)。

以上的特色主要是与美国 FASB 的《财务会计概念公告》对比而言的。应该说,英国 ASB 的《财务报告原则公告》更接近于国际会计准则委员会(IASC)于 1989 年发布的《编报财务报表的框架》。

五、财务报告三级框架

会计准则委员会(ASB)建议采用三个层级的财务报告框架,目的在于平衡财务报告提供者和使用者的需要。事实上,该财务报告三级框架已经在英国国内进行了深入、长期的征求意见过程。

第一层级:上市公司将依然使用欧盟采纳的国际财务报告准则。其他负有公众责任的公司(如:其承担的债务在公开的市场上进行交易、持有存款、管理他人的资金等)也将被划入本层级(一些规模非常小的金融机构将予以豁免)。

第二层级:除了那些获准使用英国"小型企业财务报告准则"(Financial Reporting Standard for Small Entities-FRSSE)的企业,其他所有的英国企业将采用基于"中小企业国际财务报告准则"的一套新会计准则(相对目前英国的会计准则更为精简)。该准则需符合英国和欧盟的相关法律/法令,并将税务报告剔除。

第三层级:最小规模的公司将持续使用英国"小型企业财务报告准则"。

------

① FASB 在第 3 号 SFAC《企业财务报表的要素》中分为"资产"、"负债"、"业主权益"、"业主投资"、"业主派得"、"全面收益"、"收入"、"费用"、"利得"、"损失"等十要素。可参阅常勋:《现代西方财务会计》,中央广播电视大学出版社 1995 年版,第 24～27 页。

六、其他重要特征

(一)关于社会经管责任和增值表

上述的《财务报告原则公告》在对外财务报告的目标方面,不限于为投资者和债权人提供决策有用的信息,而且还明确地提出公司的"社会经管责任"(public accountability)。在西欧国家特别是在英国流行的增值表(参见第二章第二节),所反映的"增值额应在出资者(股东和债权人)以及雇员、政府之间进行分配,并将一部分重新投入企业"的思想,正是报告公司的社会经管责任的体现。

(二)关于在会计计量中支持现行成本会计

英国会计标准委员会(ASC)在1980年发布的第16号标准会计惯例公告(SSAP),在物价变动会计中要求采用现行成本会计,以取代原先在1974年发布的要求采用一般购买力会计的第7号标准会计惯例。而且规定,现行成本财务报表不仅可以作为历史成本报表的补充,而且可以作为基本财务报表。论者认为这主要是受英国政府指派对物价变动会计进行调查研究的桑狄兰兹(F. Sandilands)委员会主张采用现行成本会计的影响。但事实上,会计标准筹划指导委员会在1975年的《公司报告》中早已提出了采用"现行价值会计"(current value accounting)的建议,并且主张调整报表不应作为补充报表,而应列为正式报表。可以说,英国会计界在会计计量上比美国会计界更富于革新思想,这可能与当时英国高达24%的通货膨胀率这一环境因素有关。当20世纪80年代中期英国通货膨胀率下降(最低达到4%)后,第16号标准会计惯例也终于在1988年7月被废止了(尽管如前述,1981年修订的公司法有以现行成本作为对历史成本进行修正的"替代方案"的法定基础)。

但如何将欧盟第7号指令(及1981年修订的《公司法》)中的"替代方案"运用到实际中,英国的会计界、实务界以及学术界经过了多年的争论。会计准则委员会于1999年颁布的第15号财务报告准则中定义:"现值"应是一个理性的选择模式,即在重置成本(replacement cost)、可变现净值(net realized value)及经济价值(economic value)中选取。该准则同时规定:一旦企业选择"现值"计量某资产,每年都要对所有同类的资产进行重估(re-value)。由重估资产而产生的(未实现的)利得和损失,要求在另外一份报表——当期"全部已确认利得和损失表"(Statement of Total Recognized Gains and Losses)中确认。该表和传统的资产负债表、损益表、现金流量表一起构成基本的财务报表。

(三)英国的会计职业界

前已述及,英国(联合王国)的会计职业界,并没有组成全国统一的组织,

Accounting

而是分别组成按地域的特许(御准)会计师协会和全国性的特许注册会计师协会,还有管理会计师特许协会和财政与会计工作者特许协会。这些会计职业团体通过会计职业团体协商委员会相联系而各自独立,其会员合起来超过 10 万人,执业的会计师则约占 4.5 万人,是一支相当大的力量。按照《公司法》注册成立的公司的对外财务报告必须委托会计师进行审计,税务当局则要求纳税人提出经审计的报表。所以,英国的独立审计和会计职业界影响范围之广,与美国对比是有过之而无不及的。

应用的审计标准和指南(guideline)是由会计职业团体协商委员会的审计标准委员会发布的。英国的审计标准和指南以及会计准则,在数量上都比美国少得多。

表 3-4   参加英国会计职业团体协商委员会(CCAB)的会计职业协会

1. 特许注册会计师协会 Association of Chartered Certified Accountants,ACCA

2. 管理会计师特许协会 Chartered Institute of Management Accountants,CIMA

3. 财政与会计工作者特许协会 Chartered Institute of Public Finance and Accountancy,CIPFA

4. 苏格兰特许会计师协会 Institute of Chartered Accountants in Scotland, ICAS

5. 爱尔兰特许会计师协会 Institute of Chartered Accountants in Ireland,ICAI

6. 英格兰和威尔士特许会计师协会 Institute of Chartered Accountants in England and Wales,ICAEW

这种由于历史渊源等原因形不成统一的会计职业界组织,在很大程度上导致了资源浪费和不同组织间的沟通和协调问题。虽然对统一问题已有所酝酿,但 ICAEW 与 ICAI 的合并,谈判了 15 年多,还没有结果;2004 年,ICAEW 与 CIPFA 举行了一系列高层会议,酝酿合并,同年 12 月,两家协会分别召开了理事会会议,经过讨论,都支持合并,但具体的合并方案(如合并后名称、组织结构等等)还有待进一步解决。同时,ICAEW 对其与 CIPFA 合并及更名计划,举行了会员投票表决,因未达到章程规定的 2/3 支持票数,使计划未能获得通过而流产,但 ICAEW 表示,今后仍将继续保持与 CIPFA 的密切联系和交流。此外,ACCA 的总裁 Allen Blewitt 也表示,ACCA正在加强与 CIPFA 的合作。但在这次修订本书时,我们并未查找到有关统一问题进展方面的近况。

▲ 第四节　法国会计模式

法国的会计实务体系是地中海沿岸的欧洲国家如意大利、西班牙、葡萄牙、希腊和比利时（不沿地中海）、土耳其（跨欧亚）等国的会计实务体系的代表，在法国和西班牙、葡萄牙的非洲和拉丁美洲前殖民地国家中仍具有深刻影响，而它实行的统一会计方案在西方国家中又别树一帜，因此，人们普遍把该会计实务体系称为法国会计模式。现简述法国会计模式的基本特征如下：

一、以税务为导向的会计

法国传统的会计模式是法国重商主义的产物。拿破仑法典曾明确规定，会计的原则和方法必须遵守国家的税法，因此，人们称之为"以税务为导向的会计"（tax oriented accounting）。阿伦在对世界范围内的会计模式进行分类时，把"服从税制需要"作为法国—西班牙—意大利会计模式的基本特征。法国会计模式在世界范围内的影响仍是值得重视的。

在 20 世纪 30 年代，法国会计所遵从的法律规定，除税法外，还包括公营公司法，第二次世界大战以后，会计立法的主要来源同时转向商事法典和1967 年《公司法》，这使法国会计模式和德国会计模式在基本特征上有进一步趋同的迹象，但法国会计模式以税务为导向的特色，还是很突出的。法国所得税法规定，所得税会计必须与递交股东的财务报表一致。这样，对国内公司而言，税法的任何变动，都将影响公司财务报表的内容和形式；此外，在这种情况下，财务报表中的报告收益和纳税申报中的应税收益基本上是一致的，几乎不会出现由于暂时性差异导致的递延所得税项目。

二、由政府制定颁布全国统一的会计方案

法国是西方世界中别树一帜地由政府制定颁布全国统一的《会计方案》（Plan Comptable）的国家，就法国本国的会计实务体系而言，这应该是它区别于其他西方国家的会计实务体系的最大特色。

法国的第一个《会计方案》是在 1947 年 9 月批准颁布的。1957 年和1982 年进行了两次修订，1982 年的修订是在欧共体的第 4 号指令的影响下进行的，1986 年再次扩充，在合并财务报表领域实施欧共体第 7 号指令的

要求。从 1982 年修订的会计方案开始,它成为对所有工商企业强制执行的方案。

随后的修订在 1999 年,我们将在阐述法国的会计改革时专门介绍,它不像 1982 年方案那样是"扩充",而是把有关成本和管理会计的部分删去,把有关合并财务报表的部分分开;在其他方面,则是对 1982 年方案的重新编排。

(一)《会计方案》的目标

《会计方案》所宣布的目标是,它可以提供比较精确的会计信息,以便:

1. 促进更合理的国家经济政策和财政政策的制定;

2. 有助于消灭财政收支不平衡;

3. 向公众报告国民财富的真实分配,尽量减少社会误解;

4. 提供研究市场动向的信息;

5. 促进健康的竞争;

6. 有助于发展公平的税制;

7. 向股东、供应者和银行提供更适合于检验它们所作出的判断的机会;

8. 有助于政府当局进行控制(管理)方面的检查;

9. 对财务成果提供清晰而恰切的看法;

10. 有可能分析和比较制造成本(1999 年方案已略去)。

从上列的目标可见,《会计方案》的制定,更多地体现了对宏观政策的保证和监督。

(二)《会计方案》的内容

《会计方案》包括:

1. 全国性的统一账户名称表;

2. 对术语的定义和解释;

3. 必要时,对如何记录具体的事项和交易,说明其应作的分录(借记和贷记的账户);

4. 会计计量(计价)原则;

5. 财务报表的标准格式;

6. 可采用的成本计算方法(1999 年方案已删除)。

关于统一账户名称表中账户的分类,列示如表 3-5。

表 3-5　法国统一账户名称表的分类

资产负债表账户	经营性账户
1. 资本(业主权益,借款和应付债务)	6. 费用
2. 固定资产	7. 收益
3. 存货和在制品	
4. 应收和应付债务(流动性)	
5. 财务(流动性)	

　　在上述大类下进行进一步细分,如"2. 固定资产"类可进一步细分为"211 土地"、"2114 矿址"和"21141 石场",等等。

　　资料来源:根据 Nobes 和 Parker(2002),*International Accounting* 第 7 版的叙述(p. 219)制表。

　　1982 年的修订方案的重要特征就是要求在财务报表内披露大量的表下注释,从以下列举的项目中,可见其包括的范围之广,与美国会计的充分披露要求相距不远。

　　1. 对公认会计原则的偏离;

　　2. 对应用的计价规则的说明;

　　3. 对外币项目的会计处理;

　　4. 关于固定资产变动和折旧的附表;

　　5. 对各项备抵的详细说明;

　　6. 对任何重估价的详细说明;

　　7. 与租赁有关的或有负债;

　　8. 按到期日划分的负债项目;

　　9. 对递延账项、由于外币折算而形成的递延项目以及非常项目的分析;

　　10. 关于所得税对财务报表影响的详细说明;

　　11. 对以抵押品担保的负债项目的披露;

　　12. 关于说明如何分配损益的附表;

　　13. 分类列示的职工平均人数;

　　14. 持有的有价证券一览表;

　　15. 关于按行业和地理区域的营业额的分析。

　　这是一个值得注意的动向。它说明,法国会计已经从"以税务为导向"的传统开始向也重视反映经济现实的趋向转变。

（三）由民间参与制定对执行和扩展《会计方案》所需的会计准则

尽管法国的统一会计方案是由政府制定颁布的,它也利用民间力量来参与这项工作,由全国会计委员会(Conseil National de la Comptabilite,CNC)负责发布为执行和扩展《会计方案》所需的会计准则。它是由政府高级官员及会计职业界和工业界、商业界、工会、经选任的其他精通会计事务的人士组成的,所发布的会计准则建议并不是强制的,但这些文告所涉及的都是一些比较复杂的重要问题,例如:

1. 资金来源和运用表;

2. 研究与开发成本的会计处理;

3. 增值税的处理;

4. 收入与支出的摊配;

5. 资产负债表外的协议;

6. 投资减税的处理;

7. 欧洲经济共同体农业交易;

8. 租赁;

9. 利润分配方案;

10. 给予职工的福利津贴的会计处理,等等。

因此,这些建议对《会计方案》的贯彻,是很有作用的。

（四）所得税申报与会计方案

法国的强制性的统一会计方案在实务中已被广泛接受,一个重要的原因是所得税申报中要求采用的各种表式,都是以全国统一的账户名称表为根据的。也可以说,统一会计方案的制订,正是以税务的需求为导向的。这样,法国的会计教育和培训就都是以《会计方案》和税法及其他有关法律为依据的,在法国,会计的专业课程计划主要不是设在工商管理或经济学院,而是设在法学院。如前所述,《会计方案》同样地具有法律效力。

三、1996 年启动的法国会计改革

（一）机制和机构改革

1996 年法国的会计改革,是在如下的背景下促成的。法国跨国公司的发展推动了法国经济国际化的进程,特别是跨国公司的融资、投资活动必然走向国际货币市场和资本市场,从而对会计的国际协调产生了迫切的要求,这就要对执行和扩展《会计方案》所需的会计准则,作出及时的反应,而全国会计委员会(CNC)所发布的只是"建议",并不具有强制性的法定效力,而且它的机制

松散,不能对已发布的会计准则作出及时的修订或解释。1996 年 8 月,法国政府发布了关于会计规范化工作监管改革的法律草案,据此,全国会计委员会调整了它的工作机构,减并为"会计原则与国际关系"、"非营利性单位"和"企业"三个部门,并且增设一个"紧急事件委员会"(Committed' Urgence),以便对一些需要快速反应的问题进行处理,其人数也由近 100 人减至 52 人,并聘任了专任主席。与此同时,另行组建了会计法规委员会(Comite de la Rogle-mentation Comptable),负责制定具有法律效力的强制性的会计准则。它是一个权力机构,由 10 人组成,其中:政府权力机构的代表 4 人,经济与财政部长为主席,司法部长为副主席,其他 2 名成员为预算部长和证券交易委员会主席;全国会计委员会的代表 6 名,包括委员会主席、成员中的职业会计师协会主席和法定审计师协会主席以及企业界的代表 3 人。现在,会计法规委员会已改为 12 人,主席为经济、财政与工业部长,成员有司法部长、负责预算的国务秘书、证券交易委员会主席和负责公民事务的官员各 1 名,刑事法庭代表 1 名,国家审计局代表 1 名,全国会计委员会的民间代表 1 名,政府官员 1 名,以及企业界代表 3 名。会计法规委员在成立时即规定:会必须遵循《会计法》的要求制定准则,准则需要得到经济与财政部(现为经济、财政与工业部)的批准,而且,经济与财政部具有修改会计准则的权力。

(二)会计方案的变革

1999 年 6 月 22 日,法国经济与财政部发布《决定》,将法国的会计方案一分为二,一个是只适用于单一公司的《会计方案》,另一个是适用于公司集团的《合并会计的原则和方法》。《会计方案》从原来的 400 页缩减到不到 200 页,内容包括(1)会计的目标和原则,(2)资产、负债、收入和费用的定义,(3)记录和计量原则,(4)会计账户的设立、结构和运行,(5)会计报表体系。《合并会计的原则和方法》是在《会计方案》基础上规范企业合并和合并报表编制的更为简短的文本(共 60 页),规定了(1)合并的范围和方法,(2)合并的原则,(3)计量和报告的方法,(4)合并报表体系,(5)关于第 1 年编制合并报表的说明。[①]

(三)在现行《会计方案》框架下发布的新的《准则》和《解释》

在现行《会计方案》框架下具体发布的新准则和对准则的解释如下。

1.关于企业合并的《规定》(regulations)。1999 年 CRC 发布了两套规定:

---

① 参见周虹:《对法国和中国新会计制度的比较分析》,载《会计研究》2001 年第 7期。

一套适用于公司,另一套适用于银行的合并。2000 年又发布了保险企业的合并规定。这几套规定目的在于实现与国际会计准则的接轨,但还是有很多地方没有实现。

2.2001 年,CRC 鉴于许多法国上市公司采用国际会计准则和美国的会计准则,虽经法国议会在 1998 年通过法律准许,但又作出决定:应以按照本国《会计法案》编制的财务报表为基本报表。

3.2003 年,CRC 发布了 13 个新《规定》。

4.鉴于欧盟 2005 年国际会计规定,法国证券监管组织 COB 于 2009 年发布了推荐书,建议法国上市公司的财务报告应按照国际会计准则,包括以下 10 个部分:

(1)采用 IFRS 7《金融工具:披露》

(2)IAS 39《金融工具:确认和计量》

(3)IAS 36《资产减值》

(4)IAS 19《雇员福利》

(5)IAS 1《财务报表列报——债务分类为流动性和非流动性》

(6)企业联合和合并

(7)IFRS 5《持有的待售非流动资产和终止经营》

(8)IFRS 8《经营分部》

(9)新《准则》和《解释》

①《准则》和《解释》在欧盟的应用

②年度修正

③IFRIC 11(对 IFRS 2)《集团与库存股交易》

④IFRIC 12《公共服务特许经营安排》

⑤IFRIC 13《顾客诚信计划》

⑥IFRIC 14《限定保险赔偿的资产的限额,最低筹资要求及相互作用》

⑦IFRIC 15《房地产建筑协议》

(10)《有关豁免合并的欧盟建议》

四、其他重要特征

(一)极度稳健和"形式胜于实质"

由于法国的法律规定了企业及其负责人需承担很大责任,尤其是要对企业破产的后果负责,公司董事会就往往通过多提折旧、为或有损失和特定抵税项目建立准备、低估资产价值等多种手段,来建立"秘密准备"(secret re-

Accounting

serve),在会计上奉行极度稳健的政策。法国的法律还规定,股份有限公司的年度净利在减去以前年度的亏损(如果有的话)后,每年至少要按 1/20 提取"法定准备"(legal reserve,法定公积),直至达到已发行股本的 1/10 为止。从利润中提留通用(无特定目的)准备(general reserve),也是惯常的做法。这种"准备会计"(reserve accounting)同样见诸德国会计模式,可以说是西欧大陆国家的通例。

"形式胜于实质",同样是西欧大陆各国的会计通例,其原因是由于复杂的商法和公司法,也由于税法。在法国,税法允许从收入中扣减的费用必须是在会计上确认的费用,企业如果为了纳税利益而把一定的收入递延,只限于在会计上已作为递延收入处理的项目。法国的商法也要求企业的财务报表必须同它的账户记录一致。

极度稳健与形式胜于实质,是欧洲大陆国家会计模式与美国会计模式之间的非常显著的差别。任意建立秘密准备和提留通用准备的做法,都不为美国的公认会计准则所容许。在美国的会计术语中,早已废止"准备"(reserve)这个词了。同时,在这方面,也显示出欧洲大陆国家会计模式与英国会计模式之间的一定差别。

(二)积极推广社会责任会计

早在 1975 年,法国在《关于公司法改革的报告》中就建议公司每年公布"社会责任资产负债表",即"社会报告"。1977 年又先后颁布有关法令,要求拥有 300 人以上的企业必须提供下列信息:雇佣情况;工薪待遇及与之相关的劳动力再生产成本;健康和安全条件;职工培训;行业关系、企业内部的其他生活条件。同时还要求企业注意改善生态环境,如:处理废水、废气、废渣,降低能源消耗,减少稀有资源的耗用及对社会环境治理提供服务和捐赠等。要求提供的信息非常详细和具体,在西方国家处于领先地位(可参阅第二章第二节第一分节中的阐述)。

(三)跨国合并报表开突破税务导向的先河

法国对编制跨国合并财务的要求,由于考虑国外子公司的税务影响,已规定要确认递延所得税,并且规定公司可以选择采用递延法或负债法,全部或部分地确认暂记性差异;而且,对于为风险、或有事项及特定抵税项目等建立准备以降低账面收益这一传统惯例,则规定了在编制合并报表时,对抵税项目的准备需加以调整订正。应该说,这是法国在跨国合并报表的编制中,已经开突破会计服从税法要求的先河。

（四）法国证券交易委员会的影响

与美国和英国相比，法国和欧洲大陆国家的证券市场就不够发达了。法国在 1968 年成立了证券交易委员会（COB），其主要任务之一是对在法国证券交易市场上市交易和准备上市交易的股份公司提出对财务报表的审计要求。法国证券交易委员会曾对一些过度稳健和"混淆不清"的会计惯例，提出过尖锐的批评，的确，我们在第（一）点中列举的那些做法，实质上是侵害投资者的利益的。法国的证券市场进一步发展，势必冲击现有的法律规定和会计惯例，而法国证券交易委员会的影响和权威，也会进一步扩大和提高。

（五）法国的会计职业界

由于企业资本来源封闭和政府对会计的直接管理，导致法国会计职业界的分离和相对薄弱。在历史上，法国已形成两个会计职业团体：法国职业会计师协会（OEC）和法定审计师协会（CNCC）。尽管它们的会员事实上有重叠的情况。

法国职业会计师协会成立于 1942 年，重建于 1945 年。自组建以来一直置于经济与财政部的管辖之下，其主要工作包括法定审计以外的所有公共会计业务。它通过全国会计委员会参与会计准则的制定，并负责发表指导会计实务的技术指南。

法定审计师协会成立于 1969 年，受司法部管辖。由于法律规定股份公开发行的公司的财务报表必须经法定审计师协会成员的审计，所以该协会的成员均为法定审计师。为了与欧盟第 4 号指令相协调，法国已规定，法定审计师必须在其审计报告中就"真实与公允反映"的情况表明意见。

法定审计的责任大体上与其他国家对公司财务报告审计的责任相类似，但法国法定审计师对于他们在审计过程中发现的犯罪嫌疑行为，必须向国家检察官报告。

▲ 第五节　德国会计模式

德国的会计实务体系是北欧各国如荷兰、丹麦、瑞士、瑞典、挪威、芬兰等国的会计实务体系的代表，加上德国的成文法体系在世界范围内的影响，因此，人们普遍地把该会计实务体系称为德国会计模式。

德国会计模式指的是德国统一前联邦德国的会计实务体系。德国统一后，这个会计实务体系已成为德国全国的统一体系。现简述德国会计模式的

基本特征如下：

一、会计服从于法律要求

(一)德国会计服从于以下三方面的法律要求

1.税法

会计准则基本上取决于税务法规的要求。除非符合十分具体的税务法规的会计要求,税务当局就可能拒绝把企业的会计记录作为课税的依据,它就有权尽可能地对应税收益全部地或部分地进行估计。这对于企业把会计记录保持在税务当局可以接受的基础上,是一种强大的推动力。

2.商法

《商法》主要适用于所有组织形式的企业(公司、合伙、独资)。《商法》要求所有企业都必须保持会计记录,按照税法的有关规定编制年度财务报表;还规定了记账的一般规则、计价原则、会计资料的保管、财务报表的格式和内容等等。但《商法》并没有提及应向政府报送财务报告。值得指出的是,德国在1985年12月通过了《会计指令法》,作为《商法》的第三篇,已经大量地采纳了欧盟第4、7、8号指令的内容。

德国《商法》(《会计指令法》)中会计要求的一个特征是对大、中、小型股份公司的财务报告规定了不同的编报和披露要求。例如,在资产负债表和损益表的编制上,不同规模的企业可采用不同分类级别的报表表式,中、小企业不需编制资金表或现金流量表;在报表附注中,对小型股份公司允许简化披露或不披露,非股份公司(一般在规模上均属小型)则可以不编报表附注。这样做的目的是在市场竞争中保护中、小企业的利益。

3.公司法

德国的公司法包括适用于有限责任公司的《有限责任公司法》以及适用于股份有限公司和股份两合公司的《股份公司法》。《股份公司法》颁布于1965年,其中包括广泛的会计要求,对股份公司会计具有较大的约束力,如以下各方面的规定:

(1)固定资产应按原始成本减去相应的折旧表述。

(2)流动资产应按成本、可变现净值或重置价格中最低的价格计价。

(3)无形资产只是在从第三方面取得时才资本化。

(4)所有的负债,包括未实现的损失在内,必须全面计提。

(5)未实现的利润可不予确认。

(二)财务报表公告的法律规定

1. 对公司规模的划分

德国马克被欧元取代后,德国股份公司的规模划分,如表 3-6 所示。

表 3-6　德国股份公司的规模划分

股份公司规模	规模划分标准		
	资产负债表总额 (百万欧元)	销售收入 (百万欧元)	年度平均职工人数 (人)
小　　型	≤3.438	≤6.873	≤50
中　　型	>3.438,≤13.75	>6.873,≤27.5	>50,≤250
大　　型	>13.75	>27.5	>250

注:①资产负债表总额是指资产负债表日的报表总额(如有反映借方的亏损,则应将亏损额减去)。

②销售收入是指资产负债表日以前 12 个月的销售收入总额。

③年度平均职工人数是 3 月 31 日、6 月 30 日、9 月 30 日、12 月 31 日职工人数的简单算术平均数。

如果某企业在连续两个资产负债表日的以上 3 项标准中有 2 项在相应规模之内,则该公司就属于这一规模。

如果股份公司的股票或其他外发有价证券在欧盟成员国内的证券交易所已经允许正式上市交易或纳入有序的场外交易,或已经申请正式上市交易或进入有序市场,则总是属于大型股份公司。

资料来源:Nobes and Parker,*Comparative International Accounting*,7th edition,p. 249.

2.《公告法》的相关规定

1969 年 8 月颁布的《公告法》规定,企业规模达到表 3-6 所列标准的大型公司,其财务报表必须经过审计并同时在联邦司法部公告和地方性的商业登记册上公告;标准以下的公司,可以只在地方性的商业登记册上公告;符合《商法》规定的小型股份公司(银行和保险公司除外)和非股份公司,也可以不进行审计。独资企业则不适用《公告法》。

(三)规范德国会计的法律体系

综上所述,可列示规范德国会计的法律体系如图 3-4 所示。

Accounting

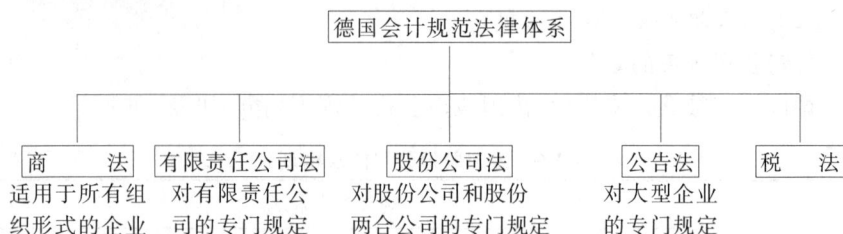

图 3-4　规范德国会计的法律体系

资料来源:根据任永平:《中德财务会计比较研究》(博士学位论文)①改制,见论文 p. 28。其原出处为 Meyer:Bilanzierung nach Handdels-und Steuerrecht, 12. Auflage,verlag nwb,1997,s. 40。

二、以公司利益为导向——极端稳健和不要求充分披露

德国会计的极端稳健性,其实质是公司可以合法地低估利润和资产,在对外财务报表中提供尽可能少的信息。正是在这个意义上,阿伦把德国会计模式最基本的特征概括为"以公司利益为导向"。德国的证券市场在发达资本主义国家中是不够发达的,其重要原因是,政府对银行的管制比较宽松,因此,公司需要的经营资金主要从银行借贷,银行可以通过对外财务报告之外的途径直接了解公司的会计记录,它和公司管理层同样担心,股东如果掌握公司的真实利润信息,就会要求多分股利,从而会削弱公司的财力,所以,从银行的利益而言,也不要求公司对外充分披露会计信息。

德国公司财务报表中"准备"之多,与法国公司对比有过之而无不及,我们已经指出,这是欧洲大陆国家会计实务体系的共同特征。在德国,这些经法律允许设立的准备包括:法定准备(statutory reserve,法定公积)、可任意支配(通用)准备(free reserve, general reserve,通用公积)、为未来纳税设立的特别准备项目(special reserve items subject to future taxation)、养老金准备(provision for pensions)、维护支出准备(provision for maintenance)等等。此外,税法还允许通过额外计提固定资产折旧和存货跌价备抵,来低估利润和资产。德国政府认为,准备可用于投资以支持社会经济的发展,这样,就给予公司作出上述决策的自由。而且,也不要求公司在对外财务报表中披露估价政策、折旧方法和外币折算方法等等。德国公司的对外报表往往只列有一二条

---

①　该论文已正式出版,可参阅任永平:《中德财务会计比较研究》,东北财经大学出版社 2001 年版。

徒具形式的"表下注释",只有对大型公司才有较广泛的披露要求。而实质性的披露则在附于财务报告之中的但不予公布的"管理报告"中,管理报告同样要通过注册会计师的审计。

三、按总费用法编制的损益表

德国《商法》对损益表有两种规定格式:(1)按总费用法编制的表式和(2)按销售成本法编制的表式。后者是为了在欧盟内的协调而采用的,也是国际通用的格式;前者则是德国和欧洲大陆国家长期以来采用的传统格式,总费用法下的损益表计算过程如下:

销售收入±在产品和产成品的增减变动+其他资产化成本+其他经营收入-材料费用-人工费用-其他资产价值耗损-其他经营费用+股权投资收益+利息或类似收益-长期金融资产和短期有价证券价值减损-利息或类似费用=正常经营成果。

我们在第二章已经介绍过按总费用法编制的损益表。

按总费用法和按销售成本法编制的损益表的实质差别在于对所反映的企业业绩持不同观点。前者认为:在损益表上,不仅要包括按销售收入反映的销售业绩,还应该包括已完成部分生产过程或全部生产过程但尚未发售的在产品和产成品以及企业制造的供自己使用的产品的生产业绩,同时在费用部分则应扣除这一期间所发生的所有费用即"总费用";而后者则认为:在损益表上反映的企业业绩只应包括已实现的销售收入,即只包括销售业绩,从而费用部分应扣除的只应是与当期销售收入有关的费用,即销售成本。当然,按两种方法编制的损益表的最终结果即企业的经营成果,都是一样的。

克劳斯·麦考金纳在其撰写的《西德的财务报告》(C. W. 诺比斯、R. H. 帕克等合著的《比较国际会计》第5章)中,就在比较英国和德国的损益表后,对以上的两种观点进行了概括:英国的损益表是"面向销售"的,而德国的损益表是"面向生产"的。

四、其他重要特征

(一)会计职业界作出的会计准则建议不过是对《股份公司法》相应规定的解释

德国注册会计师协会也从事制定会计准则建议。但这些"准则"不过是对《股份公司法》的相应规定的解释,并无独立的规范和指导作用,从而也就缺乏权威性。对这些会计准则的内容,可列举数例:

1.在编制合并报表的要求中排除国外子公司。①

2.购入商誉的最低摊销率为每年 20%。

3.养老金负债不一定完全确认。

4.有些性质上属于递延费用的项目,在它们发生的当年就可以从收益中全部注销。

5.无需进行所得税跨期摊配,因为,作为纳税基础的金额通常就是对外财务报表中的报告金额。

6.留存收益通常是在以某种形式表示的准备账户中记录。

从中也可以看到德国会计实务奉行的极端稳健的原则。

还值得指出的是,德国也有执行统一账户表的传统,这个统一账户表由工业联合会发布,不具有法定强制性,企业之所以乐于采用,也是为了便于适应政府征税的需要。

(二)一些独特的会计惯例

德国会计实务除极端稳健、不要求充分披露以及形式胜于实质等特征外,有一些会计惯例在西方国家中是独特的。例如,前面已提到的在合并报表中全面合并的只包括国内子公司而把国外子公司排除在外;国内公司划分流动负债和长期负债的惯用期限不是一年而是四年,等等。国内公司把流动负债定义为其到期期限不超过四年的负债,与德国企业重视长期经营目标的管理思想有关。把国外子公司的报表排除在全面合并之外,主要是为了避免外币报表折算中将导致的合并收益随汇率波动而波动的影响;但这对跨国公司集团显然是行不通的,对此,根据1998年通过的《企业控制和透明法》,德国已允许跨国经营的集团可以按照国际会计准则和按照美国的财务会计准则(在美国证券市场上市时)另外编制一套合并报表;而且,对遵循国内会计惯例编制的国内子公司的个别报表,在并入跨国集团的合并报表时需要进行调整;再者,近年来,德国也对税法、特别是关于建立"准备"的问题作出修订,这将导致德国的财务报告与纳税申报出现一定的差异,势必导致会计处理方法的变革(参见稍后的叙述)。

(三)德国的会计职业界

德国的会计职业界及其组织德国注册会计师协会的力量都不够强大。按照1969年8月颁布的公司《公告法》,需要公布经法定审计师(必须是注册会计师)审计的年度财务报告的,不过13 000家左右,但有些股份不公开发行而

---

① 在1998年德国完成接受欧盟第7号指令的立法程序之前。

只由少数股东持有的规模较大的公司,也往往委托独立执业的注册会计师进行审计。无需审计的公司则都委托注册税务顾问办理纳税申报,所以,实际上是注册税务顾问替代注册会计师承担了纳税申报的业务。

在德国,成为注册会计师的教育要求是世界上最高的,需要从大学获得高级研究生学位,进入会计职业界的限制颇为苛刻。

五、1998 年以后德国会计实务体系的变革

自上世纪 90 年代末以来,德国的会计实务体系发生了较为重大的变革:会计准则的制定由政府部门(德国司法部,Ministry of Justice)移转给民间独立机构;德国的《商法》(German Commercial Code)及《股份公司法》(Stock Corporation Law)都作出了修订:允许乃至要求国内的上市公司对其合并财务报表使用国际性的会计准则(包括国际会计准则和美国的财务报告准则)。

本世纪初德国继续修订其《商法》和《股份公司法》,旨在使本国的会计规定和国际性的会计准则实现进一步的趋同。该修订也使得公司在编制合并财务报表时不再受税法的影响。在以下内容中,我们除了简要介绍上述的变革之外,还将涉及欧盟于 2005 年生效的《国际会计准则法令》(European IAS Regulation 2005)对德国上市公司的影响,以及 2007 年发布的《德国会计现代化法案,草案》(German Accounting Law Modernisation Act Bill)与会计相关的重大变化。

(一)会计准则的制定、生效及执行

如前所述,德国会计职业界所作的会计准则建议不过是对法律相应规定的解释。德国会计准则委员会(German Accounting Standards Committee,GASC)于 1998 年成立,它是独立的民间机构,负责本国会计准则的制定及与国际性会计准则的协调工作。GASC 所制定的会计准则需要经过德国司法部的批准并在联邦公报(Federal Gazette)上公布才具有法定效力。

2002 年 10 月,德国会计准则委员会发布了《概念框架征求意见稿》以供公众讨论。制定概念框架主要有两个目的:一是为制定新的会计准则提供概念依据,二是为未在现行法律和会计准则中涉及的会计问题提供指导。概念框架不是准则,因此不具有任何法定效力。德国的概念框架和国际会计准则委员会所制定的概念框架在重要方面是基本一致的,但由于德国法律的要求,难免会出现有所不同的地方(比如对资产和负债的计量方面,德国的概念框架允许更多的备选方法)。

Accounting

2004 年在司法部的支持下,德国财务报告执行小组(Financial Reporting Enforcement Panel)成立。小组由 15 名来自会计职业界和企业界的代表组成,负责调查上市公司违反会计准则规定的行为。执行小组不具有制裁违规上市公司的权利,只能将违规情况告知政府的金融管理局(Financial Services Authority)。简言之,执行小组负责监督会计准则执行,而金融管理局则负有确保上市公司执行准则的责任。

截至 2008 年 6 月,德国正式发布生效的会计准则有 17 个(GAS 1～GAS 17),解释公告 2 个(AIC 1～AIC 2),征求意见稿 23 个,讨论稿 4 个。其中,涉及企业合并和合并财务报表相关方面的准则达到 6 个。

兹列示德国已发布的会计准则、解释公告、征求意见稿和讨论稿目录:

会计准则

(1)GAS 1 《合并财务报表的免除——依照商法 292A 条款》被德国第 2 号修正会计准则(German Amendment Accounting Standard No. 2,GAAS 2)所取代

(2)GAS 2 《现金流量表》

　　2-10 《金融机构的现金流量表》

　　2-20 《保险企业的现金流量表》

(3)GAS 3 《分部报告》

　　3-10 《金融机构的分部报告》

　　3-20 《保险企业的分部报告》

(4)GAS 4 《使用购买法编制合并财务报表》

(5)GAS 5 《报告风险》

　　5-10 《金融机构和金融服务机构的风险报告》

　　5-20 《保险企业的风险报告》

(6)GAS 6 《中期报告》被 GAS 16 所取代

(7)GAS 7 《集团权益和综合确认的经营结果》

(8)GAS 8 《合并财务报表中对联营企业投资的会计方法》

(9)GAS 9 《合并财务报表中对合营企业投资的会计方法》

(10)GAS 10 《合并财务报表中的递延税项》

(11)GAS 11 《关联方交易的披露》

(12)GAS 12 《非流动无形资产》

(13)GAS 13 《或有事项原则和对错误的更正》

(14)GAS 14 《外币折算》

(15)GAS 15 《管理报告》

　　15a 《集团管理报告和依照"购买法"做出叙述性的解释》

(16)GAS 16 《中期财务报告》取代了 GAS 6

(17)GAS 17 《董事会成员薪酬的报告》

解释公告(Accounting Interpretations AIC)

(1)AIC 1 《按照"IAS 1-财务报告的列报"对资产负债表中"流动"和"非流动"项目的区分》

(2)AIC 2 《对电子、电力设备处理产生的债务》

征求意见稿(ED) 23个

讨论稿 4个

资料来源:德国会计准则委员会官方网站(除德文外,有英文),http://www. stan-dardsetter. de/drsc/news/news_eng. php? list_id=1&language=English。

(二)规范德国会计的法律体系的变化

在2005年德国实施欧盟《国际会计准则法令》之前,其法律体系历经了一系列的变革,逐渐放宽了对本国上市公司使用国际性会计准则的限制。1998年德国《商法》引入了新的一节(Section 292a),允许在德国证券交易所上市的公司使用国际会计准则或者美国公认会计原则来编制合并财务报表。对于在"新经济板块(new economy segment)"和在"小规模板块(SMAX)"上市及谋求上市的公司,《商法》规定必须以英文提供采用国际会计准则或美国会计准则编制的财务报表。该规定旨在增加公司信息披露的透明度,以吸引外国投资者。

2002年2月,德国公布了对《商法》及《股份公司法》进一步改革的草案,主要变更了《商法》中对上市公司合并财务报表的相关要求,比如:在合并财务报表中要提供业主权益变动的信息,删除《商法》中影响合并财务报表的税务规定,还规定了上市公司(即使是作为子公司)必须提供合并财务报表等。同年发布的《公司治理规则》(Corporate Governance Codex)强调了对上市公司年度财务报告进行审计的重要性,并推荐上市公司的合并财务报表采用国际性会计准则进行编制。应该指出,对《公司治理准则》的遵循完全取决于上市公司的自愿。

2005年,所有在德国证券交易所上市的公司都必须依照国际会计准则编制合并财务报表。德国司法部和财政部亦允许非上市公司的合并财务报表按照国际会计准则编制。但各公司的法定财务报表仍需要按照德国的会计惯例编制,国际会计准则编制的报表只能作为补充。

德国司法部在2007年11月发布了《德国会计现代化法案,草案》,以征求公众的评论,该草案大大影响德国上市公司的非合并报表的报告实务。其总体目标是:促进德国会计法的现代化,减少中小公司遵循法规的负担;并考虑个体报表与国际会计准则的融合,消除以前由于欧盟指令和"相互认可"导致

的多种会计方法对德国法律的影响。其变更使德国商法中的会计要求和国际财务报告准则实现基本的趋同。法案同时也影响到审计行业、监管机构及审计委员会。与会计相关的重要变化是：更多地确认无形资产（由此形成的所有者权益的增值不能用作股利分配），母公司控制的特殊目的实体需纳入合并范围，确认递延税项资产（之前是禁止确认的），对超过初始确认成本的交易性金融资产以公允价值计量，对计提的准备以贴现金额计量，引入精算假设来计量养老金负债，不要求小规模非上市公司发布按照德国会计惯例编制的财务报表。对该草案的评论截至 2008 年 1 月，司法部依据收到的反馈意见进行修改。修改后提交给德国国会的两议院进行辩论。

德国议会于 2009 年最终通过了《德国会计现代化法案》。该法案的相关会计规定被认为是"中小企业国际财务报告准则"的替代方案。该法案于2010 年 1 月 1 日正式生效。

法案豁免了年收入小于 50 万欧元，且利润低于 5 万欧元的个人经营者保留会计记录。小型公司（员工人数小于 50 人，资产规模低于 480 万欧元，以及年收入不到 480 万欧元）可不进行财务报表审计，且允许仅提供资产负债表。中等规模公司（员工人数小于 250 人，资产规模低于 1 920 万欧元，以及年收入不到3 850万欧元）的披露要求较少，且允许仅合并资产负债表的某些项目。

法案新增的相关会计规定有：

• 公司允许资本化内部产生的无形资产，且可获得即期的税务抵扣；

• 金融机构允许以公允价值计量"为交易而持有"的金融工具，公允价值的变化可确认为一项"特殊准备"；

• 公司控制的特殊目的实体必须纳入合并范围。

▲ 第六节　日本、荷兰、瑞典的会计实务体系

我们选择这三个国家论述其会计实务体系，是因为它们各具特色。但由于它们在世界范围内并不具有广泛的影响，而且在不同程度上兼受前述会计模式的影响，故不将其称为会计模式。

一、日本会计实务体系的特征

日本会计实务的发展体现了会计在各个国家之间的输入和输出。明治维新使日本对外敞开了国门，因此西方国家的法律、法典也开始影响日本。这段

时间欧洲大陆国家对日本的影响十分深远:1889年的《民法典》就是在法国和德国共同影响下的产物;而1881年的《商法》更是由德国人执笔制定的,德国的影响一直延续到1899年的《商法》。

二战失败以后,日本的会计实务体系又深受美国会计模式的影响,从而,有一种掺和的迹象,尽管在世界范围的会计模式分类中,一般都着眼于二战以后,把它归入受美国会计模式影响的国家。

日本的文化宗教、商业实务和历史背景,与西方有较大的差别,存在着传统与外来影响的矛盾,外来影响只能缓慢地被接受;人和企业关系中的群体观念和相互依赖,与西方国家个人与团体之间相互独立疏远的关系截然相反;而且,日本政府严格管制企业的经营活动(包括会计实务),实行强烈的官僚式控制。了解这些背景资料,对理解日本会计实务体系的特征,是十分重要的。

日本会计实务体系的特征可概述为:

(一)会计惯例基本上服从法律要求,除税法外,形成了商法与证券交易法各有管辖范围的双轨体制

会计惯例服从法律要求,是欧洲大陆国家会计模式的特征,在这方面,日本的会计实务体系有别于美国会计模式。

1. 税法

在日本,《公司税法》及有关税务规章对会计实务具体规定了处理方法,并要求在会计记录和纳税申报中采用同一种方法。例如,不能在会计记录中采用直线折旧法而在纳税申报中采用加速折旧的递减余额法,从而日本公司的报告收益和应税收益之间,也很少出现暂记性差异,在财务会计中很少应用所得税跨期摊配程序。而且,大藏省(财政部)的《审计意见书管理规则》中还明确规定,允许注册会计师就《证券交易法》的角度对符合税法和有关税务规章的财务报表表示"无保留意见",即使它不符合日本的公认会计准则,也可以这样。

为了防止企业出于调节利润的目的,对折旧、递延资产摊销、资产估价损失、各类准备的提取等需要通过主观判断确定的费用,都规定了一个限额,作为在计算应税收益时不准超出的高限。

2. 商法

无论是否是公开发行股票的股份公司(Kabushiki Kaisha),还是独资和合伙企业,都应遵循《商法》中规定的会计和财务报告要求,其总数超过100万家,属于法务省的管理范围。早于1899年的《商法》已经要求提供资产负债表、损益表和关于如何分配利润的报告。这些文件要求经过法定审计师的查

Accounting

证,但法定审计师通常是提出报告的公司的成员,而不是独立执业的注册会计师。审计的目标是"查错防漏",并非对财务报告的"真实公允"发表意见。

2004年前对《商法》的修订都只限于要求股份公司提供非合并的报表。2004年后《商法》已经要求公司提供合并资产负债表和损益表。而且《商法》的修订权,已经由原来的议会移交到法务部,属于部门规章的范畴,以后对《商法》的修订也变得更加容易。如上所述,2004年前的《商法》很大程度上受德国法律的影响,2004年修订后对合并财务报表的要求反映了受美英会计的影响。

日本《商法》的立法理念倾向于保护债权人利益,如上所述,这与企业的筹资主要依靠银行信贷有关,而且日本的大企业集团往往以银行为支柱。《商法》对企业净资产中属于"资本保持"的部分有严格的限定,禁止动用这部分净资产作为股利或奖金分配。《商法》对可分配利润"限额"的规定,在股份公司会计中有着十分重要的影响。

3.证券交易法

日本的《证券交易法》仿效美国,在第二次世界大战之后的占领时期引入日本,颁布于1947年3月。受其管辖的约3 000家股份公开发行的大公司,属大藏省管理。按照《证券交易法》,对财务报告中的披露要求,要比《商法》多得多。这些公司的注册报表和年度报告必须经独立执业的注册会计师审计。

按照《证券交易法》的财务报告规程编制的财务报表,与按照《商法》的要求编制的财务报表对比,虽然在最终结果(反映在当期损益数额和期末股东权益总额上)是一样的,但在格式、使用的术语及披露的具体内容上则存在着一定的差别,对财务报告的内容和格式作了比《商法》更加具体的要求。根据《证券交易法》要求编制的财务报告,更趋向于满足投资者对公司经营和财务业绩信息的需要。

在日本,凡是证券上市交易或公开发行的公司,都必须按照《商法》和《证券法》的要求分别编制财务报表,并分别报送有关部门。

日本会计学家把这种商法与证券交易法各有管辖范围的双轨体制,加上税法,称为"三角法律体系"。[①]

(二)日本会计准则制定的演变过程

1.由官方制定相关会计规定到以官方为主体、结合民间力量制定公认会

---

① 新井晴光(Kiyomistsu Arai):《日本会计》,工商管理研究会,早稻田大学,1994年,第5页。

计准则的演变

以上提到,日本早期的会计惯例必须遵循"三角法律体系"的要求,而在二战战败后,美国对日本的经济体系进行了很大程度的改革和重组:日本原先15个大型的企业集团被拆散,它们的股票通过证券市场向公众发行。因此,必须订立相关的法律(如《证券交易法》于1948年制定),其中自然包含了对报告和披露公司财务信息的要求以及对会计信息鉴证者的要求。以下简述二战后日本金融市场法律及会计准则制定机构所受的美国影响:

(1)1948年制定了《证券交易法》,我们已经对其进行了简要的叙述。

(2)1948年制定了《注册会计师法》,成立了日本注册会计协会(JICPA)。

(3)1948年成立了负责监管日本证券市场的"证券交易委员会"(Securities and Exchange Commission),但日本的"证券交易委员会"的监管职能已于1953年移交给大藏省。

(4)负责制定会计准则的"企业会计系统调查委员会"(Investigation Committee on Business Accounting System,ICBAS)于1949年成立。同年7月,该委员会发布了《企业会计原则》,这是一份系统地就基本会计原则作出表述的文告,分为"一般原则"、"损益计算书原则"和"资产负债表原则"三个部分,它深受AICPA于1932年发布的《会计原则文告》(Statement of Accounting Principles)的影响。该委员会于1952年更名为"企业会计评议会"(BADC),隶属于大藏省。

(5)企业会计评议会成员由大藏省有关官员及具有代表性的学术、政府、工商界、银行界、证券交易所、会计职业界选派,最终由大藏省任命,并由大藏省提供运作资金。它发布的会计、审计准则都编辑成册,可略举其一些主要内容:

①企业会计原则;

②编制合并财务报表的会计准则;

③对包括在半年报中的中期财务报告的意见;

④外币交易的会计准则;

⑤税务规定对会计的影响;

⑥成本计算准则;

⑦员工退休福利准则;

⑧金融工具会计准则;

⑨审计准则及现场工作的工作规则;

⑩报告的工作规则。

Accounting

1962 年制定颁布的《成本计算准则》是一个重要的文告。主要对 (1) 成本计算的目标与一般原则、(2) 实际成本的计算、(3) 标准成本的计算、(4) 成本差异的计算和分析、(5) 成本差异的会计处理等五个方面作了规定。

日本企业会计评议会制定会计准则的职能于 2000 年 7 月被大藏省新成立的"金融管理局"(Financial Service Agency) 所取代。除了制定会计准则，金融管理局还负责修订与证券交易相关的法律、规定，以及监管注册会计师。企业会计评议会改组为企业会计委员会，作为金融管理局下设的咨询机构。这种以官方为主导并结合民间力量指定会计准则的模式，是战后日本会计实务体系的特色。

2. 转向主要依靠民间力量制定会计准则

2001 年在包括日本注册会计师协会和东京证券交易所等 10 家民间机构的发起下，于同年 7 月成立了财务会计准则基金会 (Financial Accounting Standards Foundation)，由它资助日本会计准则委员会 (Accounting Standard Board of Japan，ASBJ)，取代了企业会计委员会 (BAC)，其组织架构与当时美国的 FASB 基本相同。

基金会由董事会和受托人共同管理：董事会负责筹集资金及制定运作计划；受托人主要负责挑选会计准则委员会成员。目前董事的人数为 14 人，只有一人是全职董事。会计准则委员由 2 名全职成员和 11 名兼职成员构成，通过成立一系列的"技术委员会"(Technical Committees) 来制定会计准则，比如有关租赁准则的"租赁会计技术委员会"，关于资产减值准则的"资产减值会计技术委员会"等。

根据 2009 年 3 月网上信息，至 2007 年，会计准则委员会已经发布了 11 个财务会计准则，分别是：

(1) 第 1 号　《库存股份及法定公积减少》(2002 年 2 月)

(2) 第 2 号　《每股盈利》(2002 年 9 月)

(3) 第 4 号　《董事红利》(2005 年 11 月)

(4) 第 5 号　《净资产在资产负债表中的列报》(2005 年 12 月)

(5) 第 6 号　《股东权益变动表》(2005 年 12 月)

(6) 第 7 号　《企业分拆》(2005 年 12 月)

(7) 第 8 号　《股票期权》(2005 年 12 月)

(8) 第 9 号　《存货计量》(2006 年 7 月)

(9) 第 11 号　《关联方交易的披露》(2006 年 10 月)

(10) 第 12 号　《季度财务报表》(2007 年 3 月)

(11)第13号 《租赁交易》(2007年3月)

3.日本会计准则与国际会计准则的趋同进程

日本会计准则的制定之主要转向依靠民间力量的机制,其背景一是随着日本海外投资的扩展,日本接受国际影响的步伐加快,提高了对会计准则的可信度和企业会计信息的透明度要求,ASBJ力求比其前身BADC具有更大的独立性。二是为了促使日本在重组后的IASC中能占有一席之地,建立与IASB相似的组织架构,能够更迅速有效地和IASB合作,日本进入国际会计准则理事会(IASB)后,在阐明关于日本乃至东亚的环境特点和会计要求方面,发挥了积极的作用,2004年12月,ASBJ在与IASB举行的会谈中,同意正式启动使用IFRS与日本会计准则之间的差异最小化的共同项目。2005年1月,双方即宣布了正式启动这项减少IFRS与日本会计准则之间的差异的分阶段计划,此后即就多项议题进行几次协商;2006年2月,ASBJ还发表了《关于日本会计准则与国际财务报告准则趋同中取得的进展的声明》。

然而,日本同时也明确表示不能保证日本国内的会计准则能和国际会计准则实现完全的趋同。日本会计准则委员会在2003年的《趋同文告》中提到:趋同是最终达到的目标,但在实现这个目标之前,日本国内应该先达成对趋同议题的一致,因此趋同并非第一要务。

金融管理局于2004年4月发布了一份文件,列举了目前存在于日本公认会计实务和国际会计准则中的7处主要不同:

(1)金融工具(对金融工具的终止确认,日本要求取得法律的认可);

(2)企业合并(日本允许在极少数情况下使用权益集合法,对合并商誉必须摊销);

(3)资产减值(日本和国际会计准则委员会采用不同的"减价测试");

(4)养老金(日本要求对损失和利得进行摊销);

(5)研发费用(日本要求必须费用化);

(6)合并财务报表(日本要求独立列示"少数股东权益");

(7)投资用房产(日本要求用历史成本计量)。

金融管理局允许在日本的国外上市公司采用国际会计准则来编制财务报表,但不允许本国的上市公司使用国际会计准则。

目前,国际会计委员会和日本会计准则委员会已达成如下共识:尽可能于2008年消除日本公认会计原则与国际财务报告准则间的主要差异,其余的差异应在2011年6月30日前消除。国际会计准则委员会与日本会计准则委员会同意双方加强合作,以确保新发布的准则生效后,在日本能够被接受。

表 3-7　日本在国际会计准则趋同方面的成果

项　　目	日本会计准则委员会的活动
建造合同	于 2007 年 12 月发布新准则
会计政策的一致性(对于联营公司)	于 2008 年 3 月发布新解释公告
金融工具(公允价值披露)	于 2008 年 3 月发布修订后的准则
退休后福利的计量	于 2008 年 7 月发布修订后的准则
存货成本	于 2008 年 9 月发布修订后的准则
投资性房地产公允价值的披露	于 2008 年 11 月发布新的准则
企业合并(第一阶段)	于 2008 年 12 月发布修订后的准则
无形资产(在研发进程中)	于 2008 年 12 月发布修订后的准则
分部报告	于 2008 年 3 月发布新的准则
其他综合收益的呈报	于 2009 年 2 月发布新的准则
企业合并(第二阶段)	于 2011 年第三季度发布征求意见稿

(三)其他重要特征

1.“形式胜于实质”和“实质重于形式”的观念相掺杂

总的趋向则是从前者向后者转化而更接近于美国会计模式。例如,20 世纪 80 年代以前,库存股份也和德国的会计惯例一样按成本列示为一项资产,以后就改为和美国的会计惯例一致从业主权益中减除;对联营公司的长期股权投资的会计处理,从 1983 年 4 月 1 日开始的财务年度起,从成本法改为权益法;等等。但掺杂的迹象仍然保持着。

2.在利润分配中先提留法定公积和通用公积

日本要求在利润分配中提取法定公积,允许提取通用公积,又保留着德国等欧洲国家的会计惯例,这与美国不同。而法定准备的提取,仍是日本源自以德国为代表的欧洲大陆法律体系的法定要求,反映了对债权人的保护。依照《商法》的规定,公司必须至少提取现金股利的 10% 作为法定公积,直到提取的金额至少达到法定资本的 25%,法定公积不允许作为股利分配给股东。《商法》中对债权人的另一项保护是规定了分配的股利的最高金额。

3.高度的举债经营方式

日本公司的高度的举债经营方式,也许是在世界各国中占首位的。这与重视公司短期偿债能力的美国会计惯例,形成了鲜明的对照。例如,依据经验法则,日本公司只要求不低于 1.2∶1 的流动比率(流动资产对流动负债),美国公司则要求保持在 2∶1 的水平;对负债比率,美国公司要求不超过 50%

（负债总额占资产总额的比重），日本公司则可高达不超过85％；对于利息保障倍数（未扣除利息的税前收益对利息支出的倍数），美国公司要求高达6.5倍，日本公司只要1.6倍。其所以如此差别悬殊，是由于日本企业所处的融资环境与美国大不相同：日本的大型公司一般只和一家银行保持非常密切的关系，而美国、英国的公司往往选择多家银行进行融资，借此可获得比较有利的利率，但这些银行在公司发生财务困境的时候，都争先要求公司偿债，以免作为最后一个遭殃者。

战后日本的大公司集团（Keiretsu）是以中心银行、经营性公司或制造业公司为核心，加上其他类型公司组成的巨型网络。在这样的网络（集团）中，核心公司并不持有其他公司的多数股权，集团通过公司间相互持有少数股权，相互为董事会成员，以及共享人力资源来维系。因此，日本的短期债务到期通常可展（roll-over），而当Keiretsu的成员公司发生财务危机时，集团内的银行不会要求立即偿还债务，反而会延长债务的偿还期，短期融资可以通过这样的方式实际成为长期融资。

4.会计职业界与审计惯例

相比美国、英国，日本会计职业界并不强大，据日本注册会计师协会2001年的一份统计资料显示：至2000年底，日本只有13 266名执业注册会计师和149家会计师事务所。这一方面和日本极其严格的注册会计师考试有关（见下文），另一个原因则是日本的"终生雇用文化"。美英的注册会计师除了从事审计业务，企业和金融机构对注册会计师的需求使得会计职业界得到很大的发展。而日本的公司往往自己培训所需的会计人员，并且提供终生雇用，因此他们并不依赖会计职业界培养的注册会计师。

日本会计职业界虽然远不如美国会计职业界那么强大，但日本注册会计师协会（公认会计师公会）的组织活动和美国执业会计师协会十分类似。注册会计师遵循的审计准则和惯例，也和美国的相类似。最重要的共同特征是，对公司财务报表的审计意见，都是从是否"公允表述"和"一贯符合公认会计准则"的概念来作出职业判断。

取得日本注册会计师资格的考试制度，也许属于世界各国中最严格的。需要通过三次考试，才能取得执业资格：第一次考试属于预考性质，其目的是判断应试者是否具备参加第二次考试的学历要求；第二次考试是关键性的，其目的在判断应试者是否具备注册会计师应具备的专业知识；第三次考试旨在进一步判断应试者是否具备注册会计师必要的、较高层次的专业应用能力。各个层次考试的免试条件都有严格的规定。

日本的审计准则由大藏省的顾问机构——企业会计评议会（BADC）制定。BADC 现已更名为企业会计委员会（BAC）。由企业会计委员会制定的《审计准则》和日本注册会计师协会制定的《准则指南》被合称为日本的"公认审计准则"。

日本注册会计师可以从事法定审计业务。《商法》中规定：资产总额达 5 亿日元以上或总负债达 200 亿日元的公司，必须经过法定审计；保险公司、信贷银行、信用合作社等金融机构也必须进行法定审计。《证券交易法》中规定的法定审计包括日本的上市公司、日本证券从业联合会的成员公司、公募债券达 5 亿日元以上的公司及股东人数达 500 人的非上市公司。企业在一些比较重大的问题上往往需要注册会计师的参与，比如：公司投资项目的评价，企业合并与重组，以及非营利组织的审计等等。

受美国《萨班斯奥克利法案》的影响，日本于 2003 年对《注册会计师法》进行了修订，新设立了监管注册会计师行业的"注册会计师与审计监管委员会"（CPA and Auditing Oversight Board）。

二、荷兰会计实务体系的特征

在阿伦的分类中，荷兰被归入以德国会计实务体系为代表的北欧会计模式；在诺比斯的分类中，荷兰则被列为以微观为基础、侧重商业经济学、注重理论的典型代表。两者从不同的角度指出了荷兰会计实务体系的特征。

（一）会计准则和惯例以法律规定为基础，但财务会计有别于税务会计

荷兰与其他北欧国家相类似，其会计惯例是以法律规定为基础的，最基本的法定财务报表要求包含在《民法典》中。荷兰《商法》要求公司所设置的会计记录必须提供反映公司财务状况和经营业绩的全面信息，并以简要的词句较具体地规定了应公布的财务报表的内容。由于法定条款总是原则性的，荷兰注册会计师协会多年来为补充《商法》的规定而制定了有关会计和审计准则的多项建议。

1970 年，荷兰颁布的《年度报表法》带来重大的变化，它从 1971 年 5 月 1 日结束的财务年度开始生效。其中包括对荷兰公司的财务报告的详细规定，如指出：

1.年度财务报表应显示当年的财务状况和成果的公允图景，其中的所有项目必须适当地归类和表述；

2.必须按照"稳妥的商业惯例"（亦即为工商界所接受的会计原则）编制财务报表；

3.必须披露有关表述资产和负债以及确定经营成果的依据;

4.应在一致的基础上编制财务报表,对会计原则变动的重大影响应予披露;

5.应在财务报表及其附加的注释中披露上期的比较财务信息。

这些法定原则,构成了荷兰会计准则的基础。不仅如此,荷兰还是世界上唯一明确规定对《年度报表法》的实施进行法定检查的国家。如果认为某一公司没有满足《年度报表法》规定的要求,任何利害关系集团都可以采取法律行动,投诉于阿姆斯特丹法院企业合议庭,迫使该公司按照法院裁决重编它的财务报表。为此,委派了两名注册会计师到这个法院作为专家。

但有一点却是荷兰会计不同于德国会计的显著特征,那就是荷兰《年度报表法》和所得税法的会计要求并不完全一致。因此,财务会计和税务会计有所区别,报告收益与应税收益之间的暂时性差异,要通过所得税跨期摊配的程序来调节。在这方面,与美国和英国的会计惯例相类似。

(二)由官方和民间结合的三方"会计准则委员会"制定会计准则

《年度报表法》把根据法定原则制定会计准则的具体工作,交给包括政府、公司和第三者在内的关心会计原则和准则的集团,组成了一个其成员包括政府官员、公司以及职业会计师、工会代表的三方"会计准则委员会"。该委员会把所有早先的关于会计准则的建议汇编成册,于1981年10月出版了《荷兰会计指导原则草案》,作为荷兰财务会计和报告的基础。它涉及的内容非常广泛,包括:

1.目标和基本原则;

2.计价(估价)方针;

3.各种报表的各部分之间的关系;

4.包括和披露信息的标准;

5.制度变动以及这些变动影响的会计处理;

6.固定资产和折旧;

7.共同分享权益及来自共同分享权益的收益;

8.长期投资及投资收益;

9.其他耐用资产;

10.存货及其消耗成本;

11.应收项目;

12.暂时投资的和可以任意获得的流动资产;

13.其他资产;

14.股东权益；

15.一般的负债；

16.准备；

17.债务；

18.其他负债；

19.损益账户；

20.在注释中披露的信息；

21.每股收益额。

荷兰三方"会计准则委员会"后改称三方"年度报告委员会"（Council for Annual Reporting，CAR）

（三）因执行欧共体指令对法定会计要求作出改变

像法国会计和德国会计那样，荷兰会计也因执行欧共体第4号指令和第7号指令发生重大的改变。

1983年荷兰为执行欧共体第4号指令对其法定会计要求作出第一次重大的改变，于1984年1月1日生效。主要表现在：

1.对资产负债表和损益表的格式作出更详细的规定，扩大了报表注释。荷兰公司被允许采用第4号指令规定的任何格式，与英国允许在指令范围内尽可能多的灵活性相类似，而与法国和德国对表式的选择加上诸多限制不同。

2.引入"法定准备"。荷兰法律现在承认以下的法定准备（legal reserve）：

（1）重估价准备（通常扣抵递延所得税）；

（2）对投资会计采用权益法时形成的负商誉；

（3）采用权益法会计时子公司的未分配利润；

（4）以发行股票抵付（未经审计的）的保证准备；

（5）相等于股份发行成本和研究开发成本资本化（反映为无形资产）的金额。

所以，荷兰的"legal reserve"法定准备概念与法国和德国的"legal reserve"法定公积（法定准备）概念并不相同。如前所述，在法国和德国，法定公积是指在利润分配中必须保留的固定比例（累积到有足够的未分配公积为止）。这种以保护债权人为目的的观念，在荷兰并不强烈。

1988年荷兰在《民法典》中也作出改变，以执行第7号指令关于编制合并财务报表的规定。

荷兰的会计实务多少较接近于英、美模式，与荷兰有些大公司是世界著名的跨国公司(如菲利浦电器公司、雀巢食品公司、英荷壳牌石油等)多年来都关注国际投资者的利益的观念有关。

(四)在北欧会计模式中最富有与英国会计模式相协调的色彩

荷兰会计实务体系在强调"稳妥的商业惯例"和普遍采用"准备会计"等方面,保持着它的以公司利益为导向的北欧会计模式的基本特征。但是,正如前面已述及的,《年度报表法》在规定"必须按照稳妥的商业惯例"的同时,又提出了年度财务报表应显示财务状况和成果的"公允"图景,而"真实和公允"则正是英国会计模式的基本特征;它关于披露的要求,显然与德国除股份公开发行的公司外不要求充分披露的会计惯例不同,而比较接近要求充分披露的英国和美国的会计惯例。在"形式"与"实质"的问题上,荷兰会计也开始转变"形式胜于实质"的观念,例如,对库存股份从作为一项资产处理向作为业主权益的扣除项目转变,在20世纪80年代初,荷兰的许多大公司就这样做了。

(五)现行重置成本计量的流行是荷兰会计实务注重以理论为指导的例证

荷兰在会计实务中流行现行重置成本计量,被认为是富有创新意义的最大特色。规模较大的荷兰公司大都按现行重置成本记录存货和固定资产,相应的在收益表中列示以现行成本为基础的销货成本和折旧费,在资产负债表的业主权益部分列示重置成本计价"准备",著名的跨国企业菲利浦公司从1951年起就在公布的财务报表中采用重置成本计量。荷兰会计实务的这一发展,主要是受到阿姆斯特丹大学的 Th. 林伯格(Limperg)教授在20世纪20年代就提出的重置价值理论的影响,而不是出于通货膨胀的压力,荷兰就没有制定过有关因消除通货膨胀而采用现行成本会计的准则,而前述的《荷兰会计指导原则草案》,则早已提出支持按现行重置成本进行会计计量的计价方针。荷兰会计界在会计计量理论上的突破,也使它摆脱了北欧会计模式中任意低估资产价值的过分"稳健"的做法。

但是,前述的菲利浦公司却在1992年其创建100周年之际,宣布废止现行重置成本计量而恢复历史成本计量。论者认为,由于技术和产品的加速更新换代以及市场多变,现行成本计量模式下导致的未实现利润最终往往未能实现,严重地影响收益确定的基础,也许是最重要的原因。

(六)近期对国际会计趋同化的主要行动

1.2001年10月,荷兰通过了允许荷兰公司使用 IAS 或美国 GAAP 编制财务报表的法案,以减轻谋求在国外证券市场上市的荷兰公司需要按照荷兰会计准则及 IAS 或美国 GAAP 编制两套财务报表的负担。同时,也是为欧盟

Accounting

要求欧洲上市公司于 2005 年 1 月 1 日起使用 IAS 作准备。

2.从 2002 年起,荷兰"年度报告委员会"发布了一系列与 IAS/IFRS 趋同的新的"年度报告指南"(Annual Reporting Guidelines),如,《会计政策的改变》,《会计估计的改变》,《重要差错》,《资产负债表日后事项》,《投资性房地产》,《损益表》(修订),《关联方》,《养老金》等。

3.2007 年 2 月,荷兰金融市场管理局(Authority of Financial Market)公布对上市公司 2006 年度财务报告的检查,检查集中在对 IAS 12《所得税》和 IAS 7《现金流量表》的应用情况。

4.2007 年 2 月,荷兰金融市场管理局宣布成立由 12 位国外的 IFRS 专家组成的"财务报告委员会"(Financial Reporting Committee),其任务是对管理局应用 IFRSs 及其执行情况提供咨询。

由此可见荷兰对国际会计趋同化采取的积极态度和实际行动。

(七)会计职业界与审计要求

荷兰注册会计师协会在会计准则的制定中发挥了积极的作用。《年度报表法》发布(1970 年)后,法定审计成为强制性的,只有注册会计师和其他专家(通常是外国的注册会计师)可以进行法定审计。在荷兰,约束注册会计师的道德规范是很严格的,取得注册会计师资格的途径主要是通过注册会计师协会的范围广泛的学习,把实践经历作为取得执照的必要条件,有相应专业学位的大学毕业生,只是可以缩短必要的学习时间罢了。

早在 1895 年,荷兰会计师协会就成立了。但以后的立法却成立了两个新的会计团体:(1)荷兰注册会计师协会(NIVRA)和(2)会计管理咨询师(AA)协会。只有注册会计师才被允许执行法定审计,会计管理咨询师只能对中、小型公司进行会计和咨询服务而不能执行法定审计业务,但为了执行欧盟第 8 号指令关于注册会计师资格的规定,也给予会计管理咨询师对中、小型公司执行法定审计的资格。1993 年又通过法案,允许注册会计师及会计管理咨询师执行法定审计,取消了企业规模上的限制,但这两个团体在教育和考试要求上的差别继续存在,注册会计师需要具备以前规定的高学历和考试水平,而会计管理咨询师只要达到第 8 号指令要求的最低水平即可,原来的会计管理咨询师则要通过一定的考试取得执行法定审计的资格。

三、瑞典会计实务体系的特征

阿伦的会计模式分类把瑞典的会计实务体系归入以公司利益为导向的北欧会计模式;诺比斯的会计模式分类则把瑞典的会计实务体系列为代表以宏

观统一为基础、根据经济学理论的会计模式。也许,后者更能说明瑞典会计实务体系的基本特征。

(一)税法和国家的特定经济政策支配瑞典公司的财务会计和报告惯例

国家以经济学理论为依据制定的经济政策和所得税法的会计要求,几乎完全支配着瑞典公司的财务会计和报告惯例。瑞典的会计和报告惯例之所以基本上能直接反映国家的经济政策,是通过这样的措施来实现的,即给予完全根据政府要求记账的纳税者大量的激励和补助。这样,在瑞典,应税收益基本上就是报告收益,因而无需采用所得税跨期摊配的程序确认递延所得税。在这一点上,瑞典和德国的会计惯例是类似的。

对于税法和国家经济政策没有作出的规定,瑞典会计惯例的其他依据是:

1.1977 年起生效的《公司法》(修订后更符合欧共体指令的要求);

2.1977 年 1 月 1 日起生效的《会计法》(1975 年 3 月颁布);

3.从 1976 年 7 月开始活动的瑞典财务会计准则理事会和瑞典会计准则委员会(政府机构)制定的会计准则;

4.瑞典特准会计师协会(FAR)发布的会计惯例建议。

上述《公司法》要求的公司年度报告与欧盟其他成员国类同,包括资产负债表、收益表、财务状况变动表(现金流量表)及对财务报表的注释以及一份管理报告。财务报表一般要求每一公司单独编制,如果适宜,也可以在合并的基础上编制。

会计准则的规定不能与法律相抵触。瑞典特准会计师协会于 1980 年发布的有关权益法会计的建议,就曾因与《会计法》的规定相抵触而被废止,改而采取在表下注释中揭示公司在其联营公司和子公司的未分配收益中所享权益的折中办法。

(二)以公司利益为导向的"准备会计"——"未税准备"

瑞典的会计实务体系当然也保持着以公司利益为导向的北欧会计模式的特征,而采取非常"稳健"的会计政策,通过"准备会计"和低估资产价值来隐匿公司利润。这些会计惯例都为税法和国家经济政策所容许。税法允许公司建立"未税准备",尤为瑞典会计的特色。公司通过存货计价(如计提跌价损失准备)、加速折旧以及对工薪支出、未来投资、瑞典银行冻结存款等的预计损失,均可形成"未税准备",实质上也就是未税收益。对于折旧费,在《公司法》限定的条件下(例如对不动产、厂场及设备进行重新估价时),可以分两部分报告,一部分列入收益表作为扣减经营收益的费用;另一部分则转入特定准备,或是从准备中转出一部分作为当年折旧费。对于非常项目,公司也可以凭其意愿,把它包括在收益表中,或是不计入收益而只把它披露在表下注释中。这样,就可以左右公司收益的确定,以达到"利润平稳化"的目的。

(三)关于《理解瑞典财务报表入门》

上世纪80至90年代,瑞典特准会计师协会曾每年出版《理解瑞典财务报表入门》,这也是一种独特的做法。每年一版的入门指南中,有介绍瑞典财务报表本身的结构特征的,也有与其他主要国家的会计和报告惯例相联系和对比的。例如,在1981年的版本中,就载有重新表述瑞典的财务报表以反映美国的公认会计原则的指南。

(四)会计职业界和审计要求

瑞典的会计职业界包括资历较高的特准会计师(FAR)以及几类资历较低的审计师(SRS)。审计师协会在1899年就成立了,特准会计师协会则在1923年成立。瑞典特准会计师协会制定和发布会计惯例建议,还发布对其会员具有约束力的审计建议,2006年9月1日,两会已完成合并。合并后共有约4 000名会员,新组织的名称为特准会计师和审计师协会(FARSRS)。

在瑞典,对有限责任公司以及合作社团都要求进行审计。瑞典独立审计的审计报告中,列有一段超出其他国家的独特表述,即关于"董事会和常务董事被解除(或不能解除)对所审计的年度报表的责任"的效力的声明。

瑞典组建了两个准则制定机构。"瑞典财务会计准则理事会"(Swedish Financial Accounting Standards Council,SFASC)负责制定上市公司会计准则,"瑞典会计准则委员会"(Swedish Accounting Standards Board,SASB)负责制定非上市公司会计准则。非上市公司一般属于中、小企业,SASB准则虽然与SFASC准则类似,但显著地免除和简化了一些要求;非上市公司应用SFASC准则的情况也日益普遍。SFASC准则基本上是依据IAS/IFRS制定的,但也有些差别,这主要是由于SFASC准则必须遵从瑞典《年度报告法》(Swedish Annual Reporting Act)的规定。

▲ 第七节　捷克(转型期国家)会计实务体系的特征

随着东欧各国的政治突变和苏联的解体,这些国家开始了从集中计划经济体制向市场经济体制的转型。我们选择捷克作为东欧国家的代表,来考察其会计实务体系的变革。

一、历史性的变革

捷克正处在由集中的计划经济向完全的市场经济转型之中。[①] 二次世界大战结束以前,捷克(当时捷克与斯洛伐克是一个国家)的会计实务受德国会计模式的影响,二次世界大战结束后,1946 年共产党上台执政,随着集中计划经济的建立,会计实务转向苏联模式,即集中的计划经济模式。政府部门出于集中管理上的需要,通过统一的会计账户表,详细规定的会计方法以及统一的财务报表等手段,要求所有企业必须遵从。财务报告以生产报表为核心,成本计算强调以实际成本为基础,统一的财务和成本制度采用统一的历史成本计价。但是,价格是通过计划确定和严格管制的,并不反映供给和需求的市场经济关系,计划定价的依据一般是"成本加成法",企业如果亏损则由政府弥补,企业在经营管理上缺乏自主权,会计的作用非常有限,企业的财务信息视为国家机密,财务报表从来不公布,只接受国家的检查监督,从来不进行独立审计。

1989 年共产党政权解体后,捷克斯洛伐克快速走向市场经济。1993 年,捷克斯洛伐克分解为两个国家:捷克共和国和斯洛伐克共和国,和平分解并没有在政治和经济上产生太大的影响。

1989 年以来,分解后的捷克政府(和斯洛伐克政府)很快调整了法律和管理结构,以刺激经济和吸引外资,并取消了价格管制;重新制定了商法和会计法,以适应市场经济和推行西方会计准则,会计重新转向西方。1993 年,布拉格证券市场开始正常运作。论者认为,这些变革不是在寻求"新的东西",而更像是回复到二次世界大战以前的情况[②],那时,捷克斯洛伐克的资本主义经济就相当发达了。

捷克经济的私有化包括:向原业主归还产权,通过公开拍卖的方法将20 000多家商店、饭店和其他小型企业出售给捷克公民,以实现小型经济私有化;为实现大型经济的私有化,捷克创新地采用了一种订购凭证制度,允许成年的捷克公民按照面值购买投资凭证,这些凭证可用来获取宣布私有

---

① 我国由集中计划经济向社会主义市场经济的转型,是在中国共产党的改革开放的战略方针指引下,通过渐进的方式进行的,是转型期国家的另一种范例。

② Willie Seal, Pat Sucher, Ivan Zelenka, The Changing Organization of Czech Accounting, *European Accounting Review* 4, No. 4, 1995, p. 667.

Accounting

化的大型工业企业的股份。① 以后又将近 1 600 家捷克公司在布拉格股票交易所上市,这个数字在国际金融公司排列的 27 家新兴的股票市场中,仅次于印度。② 此外,捷克公司正在越来越多地利用国际资本市场来筹集资本性投资。

1995 年,捷克成为经济合作与发展组织(OECD)的第一个"前共产主义国家"成员国。2004 年 5 月 1 日,捷克已正式成为欧盟成员国。

二、变革后规范会计实务的法律体系

1.《商法》

捷克的法律在历史上即源自欧洲大陆的成文法系,以民法典系统为基础。1991 年捷克斯洛伐克议会通过了新的《商法》,从 1992 年 1 月 1 日起施行。分解为两个国家后,在捷克(和斯洛伐克)继续有效。新《商法》以德国的商法为模式,引进了一大批与企业有关的立法。这些立法中包括对年度财务报表、所得税、审计和公司股东大会的要求。

2.《会计法》

《会计法》于 1991 年通过,自 1993 年 1 月 1 日起生效,它为会计设定了要求。基于欧盟的第 4 号指令,该法规定运用统一的账户表进行会计记录和编制财务报表。统一账户表在捷克并不新奇,因为在集中计划经济体制下也要求运用。新的统一账户表是以法国的统一会计方案为蓝本的,接受了来自法国经济与财政部及会计职业界的帮助。

财政部负责会计原则的制定。以财政部令的形式发布公认的计量和披露原则,企业必须遵从。因此,捷克的会计实务同时受到《商法》、《会计法》和财政部令的影响。股票交易的影响至今还相当小。

此外,尽管其《商法》源于德国,但对税法并不具有直接的影响。《会计法》中的"真实和公允观念"来自欧盟第 4 号指令③,这就意味着纳税和财务报表所要求的会计处理不完全相同,这又有别于以税务为导向的法国会计

---

① 捷克对大型工业企业私有化采用的订购凭证制度,在东欧各国和独联体各国的私有化进程中被认为是较成功的经验,它有效地遏制了予私人寡头资本攫取公有财产的可乘之机。

② *The Economist*,July 26,1997,p. 90.

③ Pat Sucher, Whillie Seal, Ivan Zelenka, True and Fair View in The Czech Republic: A Note on Local Perceptions, *European Accounting Review* 5,No. 3,1996,p. 551.

模式。

3.《审计师法》

审计由《审计师法》规范,该法于1992年通过。根据该法成立了审计师协会,负责审计师的注册、教育、考试和惩戒以及制定审计准则和审计实务规范,例如审计报告的格式等。所有的股份公司(联合股份公司)和大型的有限责任公司(上年营业额超过4 000万捷克克朗,或净资产超过2 000万捷克克朗)都要求进行年度报表审计。审计是为了证实账目的处理符合适用的法令(合法性),以及财务报表真实和公允地反映了该公司的财务状况和经营成果(公允性)。

三、其他重要特征概述

1. 财务报表的结构

捷克的财务报表,在资产负债表和损益表之外,对"附注"有明确的披露要求。附注应包括对会计政策的描述及与评价财务报表相关的其他信息。后者的例子如职工信息、分部收入和或有项目。此外,附注还必须包括现金流量表。一般地说,无论公司是否在布拉格股票交易所上市,对它们的基本要求是相同的。但小型公司和其他企业可以简化披露并且无须审计。财务报表需提交公司的年度股东大会批准。

2. 合并财务报表的编制要求

对合并财务报表的编制要求,遵从欧盟的第7号指令。因企业合并或私有化而产生的商誉,规定在15年期内摊销。对联营公司采用权益法会计。

3. 费用资本化、递延税项和提取准备

研究和开发成本只有与已经成功地完成的项目有关并能产生未来收益的,才可以资本化。租赁资产一般不予以资本化。递延所得税仅仅在会计折旧与税法折旧存在差异时,才予以确认。可以为已知的或预计将发生的(例如坏账)损失或风险提取准备。

4. 利润分配

要求在利润分配中先提取法定公积;按年从盈利中计提,直至股份公司达到其权益的20%、有限责任公司达到其权益的10%为止。任意公积提取与否及提取比例,由公司董事会决定。

5. 新组建的会计职业界

如上述,捷克的审计师协会是根据1992年通过的《审计师法》成立的,无疑地,这些审计师要独立地承担法定审计业务,其专业胜任能力的培训和提高是十分迫切的。此外,捷克还组建了会计人员联合会,其成员主要是在企业或公共部门工作的会计人员。

综上所述,可以把捷克的会计实务体系,归属于欧洲大陆会计模式,变革后的东欧各国会计也都可以归属于欧洲大陆会计模式,并且紧随欧盟积极与国际准则趋同的步伐。苏联解体后的俄罗斯联邦和独联体各加盟共和国的会计实务体系,一般地说,也比较接近欧洲大陆会计模式。但俄罗斯的大型公司已开始采用 IFRS,国家杜马还通过决议,要求那些采用美国 GAAP 的大型公司从 2008 年起采用 IFAS。

▲ 第八节　发展中国家会计实务体系的一般特征

发展中国家遍布在亚洲、非洲、拉丁美洲,习惯上也统称为第三世界。在发展中国家中,其贫困落后的程度和发展本国经济的努力和成就,有着显著的差别。例如,非洲大陆撒哈拉沙漠以南的许多国家、南亚的孟加拉国、拉美的格林纳达等,是世界上最贫穷的地区和国家;而盛产石油的中东国家、东南亚各国、我国、印度、拉美的墨西哥和巴西等国,则在不同程度上不那么贫穷,有些在工业化和发展本国经济中获得了较好或突出的成就,被列为"新兴的工业化国家"。从总体上看,发展中国家的国内生产总值(GDP)的增长率会高于发达国家,亚洲的不少发展中国家仍是全世界瞩目的经济发展较快的地区。但有一些发展中国家(主要在非洲)则政局不稳,甚至内战不断,民不聊生,满目疮痍。一般地说,就发展本国经济而言,它们都面临着不同程度的人口压力、环境污染压力以及政治上的效率低下(甚至腐败),面对着基础设施落后以及资金和技术力量不足的困难,有的还陷入币值不稳和高通货膨胀以及财政赤字扩大和内债外债沉重的困境。而实行经济改革和对外开放,利用外国资本和技术来推动本国经济的发展,则是发展中国家普遍采用的政策。此外,为了谋求第三世界的共同利益,抗御发达国家掠取过高的投资和贸易利润,发展中国家正在联合起来进行斗争,以谋求建立公平公正的国际经济新秩序。

一、发展中国家会计实务体系的共同特征

由于发展中国家的经济发展水平和面临的问题存在着很大差别,很难全

面地描述它们的会计实务体系的共同特征,但还是能比较概括地提出一些共同的基本特征的。

1.会计实务体系处在不断变革之中,许多国家称之为会计改革,它是整个经济改革中的重要一环。

2.各国的会计实务体系,一方面受到历史传统的影响,特别是独立后的前殖民地国家受其原先的殖民统治者的会计实务的影响,如非洲的前法国殖民地,拉美的前葡萄牙、西班牙殖民地,英联邦中的前大英帝国殖民地;再如,从集中计划经济转变为不同的市场经济制度的国家,在会计变革中,仍然留有历史传统的烙印。而另一方面,由于改革开放,又不可避免地受到主要投资国的会计影响,在向世界全方位开放的国家,欢迎国际会计趋同化,以利于吸引外资、到国际货币市场和资本市场融资筹资和参与国际经济交流合作。

3.在改革开放的进程中,在不同程度上涌现出现代化的大型企业,其中不少是外商投资企业(包括跨国公司投资的子公司和合营公司),这与广大的在经营管理上落后陈旧的中、小企业形成很大的反差,不得不在不同程度上对它们的会计实务作出不同的要求。

4.鉴于发展中国家的政治多数倾向于集权制,会计规范大都采取政府法规和准法规的形式,同时,由于会计职业界力量相对薄弱,难以由民间机构制定会计准则,许多发展中国家基于改革开放的要求,对涉外企业采用国际会计准则;或是,在参照国际会计准则的基础上制定本国的会计准则。

5.编制财务报表中"保密"观念和充分披露的要求相矛盾,政府干预在不少国家比较严重,"合法性"一般高于"公允性"。这种现象会随着市场经济的发展而逐渐淡化。不同国家市场经济发展的不同水平,形成了发展中国家会计实务体系的差别的重要标志。

6.强调实际成本计算,倾向于尽可能不确认未实现损益。

7.在利润分配中,大多数国家倾向于欧洲大陆模式,规定必须先按净利润的一定比例提取法定公积,直至达到企业资本的一定比例为止,其目的是,把一部分财力持续保留在公司内。

二、发展中国家当前会计实务中的独特问题——通货膨胀会计

如前所述,许多发展中国家,都经历了或仍面临货币严重贬值的高通货膨胀的困难。且不论非洲一些战乱频繁的国家,至今仍面临着恶性的通货膨胀,像拉美的大国如巴西、阿根廷、智利等也都不例外,它们的通货膨胀率也曾高达三位数。通货膨胀会计已成为这些国家会计实务中的独特问题。

Accounting

　　发展中国家计量通货膨胀影响的方法,通常都是采用一般物价水平会计,而保持历史成本的计量属性,也就是按货币的现行购买力水平(利用政府公布的物价指数)来对已经贬值的货币购买力进行调整。这种调整不稳币值的方法,与有些国家的确是因为通过多发(甚至滥发)货币来弥补巨额财政赤字而导致物价全面上涨的现实环境相吻合。并且,由于它仍然不改变财务报表项目的历史成本计量属性,易于为会计人员和社会所理解。

　　在实务中,这种以一般物价水平为基础,调整历史成本财报表的做法,不同国家各有别具匠心的设计,例如,通货膨胀会计的巴西模式,就被国际会计界广泛赞许。①

研　讨　题

　　3-1　比较诺比斯和阿伦所作的会计模式分类,指出其主要特征。

　　3-2　你认为美国 SEC 和 FASB 的关系是否是成功的范例？ 由民间机构制定会计准则,其权威性是否一定要有官方机构的支持？

　　3-3　你对美国 SEC 和 FASB 创仪的高质量会计准则有何评价？

　　3-4　成文法系国家对财务会计和报告要求的关键部分包括在法律本身之中,而其他部分则从职业准则或建议中得出。试问,广泛的法定要求是否能导致高质量的财务报告？ 请予说明。

　　3-5　你认为在今后的发展中,英国会计模式能成为沟通美国会计模式和欧洲大陆会计模式的桥梁吗？

　　3-6　在法国,财务会计准则和实务主要有三个权威性的依据:(1)会计方案;(2)专业意见和建议;(3)股票交易法规。这三个中哪一个对法国的会计实务影响最大？

　　3-7　为什么资产负债表项目"递延所得税"很少出现在德国的财务报表中？

　　3-8　为什么说日本会计的发展是缓慢的？ 这是由哪些因素形成的？

　　3-9　日本的会计实务基本上服从法律要求,你怎样理解这种"三角法律体系"的关系？

　　3-10　荷兰的《年度报表法》对荷兰会计实务体系带来哪些重大变化？ 它还有什么独特规定？

　　3-11　在诺比斯的会计模式分类中,荷兰会计被列为以微观为基础、注重

---

　　①　可参阅本书第七章第四节。

理论的典型代表。对此,提出你的评论。

3-12 在诺比斯的会计模式分类中,瑞典会计被列为以宏观统一为基础、以经济学理论为根据的典型代表。对此,提出你的评论。

3-13 从捷克的会计实务体系中,你对从集中计划经济转向市场经济体制国家的会计变革有什么体会?

3-14 你对本章中归纳的发展中国家会计实务体系的一般特征是否赞同? 有什么修正或补充?

Accounting

第 四 章

国际会计协调化和趋同化活动

　　在前两章的论述中,我们已约略地描绘了国际会计差异与协调化和趋同化的趋向,也指出了跨国公司、国际资本市场和货币市场在其经营活动中以及各国政府在进行国际经济、技术合作交流中要求协调化和趋同化的倾向,本章和第五章将介绍重要的国际组织所进行的会计协调化和趋同化活动。

▲ 第一节　概说

　　在本节中,将首先介绍国际会计协调化的定义,并列示致力于国际会计协调化和趋同化的主要国际组织。

一、国际会计协调化的定义

（一）各家定义的综述

　　C. W. 诺比斯(Nobes)在他和 R. H. 帕克(Parker)等合著的《比较国际会计》第 1 版(1981)中认为:国际会计协调是指"通过对会计惯例的变异程度加以限制从而增加其可比性的过程"。[①] 直至第 7 版(2002)、第 8 版(2004)中,仍使用这个定义。

　　L. S. 阿潘(Arpan)和 L. H. 拉德波夫(Radebaugh)认为(1981):"协调就是一种缩小各种标准和实务差异以形成一套严密的可接受的标准和惯例的过程。"[②]

---

　　① C. W. 诺比斯、R. H. 帕克等著,黄世忠、陈箭深等译:《比较国际会计学》,中国商业出版社 1991 年版,第 414 页。
　　② L. S. 阿潘、L. H. 拉德波夫著,陈颖源等译:《国际会计与跨国公司》,转引自常勋等:《国际会计》(《会计大典》第七卷),中国财政经济出版社 1999 年版,第 92 页。

J. M. Samuels(萨缪尔斯)和 A. G. Piper(皮佩)在其合著的《国际会计：评论》(1981)中则写道："协调就是意图归纳不同的体系，是把多样化的实务并入和组合成能产生共同合作结果的有序结构的过程，是减少差异的过程。可比性、标准化或统一性与协调化是不同的概念。"①

F. D. S. 崔(Choi)、C. A. 福罗斯特(Frost)、G. M. 米克(Meek)在其合著的《国际会计》第 3 版(1999)中下了一个浅显简括的定义："协调化是对会计实务的差异设定限度，以增加其可比性的过程。"书中继续写道："协调后的准则减少了逻辑上的冲突，并改进不同国家间财务信息的可比性。"②2002 年第 4 版仍使用这个定义，但略去了引述的对可比性的诠释，改为讨论标准化与协调化这两个含义不尽相同的术语。

综合以上的引述，可以归纳出"协调化"的比较确切的含义：

协调化是一个过程，不是一蹴而就的。通过这个过程，可以限制和缩小会计实务中的差异，形成一套公认的标准(准则)和惯例，促进各国会计实务和财务信息的可比性。

(二)经济全球化趋向与国际会计协调化③

国际会计协调化之所以成为一种不可逆转的趋向，是适应经济全球化的趋向的需要。具体地说，协调化能起到以下的作用：

1.各国会计准则和惯例的协调化将有助于进行国际商贸与经济合作活动；

2.各国会计的协调化有利于跨国投资，便于跨国公司合并其分布在世界各地的子公司的财务报表；

3.国际会计协调化促进了外国企业在国际货币市场融资特别是在国际资本市场发行证券时需提供的财务报表的可比性。

第 1、2 两点要求的是各国会计实务(惯例)和准则的协调化，第 3 点要求的是各国企业和跨国公司向国际货币市场和资本市场提供的财务报表的可比性。

① Samuels J. M, Piper A. G, *International Accounting：Survery*；转引自常勋等：《国际会计》(《会计大典》第七卷)，中国财政经济出版社 1999 年版，第 92～93 页。

② F. D. S. Choi, C. A. Frost, G. K. Meek, *International Accounting*，3rd Ed. ，Prentice-Hall, Inc. 1999，p. 248.

③ 有关国际会计协调化的较系统和全面的论述，可参阅常勋：《解读国际会计协调化》，载《会计研究》2003 年第 12 期。

Accounting

这是问题的一个方面,问题的另一面则是,国际会计协调化的进程,不会也不能超过经济全球化的进程。

(三)协调化与可比性、标准化、统一性以及趋同化

对会计"协调化"的表述,经常涉及"可比性"、"标准化"乃至"统一性"这些概念,最近又广泛地使用了"趋同化"这一概念。

"协调化"和"标准化"这两个术语,人们在习惯上会交替地加以使用,"标准化"又往往与"统一性"连在一起。因为,标准化常常意味着要求执行非常严格的选择范围很小的规定,尽管如此,它还是不同于统一性,但标准化如果是在所有情况下执行单一的规定或准则,那就是统一性了。可以这样认为,统一性很难容纳国别差异,这在当前还是难以做到的;而协调化则富有弹性和开放性;它是一个调节国别会计差异的过程,而随着协调化的进展,国别差异将不断缩小甚至在某些方面消失,至于"趋同化"这个词,则可以理解为标准化迈向统一性的接近程度。这些词常用来描绘各国会计惯例通过国际会计准则的制订和推行日渐"趋同",以最终实现"统一"的目标。

财务报表(其提供的财务信息)的可比性是比协调化更明确的概念。只要财务报表的使用者能在不致导向错误决策的前提下分析和利用这些信息,这些信息就是可比的。因此,可比性容许一定限度差异的存在,但要求对这些差异进行调节而使所提供的信息可比,所以,信息的可比性常用来解释会计协调化。反过来说,会计协调化的结果最直接的表现,也就是国际财务报表所提供的财务信息的可比性。

还需要指出的是,这样,协调化就往往体现在国际准则和各国准则的协调和趋同上,这是一个"求同存异"的过程,也是一个比较漫长的过程;但是,国际货币市场和资本市场为了促进国际财务报表的可比性,要求"市场进入者"提供按国际会计准则编制的、按国际审计准则审计过的财务报表,则是可以越过各国会计准则和审计准则的现行差异的,问题在于国际准则是否具有高度的权威性。

根据以上的评述,可以认定,在20世纪70—80年代,正如萨缪尔斯和皮佩所说,标准化、统一性和可比性与协调化是密切相关的但不尽相同的概念。但我们认为,这种论断不是绝对的和一成不变的,协调化的含义之所以富有弹性,正是因为在不同时期的不同国际环境条件下,协调化可以有不同的含义,回顾过去30年间国际会计准则(IAS)的开发过程,将是最具说服力的例证,我们将在第五章详述。在这里可以指出,在世纪之交IASC完成结构性的全面重组后,已经把"制定一套高质量、可理解和可实施的全球性会计准则",作

为它的目标,要做到能"帮助世界资本市场的参与者和其他使用者进行决策",并"促使各国会计准则与国际会计准则和国际财务报告准则的趋同"。①

　　国际资本市场(和国际货币市场)的参与者,主要是国际财务报告(跨国财务报告)的编报者和使用者,即筹(融)资者和投资者。一套根据公认的具有高度权威性和实施效力的国际准则编制的财务报告,将有利于向国际资本市场的投资者提供据以进行经济决策的可比信息,IASC现在已把这种"可比性",提高到国际财务报告的"趋同化",近期才被广泛运用的"趋同化",标志着"高度协调"、"高度可比"的概念,它已经是全球化的国际资本市场(和货币市场)顺利运作的现实需要,是跨国投资者和筹(融)资者的共同需求,是在近期完全可以实现的目标。但在当前各国的会计实务存在差异的情况下,这样的国际财务报告与国内使用(比如说在国内资本市场筹资)的财务报告还不可能是一致的,至少是需要在国内财务报告的基础上进行调整才能编成的。

　　因此,如果能促使各国会计准则与国际准则的"高质量趋同",就可以逐步减少在国内财务报告的基础上调整改编的工作量,但要实现各国会计准则与国际准则的趋同化,毕竟需要一个(也许为期还不很短的)过程,目前还应该肯定这只是协调化的远期目标 。

二、致力于国际会计协调化和趋同化的国际组织

(一)全球性国际组织

　　国际会计协调化和趋同化(会计的国际协调化和趋同化)是通过各种国际性政府间机构、区域性国家联盟、官方机构国际组织以及会计职业界的民间国际组织或专设机构来推动的。它们的努力和共同合作,在不同领域和不同程度上取得了重大的成果。

　　在全球范围内推动协调化和趋同化的六个主要国际组织是:

　　1.联合国会计和报告国际准则(ISAR)政府间专家工作组;

　　2.欧洲联盟(EU)(其前身为欧共体);

　　3.经济合作发展组织(OECD)会计工作组;

　　4.证券委员会国际组织(IOSCO);

---

　　① IASC全面重组后,负责制定国际会计准则的机构是国际会计准则理事会(IASB),今后发布的准则改称国际财务报告准则(IFRS),以前发布的国际会计准则(IAS)如未被废止,仍继续有效。加""的文字均引自IASB于2002年4月发布的《国际财务报告准则前言》。

5.国际会计师联合会(IFAC);

6.国际会计准则委员会(IASC)。

在以上的国际组织中,联合国会计和报告国际准则政府间专家工作组现在实际上只是一个权威性的国际论坛;欧盟是致力于区域性协调的最有力的国家联盟;经济合作发展组织是代表发达国家利益的政府间组织,这当然决定其会计工作组的立场;证券委员会国际组织是各国证券监管官方机构的国际组织;国际会计师联合会和国际会计准则委员会是会计职业界的民间性质的国际组织,长期以来,前者下属的国际审计实务委员会(IAPC)负责制定国际审计准则,后者作为前者的团体会员,并独立承担了制定国际会计准则的任务。但最近,二者的组织结构都经历了不同程度的全面重组,我们将在以下的有关章节予以详述。

本章将依次介绍1至5这些国际组织致力于国际会计协调化和趋同化的情况,并在第五章专门介绍国际会计准则委员会(IASC)和国际会计准则(IAS)。

(二)地域性国际组织

这里介绍的除非洲会计理事会是政府间组织外,其他是一些会计职业界的地域性国际组织,它们是:

1.会计职业界(民间)地域性国际组织

(1)欧洲会计师联合会;

(2)美洲会计师联合会;

(3)亚太会计师联合会。

2.支持国际会计协调化和趋同化的其他民间国际组织

许多职业界的民间国际组织都在不同方面和不同程度上支持国际会计协调化和趋同化,本章将介绍关系最密切的两个组织:

(1)财务分析家协会国际联络委员会;

(2)国际资产评估准则委员会。

▲ 第二节 联合国的国际会计协调化和趋同化活动

20世纪70年代初,在成员国(主要是发展中国家)的强烈要求下,联合国开始参与国际会计协调化。

Accounting

一、联合国:会计与报告国际准则政府间专家工作组的活动

联合国之所以介入会计的国际协调化活动,一方面是由于国际经济、技术合作的发展,要求各国的会计实务和财务报告能提供比较协调一致的可比信息;另一方面,则是由于以发达国家为母国的跨国公司向发展中国家的扩展,越来越影响这些东道国的经济和政治利益,发展中国家普遍要求对跨国公司的经营活动加强管制以保护东道国的利益,从而也就日益关注跨国公司应予公布的报告资料。1973年,联合国秘书长应经社理事会(ECOSOC)的要求,任命了一个权威人士小组,负责研究跨国公司对世界发展和国际关系的影响。

该小组在1974年的报告中建议,在经社理事会所属的政府间组织"跨国公司委员会"(TNC)的赞助下,定期召开专家小组会议,研究和制定标准化的会计和报告规则。1976年,由联合国秘书长任命了会计和报告国际准则专家组,对跨国公司"行为规范"(Code of Conducts)中有关会计准则部分进行研究,并在次年提交了《跨国公司会计和报告国际准则》的报告,但这个报告在1978年提交跨国公司委员会讨论时,未获通过,其主要理由是该专家组的成员不是各自国家的政府代表。因此,在1979年,联合国又成立了有34个成员国代表参加的会计和报告国际准则特设政府间专家工作小组,小组并同意国际会计准则委员会、国际会计师联合会、国际自由工会联合会和国际商会派来观察员。它在1982年提交了一份称为《跨国公司行为规范中的会计披露要求》的重要报告,要求跨国公司应向经营活动所在国的公众披露有关组织结构、政策、业务活动和经营情况的清楚、充分和全面的既包括财务项目也包括非财务项目的信息,并采取常规的年报形式。

二、《跨国公司行为规范中的会计披露要求》

现转引这份报告如下:

跨国公司应通过适当的传递方式,向经营活动所在国的公众披露有关组织结构、政策、业务活动和经营情况的清楚、充分和全面的信息。披露的信息应包括财务和非财务项目,采取常规的年报形式,通常应在财务年度结束后的6个月,并在任何情况下不得超过12个月的期内提供。此外,在财务年度之内,跨国公司在适当的情况下,应提供半年财务信息的概要。

在适当的情况下,将予披露的年度财务信息应该采用合并报表的形式,并附加合适的说明附注,而且至少应包括:(1)资产负债表;(2)收益表(包括经营成果和销售收入项目);(3)净利润或净收益分配表;(4)资金来源与运用表;

(5)重要的长期性新资本投资；(6)研究与开发支出。

非财务信息至少应包括以下各项：

(1)跨国公司的组织结构，注明母公司的名称与所在地，它的主要子公司以及在子公司中的直接或间接控股比例，包括子公司相互间持有的股份；

(2)子公司的主要业务活动；

(3)包括平均职工人数的就业信息；

(4)编制与合并所公布的信息时使用的会计政策；

(5)制定内部转让价格采用的政策。

在可行情况下，跨国公司作为一个整体所提供的信息应按照下列标准分解：

(1)根据适当的地理区域或国家列示主要子公司的业务活动、销售收入、经营成果、重大的新投资项目和职工人数；

(2)根据主要生产行业列示销售收入和重大的新投资项目。

分解的方法以及所提供信息的细节，应依据跨国公司经营活动的性质、规模和内部关系来决定，同时应充分考虑它们对有关地区或国家的重要意义。

提供信息的范围、详细程度和次数，应该考虑到跨国公司作为一个整体的性质与规模、保密要求、对跨国公司竞争地位的影响以及提供信息所需的费用。

必要时，以上要求的信息应该是在跨国公司经营活动所在国的法律、规章和行政惯例所要求的信息之外的。

这份报告基本上体现了跨国公司对外报告的国际惯例，但是，这个特设工作小组未能就联合国对会计领域的未来工作提出一致的建议。1982年，经社理事会经大多数成员建议重新建立了常设的会计与报告国际准则政府间专家工作组。

三、联合国常设会计与报告国际准则政府间专家工作组的活动

这个常设政府间专家工作组每年定期举行会议，根据跨国公司委员会的建议，会议只是回顾会计领域的发展，而不是制定会计准则。这样，联合国就不打算采用由它来设立机构制定准则并强制推行的方式，而只是"积极协助各国、各地区开展和完善……会计和报告准则的制定工作"。这个常设的政府间专家工作组也采取自愿参加的原则，至2007年已召开过24次会议。在2006年的第23次会议上，共有包括西欧国家、日本、俄罗斯、我国和许多第三世界国家在内的65个国家参加；在2007年的第24次会议上，共有62个国家参加，美国、英国、加拿大、澳大利亚等4个国家只是作为观察员出席。此外，国际会计准则委员会、国际会计师联合会等8个组织和欧盟的代表也作为观察

员与会。这一年一度的会议,为交流国际和各国会计领域的工作以及对广泛的会计问题展开讨论,开辟了一个具有权威性的国际论坛,这无疑会推动国际会计协调化的进程。然而,其发挥的作用也仅限于此而已。

进入 21 世纪以来,这个常设政府间专家工作组特别关注其他组织当时尚未关注的重要问题,如环境会计、会计教育、中小企业会计和公司治理透明度等。它还在许多领域实施技术援助项目,如在俄罗斯、阿塞拜疆、乌兹别克斯坦进行了会计改革和重新培训,在讲法语的非洲地区设计和推进远距离业务学习计划等。

▲ 第三节　欧盟(其前身为欧共体)的协调化和趋同化活动

无疑地,欧洲联盟是推动国际会计协调化最具有成效的区域性国家联盟。

一、欧盟的发展与成员国

欧盟(European Union)是由以下三个独立的共同体(Communities)合并组成的:

(1)1950 年《巴黎条约》(Treaty of Paris)创立的"欧洲煤炭钢铁共同体";

(2)1957 年《罗马条约》(Treaty of Rome)创立的"欧洲经济共同体";

(3)1957 年《欧洲原子能条约》(Euratom Treaty)创立的"欧洲原子能共同体"。

自 1965 年起,三个独立的共同体被合称为"欧共体"(欧洲共同体)。1991年在荷兰马斯特里赫特签署的《欧盟条约》中,"欧盟"(欧洲联盟)这一名称被正式采用。

欧盟是当今世界上区域经济合作最为紧密并逐步从经济一体化向政治一体化方向发展的国家联盟。欧共体的 12 个成员国是法国、德国、荷兰、比利时、意大利、卢森堡、丹麦、英国、爱尔兰、西班牙、葡萄牙、希腊,前面的 6 个国家为最早的成员国;1993 年 11 月 1 日欧共体正式改组为欧盟,成员国扩大至15 国,3 个新成员国是瑞典、芬兰和奥地利;欧盟又积极东扩,在 2004 年 5 月1 日,东欧地区的 10 个新成员国入盟,成员国增至 25 个;[①]2007 年 1 月 1 日,

① 新入盟的东欧 10 国为:爱沙尼亚、拉脱维亚、立陶宛、波兰、捷克、斯洛伐克、匈牙利、斯洛文尼亚、马耳他、塞浦路斯。

罗马尼亚和保加利亚正式加欧盟,使成员国增至 27 个。它实际上已包括了美国和日本以外的最发达的资本主义国家。

从 1957 年签订成立欧洲经济共同体的《罗马条约》开始,它就致力于建立一个包括商品、劳务、资本、人才自由流动的共同市场,为此早就确定了"要求有关各国的法律互相靠拢,并达到能使共同市场有步骤地发挥作用"的原则。1968 年的《单一欧洲法案》(Single European Act)确定了消除"确实的、技术上的或者是财政上的"壁垒这一目标。其中,公司法和税法的协调当然占有重要的地位,在这方面,也必然涉及各国会计准则的协调。

二、欧盟的主要机构与立法

欧盟的主要机构是由 1957 年的《罗马条约》及 1965 年的《合并条约》(Merger Treaty)建立的。前者创建了欧洲议会(European Parliament)和审判法庭(Court of Justice),后者创建了单一(涵盖三个独立共同体)的部长理事会(Council of Ministers)及欧盟委员会(Commission)。

部长理事会是立法机构,收到欧盟委员会的立法提案后,部长理事会应先咨询欧洲议会,再制定相关的法律。法律的制定必须在欧盟条约的范围以内,并以欧盟委员会的建议为基础。欧盟委员会是行政机构,除负责向部长理事会提案外,它还监督各成员国执行条约的情况。欧洲议会在立法的过程中充当咨询者的角色,但它同时拥有否决法律发布的权力。审判法庭是审理欧盟法律的最高法庭,它同时指导各成员国法庭如何正确解释欧盟法律。

欧盟法律有两个层次:第一层次是"基本法律"(basic legislation),当成员国接受了基本法律,则意味着它们对相关的国内事务放弃了自主立法权,基本法律直接成为成员国的国内法律。第二层次是"次级法律"(secondary legislation),需要成员国修改本国的法律,将其引入。

以下我们将涉及与财务报告相关的欧盟法律(层次)有:

(1)"法令"(Regulation):属于基本法律,颁布后各成员国必须立即执行。

(2)"指令"(Directive):属于次级法律,指令提出了目标,包含了多种达到该目标的选择。成员国可以作出最适合本国国情的选择。

(3)"推荐书"(Recommendations):不具备任何法律效力的文件。

三、欧盟的公司法指令

公司法指令是依照《罗马条约》第 54 项条款制定发布的,旨在协调各成员国的法律,使其为欧盟的单一市场提供等效的保障。

Accounting

1968 年 3 月发布的欧共体第 1 号指令中已涉及会计。它要求公司应披露认购和核定的资本总额,并提供资产负债表和损益表两种基本财务报表。

欧共体发布的指令中与会计最有关的主要是:关于有限责任公司(包括证券公开发行和不公开发行的)年度财务报表和年度报告的第 4 号指令①;涉及公司的证券在交易所上市定出正式牌价前应予公开的信息细节和范围及其检查的第 6 号指令;涉及公司集团的合并财务报表的第 7 号指令;涉及股份公司的国际兼并的第 10 号指令。

表 4-1 简略地列示了欧盟 10 个已经部长理事会采纳的公司法指令和 3 个未经采纳的公司法指令。需要说明的是表中的发布时间指的是欧盟部长理事会采纳的时间,而并非成员国将其引入国内公司法的时间。

表 4-1 欧盟 10 个公司法指令

公司法指令	发布时间	立法目的
第 1 号	1968	董事和公司
第 2 号	1976	最低注册资本,资本保全,私募公司与公众公司的区别
第 3 号	1978	公众公司的重组
第 4 号	1978	单个公司财务报表的格式与内容,财务信息披露
第 5 号	未采纳	公司结构
第 6 号	1982	公众公司的合并
第 7 号	1983	集团会计
第 8 号	1984	审计者的资格与独立性
第 9 号	未采纳	集团内部关系
第 10 号	未采纳	股份公司的国际兼并
第 11 号	1989	外资公司于欧盟成员国内分支的信息披露
第 12 号	1989	公司章程
第 13 号	2004	公司兼并

以上提到,欧盟通过"指令"来协调各成员国的公司法,在于使各国的公司法实现"等效"、而非"等同"(identical)。因为"指令"旨在提供最小化的协调,其本身包含多样的选择,而选择恰恰反映了各国法律中难以协调一致的部分。因此,尽管各国的会计实务经过指令(第 4 号和第 7 号)的协调,但依然还存在

---

① 不适用于银行、其他金融机构或保险公司。

着在许多不同之处。例如,第4号指令允许采用不同的方法对资产进行计量,在将第4号指令引入本国公司法后,英国政府允许公司选择使用历史成本或现值,而法国政府则规定公司只能使用历史成本。

不同的会计实务为在欧盟资本市场上市的公司带来了不便,因为按照各国证券市场的规定,上市公司需要提供按照上市国家会计准则/惯例编制的财务报表。2005年后,由于整个欧洲的上市公司必须按照国际会计准则来编制其合并财务报表(见下文),这个问题已得到了根本解决。在2005年前,欧盟国家实行的是"互相认同"(mutual recognition)的策略,即鉴于各国的会计实务已经通过第4号、第7号指令实现了最低化协调,欧洲的任何一个证券市场都将接受按照任何一个欧盟成员国会计准则/惯例编制的财务报告。该策略大大降低了上市公司编制财务报告的成本。

四、欧共体第4号指令的内容概要

鉴于第4号指令(1978年7月发布)较全面地描绘出欧共体所要求的会计模式的基本面貌,在这里对其作一简略介绍。

欧盟第4号指令包括12项62款,其主要内容见表4-2。

表4-2　欧盟第4号指令的主要内容

项(条款)	主要内容简介
(第1款)	该指令的适用范围
第1项(第2款)	年度报表内容的一般规定
第2项(第3~7款)	年度报表格式的一般规定
第3项(第8~14款)	资产负债表的具体格式和内容
第4项(第15~21款)	资产负债表相关事项的具体规定
第5项(第22~27款)	损益表的具体格式和内容
第6项(第28~30款)	损益表相关事项的具体规定
第7项(第31~42款)	计量规划(年度报告的一般原则)
第8项(第43~45款)	年度报表附注的内容
第9项(第46款)	年度报告的内容
第10项(第47~50款)	年度报告的公布
第11项(第51款)	年度报表的审计
第12项(第52~62款)	最后规定(指令执行方式)

资料来源:欧盟《第4号指令》(Fourth Council Directive,78/660/EEC)。

公司对外应提供的会计信息主要是年度报表,但还应包括年度报告。

(一)一般规定

1.年度报表包括:(1)资产负债表;(2)损益表;(3)报表的注释。它们应构成一个整体。

2.“真实和公允”的观点是第4号指令对年度财务报表的总要求或指导思想:

(1)年度报表应真实和公允地反映公司的资产、负债、财务状况和盈亏情况;

(2)如果在遵守该指令的规定尚不能做到第(1)点时,必须提供补充的信息,以保证真实和公允;

(3)当出现某些例外情况,只有背离该指令的规定,才能真实和公允地表述年度报表中按第(1)点反映的各项信息,那么,将允许实行这种背离,但必须在报表的注释中披露并解释所以要背离的理由及其对公司的资产、负债、财务状况及盈亏情况的影响。

3.年度报表应至少包括对公司业务发展和现状的公允说明。还应包括:

(1)从财务年度末以来发生的重大事件;

(2)公司将来可能的发展;

(3)在研究及开发新产品、新技术领域的活动;

(4)有关按第2号指令所表述的“自有股份”的取得方面的信息。

(二)资产负债表的结构和内容

第4号指令规定,资产负债表可以采用以下两种结构:

1.按“资产=资本+负债”的会计方程式列示,可以采取账户式,也可以采取报告式。

项目的分类分为大类(用 A、B、C……)、二类(用Ⅰ、Ⅱ、Ⅲ……)和明细(用1、2、3……)三级,按与流动程度相反的序次排列。转录如下(其中:对44个明细项目只是略举一二):

资产方	负债方
A.未付认购股本(已催缴未付款的认股款)	A.资本及准备
	Ⅰ.认购股本
B.开办费	Ⅱ.股本溢价
C.固定资产	Ⅲ.重估价准备
Ⅰ.无形资产	Ⅳ.准备
Ⅱ.有形资产	1.法定准备

Ⅲ.财务资产(主要指对附属公司的投资和贷款)

D.流动资产

E.预付款和应计收入

F.财务年度(本年度)亏损*

2.自有股份准备(自有股份相当库存股份)

3.联合协议规定的准备

Ⅴ.前期损益

Ⅵ.财务年度损益*

B.负债与费用准备

Ⅰ.退休金或其他类似债务准备

Ⅱ.税款准备

Ⅲ.其他准备

C.债权人

D.应计费用和递延收益

E.财务年度利润*

　* 可视各成员国法律规定,或是将本年度利润或亏损额列示为负债方的AⅥ;或是将本年度亏损额或利润额列示为资产方的F或负债方的E。

　　2.着重反映公司的营运资本(流动资产－流动负债)及从资产总计中减去流动负债的净资产(相当于长期债权人和股东享有的权益)的结构。这一结构只能采取报告式,它类似于英国的财务状况式(financial position form)。以下只列示项目归属的大类:

A.未付认购股本

B.开办费

C.固定资产

D.流动资产

E.预付款和应计收入

F.债权人(一年以内到期的应付款项)

G.流动资产/流动负债净额(这里的流动资产除大类D外,要考虑大类E;流动负债除大类F外,要考虑大类K)

H.资产总计减流动负债

I.债权人(一年以上到期的应付款项)

J.负债与费用准备

K.应计费用和递延收益

L.资本及准备

对于规模较小的公司,即在资产负债表日期符合以下三项标准"(1)资产负债表总计在 1 百万 EUA^① 以下;(2)财务年度营业净额(销售净额)在 2 百万 EUA 之下;(3)财务年度平均雇工在 50 人以下"之中的两项标准的公司,可以编制简化的资产负债表,只需列示到大类和二类项目为止。

(三)损益表的结构和内容

第 4 号指令规定了四种不同的损益表结构,可以是竖式分段的,也可以是横式对照的;费用可以按其性质分,也可以按其职能分,可以按销售成本法,也可以按总费用法编制。兹列示费用按性质划分、结构按竖式分段、按总费用法编制的损益表所含的项目如下:

1.营业净额

2.产成品和在制品盘存的变动数

3.企业为自己完成的、并已资本化的作业量

4.其他经营收入

5.a.原材料及易耗品

b.其他外部费用

6.雇员成本

a.工资和薪金

b.社会保障成本,要单独列示与退休金有关的成本

7.a.开办费,有形、无形固定资产价值调整

b.流动资产价值调整

8.其他经营费用

9.来自其他参股权益的收入

10.构成固定资产部分的投资与贷款的收入

11.其他应收利息及类似收入

12.财务资产以及作为流动资产而持有的投资的价值调整

13.应付利息及类似费用

14.正常业务损益的应纳税款

15.税后正常业务损益

---

① 欧洲记账单位(European Unit of Account)。1979 年 3 月 13 日起,EUA 已被 ECU(欧洲货币单位)代替。1999 年 1 月开始启动欧洲统一货币——欧元,2000 年 1 月 1 日开始发行欧元,作为流通货币。2002 年 3 月 1 日起,欧元已成为欧元区的唯一法定货币。但原 15 国中,只有 12 国参加了欧元区,英国、丹麦、瑞典 3 国尚未加入。新加入的东欧 10 国中,斯洛文尼亚已获准于 2007 年 1 月 1 日加入欧元区。

Accounting

16.非常收入

17.非常费用

18.非常损益

19.非常损益的应纳税款

20.未列示在上述各项中的应纳税款

21.财务年度损益

(四)关于资产负债表和损益表的结构和编制的基本要求

主要有:

1.资产负债表和损益表的结构与格式,要保持前后财务年度之间的一致性,不得任意变更;

2.资产负债表和损益表的各个项目都必须列示上年度的相应项目的数额;

3.禁止在资产与负债项目之间,或在收入与支出项目之间,进行互相抵消;

4.各成员国可以规定或要求修订资产负债表和损益表的结构,以便包括利润分配或亏损处理。

(五)报表注释的内容

第4号指令规定,报表的注释至少应包括如下的内容:

1.年度报表中各项目采用的计价方法、计算"价值调整"的方法以及外币折算为本国货币进行表述的转换基础;

2.公司本身持有(或由实际上代表公司但以个人名义活动的个人持有)其至少20%资本的联营企业名称及其注册机构;

3.本财务年度在法定资本限度内经认购的股份数量及面值或无面值股份的设定价值;

4.发行在外的各类股份的数量及面值或设定价值;

5.所有购股权证书,可更换债券或其他债券和权利,并说明其数量和应有的权利;

6.公司所欠的将在5年后到期偿付的债务金额以及公司有价证券所代表的借款金额及证券的性质和形式;

7.有助于评价财务状况但未列入资产负债表的财务承诺(支付义务)的总额,与退休金、对联营企业有关的承诺应单独表述;

8.按业务类型和按地理区域划分市场而分解的营业净额;

9.本财务年度内的雇员平均数和按类别分解的雇员人数;

国际会计

10.本财务年度内由于某些项目的估价背离规定原则而使损益计算受到的影响程度,计算时应减去税款,有重大影响时必须披露详情;

11.本财务年度和以前年度计算的税款与实际应付税款之间的差额;

12.按所负职责付给行政、管理和监督机构成员的各类津贴、退休金(已发生或承诺支付的)及其合计;

13.对行政、管理和监督机构成员的预付款和贷款。

(六)计价原则所依据的一般原则

第4号指令对计价原则及其依据的"一般原则"有明确的规定。这里先说明一般原则。

1.持续经营(going concern)。必须假定公司是作为持续经营的企业而从事经营活动的。

2.一致性(consistency)。所采用的计价基础必须保持逐年一致。

3.以审慎为基础(on a prudent basis)。特别要注意以下几点:

(1)财务报表上的利润必须是资产负债表日期(财务年度末)已实现的利润;

(2)无论财务年度是盈利还是亏损,必须计入所有的折旧;

(3)必须考虑所有可以预见的、在本财政年度或前期发生的负债和可能的损失。即使这些负债和损失在资产负债表日期(本年末)尚未觉察,而在这一日和实际编制报表的日期之间才显示出来,也要考虑。

4.权责发生制(accrual basis)。必须确认与本财务年度相关的收入和费用,而不管这些收入和费用的收到或支付日期。

5.项目必须分别计价(items must be valued separately)。资产和负债的各个组成项目必须分别进行计价。

6.对应性(correspondency)。每一财务年度的资产负债表期初日期必须与上一年度资产负债表期末日期相对应。

(七)计价原则

1.年度报表列示的各个项目原则上是以购价或生产成本,即历史成本为计价基础。

2.考虑到各成员国的法律或会计准则采用了不同的计价方法,因此,各成员国可以向共同体委员会申明,保留背离上述第1条计价基础的权利,允许或要求其公司按下述方法计价:

(1)按重置价值(replacement value)对有形固定资产和存货计价;

(2)按考虑通货膨胀因素的其他方法计价;

(3)对有形固定资产和财务固定资产进行重估价(revaluation)。

Accounting

公司报表应披露按成员国法律对上述三种或类似的计价方法所作的规定,并说明这些方法的内容、范围和使用规则。

3. 如按重置价值计价,其结果与按历史成本计价结果间的差异(重置价值大于历史成本的部分),应以"重估价准备"(revaluation reserve)列示在资产负债表中负债方"资本与准备"类目中。

4. 在按历史成本对资产进行计价时,要注意资产的价值调整(value adjustments)。

(1)对于经济寿命有限的固定资产,必须通过折旧在其经济寿命内系统地减少其价值。

(2)商誉、研发费用和开办费用必须在 5 年内摊销完毕,但在某些例外的情况下,成员国家可以允许较长的摊销时间。

(3)流动资产应以买入成本或生产成本计价。当市场价值比前两者低的时候,必须对流动资产进行价值调整。

(4)成员国可以用"平均成本"、"先进先出"或"后进先出"这三个基础对同类存货进行计价。

(5)成员国可以用权益法对联营公司的投资进行计价。第 4 号指令没有对"联营"进行定义,而第 7 号指令规定为持有 20%或更多的股份。

最后需要指出:基于欧盟于 2005 年实行了《国际会计法令》(IAS Regulation),在欧洲任何一个证券市场上市的公司的年度合并报表都必须按照国际会计准则编制。第 4 号和稍后也将介绍的第 7 号指令依然还规范着欧洲非上市公司的财务报表,以及上市公司自身的财务报表。

五、第 4 号指令对国际会计协调化的影响

可以说,欧洲经济共同体的会计协调化工作,主要是协调以法、德为代表的欧洲大陆国家会计模式与英国会计模式之间的差异。在英国的强烈要求下,第 4 号指令接受英国会计模式的"真实和公允"观念,把它列为编制年度报表的指导思想,这势必约束和限制欧洲大陆国家那些通过任意地低估资产价值和预计负债及损失以创造"秘密准备"的传统惯例,这正是欧洲经济共同体在会计协调化工作方面的具体目标之一。另一方面,第 4 号指令又同时把"以审慎为基础"列为计价原则所依据的一般原则之一。从资产负债表的结构中可以看出,它保留了欧洲大陆国家会计模式的"准备会计"特征。英国会计模式的"准备会计"色彩,虽然不如欧洲大陆国家浓厚(例如它不允许提取通用准备),其间的差异也许是在可容许的限度内的。但这在今

Accounting

后仍有可能成为欧洲经济共同体会计模式与美国会计模式之间的重大差别之一。

虽然第4号指令对财务报告的编制提出了"真实和公允"这一高于一切的指导思想,他应该看到,这一思想对众多欧洲大陆国家而言,是十分陌生的。成员国在将其引入国内的公司法时,对"真实和公允"作出了截然不同的解释。在英国和爱尔兰,公司可以不遵守某些法律的要求来编制财务报告,以求遵循这一原则,而且这种情况是十分普遍的(详见"英国会计"章)。而德国绝对不允许公司利用"真实和公允"思想违反法律的规定。法国和西班牙的立法者把"真实和公允"理解为"实质重于形式",只有在极其例外的情况下,公司才可以用它作为违反法律规定的理由。在荷兰和意大利,公司只能用"真实和公允"来解释法律,而不能违背法律。

无论如何,第4号指令在编制年度报表的指导思想及所采取的计价原则方面的协调化工作,已经迈出了重要的一步。

还值得一提的是第4号指令关于报表注释的规定,这接近于美国会计模式和英国会计模式要求财务报表应充分披露的倾向(当然美国比英国要求的透明度更高),这对欧洲大陆国家的或多或少的"保密"传统,也是一个突破。

第4号指令保持了依据法律来规范会计准则的欧洲大陆法系的基本特征,这在今后也将成为欧共体会计模式与美国会计模式之间的重大差别。好在英国虽然同属于英美海洋法系(不成文法系),但它由民间机构制定的会计准则是以公司法中对会计的规定为依据而不能违背的,这就为欧共体的会计协调化工作带来了共同的基础。如前所述,欧共体委员会理事会的各项指令的实施,正是通过各成员国对公司法有关规定的修订来实现的。

欧共体远大的经济和政治目标推动了各成员国调整本国的法律来适应指令的要求。不仅如此,欧共体和当时的欧洲自由贸易联盟(EFTA)之间的协调关系也在发展,那时,像瑞典等国就有参加欧共体的意向,瑞典就在修订其公司法,以更符合欧共体指令的要求,从而为申请参加欧共体作准备(如前述,后来瑞典已成为欧盟成员)。

欧共体在地域性会计协调化方面的努力和成就一向受到赞扬。为了减少指令中规定的灵活性,以改善财务报表信息的可比性,欧共体委员会除了其常设的联系小组外,又组建了"欧洲会计论坛",以便在这方面向委员会提供咨询。论坛的第一次会议于1991年1月举行,讨论了包括外币折算、政府赠与的会计处理以及国际会计准则同欧共体指令间的关系。这时,欧共体已有把

Accounting

它的努力与世界范围内的会计协调化活动(不仅是政府间的,也包括民间组织的)相联系的意向。我们在上一节也曾提到,欧共体还作为观察员出席联合国的会计与报告国际准则政府间专家工作组会议。嗣后,欧共体又采取了要求成员国遵循国际会计准则的立场,进而采取了新的会计策略,我们将在介绍第7号指令后,再加论述。

六、欧共体第7号指令的主要特征

第7号指令发布于1983年6月,涉及合并财务报表的编制,是欧盟内部会计协调的另一个重要指令,分为6项51款:第1项(第1~15款)为"编制合并报表的前提条件";第2项(第16~35款)为"合并报表的编制";第3项(第36款)为"年度合并报表的主要内容";第4项(第37款)为"合并报表的审计";第5项(第38款)为"合并报表的公布";第6项(第39~51款)为"过渡阶段以及其他规定"。

第7号指令的主要特征是:

1. 在概念依据上是"母公司观"和"主体观"的折中,更倾向于"母公司观","集团"的界定以法律控制权为基础。

2. 带有浓厚的英国合并会计色彩。早在1939年,伦敦证券交易所就规定发行新股时必须披露合并报表,但欧洲大陆国家除荷、德、法等少数国家外,合并报表对欧盟多数成员国仍是一个新鲜事物。1947年英国正式以法律形式要求企业(控股公司)编制合并报表。荷兰的公司虽然在1926年就开始编制合并报表,直至1983年才把合并报表正式纳入立法。德国的公司在20世纪30年代开始编制合并报表,但直到1965年德国才制定法律要求企业编制合并报表。法国的公司在20世纪60年代开始编制合并报表,直到1986年合并报表才出现在法国立法中。第7号指令最初的框架主要是以德国的法律为基础的,但是这种影响随着盎格鲁—美利坚(英—美)合并会计的引入或替代而逐渐减少。盎格鲁—美利坚(英—美)合并会计的影响使得《第7号指令》在很大程度上带有浓厚的英国合并会计的色彩。如这些影响反映在集团的定义(条款1),子公司免于纳入合并范围的不同情况(条款13),某些业务不相似的子公司免于合并的条件(条款14),应用真实与公允观点(条款16),商誉的确认(条款19),适用于联营公司的权益法(条款33),等等方面。然而,欧洲大陆国家对"集团"也有不同的定义。比如一些国家认为,集团就是一个有着相互经济联系的经济体(economic unit);另一些国家则认为,集团必须通过法律的合约(legal contract)来界定。

3. 第 7 号指令体现了原则性与灵活性的有机结合。为众多欧盟成员国带来全新的会计活动。在第 7 号指令颁布之前,众多欧盟成员国几乎没有或根本不要求公司编制合并报表。根据第 7 号指令,欧盟各成员国必须在 1988 年 1 月 1 日之前将该指令的相关条款纳入各自的公司法,并于 1990 年之前开始生效。由于合并财务报表对于众多欧盟成员国是一个新鲜事物,为了协调各成员国有关公司合并财务报表的公司法,第 7 号指令在原则性规定的基础上赋予成员国许多选择权。从当今的角度而言,众多的选择权对会计的国际协调(尤其是和美国会计的协调)并非有多大的好处。事实上,第 7 号指令并没有使成员国在合并报表上达成一致,指令提供了 50 种以上的选择,大多是成员国在政治方面妥协的结果。换言之,第 7 号指令使得编制合并财务报表的公司大大增多了,但没有增加合并财务报表的国际协调。以下列举指令中对合并财务报表编制的一些选择:

(1)合并范围

①成员国可以允许那些仅仅是持有子公司的股份,而没有直接管理其内部事务的母公司不编制合并报表。

②对于那些非上市的,全部由中小规模公司组成的集团,成员国可以允许其不提供合并报表。

③对于同时是他人子公司的母公司,可以不编制合并报表。

④母公司在编制合并报表时,可以忽略那些无关紧要的子公司。

(2)合并方法

除了购买法以外,还允许使用权益集合法(当支付的现金少于为合并所发行股份面值的 10%时)。

(3)商誉的处理

第 7 号指令允许商誉通过损益表系统性摊销,或者是一次在资产负债表中注销。

(4)合并财务报表计量基础

无论对于购买方还是被购买方的资产与负债,第 7 号指令允许在第 4 号指令允许的范围内作出选择。由于 2001 年《公允价值指令》对第 4 号指令作了补充,因此价值的选择现已包括了公允价值。

综上所述,虽然第 7 号指令对合并报表的协调效果不尽如人意,但它无疑大大提高了欧盟成员国公司集团(包括跨国公司集团)年度报告的信息含量和可比性,这使得欧盟内部的会计协调化又向前迈进了一大步。

七、欧盟的新会计策略

欧盟在 1995 年采取了新会计策略。当时,欧盟委员会宣布,为了能使那些寻求在美国和其他国际证券市场上市的公司保持在欧盟的会计框架之内,欧盟需要加速会计改革。

欧盟新会计策略主要体现在三个方面:

1.强调要加强欧盟对国际会计准则制定过程所承担的义务。欧盟委员会认为,这是对那些在国际范围内经营的公司面临的问题提供的最有效和最快的解决方案。如前述,欧盟因此不再致力于在指令中协调成员国会计实务的工作。

2.肯定了在国际证券市场上市的欧洲公司可以采用国际会计准则(IAS)。欧盟委员会的常设联络委员会在 1996 年发表的《国际会计准则和欧洲会计指令间一致性的考察》中,分析了 IAS 与欧洲会计指令的一致程度。研究的主要结论是:欧盟在会计指令(主要指第 7 号指令中关于公司集团编制合并财务报表的规定)与 IAS 一致(只有 2 个次要的细节不同)。这个分析肯定了寻求在国际证券市场上市的欧洲公司可以采用 IAS,由此可见,欧盟的新会计策略,必将在很大程度上提高国际会计准则的权威性,为欧洲各国的国际性证券市场接受 IAS 提供了强有力的支持。

在 IOSCO 于 2000 年 5 月认可了 IASC 的核心准则计划后(参见后述),2000 年 6 月,欧盟发布了要求欧盟境内的 7 000 多家上市公司至 2005 年在编制合并报表时必须采用 IAS 的建议;2001 年 2 月,欧盟委员会又发布法令(草案),重申在 2005 年采纳 IAS 的决心,并鼓励上市公司提前采用。2002 年 7 月,欧洲议会和欧洲委员会在这份法令(草案)基础上,通过了《关于运用国际会计准则的第 1606 号法令》(以下简称《国际会计准则法令》)。至此,欧盟已正式决定上市公司财务报告应采用国际会计准则,第 1606 号法令正式成为欧洲的法律,在欧盟各成员国中应用。[①] 依据《国际会计准则法令》的要求,所采

---

① 为了稳妥地处理在美国等证券市场上市的欧洲公司是否必须转用 IFRS 的问题,欧盟曾考虑确认一些"等效"会计准则,如美、加、日等国的会计准则,作为备选方案。同时,又与美国积极商谈,力争消除"欧洲报表"与"美国报表"之间的调整要求。

此外,对于在欧盟上市的外国公司,欧盟委员会则作出了宽限,2006 年 12 月经欧洲议会通过,将其采用 IFRS 的过渡期延长两年,即在 2008 年 12 月 31 日前,按照美、加、日等国 GAAP 编制的财务报表,不必按 IFRS 作出调整。

纳的国际会计准则必须符合以下的条件：

(1)不能违背第 4 号和第 7 号指令中的原则；

(2)符合欧盟公众的利益；

(3)符合"可理解性、相关性、可靠性及可比性"的标准，依照国际会计准则所报告的信息要有助于作出经济决策及评价管理层的经管责任。

欧盟对国际会计准则采用"双层认可"机制，即先"技术层次"、后"政治层次"的认可机制。在技术层次上，对国际会计准则的认可是在"会计规则委员会"(Accounting Regulatory Committee,ARC)和"欧洲财务报告咨询组"(European Financial Reporting Advisory Group,EFRAG)的帮助下完成的。会计规则委员会是按照《国际会计准则法令》成立的，由各成员国代表组成，它对欧盟委员会采纳某国际会计准则的提案提出意见，但没有任何决定权。欧洲财务报告咨询组则是一个民间机构，成立于 2001 年，它以事前介入的方式了解和影响 IAS 的制定，并对发布的准则及解释进行专业评估，提出是否予以认可和采纳的建议。和会计规则委员会的不同在于："咨询组"不在《国际会计准则法令》的范畴之内，因此欧盟委员会没有义务考虑其意见。

经"技术认可"后，再在"立法层次"由欧盟委员会负责审批会计准则委员会提交的采纳意见及采纳的具体时间表。

从成文法体系的欧洲国家的立法程序来看，这种双层认可机制是可以理解的，欧盟不可能不通过认可而把准则制定权授予 IASC 这样的国际民间机构。[①] 尽管有批评者指出，双层认可(或称"有选择的认可")会导致"欧盟的国际会计准则"(European IFRS)。欧盟还指出，对国际会计准则的认可是欧盟制定法律的义务之一。同时，设置这种双层认可机制的目的，也在于加大欧盟在国际协调化进程中对 IASB 的影响，为此，欧盟对 IASB 制定和修订的 IFRS/IAS，在认可时多次提出了保留和要求改变或补充的建议(我们将在第五章中述及)。并且在 2006 年 1 月明确规定：遵循国际会计准则必须按照如下的措辞，在财务报表附注中声明是"根据欧盟所采纳的国际财务报告准则"编制的。以保证国际财务报告准则与欧盟公司法令的趋同。那些等待欧盟采纳或是被欧盟拒绝采纳的国际会计准则可以作为编制财务报告的指导，但前提是这些准则没有和被欧盟采纳的准则发生冲突。2006 年 7 月，欧盟又着手组建准则意见审核组(SARG)，旨在确保 EFRAG 意见的客观性和恰当性，

---

① 参见黄世忠、李忠林、邱蓝兰：《国际会计准则改革：回顾与展望》，载《会计研究》2002 年第 6 期。

Accounting

SARG将用具有广泛经验和胜任能力的会计专家和各国准则制定机构高层代表组成,通过对EFRAG意见提供独立的评价,将更能确保欧盟所决定采用的会计准则是高质量的。

3.宣布采用国际审计准则进行审计

欧盟曾在1978年发布了关于"审计师的资格和工作"的第8号指令,并于1984年为其成员国采用。2005年9月,欧盟议会通过了对第8号指令的修改,宣布在欧洲将采用国际审计准则(ISA)进行审计。随后,欧洲委员会即成立了欧洲审计师监管机构组(EGAOB),以确保欧盟各国对法定审计师和审计师事务所的公众监管体制的有效运作,并就实施第8号指令向欧盟委员会提供技术支持。

八、欧盟对环境问题的建议

鉴于越来越多的公司在其年度报告内加入"环境报告",欧盟委员会于2001年5月发布了一份《推荐书》(Recommendation),涉及在年度报告中确认、计量及披露相关的环境问题,希望对环境会计进行一定程度的协调。以下简述这份《推荐书》的主要内容:

1.当期环境支出的费用化和资本化

通常来说,当期的环境支出应在损益表中确认为本期的费用。如果某项环境指支出是为了防止未来的环境破坏或为未来节省资源并能带来经济效益的,可以将其资本化,在资产负债表中确认为资产。

2.环境负债的确认

某些公司有法定的,或是派生的义务(基于公司过去一贯的行为)去防止、减少或补救对环境的损害。

(1)一旦这部分成本可以可靠地估计,就应该确认环境负债;

(2)如果这部分成本不能够可靠地估计,应确认或有的环境负债;

(3)成本的估计应包含清偿环境负债的预计所有支出,并考虑当前/未来的技术发展。

3.披露的事项

公司应披露环境保护的政策,环境保护的成效及未来的改进,对环境(或有的)负债进行细致的披露等等。

如前述,《推荐书》在欧盟的立法体系中属于没有任何法律效力的文件,仅供公司参考。

▲ **第四节** 经济合作与发展组织的协调化和趋同化活动

经济合作与发展组织(OECD,简称"经合组织")成立于1961年,是代表发达资本主义国家利益的政府间组织,至2010年5月,共有35个成员国。发达国家作为主要跨国公司的母国,出于维护跨国公司利益和吸引对跨国公司投资的目的,经合组织理事会于1975年1月设立了国际投资和跨国企业委员会(CIIME),并在1976年6月发布了一份重要文件《关于在跨国企业投资的指南》,其中包括的"信息披露"一章,表述了对跨国公司的会计和报告指南。

一、跨国公司财务报告中应披露的信息概要

兹引述《关于在跨国企业投资的指南》中对跨国公司财务报告应披露的信息要求如下:

1. 企业的结构、母公司的名称和所在地、主要的子公司、在子公司中直接或间接拥有股权的百分比(包括相互拥有的股份数);

2. 母公司和主要子公司从事经营活动的地理分布及其主要经营业务;

3. 整个企业按地理区域划分的经营成果和销售额以及按主要经济行业划分的销售额;

4. 整个企业按地理区域列示的新投资资本(有可能的话,也列示按主要经营行业列示的投资资本);

5. 整个公司的资金来源与运用表;

6. 各地理区域内的职工平均人数;

7. 整个公司的研究与开发支出;

8. 内部定价政策;

9. 在编制与公布信息中遵循的会计原则,包括合并报表的原则。

二、国际投资和跨国企业委员会会计准则常设工作组的活动

接着于1978年,国际投资和跨国企业委员会设立了会计准则特设工作组,次年改为常设工作组,以执行下列业务:

1. 支持现有旨在增进各国会计信息可比性的努力;

2. 对1976年指南中"信息披露"一章所含会计术语进行技术性阐述;

3. 对联合国关于会计和报告国际准则的工作进行沟通和发表意见。

常设工作组自 20 世纪 80 年代以来，对会计协调化开展了一系列工作。包括阐明"信息披露"中的一系列会计术语；对成员国的会计惯例进行调查研究和专题讨论；与国际会计准则制定机构建立了联系；对成员国会计准则的制定发展进行定期信息交流；对特定会计问题（如税收与财务报告的关系、合并报表、外币折算）以及银行、保险等特殊行业的会计和报告问题作了较广泛的研究或者制定了相应的文件草案。

1990 年，鉴于东欧国家和前苏联的私有化和走向市场经济的改革进程，经合组织成立了"欧洲过渡经济中心"。同年 9 月，这个新成立的中心和会计准则常设工作组与欧洲会计师联合会合作，举办了一次东、西方会计问题讨论会。前苏联、波兰、匈牙利、前捷克斯洛伐克的专家与会。会议确认有必要调整东欧国家和前苏联原来的会计制度以适应由中央计划经济转变为市场经济的要求，同时强调要采取审慎的行动。东欧和前苏联在以后的突变和瓦解，事实上已开始了这个进程。

IASB 于 2001 年 4 月开始运作后，OECD 和其他国际组织一样，公开发表声明认可和支持 IASB 主导的全球会计准则趋同工作。

OECD 最近的重要活动有：2008 年 3 月，OECD 与 IMF 联合举办了关于欧洲结构性改革的会议，呼吁在欧洲扩大就业机会和提高劳动生产率；同月又发表了 OECD 对当前主要环境问题 2008 年展望，认为与预期的经济增长率以及成本与效益对比，解决主要的环境挑战会是有效的、可实现的和承担得起的。

▲ 第五节　证券委员会国际组织的协调化和趋同化活动

一、证券委员会国际组织的目标和组织结构

证券委员会国际组织（IOSCO）成立于 1983 年，经历了快速发展的过程。会员来自不同国家的证券管理机构，由创立时的 11 个发展到截至 2008 年 1 月的 188 个，其中，正式（ordinary）会员 109 个，联系（associate）会员 11 个，附属（affliate）会员 68 个。由该组织会员监管的证券市场比例占全球证券市场的 90％多。IOSCO 的目标是发展国际协调、交流信息、建立足够的投资者保护以及为有效的监督和管理提供相互援助，它与证券交易所国际联合会保持着密切的工作关系。

IOSCO 由主席委员会和执行委员会组成。主席委员会制定和决定该组织的目标,由各个会员机构的主席组成,正式会员在主席委员会中有表决权,联系会员和附属会员只是列席会议,不享有表决权。下设四个地区委员会:(1)非洲/中东地区委员会;(2)亚太地区委员会;(3)欧洲地区委员会;(4)泛美地区委员会。执行委员会由技术委员会和新兴市场委员会组成,后又增设"自律组织咨询委员会"。执行委员会的主要职责是执行主席委员会的决定和实现组织的预定目标。技术委员会的目标是审核与国际证券和期货交易有关的监管问题以及协调解决这些问题的方法,具体工作包括:跨国公司披露与会计、二级市场监管、市场中介机构的监管、信息规范与交流和投资管理。技术委员会设立五个工作组分别处理这些具体工作。

第一工作组集中负责跨国的披露和会计问题。它的主要目的是:为跨国股票上市过程,提供最有效和快速的方法。一份于 1989 年完成的《工作组研究报告》中指出:鼓励"借助于准则协调、相互认可或其他方法,以便使用单一的披露文件,就能做到与监管机构的法定要求和保护投资者的目标相一致"。

1997 年 8 月,IOSCO 第一工作组发布了《外国发行者证券跨国上市和首次挂牌交易的国际披露准则》。其目标是建立单一的披露文件,可供公司在世界范围内任何资本市场上市交易时使用。

二、《外国发行者证券跨国上市和首次挂牌交易的国际披露准则概要》

在《外国发行者证券跨国上市和首次挂牌交易的国际披露准则》中,列示了所建议的 10 项准则,现概述如下:

1. 董事、资深经理人员和顾问的身份和责任的报表

这条准则确定在公司股票上市交易和公司注册登记时涉及的公司代表和其他人员。并指明,在不同国家中对这条准则涉及的人员可以有不同的定义,并且要根据东道国的法律决定。

2. 报价统计和预期的时间表

这一准则提供关于任何报价行为和确定与报价有关的重要日程的关键信息。

3. 关键信息

这一准则概括公司的财务状况、资本化和风险因素等关键信息。

4. 关于公司的信息

这一准则提供公司的业务经营、制造的主要产品或提供的主要服务、影响业务的主要因素等信息。

5.经营和财务评价与展望

这一准则提供管理当局就影响公司财务状况和经营成果的因素作出的解释。以及管理当局对预期在将来时期会对公司财务状况和经营成果产生重大影响的因素和趋势进行的评价。在一些国家中,还要求提供当前年度和/或其他未来时期公司的预测或展望报告。

6.董事和官员

这一准则提供关于公司董事和经理人员的信息,以便投资者可以评价这些人的经验、资格和报酬水平以及他们与公司的关系等。在不同国家中,对于这一准则涉及的人员可以有不同的定义。并且要根据东道国的法律关于提供公司职工信息的要求。

7.主要股东信息以及与关联方交易的信息

这一准则提供与主要股东及公司的其他控制者或可能控制者的有关信息。

这一准则还提供关于公司与关联方间交易的信息,以及这些交易对公司是否公允的信息。

8.财务信息

这一准则规定:文件中必须包括的财务报表及其覆盖的期间、账户的账龄以及其他财务性质的信息。公司在某个国家上市(或申请上市),将由该国决定可接受的会计和审计原则,以便在编制审计报告和财务报表时采用。

9.报价

这一准则提供证券报价、证券发行计划、其他相关事宜等信息。

10.附加信息

这一准则提供文件其他部分没有涉及的主要是法定性质的信息。

三、关于国际会计核心准则体系

证券委员会国际组织也关注跨国上市必须遵循的国际会计准则,为此,于1993年拟定了包括40项需解决的议题的"核心准则体系"。1995年与国际会计准则委员会(IASC)商定了关于使国际会计准则(IAS)形成一个会计准则核心体系的计划。1998年12月底,IASC宣布按协议完成了与40项需要解决的议题相对应的已发布的IAS的修订工作和新准则的制定工作;IOSCO对截至2000年1月IASC这些新制定的或修订的IAS 2000年版本进行评审;2000年5月17日,IOSCO发布关于采用"以促进跨国证券报价和跨国挂牌上市为目的的IASs"的决议。该决议正式宣布列入IASC核心会计准则计划的

30 份会计准则和 11 份解释公告的 2000 年版本通过了评审,并推荐成员机构允许跨国发行人采用 IASs,但同时规定对于某一国家或地区特别重大的问题还应提供必要的调节、披露和解释三种补充信息,我们将在第五章详加论述。2002 年,在 IOSCO 第 27 届年会的闭幕会上,IOSCO 报告了于 2001 年末就其成员接受 2000 年版 IASs 的情况进行的一项跟踪调查的结果。调查结果显示许多成员机构的国家已经允许未来跨国发行人使用 IASs。

在 2004 年举行的第 29 届 IOSCO 年会的闭幕式报告中,IOSCO 表示它将继续保持与 IASB 的密切合作。IOSCO 的技术委员会已经启动"国际财务报告准则的规定性解释"课题。该课题涉及 IOSCO 成员有关促进一贯使用和执行国际财务报告准则(IFRS)的交流意见,主要成果是一个监管决策中心数据库以及一个促进监管机构和其他与国际财务报告准则有关的执行机构之间的交流与合作的程序。技术委员会启动的另一项新课题是"财务报告准则应用的评审与执行",专门研究证券监管机构及其他机构评审上市公司财务报表的活动和权力范围。该课题的主要成果是一份 IOSCO 关于原则与最佳实务的报告,以及(或)用于评审功能的有效模型的说明。

四、对国际财务报告准则(IFRS)的支持

2005 年 3 月,IOSCO 的技术委员会发布了题为《2005 年 IFRS 发展和采用》的公告,声明对作为跨国发行和上市的高质量国际准则的 IFRS 的支持,并强烈建议其成员允许跨国发行者在跨国发行和上市中采用 IFRS。接着在 4 月举行的第 30 届年会的会议公报中,再一次重申了 IOSCO 对 IFRS 的长期支持,并鼓励在跨境发行中根据 IFRS 编制财务报表,在必要的情况下进行适当的调整或披露,以符合上市地应遵循的会计准则;[①]与此同时,IOSCO 还鼓励其成员,即各国证券监管机构继续评估这种调整的必要性,希望在可预见的未来取消这种调整规定。此外,IOSCO 还就 IFRS 的监管解释和实施问题鼓励成员间进行合作和沟通,作为对前述的原定课题的延续。

接着,在 2005 年 10 月,IOSCO 又宣布成立一项使各国监管机构能够就 IFRS 的应用问题相互交流意见的新机制。在这一机制下建立一套对话数据库,包括各国监管机构对应用 IFRS 所作的决策,并为未来监管决策提供参考;同时,IOSCO 将利用这一机制了解 IFRS 应用中存在的问题,并提供 IASB 和 IFRIC(国际财务报告解释委员会)考虑,使这一机制能最大限度地促进会

① 如在美、加、日等国。

计国际趋同,但各国监管机构仍保留处理各自事务的权利。这一机制自2006年下半年开始运作,目前不对公众开放。

五、打击财务欺诈报告的发布

IOSCO的一项强化资本市场监管的行动,是在2005年3月由技术委员会发布了《强化资本市场反对财务欺诈工作》的报告,这是一份对自美国安然事件以来重大财务欺诈案的研究,也是一份向IOSCO和各国证券监管机构提出"强化监管,打击财务欺诈"的建议。报告中列举了近年来财务丑闻中明显存在的问题:(1)公司治理方面,包括独立董事和独立审计制度、少数股权股东的权益保护、审计师的监管、关联交易及利益冲突等;(2)审计师和审计准则方面,包括审计独立性和审计轮换等;(3)对发行人的披露要求,包括管理层对重大事项的阐述与分析;(4)债券市场监管和透明度;(5)市场中介的作用和责任;(6)复杂公司结构的构建和特殊目的实体;(7)私人信息提供部门的分析的完整性和独立性。

这是一份迄今对自安然事件以来震撼全球证券市场的财务欺诈事件所作的较全面和权威的剖析,其对国际和各国证券监管机构的影响,值得关注。

▲ 第六节 国际会计师联合会及国际审计准则

如前所述,国际会计准则和国际审计准则都是由会计职业界(民间)的国际组织制定的。对国际会计准则委员会及国际会计准则,我们将辟专章论述;对国际会计师联合会及国际审计准则,也将在本节中作较详细的说明。

国际会计师联合会(IFAC)是会计职业界的全球性组织。如第一章所述,它成立于1977年10月,是在当时于慕尼黑举行的第11次国际会计师大会上创建的,由来自49个不同国家的63个会计职业团体签署了成立该组织的协定。到1997年10月在巴黎举行的第15次会议上,共有129个会计职业团体参加,代表92个国家的200多万注册会计师,中国注册会计师协会于1997年5月正式参加IFAC。至2008年1月,成员已发展到120个国家的160个成员团体,代表着全球250万注册会计师。按照每五年举行一次会员大会(congress)的惯例,第16次会议已于2002年在我国香港举行。2007年12月初,为了庆祝IFAC成立30周年,在纽约举办了世界会计周,国际会计师事务所论坛(FOF,参见本节第二小节第6段)也在周内举行。

IFAC 的宗旨是"以协调一致的准则,在世界范围内发展和加强会计职业,以便为公众利益提供一贯的高质量服务"。

一、国际会计师联合会的组织结构

凡经所在国法律或普遍认可,被确认为能代表该国会计职业界的会计团体,均可成为国际会计师联合会的会员。IFAC 的会员自动享有国际会计准则委员会(IASC)的会员资格。

根据国际会计师联合会《职业道德和审计的技术公告手册,2000 年版》中的介绍,IFAC 的组织结构包括会员代表会(council)和理事会(board)。理事会下的常设技术委员会则是负责专门性业务的执行机构,理事会的工作计划将由它们和一些较小的工作组来完成。

理事会的常设技术委员会如下:

(1)遵从委员会(Compliance Committee);

(2)教育委员会(Education Committee);

(3)职业道德委员会(Ethics Committee);

(4)财务与管理会计委员会(Financial and Management Accounting Committee);

(5)信息技术委员会(Information Technology Committee);

(6)国际审计实务委员会(International Auditing Practices Committee);

(7)公共部门委员会(Public Sector Committee)。

二、国际会计师联合会 2003 年改革方案

国际会计师联合会于 2003 年 11 月召开了会员代表会,通过了改革方案。这次改革是在如下的背景下进行的:2000 年秋以来,美国先后曝光了安然、世通、施乐等重大财务欺诈案件,震撼了国际股市,使社会公众投资者对证券市场、上市公司、证券业以及会计师事务所等鉴证中介机构的信心一落千丈,迫使美国对证券市场和证券业的监管机制,对 FASB 制定会计准则的运行机制,对包括 CPA、财务分析师、律师等鉴证中介行业的监督机制,进行全面的力度很大的改革,于 2002 年 9 月颁布了《2002 年萨班斯—奥克斯利法案》即《2002 年公众公司会计改革和投资者保护法案》,这个《法案》的"激进"程度也在国际范围形成了冲击波。正是在这样的背景下,为了恢复 CPA 行业的独立、客观、公正形象,进一步完善会计职业的国际体制,IFAC 进行了这次改革。

这次改革的目的是,在继续发挥国际会计师联合会对国际会计职业监管作用的同时,增加社会公众对 IFAC 的监督,提高审计准则制定等相关工作的透明度,增强投资者对其在维护公众利益方面的信心。改革的重点主要是 IFAC 内部对公众利益具有较大影响的领域,尤其是与审计准则制定活动相关的方面。改革后的 IFAC 的机构如图 4-1 所示:

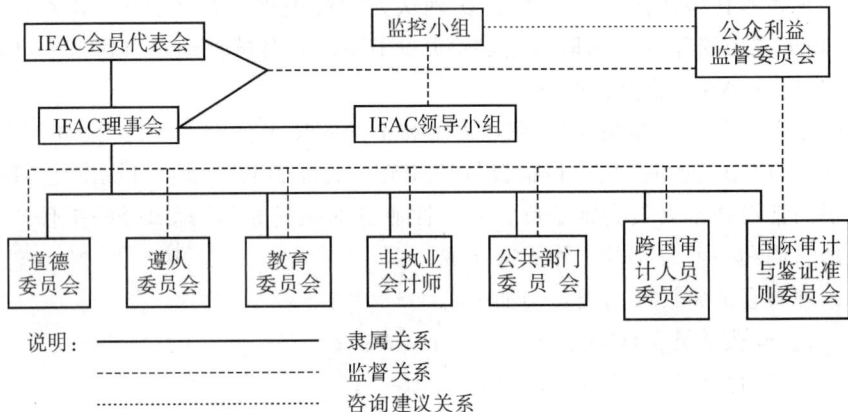

图 4-1　改革后 IFAC 的组织机构

从图 4-1 中可以看出,在 IFAC 组织结构上的这次改革正是凸显了监管机制和咨询建议机制的引入,对此我们将作较详细的介绍,对 IFAC 原属的 7 个技术委员会也作了一些调整,其中值得关注的是关于审计准则制定机制的变革。

1.会员代表会仍是 IFAC 的最高权力机构,由每一职业团体的代表组成,每年召开一次大会决定重大问题,并选举理事会。目前,IFAC 理事会由 17 个国家的 21 位代表组成,任期 3 年,负责制定重大政策并监督 IFAC 的运行。

2.IFAC 与相关国际组织合作,成立了监控小组和公众利益监督委员会。监控小组(Monitoring Group,简称 MG)由证券委员会国际组织、巴塞尔银行监管委员会、欧盟委员会、国际保险监督联合会以及世界银行等国际监管机构和相关国际组织的代表组成,主要职责是为制定和执行高质量的国际审计准则提供强有力的支持,对改革进程和公众利益监督委员会的运行情况作出评价。

MG 作为国际监管机构的代言团体,负有更新和协助公众利益监督委员会工作的责任,有权向国际会计师联合会和公众利益监督委员会提出建议,并通过公众利益监督委员会就重大监管问题与国际会计团体进行沟通。它可以在适当的时候举行会议(每年至少要与国际会计师联合会领导小组举行一次会议,要求双方本着合作精神对职业界现状作出安排),以便就最近发生的事项,包括改革方案执行的进程、监控小组成员对准则发展的看法和审计质量等问题,在国际会计师联合会和公众利益监督委员会之间进行沟通。

3.公众利益监督委员会(Public Interest Oversight Board,简称PIOB)。主要负责监督国际会计师联合会在审计准则、独立性及其他道德准则、审计质量控制等涉及公众利益方面的准则的制定活动,以及国际会计师联合会对相关准则的遵守情况。对于其他可能包含在PIOB监督范围内的领域,它将与MG和IFAC领导小组共同协商后决定。PIOB的10名成员将由证券委员会国际组织、巴塞尔银行监管委员会、国际保险监督联合会、世界银行和欧盟委员会共同选派,成员中不包括在职审计师,但至少有一名成员必须有近期企业财务工作经验。

4.国际会计师联合会领导小组(IFAC Leadership Group,简称ILG)的组建是为了处理在改革过程中遇到的问题和其他重要事项,与监控小组进行协调,并共同致力于行业监管方面的工作。其成员由国际会计师联合会主席、副主席、国际审计与鉴证准则委员会主席、跨国审计人员委员会主席、国际会计师事务所论坛主席以及国际会计师联合会理事会任命的其他4位成员组成。该小组的职责是:确保IFAC在涉及公众利益的行动上能够对监管环境的变化和国际经济形式作出反应以及改革的顺利进行。同时,ILG在确认那些给公众对财务报表和审计工作信心带来负面影响的问题上(无论是专业内的还是专业外的)扮演重要的角色,并代表IFAC推动全体职业界(包括所有在发达国家和发展中国家内,在实务、行业、政府以及学术界和各种规模的机构中)恢复公众对财务报表和审计工作的信心。

5.IFAC理事会是IFAC的最高决策机构,其宗旨是公正、维护公众利益。为了完成各项任务。IFAC理事会下设了7个常设的技术委员会和任务小组,即国际审计与鉴证准则委员会(International Auditing and Assurance Standards Board,IAASB)、遵从委员会(Compliance Committee)、教育委员会(Education Committee)、职业道德委员会(Ethic Committee)、非执业会计师(Professional Accountants in Business)、公共部门委员会(Public Sector Committee)、跨国审计人员委员会(Transtional Auditors Committee)。对改革前原设的7个委员会稍有调整。

IFAC理事会现由19个国家的22位代表组成,任期3年,每年集会3次。理事会的职责是负责制定重大政策并监督IFAC的运行,检查规划的执行情

况以及下属各专业技术委员会和任务小组的工作。以下简述改革后的7个常设技术委员会：

（1）国际审计与鉴证准则委员会

IAASB 从 2002 年 4 月 1 日起取代了原来的国际审计实务委员会（IAFC），其工作就是建立高质量的审计、鉴证、质量控制及相关服务准则，以促进世界各地的职业会计实务工作的统一。其 18 名成员中，10 名由 IFAC 的成员团体推荐，5 名由国际会计师事务所论坛推荐，另 3 名来自 IFAC 成员团体中的非执业人士（公共人士）。这 3 位公共人士由个人或团体推荐。此外，还有一些人数有限的观察员，他们来自与准则发布和签署有适当利益关系的团体，有权列席会议但无表决权。

（2）遵从委员会

遵从委员会是根据 2003 年 7 月 IFAC 成员义务声明（SMOs）同意组建的。其职责是为 IFAC 现有和潜在的成员组织提供明确的帮助，鼓励、改进和监督全球会计师职业界贯彻执行 IFAC 各项文告的情况。

（3）教育委员会

教育委员会（EDCOM）的职责主要是制定指南、引导研究以及推动信息的交流，确保职业审计人员具有完成职责所必需的充分专业培训，促进职业界的国际协调化。该委员会发布以下三方面的文告：国际教育准则、职业会计师的国际教育指南、职业会计师国际教育论文。

（4）职业道德委员会

职业道德委员会的职责是制订职业道德方面的指南，并促进成员组织理解和接受这些道德规范。值得关注的是，该委员会为了使其出台的规范能够回应个人、企业、财务分析师以及其他依仗 CPA 工作的利益团体的期望与要求，就广泛的职业道德问题进行了持续不断的监控和激励。该委员会发布的职业会计师道德准则为职业会计师建立了行为准则，并阐述了职业会计师为达到共同目标所应遵守的基本原则——正直、客观、职业胜任能力与应有的谨慎、保密、职业行为和技术准则。当某一职业道德问题牵涉面较广时，道德委员会会颁布具有权威性的职业道德释义。

以上三个技术委员会的职能在改革前后基本上没有什么改变。

（5）非执业会计师

非执业会计师（PAIB）的前身是改革前的财务和管理会计委员会。全球有超过百万的非执业会计师在商业、制造业、教育、公共事务部门和非盈利组织中工作。PAIB 的职责是通过发布一些指南、主持研究项目并推动良好的实务和理论的国际交流,来促进财务会计和管理会计的发展,提高会计职业界的整体水平。它同样致力于在世界范围内,为职业界谋求公众的认知与理解。

(6)公共部门委员会

公共部门委员会(PSC)负责国家、地区各级政府组织、与此相关的政府代理机构以及面向公众的会计、审计和财务报告问题。它主要通过发布和修订基本准则指南、开展行为教育和研究项目促进公共部门领域内会计师之间的信息交流来展开工作。PSC发布的文告主要有:公共部门国际会计准则、公共部门国际会计指南、公共部门国际会计研究以及一些特殊报告。其职能与改革前也基本相同。

(7)跨国审计人员委员会

跨国审计人员委员会(TAC)是2001年1月成立的国际会计师的执行机构。具体而言,其职责包括:根据环境的变化,向IFAC相关委员会推荐应发布什么内容的审计实务公告;提供有关质量控制、审计实务、独立性、培训与发展等"最佳方案"供国际会计师事务所论坛(FOF)讨论;提名IFAC领导小组(ILG)的成员并确定服务于IFAC准则制订委员会候选人的资格;在国际会计师事务所和相关的国际财务法规制定者之间建立一个正式沟通的渠道,以便就审计质量、质量控制体系和国际化工作的透明度等问题展开沟通;为FOF的成员组织提供自愿的监督服务。

6. 国际会计师事务所论坛(Forum of Firms,简称FOF)。它是面向所有从事和希望从事跨国审计业务的事务所的开放组织。成立该组织的初衷是通过建立质量准则,促使全球审计实务和财务报告的统一和保持较高水准,参加到该组织的事务所被认为是愿意遵守FOF的质量准则,并同意接受全球范围内的同业复核,以保障质量准则得到遵循。前述的TAC及其下属的分委员会负责监督全球的同业复核工作,并制订目前IFAC尚未拟订、但跨国审计业务又需要的规范。

以上论述的是IFAC内部机构的改革,改革的主要目的之一是增加社会公众对IFAC的监督,还值得指出的是外部对IFAC制定国际审计准则的监督机构的建立。2005年2月28日,证券委员会国际组织(IOSCO)、巴塞尔银行监管委员会(BCBS)、国际保险监督协会(IAIS)、世界银行和金融稳定论坛(FSF)联合宣布公众利益监管委员会(PIOB)正式成立。PIOB将监督IFAC涉及公众利益方面的活动。但PIOB无权调查国际审计准则是否得到有效执行,这一权限留给了各国的监管机构。

三、国际审计准则的权威性及准则体系

IFAC 理事会曾在 1979 年 7 月发布《国际审计准则序言》,对国际审计准则的性质、权威性和范围等作了诠释。1994 年 7 月,理事会又重新发布了《国际审计和相关业务准则序言》。《序言》分为"引言"、"国际审计实务委员会"、"国际审计和相关业务准则"、"国际审计准则的权威性"、"国际审计实务公告的权威性"、"工作程序"、"文字"、"国际审计准则作为国家审计准则实施"等 8 部分。2003 年 7 月,理事会又重新发布了《关于质量控制、审计、鉴证和相关业务的国际准则序言》,分为"引言"、"国际审计与鉴证准则委员会"、"国际审计与鉴证准则委员会发布的国际准则的权威性"、"国际审计与鉴证委员会发布的实务公告的权威性"、"国际审计与鉴证委员会出版的其他文告"、"工作程序"、"文字"等 7 部分;其体系和内容与 1994 年《序言》基本相同。此外,IFAC 理事会还重新规范了国际审计准则的体系,并对已发布的准则重新编码。

以下只是简略地论述国际审计准则的权威性及改革后的准则体系。

(一)国际审计准则的权威性

迄今为止,在《序言》中仍保持着 IFAC 原来的立场:

1.鉴于许多国家发布的审计和相关业务准则无论其形式还是内容都是不同的,IAASB 仍然正视这些文告和它们间的差异,正是基于这样的认识,需要发布旨在使各国都能接受的国际准则。

2.为此声明了如下的立场,即国际审计准则"不凌驾于某个国家规范对财务和其他信息的审计的当地规定之上",如果国际准则与当地规定一致,"即自动遵循了该项目的国际审计准则"。

3.关于"国际审计实务公告的权威性"问题则明确宣示:"发布国际审计实务公告(IAPS)是为了给审计人员执行准则或提高执业水平提供解释性指南和实际帮助",这些公告并不具有权威性。

IFAC 目前还没有特别有力的措施在各个国家推广国际审计准则。为了促进国际审计准则的广泛应用,IFAC 从以下两个途径进行努力:

1.在得到国际组织认可之后,由国际组织来向各个国家推荐国际审计准则,这样就有一种强制力来推动各国使用国际审计准则。IFAC 的主要目标是得到包括证券委员会国际组织、世界银行在内的一些国际组织的支持与认可。国际会计准则得到证券委员会国际组织认可,这为国际审计准则的国际认可开辟了有利局面。

2.凭借 IFAC 成员团体的支持,而在其执业过程中实施。包括"四大"在内的 12 家国际最大的会计公司已经加入了国际会计师事务所论坛,且已经承诺使用国际审计准则作为它们在各国执业的标准,并要求它们的职员在做跨国公司审计的时候都要接受后续教育,以保证他们对国际审计准则的理解,同时它们在全球质量监控方面也要坚持国际审计准则的标准。① 这些最大的国际会计公司的员工了解和运用国际审计准则后,其自身的人员流动(如自行开业),就会把国际审计准则带到更多的国家或公司来使用,从而扩大国际审计准则的权威性。

四、改革后的国际审计鉴证准则体系

根据 IFAC 改革方案组建的 IAASB 取代了改革前的 IAPC,也对 IAPC 原来的"审计与相关业务准则体系"进行了变革。

国际审计与鉴证准则委员会(IAASB)发布的文告,每年都汇辑成册,包括(根据《国际审计、鉴证和道德文告手册 2008》):

1.质量控制、审计、鉴证和相关服务国际准则序言(2005 年 12 月批准)。

2.词汇表(更新至 2006 年 12 月)。

3.质量控制国际准则(International Standards on Quality Control,简称 ISQC)。

第 1 号　执行历史财务信息和其他鉴证与相关服务约定的会计师事务所的质量控制(2006 年 6 月 15 日生效)

4.鉴证业务约定的国际框架(对 2005 年 1 月 1 日或以后签发的鉴证报告有效)。

5.国际审计准则(International Standards on Auditing,简称 ISA),适用于对历史财务信息的审计。

6.国际审阅业务准则(International Standards on Review Engagements,简称 ISRE),适用于对历史财务信息的审阅。

7.国际鉴证业务准则(International Standards on Assurance Engagements,简称 ISAE),适用于除历史财务信息以外的事项的鉴证业务。

8.国际相关服务准则(International Standards on Related Services,简称 ISRS),适用于代编信息、商定程序以及其他 IAASB 指定的相关业务。

---

① 《审计准则趋向统一——访国际审计实务委员会主席 Dietz Mertin》,《中国财经报》,财会世界版,2001 年 6 月 21 日。

9.国际审计实务公告(International Auditing Practice Statements,简称 IAPS),这是为审计人员在执行 ISAs 时提供的说明指南和操作帮助,目的是促进 ISAs 的执行和提高实务工作水平。基于同一目的,为了促进相关准则的执行,IAASB 还发布了国际审阅业务实务公告(International Review Engagement Practice Statements,简称 IREPS)、国际鉴证业务实务公告(International Assurance Engagement Practice Statements,简称 IAEPS)和国际相关业务实务公告(International Related Services Practice Statements,简称 IRSPS)。

ISA、ISRE、ISAE 和 ISRS 统一称为业务约定准则(Engagement Standards),在某些特定环境下,当注册会计师认为为了更有效地达到业务约定目的,需要偏离已经颁布的业务约定准则的基本原则和程序时,应该说明这种偏离的恰当性。

IAASB《国际审计、鉴证和道德文告手册 2004》(*Handbook of International Auditing Assurance ,and Ethics Pronouncements ,2004 Edition*)辑入了 2004 年 1 月 1 日前 IFAC 颁布的当时仍然有效的公告,并且进行了重新的调整与顺序编号。现根据《国际审计、鉴证和道德文告手册 2008》,并参考《国际审计、鉴证和道德文告手册 2004》,列示如表 4-3:

表 4-3 国际审计、鉴证文告(截至 2008 年 1 月)

准则编号	准则名称	对财务报表审计及审阅等业务有效的财务报表涵盖期间
	国际审计准则(ISA)	
120	国际审计准则的框架(2004 年 12 月撤销)	
200	规范财务报表审计的目标和一般原则	始于 2006 年 6 月 15 日或以后的期间
210	审计业务约定书的条款	始于 2006 年 12 月 15 日或以后的期间
220	历史财务信息审计的质量控制	始于 2005 年 6 月 15 日或以后的期间
230	审计文档	始于 2006 年 6 月 15 日或以后的期间
240	审计人员在财务报表审计中考虑舞弊的责任	始于 2004 年 12 月 15 日或以后的期间
250	在财务报表审计中对法律和规章的考虑	始于 2004 年 12 月 15 日或以后的期间
260	与治理当局沟通审计事项	始于 2004 年 12 月 15 日或以后的期间
300	财务报表审计的计划工作	始于 2004 年 12 月 15 日或以后的期间
310	了解经营情况(2004 年 12 月撤销)	

续表

准则编号	准 则 名 称	对财务报表审计及审阅等业务有效的财务报表涵盖期间
315	了解被审计主体及其环境,评估重大错报风险	始于 2004 年 12 月 15 日或以后的期间
320	审计重要性	始于 2004 年 12 月 15 日或以后的期间
330	审计人员应对风险评估结果的程序	始于 2006 年 6 月 15 日或以后的期间
400	风险评估与内部控制(2004 年 12 月撤销)	
401	计算机信息系统环境下的审计(2004 年 12 月撤销)	
402	与利用服务组织的主体有关的审计考虑	始于 2004 年 12 月 15 日或以后的期间
500	审计证据	始于 2004 年 12 月 15 日或以后的期间
501	审计证据——特定项目的追加考虑	始于 2004 年 12 月 15 日或以后的期间
505	外部函证	始于 2004 年 12 月 15 日或以后的期间
510	初次执行审计约定——期初余额	始于 2004 年 12 月 15 日或以后的期间
520	分析性程序	始于 2004 年 12 月 15 日或以后的期间
530	审计抽样和其他测试程序	始于 2004 年 12 月 15 日或以后的期间
540	会计估计的审计	始于 2004 年 12 月 15 日或以后的期间
545	公允价值计量及披露的审计	始于 2004 年 12 月 15 日或以后的期间
550	关联方	始于 2004 年 12 月 15 日或以后的期间
560	期后事项	始于 2006 年 12 月 31 日或以后的期间
570	持续经营	始于 2004 年 12 月 15 日或以后的期间
580	管理当局声明书	始于 2004 年 12 月 15 日或以后的期间
600	利用其他审计人员工作	有 效
610	考虑内部审计工作	始于 2004 年 12 月 15 日或以后的期间
620	利用专家工作	始于 2005 年 6 月 15 日或以后的期间
700	整套通用财务报表的独立审计报告	始于 2006 年 12 月 31 日或以后的期间
701	独立审计报告的修改	始于 2006 年 12 月 31 日或以后的期间
710	比较数	始于 2004 年 12 月 15 日或以后的期间
720	包括已审计财务报表在内的文件中的其他信息	始于 2004 年 12 月 15 日或以后的期间
800	对特殊目的审计约定的审计报告	始于 2006 年 12 月 31 日或以后的期间
国际审计实务公告(IAPS)		
1000	银行间(inter-bank)函证程序	有 效

续表

准则编号	准 则 名 称	对财务报表审计及审阅等业务有效的财务报表涵盖期间
1001	IT 环境——单机个人电脑(2004 年 12 月撤销)	
1002	IT 环境——联网电脑系统(2004 年 12 月撤销)	
1003	IT 环境——数据库系统(2004 年 12 月撤销)	
1004	银行监管者与银行外部审计师的关系	有 效
1005	小规模主体审计的特别考虑	有 效
1006	银行财务报表的审计	有 效
1007	与管理当局的沟通(2001 年 6 月撤销*)	
1008	风险评估和内部控制——CIS 特征与考虑(2004 年 12 月撤销)	
1009	计算机辅助审计技术(2004 年 12 月撤销)	
1010	财务报表审计中对环境事项的考虑	有 效
1011	千年虫问题对管理当局和审计师的牵连(2001 年 6 月已撤销*)	
1012	审计衍生金融工具	有 效
1013	电子商务——对财务报表审计的影响	有 效
1014	遵循国际财务报告准则的审计报告	2003 年 3 月批准于 2003 年 6 月 1 日公布
	国际审阅业务准则(ISRE)	
2400	审阅财务报表的业务约定书(以前的 ISA 910)	始于 2006 年 12 月 15 日或以后的期间
2401	由审计主体的独立审计人员完成的中期财务信息审阅	始于 2006 年 12 月 15 日或以后的期间
	国际鉴证业务准则(ISAE)	
3000	除历史财务信息的审计和审阅外的其他鉴证业务约定	对 2005 年 1 月 1 日签发的鉴证报告有效
3400	财务预测信息的审查(以前的 ISA 810)	有 效
	国际相关服务准则(ISRS)	
4400	执行财务信息商定程序的业务约定(以前的 ISA 920)	有 效
4410	代编财务信息的业务约定(以前的 ISA 930)	有 效

　*这两处摊销日期系根据《国际审计、鉴证和道德文告手册 2004》所列。其余资料均根据《手册 2008》,见 www.Ifac.org.网站。

IAASB 于 2008 年对现有准则的修改和重写,有些导致了准则名称的变化,共 25 个始于 2009 年 12 月 15 日(以下不再一一注明)。没有涉及的其他准则共 8 个保持不变(以下分别加以注明)。

(1)ISA 200 《独立审计的总体目标及按照"国际审计准则"执行审计业务》

(2)ISA 210 《审计业务约定书的条款》(保持不变,始于 2006 年 12 月 15 日)

(3)ISA 220 《财务报表审计的质量控制》

(4)ISA 230 《审计文档》

(5)ISA 240 《审计人员在审计财务报表中考虑舞弊的责任》

(6)ISA 250 《在财务报表审计中对法律规章的考虑》

(7)ISA 260 《与负责公司治理人员的沟通》

(8)ISA 300 《财务报表审计的计划工作》(保持不变,始于 2004 年 12 月 15 日)

(9)ISA 315 《了解审计客体及其环境,评估重大错报风险》(保持不变,始于 2004 年 12 月 15 日)

(10)ISA 320 《计划和执行审计中的重要性》

(11)ISA 330 《审计人员应对风险评估结果的程序》(保持不变,始于 2006 年 6 月 15 日)

(12)ISA 402 《与利用服务组织工作的主体有关的审计考虑》(保持不变,始于 2004 年 12 月 15 日)

(13)ISA 450 《评价在审计中发现的虚假陈述》

(14)ISA 500 《审计证据》

(15)ISA 501 《审计证据——对择定项目的特殊考虑》

(16)ISA 505 《外部函证》

(17)ISA 510 《初次执行审计约定——期初余额》

(18)ISA 520 《分析性程序》

(19)ISA 530 《审计抽样》

(20)ISA 540 《对会计估计的审计——包括(审计)公允价值会计及相关披露》

(21)ISA 550 《关联方》

(22)ISA 560 《期后事项》

(23)ISA 570 《持续经营》(保持不变,始于 2004 年 12 月 15 日)

(24)ISA 580 《书面陈述》

(25)ISA 600 《对集团财务报表审计的特殊考虑——包括(考虑)审计
(集团)财务报告组成部分的其他审计人员的工作》

(26)ISA 610 《利用内部审计人员工作》

(27)ISA 620 《利用审计专家工作》

(28)ISA 700 《整套通用财务报表的独立审计报告》(保持不变,始于
2006 年 12 月 15 日)

(29)ISA 705 《对独立审计报告意见的更改》(始于 2009 年 12 月 15 日)

(30)ISA 706 《独立审计报告中事项段落的强调及其他事项段落》(始于
2009 年 12 月 15 日)

(31)ISA 710 《可比的信息——对应的数据及可比的财务报表》

(32)ISA 720 《审计人员对"包括已审财务报表在内的文件中的其他信
息"应负的责任》

(33)ISA 800 《对特殊目的审计约定的审计报告》(保持不变,始于 2006
年 12 月 31 日)

五、国际会计师联合会的其他重要活动

IFAC 在第 11 次国际会计师大会上成立后,以后的历次会议即由 IFAC
和各次会议东道国的会员团体联合主办。国际会计师大会无疑是国际会计会
议中最有声望、筹备工作也最为周到的会议,它的每次会议记录和会上提出的
技术性论文,都是很重要的国际会计协调化的文献。

还值得一提的是,国际会计师联合会经国际证券交易所联合会和国际律
师协会商业法分会同意,决定在研究世界资本市场的多个方面互相合作,于
1990 年成立了国际资本市场小组。这个小组进行了 3 项试点调研项目,其中
一项是关于国际会计准则的。其目的在于全力提高国际财务报表的可比性。

1999 年,IFAC 又与大型会计师事务所以及世界银行、国际货币基金组织
等重要国际机构共同成立"会计发展问题国际研讨会"(IFAD),它的一项重要
使命就是支持国际会计准则成为"全球性的会计语言"。

IASC 全面重组后,IFAC 与几乎所有的国际组织都发表声明,认可和支
持 IASB 的全球会计准则 IFRS。

再者,就近期 IFAC 的活动而言,在 2005 年 7 月理事会会议通过的决议
中,有多项主题与国际财务报告相关。这主要包括:(1)对如何提高财务报告
质量开展全球性研究,其中包括对公司治理、监管的发展及审计师的独立性问
题;(2)出版 IASC 与来自联合国、美国、英国的环境机构联合制定有关环境会

计的国际指南性文件;(3)IFAC下设的中小主体实务常设工作组针对正在开展的有关中小主体审计的项目,着手制定相关的指南性资料。

2005年12月,IFAC下设的发展中国家委员会发布了《建立和发展会计职业团体》的指南,其目的在于协助发展中国家政府和有关方面发展会计职业的能力,并为增强IFAC成员机构的能力提供帮助。这一指南涉及(1)建立职业团体、(2)会计职业团体的作用和职责、(3)教育和检查、(4)能力发展等领域。

IFAC在2006年制定和发布了"2007—2010战略计划",我们将在下一节专门作简括的介绍。

六、国际会计师联合会 2007—2010 战略计划

IFAC的"战略计划"确定了该组织在当前和预期环境下2007—2010年间的战略方向。它为IFAC选择向其不同的成员提供选定的战略和服务提供理论基础。

"战略计划"分为10部分:

1.序言(Introduction)

2.使命(Mission)

3.价值(Values)

4.会计职业界和国际会计师联合会面对的环境(Environment Facing the Profession & IFAC)

5.战略主题与目标(Strategic Themes & Objectives)

6.结果(Outcomes)

7.服务领域(Service Areas)

8.组织和工作人员计划(Organizational & Staffing Plan)

9.财务计划(Financial Plan)

10.风险评估和调节计划(Risk Assessment & Mitigation Plan)

可见,这是一份经过周密研究才制定出的全面规划。其中,第5部分"战略主题与目标"当然是其核心部分,又分为5节,第1～3节指明IFAC的3项主要战略,第4～5节指明IFAC为保证实现这些主要战略将采用的方法。概述如下:①

(一)三项主要战略要求

使IFAC:

---

① 详细内容可查阅IFAC网站 www.ifac.org 所载"IFAC Strategic Plan 2007—2010"。

1.被公认为审计与鉴证、教育、职业道德和政府财务报告领域的国际准则制定者。

2.加强对会计职业界的支撑能力。

3.作为会计职业界的国际代言人。

(二)为实现主要战略将采用的两项方法

4.通过加强协作活动实现更大的公众价值。

5.继续加强 IFAC 的治理机制。

▲ 第七节 其他职业界国际组织的协调化和趋同化活动

一、会计职业界的地域性国际组织

会计职业界的地域性国际组织有:欧洲会计师联合会、美洲会计师联合会、亚洲及太平洋地区会计师联合会、北欧会计师联合会、国际法语会计师联合会、阿拉伯会计师协会、东盟国家会计师联合会、西非会计团体联合会等等,它们都致力于本地域范围内的会计协调化活动。以下简略地介绍前三个组织的情况。

(一)欧洲会计师联合会

欧洲会计师联合会(Fédération des Experts Comptables Européens,简称FEE)成立于 1951 年,它的创始成员来自奥地利、比利时、法国、前联邦德国、意大利、卢森堡、荷兰、葡萄牙、西班牙和瑞士等国的 12 个会计师协会,目前的成员已包括分布于 30 个国家的 43 个会计职业团体,总部位于布鲁塞尔,设有一个秘书处和五个常设委员会,分别处理审计准则、教育、职业道德、术语、技术研究等工作。

欧洲会计师联合会的主要目标是:

(1)服务公众的利益,通过全球的发展以及促进和保护欧洲的具体利益的途径,致力于欧洲公共部门和企业部门的会计职业实务和监管的提高、协调和自由化;

(2)促进欧洲职业会计机构间在公共部门和民间部门的共同利益方面的认识和合作;

(3)成为欧洲会计职业界的国际代表;

(4)作为欧洲会计职业界在欧盟各个机构的杰出代表和咨询组织;

(5)在服务公众利益的基础上,促进和实现欧洲会计职业界的利益;

(6)确定那些在初期可能对会计实务产生影响的发展项目,向成员组织提出这种发展项目的建议,以及与成员组织一起寻找影响该发展项目结果的方法;

(7)促进认识和承认不同职业领域的合格会计师的广泛活动;

(8)确定成员组织的需要并努力对这些需要作出及时而有效的回应。

FEE 的主要活动是开展专题研究、举办会议和出版研究成果,其活动涉及欧洲会计职业界关注的所有领域:会计、审计、道德、税收、公共部门会计、公司法、银行学、保险、资本市场、管理会计、会计职业监管和自由化,以及可持续发展。FEE 下设多个工作组,负责不同领域的工作。FEE 通过与欧盟的不同机构、特别是欧洲委员会的合作开展这些工作。在会计领域,FEE 在欧洲、特别是在欧盟的会计协调化中起着至关重要的作用。欧盟"关于运用国际会计准则的第 1606 号规则"的制定以及"欧洲财务报告咨询组"(EFRAG)的设立都包含着 FEE 的努力。作为会计准则协调化的主要倡导者,FEE 定期接受欧洲委员会和其他国际/国家组织(例如准则制定机构)的咨询。FEE 每年定期出版各工作组的研究成果,这些出版的研究成果对于欧盟的会计协调化和趋同化产生了重要影响。

如上所述,FEE 的一个目标是成为欧洲会计职业界的国际代表。为此,它不仅与世界性会计职业团体 IFAC 和 IASB 保持密切的联系,还参与OECD、WTO、会计发展国际论坛(IFAD)的工作,与欧洲和世界上与会计职业具有共同利益的职业组织和其他组织保持广泛的联系。FEE 当前的工作重点是:对 IASB 的征求意见稿提供咨询,并与欧洲财务报告咨询组和欧洲委员会一起开展有效实施新会计准则的工作。它将继续支持欧洲证券监管委员会(CESR)的工作,提供支持高质量的财务报告的可操作的解决方案;在欧洲委员会改进审计计划中发挥重要作用,推动有关欧洲采用国际审计准则的讨论,希望通过国际组织制定高质量的审计准则。2005 年 12 月,FEE 举办了"国际财务报告准则趋同和一致性"研讨会,关注 IFRS 与美国 FAS 之间的短期趋同的进展,并且讨论了 IFRS 在欧洲的一致应用问题。此次会议邀请了欧盟委员会委员、美国 FASB 成员和 IASB 主席参加。2006 年 12 月,FEE 举办了关于财务报告对财务稳定性和透明度的贡献的研讨会。2007 年 11 月,FEE 又举行了关于审计监管的讨论会。可见,FEE 正为欧洲统一资本市场的建设继续发挥重要的作用。应该说,FEE 是会计职业界地域组织中最活跃和业绩最显著的组织。2008 年的会议预定 2008 年 9 月在哥本哈根举行。

Accounting

（二）美洲会计师联合会

美洲会计师联合会（Intra-American Accountants Association，简称 IAA）又称美洲会计协会，成立于 1949 年，1975 年前称为美洲会计大会，主要是由美洲国家的会计职业团体组成。目前，其成员共有 28 个赞助组织，分布于 23 个国家。由于它们大部分属于西半球国家，所以把西班牙语作为正式语言。

美洲会计协会在纽约设有一个秘书处，它通过一些综合性和技术性的委员会开展活动。总部地址则轮流设在成员国境内。美洲会计协会主要致力于解决西半球国家、特别是拉丁美洲国家的会计问题。在国际会计师联合会的赞助下，翻译出版了《国际会计准则和审计准则》。

（三）亚洲及太平洋地区会计师联合会

亚洲及太平洋地区会计师联合会（Confederation of Asian and Pacific Accountants，简称 CAPA），简称为亚太地区会计师联合会或亚太会计师联合会。它正式成立于 1976 年，在会计职业界的地域性国际组织中是成立较迟的，但发展很快。亚洲及太平洋地区会计师联合会原先称亚太地区会计会议和亚太地区会计大会，第一次会议于 1957 年在马尼拉举行。现在，其成员包括在太平洋沿岸国家和地区设有会计职业组织的 24 个国家和地区的 34 个会计职业团体，其中，正式会员 28 个，联系会员 3 个，附属会员 3 个。其常设办事机构设在马来西亚吉隆坡，中国注册会计师协会于 1996 年参加该组织。

CAPA 的主要目标是：

（1）通过采用 IFAC 和 IASC 制定的准则促进会计协调化的方式，改进会计职业水平和促进会计职业界的发展；

（2）协助一国或跨地区组织的建立和发展，这些组织为执业的以及商业、工业、公共部门和教育领域的会计师提供服务；

（3）通过在新兴问题研究上的领先性，与 IFAC、其他区域性或跨区域性组织、成员团体的合作实现战略性目标；

（4）提高和增加会计职业在实现成员团体的利益和服务公众利益方面的作用、责任和成果；

（5）与国际和区域性组织建立联系以便对有效资本市场以及服务性国际贸易的发展产生影响。

CAPA 至少每三年举办一次国际会议，会议的目的在于讨论和交换各成员团体的信息，因此，CAPA 国际会议论文成为了解和研究亚洲和太平洋地区会计的重要信息来源。至 2007 年，CAPA 国际会议已经举办了 17 届。CAPA 还参与 IFAC、其他区域性会计组织以及其他主要的国际和区域性发展组织如世界银行、OECD、联合国贸发会等有关对发展中国家和新兴国家的援助项目的讨论。

二、支持国际会计协调化的其他国际组织

国际性的金融机构（如世界银行）、证券交易所国际联合会以及国际商会、国际自由工会联合会、国际律师协会等等，都在不同方面和不同程度上支持国际会计协调化。以下再介绍两个对国际会计协调化影响较大的其他国际组织。

（一）财务分析师协会国际联络委员会

财务分析师协会作为代表财务报表使用者的利益的重要团体，已经组织了本国和国际专门委员会和评价财务报表的专门工作组，来讨论国际会计问题。在涉及多国比较或在国际背景中进行有关财务报告、披露影响、证券价格影响等课题的研究方面，财务分析师协会和它们的国际联络委员会有不少具有价值的文献，对国际会计准则的制定无疑是十分宝贵的资料。正因为如此，在国际会计准则委员会前理事会成员最多可包括 4 个其他国际组织的代表中，财务分析师协会国际联络委员会是首先被选中参加当时的国际会计准则委员会理事会的其他国际组织。

（二）国际资产评估准则委员会

它成立于 1981 年，已获得 28 个成员国专业机构的一致支持。其目标是制定和公布编制财务报表用的资产评估准则和程序指南，并在世界各地推广使用。就该委员会发布的指南和背景文件看，已经包括资产评估的所有方面，以尽可能确保资产价值符合评估当时的实际经济情况，以实现国际标准的统一。主要的指南包括固定资产分类、土地和建筑物的估价、折旧、厂房和机器的估价及抵押贷款的评估等等。

已出版的其他资产评估准则还包括：(1)国际用语词汇；(2)基本名词词汇；(3)农村资产评估背景文件；(4)环境因素或污染对财务报表固定资产评估的影响等。

资产评估准则的制定和推广，对提高国际财务报表的可比性，无疑是一项十分重要的因素。

研　讨　题

4-1　比较分析本章中引述的各家对国际会计协调化的定义。

4-2　进一步探讨国际会计的协调化与标准化、可比性、统一性，以及趋同

化之间的关系。

4-3　对本章中提出的推动国际会计协调化和趋同化的六个主要全球性国际会计组织的性质、作用和成果,作一简括的评价。

4-4　联合国会计和报告国际准则政府间专家工作组在只是作为权威性的国际论坛之外,是否应该发挥更大的作用?

4-5　欧洲联盟是推动会计协调化和趋同化最具成效的区域性国家联盟,它的独特作用表现在哪些方面?

4-6　你对欧洲联盟的新会计策略有何评价?

4-7　经济合作与发展组织制定、发布关于跨国公司会计和报告指南的目的何在? 在你看来,指南中对披露的要求是否充分?

4-8　证券委员会国际组织第一工作组的目标是什么? 为什么这个工作组的活动越来越重要?

4-9　你认为审计准则的国际趋同化比会计准则的国际趋同化是容易一些,还是困难一些呢?

4-10　阐明国际审计准则和国际审计实务公告的联系和区别。

Accounting

第 五 章

国际会计准则委员会
及国际会计准则

国际会计准则(IAS)是由会计职业界的民间性国际组织——国际会计准则委员会(IASC)制定的。30年来,IASC不失时机地调整它的立场和政策,争取多方面的支持,不断提高了国际会计准则的权威性。在世纪之交,IASC启动了它的"重塑未来"的计划,机构的重组工作已经完成,并于21世纪之初开始运作。本章将介绍IASC的历史和现状及其制定的国际会计准则(现称国际财务报告准则,IFRS)。

▲ 第一节 国际会计准则委员会的努力成果

一、国际会计准则委员会的成立

国际会计准则委员会(IASC)由澳大利亚、加拿大、法国、德国、日本、墨西哥、荷兰、英国和爱尔兰以及美国等国的16个会计职业团体于1973年发起成立,作为IASC的创始会员,总部设在英国伦敦。1983年起,国际会计师联合会(IFAC)成员的所有会计职业团体均已成为IASC的成员。如前述,到2008年1月,IFAC已经拥有来自120个国家和地区的160个团体会员。

1977年10月,IASC修订了它的章程,原先章程中规定,16个发起创建IASC的会计职业团体作为"创始会员"(founder member),以后参加的其他各国会计职业团体作为"联系会员"(associate member)。根据修订后的章程,过去是联系会员的均成为正式会员,嗣后参加的也可以成为正式会员。这既是为了执行它与IFAC达成的IFAC的会员自动享有IASC会员资格的协议,也有助于在平等的地位上形成合力。

Accounting

IASC 在 1975 年 1 月发布了国际会计准则第 1 号(IAS 1)《会计政策披露》(现已被 1997 年 8 月发布的 IAS 1《财务报表的列报》所取代)。至世纪之交 IASC 全面重组时,已发布了 41 个国际会计准则(IASs)。

二、IASC 的初期立场和后续努力

IASC 成立以后,深感它作为会计职业界的国际民间性组织,所制定的 IAS,不可能具有法定的强制性,因为,它无法突破各国的主权管辖问题,而且当时 IAS 的权威性也未树立。基于对这种情况的充分认识和理解,国际会计准则委员会一开始就明确地声明了它的如下立场。

(一)国际会计准则不能取代各国规范财务报表的国内规定和准则

在关于制定国际会计准则的《目标与程序》这本小册子中,IASC 表示:它和会计职业界都"无权强制执行国际协议或要求遵从国际会计准则"。它的努力成功与否,将"取决于许多不同的利益集团在各自管辖范围的限度内对它的工作的认可和支持"。它并且在《国际会计准则前言》中表明其立场:IASC 公布的国际会计准则,不能取代各国规范财务报表的国内规定(包括国家机构和会计职业界公布的会计准则)。如果国际会计准则与国内规定在某方面一致,那么,"在这个国家内所编制的符合国内规定的报表,自然会符合国际会计准则的规定"。

在具体做法上,则本着如下的原则:

1.选择共同的、基本的会计问题,着重制定基本的准则。所谓"基本的准则"(basic standards),最主要的是指应有助于提高跨国公司财务报表的质量和可比性。

2.根据各国经济活动的实际情况考虑基本的会计准则,把统一性、灵活性恰当地结合起来。

3.国际会计准则的内容要力求简短、明确、不复杂,可以适用于各种情况。

国际会计准则委员会的上述立场,主要是为国际会计准则的推行尽可能减少障碍,这在当时是完全可以理解的。

但是,IASC 在初期,基于前述的立场和原则所公布的国际会计准则就往往避开有分歧的细节,尽量不使国际会计准则过分复杂;或是在同一会计准则中规定了较多的备选的会计方法;一些重要的会计准则的制定和公布,时间上总是滞后于主要西方大国(美国和英国)的国内会计准则。因此,初期发布的国际会计准则,也受到不少尖刻的批评。诸如,国际会计准则不过是把主要(西方)国家的国内会计准则兼容并包,力求适用于多种情况,提出了多种备选方法供自由选用,从而削弱了它的规范性,使协调化徒具形式,使财务报表缺乏国际可比性。针对这些批评,国际会计准则委员会从 1987 年起,即开始从事有关提高财务报表的国际可比性的研究,我们将在稍后专门论述。

(二)推行国际会计准则依靠的力量

在这一阶段,IASC 一直强调,国际会计准则的推行,需要依靠以下两方面的力量:

1.成员团体履行国际会计准则委员会章程所规定的义务。

当时的《章程》规定,各成员团体应承担下列任务:

(1)公布经 IASC 理事会批准发布的国际会计准则;

(2)尽最大努力敦促所在国政府、会计准则制定机构、监控机构以及其他组织在财务报表准则中遵循国际会计准则;

(3)尽最大努力保证审计人员确认财务报表的重要方面都符合国际会计准则,如有背离,应予以充分披露。

然而,在 20 世纪 70 年代至 80 年代,在(2)、(3)两方面都没有取得显著的成效。

2.会计职业界国际组织和其他国际组织的认可和支持。

在会计职业界国际组织方面,国际会计师联合会和国际会计准则委员会一起,尽力促进国际会计协调化,所有国际性的会计职业团体都可通过 IFAC 表达意见,并履行其承诺来支持 IASC 的工作。在这方面,欧洲会计师联合会、美洲会计师联合会和亚太会计师联合会都以不同方式在本地区鼓励以国际会计准则为基础的协调化活动,并取得不同程度的进展。

在其他国际组织方面,IASC 力求与国际性金融机构、证券交易所、证券事务监控机构(证券委员会)、财务经理协会、财务分析师协会、律师协会、商会、自由工会联合会等国际组织协作,争取这些组织在不同方面和不同程度上支持它的工作。比较突出的事例有:世界银行和亚洲发展银行要求借款人必须递交符合国际会计准则的财务报表,伦敦和香港证券交易所那时就要求外国证券发行人遵循国际会计准则。

国际会计准则委员会十分重视发展与上述这些民间性的国际组织以及官方机构的国际组织之间的合作关系,还表现在,它们大都是 IASC 咨询团的成员,IASC 还邀请欧洲共同体委员会和美国财务会计准则委员会以观察员身份出席国际会计准则委员会会议。当 IASC 在修订合并财务报表的有关准则和发布第 27 号国际会计准则时,曾向欧共体进行咨询,以参考欧共体制定关于合并财务报表的第 7 号指令时的工作经验,促使欧盟与 IASC 之间的合作关系更趋密切,如此等等。

Accounting

此外,也不乏一些国家采纳国际会计准则的事例,不少发展中国家以国际会计准则作为本国的会计准则或作为本国会计准则的基础;东欧国家在实现向市场经济和私有化的转变中,也大都以国际会计准则作为制定本国会计规程的基础;在意大利,国家证券监察人要求,如果没有适用的意大利规程,就遵循国际会计准则;德国和法国政府在把欧共体第 7 号指令的要求纳入两国法律时,也采纳了有关的国际会计准则;等等。这些,我们在第三章中已有述及。

由此可见,IASC 在这方面的成就是值得肯定的,相应的,也就提高了国际会计准则的权威性。

(三)关于提高财务报表可比性的努力

1.针对国际会计界对初期发布的 IASs 的前述批评(形式上的协调,实质上只是对国家准则的"兼容并包"),IASC 及时地对当时已发布的 25 个 IASs 在全球范围内被接受的程度,通过各国的会员团体进行问卷调查,在此基础上于 1987 年对"可比性与改进计划"立项,并于 1990 年 7 月发表了《意向说明——财务报表可比性》。增强"可比性"的要领是,启动对已发布 IASs 的修订,减少允许选用的会计处理方法,并把它分为(1)基准方法和(2)备选(允许选用)方法两个层次。1990 年 11 月发布的 IAS 31《合营中权益的报告》是第一个把会计处理方法分为以上两个层次的准则,在以后修订已发布的准则和制定新准则时,都采用了把推荐的会计处理方法分为两个层次的做法。

在 1987 年立项的"可比性与改进计划"和 1990 年发表的《意向说明——财务报表可比性》的基础上,1993 年 11 月,把 10 个 IASs 列入改进计划进行修订,并于 1995 年 1 月完成。

2.1989 年 7 月发布了《编报财务报表的框架》,作为制定新准则和审议已发布准则的概念依据,并有助于协调编报财务报表有关的规定、准则和程序。稍后我们将专门介绍这个《框架》。

IASC 在这一阶段的努力,提高了 IAS 的权威性,并初步形成了国际会计准则的体系。

(四)IASC 与 IOSOC 的"核心准则计划"合作项目

1995 年,IASC 与 IOSOC(证券委员会国际组织)签订了关于"使国际会计准则形成一个会计准则核心体系"的协作计划,又启动了对已发布 IASs 的全面修订,并推动了新准则的制定工作,于 1998 年 12 月按约定时间完成(IAS 39《金融工具:确认与计量》,于 1998 年 12 月完成①),并已在 2000 年 5 月由 IOSOC 评审通过。对此,我们将在稍后专门介绍。

———————————

① 虽然,它是在 1999 年 3 月理事会会议正式通过发布的。

（五）对美国证券交易委员会（SEC）有条件支持 IASC 制定适用于跨国上市的会计准则的声明的响应

1996 年 10 月，经过与 IASC 对话后，SEC 作出了关于"支持 IASC 制定适用于跨国股票上市使用的财务报表所用会计准则"的声明，这个支持是有条件的，即要求准则的质量必须符合以下三个主要条件：

1. 准则必须包括一套核心的会计公告，它们可以构成全面和公认的会计基础；

2. 准则必须是高质量的，它们能够导致可比性、透明度和提供充分的信息披露；

3. 准则必须严格地加以解释和应用。①

IASC 对第 3 点作出积极的响应，在 1997 年 9 月的理事会上通过决议，成立常设解释委员会（SIC），负责制定和发布对 IAS 的《解释公告》。

关于第 1 点，IASC 当时已启动了 1995 年与 IOSOC 协作的"核心准则计划"（见前述）。关于第 2 点，也见诸后来的《重塑 IASC 的未来》所表述的目标中。

三、重组前 IASC 的目标和组织结构

（一）重组前 IASC 的目标

根据 1992 年 10 月 IASC 会员大会通过的《国际会计准则委员会章程》，IASC 的目标是：

1. 本着公众利益，制定并发布编报财务报表应遵循的会计准则，并推动这些准则在世界范围内被接受和遵循；

2. 为改进和协调有关财务报表列报的法规、会计准则和程序，广泛地开展工作。

IASC 在其活动的开展中，已越来越意识到，改善及协调财务报告，提高财务报告的可比性，对财务报告的国际使用者至关重要，因而确立了推动国际会计准则在世界范围内被接受和遵循的目标。希望通过制定国际会计准则，推广 IAS 在编制和发布财务报表中的运用，以实现相似的交易事项在全球范围内应作出相似的会计处理，而不同的交易事项必须用不同的会计方法处理，而不论这些交易事项发生在何处。财务报表的使用者可以将不同企业的财务

---

① 参见美国 SEC 主席 Arthur Levitt，The Importance of High Quality Accounting Standards，*Accounting Horizon*，Vol. 12，NO. 1，March 1998.

报表进行比较,而不问这些企业设在何处。这标志着,IASC 已经趋向于把建立"全球会计"作为它的目标了。

(二)重组前 IASC 的组织机构

为了继而说明制定国际会计准则的程序,以及反映 IASC 的组织机构的充实和调整过程,需要简括地介绍 IASC 重组前的组织机构。

1. 理事会

理事会于 1973 年就成立了,其组成、任期、权责和会议等规定,在历次通过的章程中均有修订,根据 1992 年通过的 IASC 章程,理事会负责批准国际会计准则和征求意见稿及其发布,并承担 IASC 的日常工作。其成员包括由 IFAC 理事会指定和任命的最多 13 个国家的 IASC 会员团体代表,以及最多 4 个由 IASC 理事会挑选的其他国际组织的代表。① 每个国家组织最多可派出两位代表,但在通过国际会计准则的发布时只能投一票。理事会会议次数和地点由理事会成员共同商定,会议审议现行计划,以及决定是否发布某一征求意见稿或国际会计准则。理事会中由 IFAC 指定和任命的国家的会员团体代表任期不超过 5 年②,可以连任;由 IASC 理事会选任的国际组织代表,其任期应在任命时确定。选出的理事会主席任期为两年半,不能连任。

2. 咨询团

咨询团成立于 1981 年,其成员包括财务报表的编制者和使用者,以及官方机构组织的观察员。咨询团主要负责:(1)讨论国际会计准则委员会的工作所导致的有关原则和政策方面的事宜;(2)讨论影响接受国际会计准则的实际问题和观念问题;(3)对发布各会计准则的每一步骤提供支持。

3. 顾问委员会

顾问委员会成立于 1995 年,集中了来自会计职业界、企业界、其他财务报告使用者团体的高素质精英。主要负责:(1)复核评价理事会的战略和规划是否满足 IASC 成员的要求;(2)每年向理事会报告实现目标的运作过程的有效性;(3)促进会计职业团体、企业界、其他各种团体参与 IASC 并接受国际会计

---

① 当时是:澳大利亚、加拿大、法国、德国、印度、日本、马来西亚、墨西哥、荷兰、北欧公共会计师联合会、南非、英国、美国的代表,还包括财务分析师协会国际联络委员会、投资协会国际委员会、瑞士实业控股公司联合会、财务经理协会国际联合会的代表。印度代表中包括 1 名斯里兰卡代表,南非代表团中包括 1 名津巴布韦代表。欧洲委员会、美国 FASB、证券委员会国际组织和我国代表作为观察员参加理事会会议。

② 由于 IASC 决定全面重组,1998 年 1 月 1 日开始的这一届理事会规定的任期为两年半。

准则;(4)审阅 IASC 的预算和财务报告。

4.常设解释委员会

常设解释委员会 1997 年成立,包括不同国家财务报告使用者、编制者、审计师的代表,来自理事会的联络员,来自 IOSCO 和原欧洲共同体的观察员。常设解释委员会相当于各国会计准则制定机构下设立的"紧迫问题工作小组",处理运用国际会计准则时可能引起争论的问题,同时发布一系列解释公告,对相关国际会计准则与实务的结合进行解释。

5.战略工作组

战略工作组 1998 年成立,负责研究 IASC 在完成核心准则以后的战略和组织结构、IASC 的运作程序、与各国会计准则制定者的关系以及 IASC 的教育培训和资金筹集。

这个机构的建立,已标志着 IASC 试图全面改革其发展战略和进行全面重组了。《重塑国际会计准则委员会的未来》的研究报告就是它提出的。

▲ 第二节 《编报财务报表的框架》

IASC 于 1989 年 7 月发布了在体系上类似美国的《财务会计概念框架》的《编报财务报表的框架》(以下简称《框架》),以"确立为外部使用者编报财务报表所依据的概念"。IASC 重组后,新成立的 IASB(国际会计准则理事会)于 2001 年 4 月予以采纳。但《框架》发布至今已历时 20 年,急需加以修订。

以下概述《框架》的内容:

一、制定《框架》的目的以及《框架》与准则的关系

(一)制定这一《框架》的目的

1.帮助国际会计准则委员会理事会制定新的国际会计准则和审议现有的国际会计准则。

2.为减少国际会计准则所允许选用的会计处理方法提供基础,借以协助国际会计准则委员会理事会推动与编报财务报表有关的规定、准则和程序之间的协调。

3.帮助国家会计准则制定机构制定本国的准则。

4.帮助财务报表编制者应用国际会计准则和处理尚待列作国际会计准则项目的问题。

5.帮助审计师形成关于财务报表是否符合国际会计准则的意见。

6.帮助使用者理解根据国际会计准则编制的财务报表中包括的信息。

7.向关心国际会计准则委员会工作的人士提供关于制定国际会计准则的方法的信息。

（二）《框架》与准则的关系

1.《框架》虽然作为编报财务报表的概念依据,但它不是一份国际会计准则,因此,《框架》不对任何特定的计量和列报问题确立标准。《框架》的任何内容都不支配特定的国际会计准则。

2.《框架》中还特地指出,IASC 理事会承认,在为数不多的情况下,它和某项国际会计准则之间可能会有抵触。在那些有抵触的情况下,应当以国际会计准则而不是《框架》的要求为准。然而,由于 IASC 在制定新准则和审议现有准则的过程中,将受到《框架》的指导,它和国际会计准则之间抵触的情况将随着时间的推移而减少。

二、《框架》的范围

（一）《框架》包括的内容

1.财务报表的目标;

2.决定财务报表信息有用性的质量特征;

3.构成财务报表的要素的定义、确认和计量;

4.资本和资本保全概念。

（二）《框架》涉及的财务报表

《框架》涉及的是通用财务报表,即针对的是众多使用者的共同的信息需要。

全套财务报表通常包括资产负债表、收益表、财务状况变动表（此表有很多编制方法,例如,可以是现金流量表或资金流量表）,①以及作为财务报表必要组成部分的附注、其他报表和说明材料。财务报表还可能包括基于或源自上述报表并应随之一同阅读的附表和补充信息。例如,这些附表和补充信息可能涉及行业分部和地区分部的财务信息以及物价变动影响的披露。

----

① IASC 原先要求编制以营运资本（working capital）为基础的财务状况变动表,1992年新发布的 IAS 7 改为要求编制现金流量表,并取代了原先于 1977 年发布的 IAS 7《财务状况变动表》,见第二章第二节中的叙述。

（三）财务报表的使用者

财务报表的使用者包括现有的和潜在的投资者、雇员、贷款人、供应商和其他的商业债权人、顾客、政府及其机构以及公众。他们利用财务报表来满足对信息的不同需要。

三、财务报表的目标

财务报表的目标，是提供有助于众多使用者进行经济决策的关于企业财务状况、经营业绩和财务状况变动的信息，使他们能更好地评估企业形成现金和现金等价物①的能力及其形成的时间和可确定的程度。

（一）提供企业财务状况的信息

企业的财务状况受到企业控制的资源、企业的资金结构、资金流动性和偿债能力以及企业适应其所处环境变化的能力的影响；关于企业所控制的经济资源和企业过去改造资源能力的信息，有助于预测企业今后形成现金和现金等价物的能力；关于资金结构的信息，有助于预测今后对借款的需要、今后的利润和现金流量将如何在那些拥有对企业的权利的各方之间分配，还有助于预测企业进一步筹集资金的成功程度；关于资金流动性和偿债能力的信息，则有助于预测企业在其财务承诺到期时履行承诺的能力。

关于财务状况的信息主要在资产负债表中提供。

（二）提供企业经营业绩的信息

关于企业的经营业绩尤其是获利水平的信息，是评估企业今后有可能控制的经济资源的潜在变动所需要的。关于经营业绩的信息有助于预测企业在现有资源基础上形成现金流量的能力，还有助于判断企业利用新增资源可能取得的效果。

关于经营业绩的信息主要在收益表中提供。

（三）提供财务状况变动的信息

关于企业财务状况变动的信息，有助于评价企业在报告期内投资、筹资和经营等方面的活动。也能为评估企业形成现金和现金等价物的能力，以及对

---

① 现金等价物（cash equivalents）是指其初始到期日（original maturities）在三个月以下（含三个月）的短期投资。这种投资如此接近其到期日，因此，由于利率变动导致其价值变动的风险可略而不顾，它将随时可变换为已定金额的现金。"初始到期日"系对持有此项投资的主体而言，例如三个月期的国库券和离到期日三个月内购买的数年期国库券，都符合"现金等价物"条件。

企业在运用这些现金流量方面的需求,提供评估的基础。在编制财务状况变动表时,可以用各种方法对资金作出定义,例如全部财务资源、营运资本、流动性资产或现金。《框架》不规定资金的定义。

关于财务状况变动的信息,在财务报表中用一份单独的报表提供(按照现行的国际会计准则 IAS 7,要求编制的是现金流量表)。

(四)提供附注和附表

财务报表还包括附注、附表和其他信息。例如,其中可能包括与使用者需要有关的关于资产负债表和收益表项目的追加信息,还可能包括影响到企业的风险和不确定因素的情况以及资产负债表中未予以确认的资源和义务。关于地区分部和行业分部的信息和关于物价变动影响的信息,也可以用补充信息的形式提供。

四、决定财务报表信息有用性的质量特征

(一)基础性假定

1. 权责发生制

根据权责发生制编制的财务报表,不仅告诉使用者过去发生的、关系到现金收付的交易,而且告诉他们未来支付现金的义务和代表未来将要收到现金的资源。因此,这些财务报表提供的是在经济决策中对使用者最为有用的关于过去发生的交易和其他事项的信息。

2. 持续经营

财务报表的编制,通常是根据企业是经营中的实体并且在可以预见的将来会继续经营的假定,从而是在假定企业既不打算也没有必要实行清算或大大裁减经营规模。如果有这种打算或必要,财务报表就必须按照不同的基础编制。

(二)财务报表的质量特征

质量特征是指使财务报表提供的信息对使用者有用的那些性质。四项主要的质量特征是可理解性、相关性、可靠性和可比性。

1. 可理解性

财务报表中所提供信息的基本质量特征之一,就是便于使用者理解。然而,有些涉及复杂事项的信息,因其对使用者经济决策需要的相关性而应当列入财务报表,不能仅仅以可能使某些使用者难以理解为由而将其排除在外。

2. 相关性

信息要成为有用的,就必须与使用者的决策需要相关。当信息通过帮助

使用者评估过去、现在或未来的事件或者通过确证或纠正使用者过去的评价，影响到使用者的经济决策时，信息就具有相关性。

3.可靠性

信息要有用，还必须具有可靠性。当其没有重要差错或偏向，并能如实反映其所拟反映或理当反映的情况而能供使用者作依据时，信息就具备了可靠性。

4.可比性

为了明确企业财务状况和经营业绩的变化趋势，使用者必须能够比较企业不同时期的财务报表。为了评估不同企业相对的财务状况、经营业绩和财务状况变动，使用者还必须能够比较不同企业的财务报表。因此，对于整个企业及其不同时点，以及对于不同的企业，同类交易或其他事项的计量和列报，都必须采用同样的方法。

可比性这一质量特征有一个重要的含义，即应当把编制财务报表所采用的会计政策、这些政策的变动和变动的影响告诉使用者。

(三)影响相关性的，除信息本身的性质外，还决定于信息的重要性

如果信息的省略或误报会影响使用者根据财务报表作出的经济决策，信息就具有重要性。重要性取决于需作判断的项目的大小或在出现省略或发生误报的特定情况下所导致差错的大小。因此，重要性与其说是信息要成为有用所必须具备的基本质量特征，倒不如说是提供一个分界线或取舍点。

(四)可靠性有赖于：真实反映、实质重于形式、中立性、审慎、完整性

1.真实反映

信息要可靠，就必须真实反映其所拟反映或理当反映的交易或事项。

而大多数财务信息都可能存在不足以真实反映所拟反映情况的风险。这倒不是由于偏向，而是由于，所应计量的交易或其他事项的鉴定，或者能够确切传达相应信息的计量和列报技术的设计与运用，存在着内在困难。在有些情况下，对于项目的财务影响的计量太不确定，故而企业一般不在财务报表中确认这些项目。例如，随着时间的推移，虽然大多数企业都会在内部产生商誉，但是要可靠地鉴定或计量这种商誉，常常是困难的。

2.实质重于形式

信息如果要想如实反映其所拟反映的交易或其他事项，那就必须根据它们的实质和经济现实，而不是仅仅根据它们的法律形式进行会计处理和反映。交易或其他事项的实质，与它们的法律形式或人为形式的明显外表并不总是一致的。例如，企业将一项资产处理给另一单位，可以在文件中声称将法律所

有权转移给该单位;然而,可能还存在确保企业继续享受该项资产中所包含的未来经济利益的协议。在这种情况下,将其作为一项销售来报告就不是如实反映所达成的交易(如果确有交易存在的话)。

3.中立性

财务报表中包含的信息要可靠,就必须是中立的,也就是不带偏向的。如果财务报表通过选取和列报信息去影响决策和判断,以求达到预定的效果或结果,那种财务报表就不是中立的。

4.审慎

财务报表的编制者确实必须考虑到许多事情和情况下必然会有的不确定因素,例如,有疑问的应收账款的可收回程度、厂场和设备大概的使用年限、可能发生保修要求的次数。这类不确定因素是通过披露其性质和程度,以及通过在编制财务报表中实行审慎原则来确认的。审慎是指在有不确定因素的情况下作出所要求的估计时,在判断中加入一定程度的谨慎,以便不虚计资产或收益,也不少计负债或费用。然而,审慎的运用并不允许诸如设立秘密储备(reserve)、过分地提取准备(provision①)、故意压低资产或收益或故意抬高负债或费用等,因为那样编出的财务报表不可能是中立的,从而也就不具有可靠性。

5.完整性

财务报表中的信息要具有可靠性,就必须在重要性和成本允许的范围内做到完整。遗漏会造成信息的虚假或使人误解,从而使信息不可靠并且在相关性上有缺陷。

(五)相关和可靠信息的制约因素:及时性、效益和成本的平衡

1.及时性

信息的报告如果不适当地拖延,就可能失去其相关性。管理部门可能需要权衡及时报告与提供可靠信息的相对优点。要在相关性和可靠性之间达到平衡,决定性的问题是如何最佳地满足使用者的经济决策需要。

2.效益和成本的平衡

效益和成本的平衡,与其说是一个质量特征,倒不如说是一个普遍存在的约束因素。信息所产生的效益,应当超过提供信息的成本。然而,效益和成本的评价,实质上是一种判断过程。财务报表的编制者和使用者,尤其是准则制定者,应当意识到这一约束因素。

---

① provision 指可以确认为负债的"准备"。

（六）各质量特征之间的平衡

在实务中，常常需要在各质量特征之间权衡或取舍。其目的一般是为了达到质量特征之间的适当平衡，以便满足财务报表的目的。质量特征在不同情况下的相对重要性，属于职业判断问题。

（七）真实和公允的观点/公允列报

运用主要的质量特征和适当的会计准则，通常可以产生能表达一般理解的真实和公允信息的财务报表，或是公允地反映信息的财务报表。

五、构成财务报表的要素的定义、确认和计量

（一）财务报表要素的定义

财务报表揭示交易和其他事项的财务影响，根据交易和其他事项的经济特性，把它们分为大类。这些大类称作财务报表的要素。

与资产负债表中财务状况的计量直接联系的要素是资产、负债和权益。与收益表中经营业绩的计量直接联系的要素是收益和费用。财务状况变动表通常反映收益表要素以及资产负债表要素的变动，所以，《框架》不确定财务状况变动表特有的要素。

资产、负债、权益和收益、费用的定义如下：

1.资产是指由于过去事项的结果而由企业控制的预期会导致未来经济利益流入企业的资源。

2.负债是指企业由于过去事项而承担的现时义务，该义务的履行预期会导致含有经济利益的资源流出企业。

资产和负债的定义确定了它们的基本特点，而不是规定它们在资产负债表中得到确认必须达到的标准。因此，定义中包括的某些项目，并不能在资产负债表确认为资产或负债，因为它们不能满足确认标准。特别是，在确认资产和负债之前，未来经济利益将会流入或流出企业的预期，必须有足够的确定性。

在评估某一项目是否符合资产、负债或权益的定义时，应当注意其内在实质和经济现实，而不仅仅是其法律形式。以融资租赁为例，其实质和经济现实就是承租人通过承担支付约等于资产公允价值和有关财务费用的义务，获取了在其使用年限的大部分时间内使用租赁资产的经济利益。因此，融资租赁形成的项目，符合资产和负债的定义，应在承租人的资产负债表中加以确认。

3.权益是指企业资产扣除企业全部负债以后的余剩利益。权益在资产负债表中还可以进一步分类。例如，在公司制企业中，可以分项列示（1）股东投资资本,(2)留存收益,(3)反映留存收益分拨的公积和(4)反映资本保全调整的准备。

4.收益是指会计期间内经济利益的增加,其形式表现为因资产流入、资产增值或是负债减少而引起的权益增加,但不包括与权益参与者出资有关的类似事项。

收益的定义包括收入和利得。收入在企业的正常活动中产生,有各种不同的名称,包括销售收入、服务费、利息、股利、特许使用费和租金等;利得包括了符合收益定义的其他项目,可能是也可能不是产生于企业的正常活动中。例如,变卖非流动资产所发生的收益,资产重估价所导致的未实现收益等。由于利得和收入在性质上没有什么不同,《框架》没有把收入和利得作为单独的要素。①

5.费用是指会计期间内经济利益的减少,其形式表现为因资产流出、资产消耗或是发生负债而引起的权益减少,但不包括与权益参与者分配有关的类似事项。

费用的定义包括了损失。费用产生于企业的正常活动,如销售成本、工资和折旧等等;损失包括符合费用定义的其他项目,可能产生于企业的正常活动之中或之外,例如,处理非流动资产发生的损失,水、火等灾害损失,外币借款因外币汇率提高而发生的未实现损失等等。由于损失与费用性质上没有差别,《框架》也没有把损失列为单独的要素。

收益和费用的定义,确定了它们的基本特性,而不是规定它们在收益表中得到确认必须达到的标准。

为了提供与经济决策相关的信息,收益和费用在收益表中有不同的列示方法。例如,常见的方法是,将企业正常活动过程中发生的收益和费用项目与非正常活动发生的收益和费用分开。这一界限的划分,所依据的是一个项目的来源是否关系到评价企业未来形成现金和现金等价物的能力。例如,像变卖长期性投资那样的偶然活动,不可能经常反复发生。②

---

① 美国 FASB 制定发布的《财务会计概念框架》中,则把收入、利得、费用、损失列为单独的要素。

② IASB 在 2003 年 12 月的《改进国际会计准则》项目中,在对 IAS 1《财务报表的列报》的改进中,取消了"非常项目"单独列报项目,认为"非常"损失和利得,仍然是企业的正常业务风险带来的,而是否在收益表内单独列报,应该根据交易或事项的性质和功能而定。这可以作为准则与这个《框架》有抵触的例子之一,也是说明这个《框架》有必要修订的实际例子之一。

对收益和费用项目加以区别并且以不同的方式予以组合,还可以反映企业经营业绩的若干指标,这些指标所包含的内容在程度上不相同。例如,收益表可以反映出毛利、正常活动的税前利润、正常活动的税后利润和净利润。

(二)财务报表要素的确认

确认是指将符合要素定义和确认标准的项目纳入资产负债表或收益表。

1.如果符合下列标准,就应当确认一个符合要素定义的项目:

(1)与该项目有关的未来经济利益将会流入或流出企业;

(2)对该项目的成本或价值能够可靠地加以计量。

2.关于第(1)项标准,应考虑"未来经济利益的概率"。

这是因为,与某些项目有关的经济利益的流入或流出,就企业而言会存在不确定因素,例如企业的应收账款能否全部得到偿付。所以,在确认大量分散的应收账款的同时,又要确认可能发生的坏账损失。

3.关于第(2)项标准"计量的可靠性"问题。在许多情况下,成本和价值只能加以估计,只要不降低财务报表的可靠性,合理的估计是必需的。但如果无法作出合理的估计,就不能在财务报表中确认这一项目。例如,某一诉讼案件可能带来赔款收入,既符合资产和收益的定义,又符合确认的概率标准,但如果不能可靠地计量赔款的金额,就不能将其确认为资产和收益。

4.对具有某一要素的特征但不符合确认标准的项目,可以在财务报表的注释、说明、附表中披露。

5.确认收益的同时,实际上意味着也要确认资产的增加或负债的减少;在确认费用的同时,则意味着也要确认负债的增加或资产的减少。

6.在收益表中确认费用,应以所发生的费用与所获取的具体收益项目之间的直接联系为基础,这一过程通常称作收入与费用的配比。

(三)财务报表要素的计量

计量是指为了在资产负债表和利润表中确认和列报财务报表要素而确定其金额的过程。这一过程涉及选择具体的计量基础。

1.财务报表在不同程度上并且以不同的结合方式采用若干不同的计量基础。它们包括:

(1)历史成本。资产的记录,按照其购置时支付的现金或现金等价物的金额,或者是按照为了购置资产而付出的对价的公允价值。负债的记录,按照承担义务而收到的实得款项的金额,或是在某些情况下(如所得税),按照在正常经营中为清偿负债将要支付的现金或现金等价物的金额。

(2)现行成本。资产的列报,按照现时购买同一或类似资产所需支付现金或现金等价物的金额。负债的列报,按照现时清偿该项债务所需支付现金或现金等价物的不予折现的金额。

(3)可变现价值(结算价值)。资产的列报,按照现时正常变卖资产所能得到现金或现金等价物的金额。负债的列报,按照其结算价值,即在正常经营中为清偿负债将会支付的现金和现金等价物的不予折现的金额。

(4)现值。资产的列报,按照其在正常经营中所能形成的未来现金流入净额的折现价值。负债的列报,按照其在正常经营中予以清偿所需的未来现金流出净额的折现价值。

2.企业编制财务报表最为常用的计量基础是历史成本。应用历史成本时常常结合其他计量基础。例如,存货的列报,常常按照成本与可变现净值孰低,有价证券的列报可以按照市价,而退休金负债的列报则按其现值。此外,有些企业为了处理非货币性资产价格变动的影响,还采用现行成本基础来弥补历史成本会计模式的不足。

六、资本和资本保全概念

(一)资本概念

1.大多数企业在编制财务报表时采用资本的财务概念。按照资本的财务概念,资本视同投入的货币或投入的购买力,是企业净资产或权益的同义语。

2.如果采用资本的实体概念,资本视同营运能力(企业的生产能力)。

3.企业选择适当的资本概念,要以其财务报表使用者的需要为基础。

资本概念的运用会有一些计量上的困难,而选择的资本概念,表明了在确定利润时所要达到的目标。

(二)资本保全概念和利润的确定

1.从上述资本的概念中,推导出相应的资本保全概念:财务资本保全和实体资本保全。

2.根据财务资本保全概念,在扣除本期的对权益参与者的分配和权益参与者的出资以后,期末净资产的财务(或货币)金额必须大于期初净资产的财务(或货币)金额,才算赚得利润。财务资本保全的计量,可以用名义货币单位或固定购买力单位。

3.实体资本保全概念要求采用现行成本计量基础。所有影响企业资产和负债的价格变动,都应当作为企业的实体生产能力计量上的变动,因而都应当作为资本保全调整,即作为权益的一部分,而不作为利润。

4.计量基础和资本保全概念的选择,决定了财务报表所采用的会计模式。不同的会计模式表现出不同程度的相关性和可靠性,如同在其他方面一样,企业管理层必须在相关性和可靠性之间寻求一种平衡。目前,ISAC不打算规定一种特定会计模式,除非是对于特殊情况,例如以恶性通货膨胀经济中的货币报告的企业。不过,这一意向将根据世界情势发展加以审议。

七、全面改进《框架》的分阶段计划及其执行情况

显然,《编报财务报表的框架》的内容,已难以适应形势发展的要求。IASB于2005年制定发布了全面改进《框架》的分阶段计划,这是与FASB的合作项目。

（一）IASB制定的分段计划（与FASB合作的项目）

表5-1　全面改进《框架》的分阶段计划

阶段	标　题	2005	2006	2007	2008	2009	2010
1	目标与质量特征	讨论稿	征求意见稿	最终稿			
2	要素—确认与计量属性		讨论稿	征求意见稿	最终稿		
3	初始与后续计量			讨论稿	征求意见稿	最终稿	
4	报告主体				讨论稿	征求意见稿	最终稿
5	列报与披露				讨论稿		
6	概念框架在公认会计原则的地位				讨论稿		
7	对非营利组织的适用性				讨论稿		
8	重新审视整个概念框架				讨论稿		

（二）实际完成的进度大大拖延

但由于诸多难题及制约因素(IASB只有3名全职成员从事"概念框架"项目),致使该项目的实际完成进度被大大拖延了。

表 5-2 分阶段计划的执行情况

阶段	主　题	2005	2006	2007	2008	2009	2010
1	目标与质量特征		讨论稿		征求意见稿 评论截止日 2008年8月29日	最终稿 (预定上半年)	
2	要素-确认与计量属性						讨论稿 (预定上半年)
3	初始与后续计量					讨论稿 (预定下半年)	征求意见稿
4	报告主体				讨论稿 (5月29日发布) 评论截止日 2008年9月29日		
5	列报与披露*						
6	概念框架在公认会计原则的地位*						
7	对非营利组织的适用性*						
8	剩余问题**						

＊第5～8阶段目前尚未给出具体执行时间表。
＊＊原标题"重新审视整个概念框架"扩大为这一标题,按规定应在必要时执行。
资料来源:德勤国际会计师事务所关于 IASB 的近况,见 www.iasplus.com。

以下是 FASB 发布的这一联合项目截至 2009 年 1 月的进度:

表 5-3 《框架》分阶段计划的实际完成进度

	项目	2009 年		2010 年 1季度	发布日期
		2 季度	3 季度		
1	目标,信息质量	最终稿			2009
2	要素与确认			讨论稿	待定
3	计量		讨论稿		待定
4	报告实体		征求意见		待定
5	列报,披露				
6	概念框架地位				
7	非营利行业适用性				
8	剩余问题				

Accounting

▲ 第三节　国际会计准则与核心准则体系

本节将分别说明国际会计准则和解释及 IASC 与 IOSOC 协作的核心准则体系。

一、国际会计准则和解释

（一）IASC 重组前国际会计准则的制定、发布程序

IASC 重组前在制定、发布国际会计准则时，就采用了一套较完整的程序，称为"充分程序"，以保证"能对特定经济环境提出恰当的会计实务处理的高质量国际会计准则"。整个程序大致如下：

建议新项目→列入计划→研究资料、撰写大纲→撰写和发布原则公告草案→提交最终草案→制定、发布征求意见稿→通过国际会计准则草案→发布国际会计准则。

对于每一必须制定 IAS 的项目，理事会要专门组建筹划委员会，每个筹划委员会都由理事会代表领导，通常包括至少 3 个国家的其他会计团体代表，还可能包括在理事会或咨询团中派出的代表或对这一项目有专长的其他组织代表。这项准则制定发布后，为它组建的筹划委员会就解散。

具体的制定、发布程序大致如下：

1.理事会审阅关于拟制定国际会计准则的建议（理事会代表、会员团体、咨询团成员、其他组织或个人以及 IASC 秘书处，都可以提交建议），当决定列入计划时，即成立这一计划项目的筹划委员会。

2.筹划委员会考虑应用 IASC《编报财务报表的框架》，研究国家和地区性的会计准则和惯例以及其他有关资料，并撰写重点大纲，送理事会；在收到理事会对重点大纲的意见后，再在此基础上撰写原则公告草案。其中包括各种可行的处理方法及取舍的理由以及准备形成的会计准则。草案将在会员团体、咨询团成员及其他有关人士中发布，以收集意见。

3.筹划委员会对收集到的意见进行审议，并对提交理事会的原则公告进行表决通过。经理事会审议修订，并需经至少 2/3 多数通过，才可作为征求意见稿（ED,公布草案）发表，广泛征求各有关利益集团的意见。征求意见的期限通常至少为 3 个月。

4.筹划委员会对收到的反馈意见进行综合分析研究，制定这一国际会计

准则的草稿,送理事会审议修订,并需经至少3/4多数通过,才作为国际会计准则发布。

从以上阐述的程序可见,它与美、英等国由民间机构制定国内会计准则的程序基本上是类似的。

(二)已发布的国际会计准则和国际财务报告准则

现将2002年IASC全面重组前已发布的41个国际会计准则及其修订、重编、修改和IASC重组后IASB对它们的改进、修订情况以及有些准则被废止、取代的情况(12个已废止,其中5个是在IASC重组后由IASB废止的,1个已部分废止)列示如下:①

IAS 1 《财务报表的列报》(1997年修订,IASB 2003年12月改进并附加"结论基础",2005年8月修改)

IAS 2 《存货》(1993年修订,2001年修改,IASB 2003年12月改进并附加"结论基础")

IAS 3 不再生效,由IAS 27、IAS 28取代

IAS 4 不再生效,由IAS 16、IAS 22、IAS 38取代

IAS 5 不再生效,由IAS 1取代

IAS 6 不再生效,由IAS 15取代

IAS 7 《现金流量表》(1992年修订)

IAS 8 《会计政策、会计估计的变更和差错》(IASB 2003年12月改进,并附加"结论基础");改进前称《当期净损益、重大差错和会计政策变更》(1993年修订)

IAS 9 不再生效,由IAS 38取代

IAS 10 《资产负债表日后事项》(1999年修订,IASB 2003年12月改进,并附加"结论基础")

IAS 11 《建造合同》(1993年修订)

IAS 12 《所得税》(1996年修订,1999年修改,2000年修订)

IAS 13 不再生效,由IAS 1取代

IAS 14 《分部报告》(1997年修订,2006年11月由IASB废止,被IFRS 8取代)

---

① 主要根据《国际财务报告准则2004》(中译本,中国财政经济出版社,2005年),并参照2008年1月以来网上发表的目录更新。在以上的目录中,对已废止的和更名前的名称用楷体字排列。

Accounting

IAS 15 《反映物价变动影响的信息》(1994 年重编,2003 年 12 月由 IASB 废止)

IAS 16 《不动产、厂场和设备》(1998 年修订,2000 年、2001 年修改, IASB 2003 年 12 月改进,并附加"结论基础")

IAS 17 《租赁》(1997 年修订,2000 年、2001 年修改,IASB 2003 年 12 月 改进,并附加"结论基础")

IAS 18 《收入》(1993 年修订,1999 年、2001 年修改)

IAS 19 《雇员福利》(1993 年修订,1999 年修改,2000 年修订,并附加 "结论基础")

IAS 20 《政府补助会计和政府援助的披露》(1983 年发布,1994 年重编, 2001 年修改)

IAS 21 《汇率变动的影响》(1993 年修订,1998 年、1999 年修改,IASB 2003 年 12 月改进,并附加"结论基础")

IAS 22 《企业合并》(1998 年修订,并附加"结论基础",1999 年修改, 2004 年 3 月由 IASB 废止,被 IFRS 3 取代)

IAS 23 《借款费用》(1993 年修订)

IAS 24 《关联方披露》(1984 年发布,1994 年重编,IASB 2003 年 12 月 改进,并附加"结论基础")

IAS 25 不再生效,由 IAS 32、IAS 39、IAS 40 取代

IAS 26 《退休福利计划的会计和报告》(1986 年发布,1994 年重编)

IAS 27 《合并财务报表和单独财务报表》(IASB 2003 年 12 月改进,并 附加"结论基础");改进前称为《合并财务报表和对子公司投资 的会计处理》(1988 年发布,1994 年重编,1998 年修改,2000 年 修订)

IAS 28 《对联营企业的投资》(IASB 2003 年 12 月改进,并附加"结论基 础");改进前称为《对联营企业投资的会计处理》(1988 年发布, 1994 年重编,1998 年、1999 年修改,2000 年修订)

IAS 29 《恶性通货膨胀经济中的财务报告》(1989 年发布,1994 年重编)

IAS 30 《银行和类似金融机构财务报表中的披露》(1990 年发布, 1994 年重编,1998 年、1999 年修改,2005 年 8 月被 IFRS 7 取 代)

IAS 31 《合营中的权益》(IASB 2003 年 12 月改进,并附加"结论基 础");改进前称为《合营中权益的会计处理》(1990 年发布,1998 年、1999 年修改,2000 年修订)

IAS 32　《金融工具：列报》[原为《金融工具：披露和列报》(1995 年发布，
　　　　1998 年、1999 年修改，2000 年修订，IASB 2003 年 12 月修订，
　　　　附加"实施指南"并附有"结论基础"、"示例"，2005 年 8 月其披
　　　　露部分被 IFRS 7 取代)]

IAS 33　《每股收益》(1997 年发布，1999 年修改，IASB 2003 年 12 月改
　　　　进，并附加"结论基础")

IAS 34　《中期财务报告》(1998 年发布，2000 年修改)

IAS 35　《终止经营》(1998 年发布，1999 年修改，2004 年 3 月由 IASB 废
　　　　止，被 IFRS 5 取代)

IAS 36　《资产减值》(1998 年发布，附加"结论基础"，2000 年修改)

IAS 37　《准备、或有负债和或有资产》(1998 年发布)

IAS 38　《无形资产》(1998 年发布，并附加"结论基础")

IAS 39　《金融工具：确认和计量》(1999 年 3 月发布，2000 年修订，并在
　　　　2000 年 8 月至 2001 年 12 月，陆续发布了《国际会计准则第 39
　　　　号应用指南》；IASB 2003 年 12 月修订，附加"实施指南"，并附
　　　　有"结论基础"、"示例"，又将"应用指南"辑入一起发布，2005 年
　　　　8 月修改)

IAS 40　《投资性房地产》(2000 年发布，2001 年修改，IASB 2003 年 12
　　　　月改进，并附加"结论基础")

IAS 41　《农业》(2000 年发布，附加"结论基础")

　　从以上的列示中可以看出，对 IAS 31 及之前发布的准则，已进行了全面
的修订和重编，所谓"重编"是指按照 IAS 自 1991 年以来采用的格式重新编
排，并没有对内容进行实质性的修订。"修改"之所以区别于"修订"，是为了用
来专门指因其他新准则的发布或旧准则的修订而导致本准则的相应内容(特
定段落)的修改，以区别于整体性的修订；附加"结论基础"(和"示例")，只是为
了帮助读者更能理解这些准则。

　　表中对于 IAS 1、IAS 2、IAS 8、IAS 10、IAS 16、IAS 17、IAS 21、IAS 24、
IAS 27、IAS 28、IAS 31、IAS 33、IAS 40 等 13 个国际会计准则标示的"改
进"，是指 IASC 全面重组后，取代 IASC 的原理事会承担制定国际会计准则
任务的国际会计准则理事会(IASB)于 2003 年 12 月发布的《改进国际会计准
则》项目对以上 13 个 IASs 所作的改进。现行的这些 IASs，都是改进后的版
本，可称为改进后 IAS 1、改进后 IAS 2 等等，以区别于改进前各该准则的原

版本。① 改进后的这些准则和 2003 年 12 月修订的 IAS 32 与 IAS 39,都适用于自 2005 年 1 月 1 日或以后日期开始的年度。

为 IAS 39 发布"应用指南",在制定国际会计准则的历史上是一个开端②,值得我们关注。IAS 39 中的"应用指南"包括对 228 个问题的解答,已辑入《国际会计准则 2002》(见中译本 pp. 925～1116),足以说明当时在国际范围内推行金融工具会计之难度。辑入 2003 年 12 月修订的 IAS 39 的"应用指南"包括七个部分共 59 节 132 条。

于 2001 年组建的国际会计准则理事会(IASB),取代原来的 IASC 理事会后,由 IASB 今后制定发布的准则,将改称《国际财务报告准则》(IFRS)。已经发布的 IASs,在未经废止前,仍继续有效。IASB 开始运作后,已先后废止了 IAS 14、IAS 15、IAS 22、IAS 30、IAS 35 五个准则和 IAS 32 的"披露"部分。

迄今,IASB 已发布了以下 13 个国际财务报告准则(IFRSs):

IFRS 1　《首次采用国际财务报告准则》(2003 年 6 月发布,自 2004 年 1 月 1 日生效,2005 年 6 月修改)

IFRS 2　《以股份为基础的支付》(2004 年 2 月发布,自 2005 年 1 月 1 日生效)

IFRS 3　《企业合并》(2004 年 3 月发布,自 2004 年 3 月 31 日起生效,取代 IAS 22)

IFRS 4　《保险合同》(2004 年 3 月发布,自 2005 年 1 月 1 日起生效,2005 年 8 月修改,2005 年 12 月修订了其"应用指南")

IFRS 5　《持有的准备出售的非流动资产和终止经营》(2004 年 3 月发布,自 2005 年 1 月 1 日起生效,取代 IAS 35)

IFRS 6　《矿产资源的勘探和评价》(2004 年 12 月发布,自 2006 年 1 月 1 日起生效,2005 年 6 月修改)

IFRS 7　《金融工具:披露》(2005 年 8 月发布,2006 年 1 月 1 日起生效,取代 IAS 32 的披露部分和 IAS 30)

IFRS 8　《经营分部》(2006 年 11 月发布,2009 年 1 月 1 日起生效,取代 IAS 14)。

---

①　关于《改进国际会计准则》项目,可参阅张象至、李红霞 :《〈改进国际会计准则〉项目 13 项国际会计准则主要变化》,载《会计研究》2004 年第 1～5 期,整体介绍在第 1 期,以后依次介绍改进后的 13 项 IASs 的主要变化。

②　现在 IASB 在制定 IFRS 和修订 IAS 时,往往附加了"应用指南"。

IFRS 9　《金融工具:分类与计量》(2009 年 11 月发布,2013 年 1 月 1 日
　　　　生效,取代 IAS 39)。

IFRS 10　《合并财务报表》(2011 年 5 月发布,2013 年 1 月 1 日生效)。

IFRS 11　《联营协议》(2011 年 5 月发布,2013 年 1 月 1 日生效)。

IFRS 12　《其他实体中权益的披露》(2011 年 5 月发布,2013 年 1 月 1 日
　　　　生效)。

IFRS 13　《公允价值计量》(2011 年 5 月发布)。

IASB 在 2006 年 8 月宣布,在 2009 年之前不会有新准则生效。

值得指出的是,在 2007 年 2 月,IASB 发布了关于中小企业(SMEs)会
计准则征求意见稿;IASB 于 2007 年 9 月又发布了将用以取代 IAS 31 的
ED 9《共同协议》(Joint Arrangement),公开征求意见。两者都预定在 2009
年 1 月 1 日发布为相应的国际财务报告准则(IFRS)及 SMEs 准则。SMEs
准则也称"不具有公众责任实体"(Non-publicly Accountable Etity,NPAE)准
则。

(三)已发布的常设解释委员会解释和国际财务报告解释

IASC 的《常设解释委员会解释前言》(1997)中指明,"常设解释委员会
(SIC)的目的,是通过对可能引起争论的会计问题的解释,推动国际会计准则
的正确运用,以提高按国际会计准则编制的财务报表在世界范围内的广泛可
比性"。

以下是已发布的常设解释委员会解释,其中,SIC 1～SIC 28 是 IASC 重
组前由其常设解释委员会发布的,SIC 29～SIC 33 是 IASC 重组后 IASB 仍以
SIC 的名义发布的。

SIC 1　《一致性:存货成本的不同计算方法》(1997 年,与 IAS 2 相关,已
　　　撤销)

SIC 2　《一致性:借款费用资本化》(1997 年,与 IAS 23 相关,已撤销)

SIC 3　《消除与联营企业交易中的未实现利润和损失》(1997 年,与
　　　IAS 28 相关,已撤销)

SIC 5　《金融工具的分类:或有结算条款》(1997 年,与 IAS 32 相关,已撤
　　　销)

SIC 6　《修改现用软件的费用》(1997 年,与 IAS 38 相关,已撤销)

SIC 7　《引入欧元》(1997 年,与 IAS 21 相关)

SIC 8　《首次采用国际会计准则作为首要的会计基础》(1998 年,与
　　　IAS 1、IAS 8 相关,已撤销)

SIC 9 《企业合并:区分为购买或权益结合》(1998 年,与 IAS 22 相关,已撤销)

SIC 10 《政府援助:与经营活动没有特定联系的政府援助》(1998 年,与 IAS 20 相关)

SIC 11 《外汇:严重货币贬值所导致的损失的资本化》(1998 年,与 IAS 21相关,已撤销)

SIC 12 《合并:特定目的实体》(1998 年,与 IAS 27 相关)

SIC 13 《共同控制实体:合营者的非货币性投入》(1998 年,与 IAS 31 相关)

SIC 14 《不动产、厂场和设备:项目减值或损失的补偿》(1998 年,与 IAS 16相关,已撤销)

SIC 15 《经营租赁:激励措施》(1998 年,与 IAS 17 相关)

SIC 16 《股本:购回本身的权益工具(库藏股)》(1998 年,与 IAS 32 相关,已撤销)

SIC 17 《权益:权益交易费用》(1999 年,与 IAS 32 相关,已撤销)

SIC 18 《一致性:允许选用的处理方法》(1999 年,与 IAS 1 相关,已撤销)

SIC 19 《报告货币:按 IAS 21 和 IAS 29 对财务报表的计量和列报》(2000 年,与 IAS 21、IAS 29 相关,已撤销)

SIC 20 《权益法:确认损失》(1999 年,与 IAS 28 相关,已撤销)

SIC 21 《所得税:已重估非折旧资产的弥补》(1999 年,与 IAS 12 相关)

SIC 22 《企业合并:初始报告的公允价值和商誉的后续调整》(1999 年,与 IAS 22 相关,已撤销)

SIC 23 《不动产、厂场和设备:大检修费用的主要审查》(1999 年,与 IAS 16相关,已撤销)

SIC 24 《每股收益:可能以股份结算的金融工具和其他合同》(2000 年,与 IAS 33 相关,已撤销)

SIC 25 《所得税:企业或其股东的纳税地位的改变》(1999 年,与IAS 12相关)

SIC 27 《评价涉及租赁法律形式的交易的实质》(2000 年,与 IAS 1、IAS 17、IAS 18 相关)

SIC 28 《企业合并:"交易日"和权益工具的公允价值》(2001 年,与 IAS 22相关,已撤销)

SIC 29 《披露:财务特许权协议》(2001 年,与 IAS 1 相关)

SIC 30　《报告货币：从计量货币到列报货币的折算》(2001 年，与
　　　　IAS 21、IAS 29 相关，已撤销)

SIC 31　《收入：涉及广告服务的易货交易》(2001 年，与 IAS 18 相关)

SIC 32　《无形资产——网址成本》(2002，与 IAS 38 相关)

SIC 33　《合并和权益法：潜在表决权及所有者权益的摊配》(2001 年，与
　　　　IAS 27、IAS 28、IAS 39 相关，已撤销)

以上列示的 SICs 中，SIC 4、SIC 26 还有 SIC 34 均为未曾发布即被撤销的空号。在已发布的 31 个 SICs 中，只有 11 个尚继续有效，20 个已经撤销，撤销的主要原因是在其相关准则的修订或改进中或是在新发布的新准则中，已经适当地采纳(或在个别情况下摒弃)了 SIC 中所作的解释。

IASB 组建后取代原常设解释委员会的国际财务报告解释委员会(2002 年 3 月成立)，在其发表的《国际财务报告解释委员会前言》中也指出，它的作用"是就最新提出的尚未由国际财务报告准则专门规定的财务报告问题，或已经存在或可能出现的令人不满意或相互抵触的财务报告解释问题，及时提供指南，从而提高国际财务报告准则的严格和广泛运用"。

从这个《前言》中可以看到，新常设的解释委员会在其文告中将使用"国际财务报告解释委员会"(IFRIC)这个名称，以区别于原常设解释委员会(SIC)发布的对 IASs 的《解释》。

IFRIC 已制定并经 IASB 批准发布了 14 个《国际财务报告解释公告》：

IFRIC 1　现有的解除、恢复和类似负债的变动(2004 年 9 月，主要与
　　　　IAS 37 相关)

IFRIC 2　成员在合作主体中的股份和类似工具(2004 年 11 月，主要与
　　　　IAS 32、IAS 39 相关)

IFRIC 3　排放权(2004 年 12 月，主要与 IAS 38 相关，2005 年 6 月撤销)

IFRIC 4　确定一项协议是否包含租赁(2004 年 12 月，主要与 IAS 17 相
　　　　关)

IFRIC 5　解除、恢复和环境复原基金产生的权利(2004 年 12 月，主要与
　　　　IAS 37、IAS 39 相关)

IFRIC 6　参与特殊市场产生的负债：电子电器废弃物(2005 年 9 月，主
　　　　要与 IAS 37 相关)

IFRIC 7　在 IAS 29《恶性通货膨胀经济中的财务报告》中应用重述法
　　　　(2005 年 11 月，与 IAS 29 相关)

IFRIC 8　IFRS 2 的范围(2006 年 1 月，与 IFRS 2 相关)

IFRIC 9　嵌入衍生工具的重新评估(2006年3月,与IAS 39相关)

IFRIC 10　中期财务报告和减值(2006年8月,与IAS 34、IAS 32相关)

IFRIC 11　集团与库存股交易(2006年11月发布,2007年3月1日生效,与IFRS 2、IAS 8、IAS 32相关)

IFRIC 12　公共服务特许经营合同(2006年11月发布,2008年1月1日生效)

IFRIC 13　顾客诚信计划(2007年6月发布,2008年7月1日生效)

IFRIC 14　限定保险赔偿费资产的限额,最低筹资要求及其相互作用(2007年7月发布,2008年1月1日生效,与IAS 19相关)

IFRIC 15　《房地产建造合同》(2008年7月发布,2009年1月1日生效,与IAS 11相关)

IFRIC 16　《对国外经营净投资的套期》(2008年7月发布,2008年10月1日生效,与IAS 39相关)

IFRIC 17　《分配非现金资产给投资者》(2008年11月发布,2009年1月1日生效,与IAS 1、IAS 37相关)

IFRIC 18　《顾客资产的转移》(2009年1月发布,2009年7月1日生效,与IAS 18相关)

IFRIC 19　《金融负债与权益工具的区别》(2009年11月发布)

还值得强调的是,IASB把"国际财务会计准则"这一概念界定为IASB采用的准则和解释公告的统称,包括IASB制定的《国际财务报告准则》、仍继续有效的《国际会计准则》及国际财务报告解释委员会或以前的常设解释委员发布的《解释》。今后将使用"国际财务报告准则"而不是"国际会计准则"这一术语,来统称已发布并有效的国际准则和解释公告。但目前在会计文献中仍见到用"国际会计准则"这一术语来泛指(统称)前IASC理事会和IASB发布的各项国际准则,或是用IAS/IFRS来表述国际准则。

(四)国际会计准则在20世纪90年代被接受和承认的程度

我们在第三章论述"比较会计模式"和第四章论述"国际会计协调化和趋同化活动"时,曾多次涉及国际会计准则(IAS)在全球范围内得到广泛接受和承认的事例。F. D. S.崔、C. A.福罗斯特和G. K.米克在合著的《国际会计》(1999年第三版)中把它们概括为:[①]

———————————

　　①　参阅F. D. S.崔、C. A.福罗斯特和G. K.米克合著,周晓苏、方红星主译,常勋审校:《国际会计学》(第三版),东北财经大学出版社2000年版,第289页。

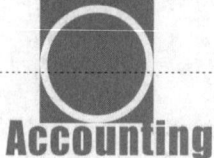

1.被许多国家作为建立国家会计规范的基础;

2.在许多工业化国家和开发本国准则的新兴市场经济国家作为国际化的基准;

3.被许多证券交易所和证券监管机构接受,并许可外国的或本国的公司报送依据 IAS 编制的财务报表;

4.被欧洲委员会和其他国际组织承认。

与 20 世纪 70 年代、80 年代对比,在 90 年代,IAS 被广泛接受和承认的程度有了跃进式的提高。我们再引述崔等著作中的资料,加以说明。

IASC 在 1996 年对 67 个国家接受 IASs 的情况进行考察,确定有 56 个国家或是以 IAS 作为国家会计准则,或是以 IAS 作为制定国家准则的基础,只有 11 个国家(其中包括美国、英国、加拿大、德国、日本等主要西方国家)不以 IAS 作为制定国家准则的主要参照。但即使在 11 国中,国家准则中许多内容也与 IAS 近似。此外还发现,接受 IAS 的证券交易所已增至 8 所,包括伦敦、法兰克福、苏黎世、卢森堡、泰国、香港、阿姆斯特丹和罗马等交易所。[①]

在 20 世纪 90 年代,在年度报告中应用 IAS 的公司家数也有很大的增加。1998 年 2 月,IASC 列出的就有 414 家(如表 5-4 所示),而在 1995 年 6 月只有 212 家,1991 年仅有 12 家。

表 5-4　应用 IAS 的公司(1998 年,414 家)

国家或地区	家数	国家或地区	家数	国家或地区	家数
加拿大	34	中国香港	9	南非	14
中国	7	匈牙利	6	瑞典	22
塞浦路斯	8	意大利	11	瑞士	68
捷克	9	日本	7	土耳其	14
芬兰	11	科威特	49	阿联酋	9
法国	32	卢森堡	5	津巴布韦	9
德国	12	波兰	5	其他国家	73

资料来源:根据 1998 年 2 月 24 日 IASC 网站"Companies Referring to Their Use of IAS"制表。转引自周晓苏等(译):《国际会计学》,第 290～291 页,东北财经大学出版社 2000 年版。

————————

① 2000 年 5 月,伦敦证交所与法兰克福证交所达成合并为国际证券交易所的协议,前者从事蓝筹股交易,后者从事高科技股交易。

二、IASC 与 IOSCO 协作的核心会计准则体系

IASC 一直在为建立被世界范围内的证券监管机构所接受的 IAS 而努力。1995 年 7 月,它与 IOSCO 技术委员会签订了关于"使 IASs 形成一个核心会计准则体系"的协作计划。根据 IOSCO 在 1993 年拟定的核心会计准则体系(由 40 个项目组成),"对号入座",由 IASC 修订现有的 IASs 和加紧制定留有"空位"的准则,并预定在 1998 年底完成这个计划,在经 IOSCO 技术委员会认可后,将在全球资本市场上为促进跨国筹资和上市而推荐 IAS。IASC 如期完成了这个核心会计准则计划,但为了赶在 1998 年底完成,最后定稿的 IAS 39《金融工具:确认和计量》只是作为暂时性准则,于 1999 年 3 月由理事会批准发布,并承诺在 2～3 年内完成正式准则的制定工作。

(一)IASC 完成了核心会计准则计划

表 5-5 显示了核心准则计划的完成情况。

表 5-5　核心准则计划完成情况

IOSCO 在 1993 年提出的"核心准则"目录		IOSCO 评审认可的 IASs	
		准则名称	发布或最后修订年份*
	总则		
1	会计政策披露	IAS 1	1997
2	会计政策变动	IAS 8	1993
3	财务报表中的信息披露	IAS 1	1997
	收益表		
4	收入确认	IAS 18	1993
5	建造合同	IAS 11	1993
6	生产和购货成本	IAS 2	1993
7	折旧	IAS 4,IAS 16	1976,1998
8	减值	IAS 36	1998
9	所得税	IAS 12	2000
10	非常项目	IAS 8	1993
11	政府补助	IAS 20	1983(1994 重编)
12	退休福利	IAS 19	2000
13	其他雇员福利	IAS 19	2000
14	研究和开发	IAS 38	1998

Accounting

续表

<table>
<tr><th rowspan="2"></th><th rowspan="2">IOSCO 在 1993 年提出的
"核心准则"目录</th><th colspan="2">IOSCO 评审认可的 IASs</th></tr>
<tr><th>准则名称</th><th>发布或最后修订年份 *</th></tr>
<tr><td>15</td><td>利息</td><td>IAS 23</td><td>1993</td></tr>
<tr><td>16</td><td>套期</td><td>IAS 39</td><td>2000</td></tr>
<tr><td></td><td>**资产负债表**</td><td></td><td></td></tr>
<tr><td>17</td><td>不动产、厂场和设备</td><td>IAS 16</td><td>1998</td></tr>
<tr><td>18</td><td>租赁</td><td>IAS 17</td><td>1997</td></tr>
<tr><td>19</td><td>存货</td><td>IAS 2</td><td>1993</td></tr>
<tr><td>20</td><td>递延所得税</td><td>IAS 12</td><td>2000</td></tr>
<tr><td>21</td><td>外币</td><td>IAS 21</td><td>1993</td></tr>
<tr><td>22</td><td>投资(金融资产)</td><td>IAS 39</td><td>2000</td></tr>
<tr><td></td><td>投资(房地产)</td><td>IAS 40</td><td>2000</td></tr>
<tr><td>23</td><td>金融工具/资产负债表外项目</td><td>IAS 32, IAS 39</td><td>2000,2000</td></tr>
<tr><td>24</td><td>合营</td><td>IAS 31</td><td>2000</td></tr>
<tr><td>25</td><td>或有事项</td><td>IAS 37</td><td>1998</td></tr>
<tr><td>26</td><td>资产负债表日后事项</td><td>IAS 10</td><td>1999</td></tr>
<tr><td>27</td><td>流动资产和流动负债</td><td>IAS 1</td><td>1997</td></tr>
<tr><td>28</td><td>企业合并(含商誉)</td><td>IAS 22</td><td>1998</td></tr>
<tr><td>29</td><td>不含研究开发支出和商誉的无形资产</td><td>IAS 38</td><td>1998</td></tr>
<tr><td></td><td>**现金流量表**</td><td></td><td></td></tr>
<tr><td>30</td><td>现金流量表</td><td>IAS 7</td><td>1992</td></tr>
<tr><td></td><td>**其他准则**</td><td></td><td></td></tr>
<tr><td>31</td><td>合并财务报表</td><td>IAS 27</td><td>2000</td></tr>
<tr><td>32</td><td>恶性通货膨胀经济中的子公司</td><td>IAS 21, IAS 29</td><td>1993,1989</td></tr>
<tr><td>33</td><td>联营公司和权益法会计</td><td>IAS 28</td><td>2000</td></tr>
<tr><td>34</td><td>分部报告</td><td>IAS 14</td><td>1997</td></tr>
<tr><td>35</td><td>中期报告</td><td>IAS 34</td><td>1998</td></tr>
<tr><td>36</td><td>每股收益</td><td>IAS 33</td><td>1997</td></tr>
<tr><td>37</td><td>对关联方的披露</td><td>IAS 24</td><td>1984(1994 重编)</td></tr>
<tr><td>38</td><td>终止经营</td><td>IAS 35</td><td>1998</td></tr>
<tr><td>39</td><td>重大差错</td><td>IAS 8</td><td>1993</td></tr>
<tr><td>40</td><td>估计变动</td><td>IAS 8</td><td>1993</td></tr>
</table>

＊ 所指的是 2004 年 5 月 IOSCO 评审认可前的最后修订时间。

资料来源:Choi, Frost, Meek(2002),*International Accounting*,4th Edition, pp. 304
~305。其中第 8 项"减值"适用的 IAS,显然是 IAS 36,该书中误为 IAS 16,故给予改正。

国 际 会 计

表 5-5 中列示的 IASs 为 31 项,由于其中的一个 IAS 已被废止,故为 30 项;此外有三个被修改。说明如下:

1. IAS 4《折旧的会计处理》已被废止,由 IAS 16《不动产、厂场和设备》、IAS 22《企业合并》和 IAS 38《无形资产》取代。

2. IAS 18《收入》、IAS 20《政府补助的会计处理和政府援助的披露》、IAS 40《投资性房地产》于 2001 年进行了修改。

3. 最值得关注的是,IASC 全面重组后,取代 IASC 原理事会承担制定国际会计准则任务的国际会计准则理事会(IASB)开展工作后,于 2003 年 12 月完成和发布了《改进国际会计准则》项目,对 13 个 IASs 进行改进,我们将在稍后专门介绍。这 13 个 IASs,即上述核心准则体系中的 IAS 1、IAS 2、IAS 8、IAS 10、IAS 16、IAS 17、IAS 21、IAS 24、IAS 27、IAS 28、IAS 31、IAS 33、IAS 40。

(二)IOSCO 评审和认可核心会计准则计划的过程

当时,核心会计准则计划的完成备受各方关注,急切期望 IOSCO 能及早完成评审和认可工作。特别是:

1. 1999 年 6 月,西方七国财长和银行行长会议(G7)发表声明,支持和赞赏民间团体为增加财务信息透明度所作的努力,并希望 IASC 的国际会计核心准则早日完成。G7 还要求证券委员会国际组织(IOSCO)和"巴塞尔银行业监管委员会"(The Basel Committee on Banking Supervision)及时完成对"核心准则"的评审工作,并呼吁所有参与制定会计准则的机构共同努力,使得高质量的、国际性的会计准则可以被制定和遵守。

2. 2000 年,"巴塞尔委员会"重申支持 IASC 为会计国际协调作出的努力,并呼吁建立一套在世界范围通用的会计准则。该委员会的主席还代表银行监管委员会发表了如下的意见:"巴塞尔委员会认为,透明度是实施有效监管、安全和健全的银行制度最为关键的因素。"同时,世界银行也再次强调,世界"五大"会计师事务所不能接受使用有问题的会计准则编制的、或缺乏充分披露的财务报表,换句话说,这些报表必须遵守高质量的和国际认可的会计准则,如 IASC 的国际会计准则。

2000 年 5 月 17 日,IOSCO 正式宣布已对列入核心会计准则计划的 30 份 2000 年准则连同 11 份解释公告通过了评审,并正式向包括美国在内的全世界各主要资本市场推荐使用。

IOSCO 的主席委员会认可的项目评审的决定中说:"IOSCO 相信,通过高质量的、被跨国证券商应用的新的国际公认的会计准则,必能有利于证券的跨国发行和上市",并赞誉"IASC 的努力工作和对世界范围内提高财务报表

质量的贡献"。但决定中也指出,应该按照某一国家或地区的实际对必须提出的突出的重大问题,补充以下的会计处理:

1. 调节(reconciliation)。当采用不同于 IASC 制定的准则中的方法时,要求调节某些项目应用不同方法的影响。

2. 披露(disclosure)。需要在财务报表中表述或在其附注中充分披露。

3. 解释(interpretation)。专门应用于当 IASC 制定的准则中表述不明确或未表态的而准则又允许的特定备选方法或意向的特定解释。

显然,这是考虑到在应用国际公认准则时可能遇到的与特定国家或地区的实际不很切合的重大问题。①

▲ 第四节　重塑国际会计准则委员会的未来

以上已经简略地论述了 IASC 和 IAS 的发展史,从中可以看出,"可比性和改进计划"的成功实施和"核心会计准则计划"的顺利完成,在很大程度上提高了 IASC 和 IAS 的权威,也顺应了国际货币、资本市场和跨国证券上市快速发展的时代需求。IASC 与各方面主动积极的合作,喜结硕果,但它也始终面对着美国 FASB 的挑战。也许更重要的是,它的组织机制依靠的力量是会计职业界的会员团体而不是各国准则制定机构,不像 FASB 那样由专职的专家承担准则的制定工作,则是问题的症结所在。20 世纪 90 年代以来,四个英语国家(美、英、加、澳)组成的 G_{4+1} 集团(IASC 以观察员身份参加)在合并报表、全面收益等重大会计问题上的"联合攻关",乃至在对金融工具的确认和计量问题上 IASC 与 13 国准则制定机构的"联合攻关"②,触发了 IASC 重组的构想。再加上现行组织机制导致的财政困难等等,给 IASC 承担的任务和今后的发展带来很多制约因素。看来,正是在这种背景下,IASC 才在 1997 年提出重组的计划,并为此专门成立了"战略工作组"(Strategy Working Party,简

---

① 参见葛家澍:《国际会计准则委员会核心准则的未来》,载《会计研究》2001 年第 8 期。

② 为了共同突破以公允价值计量金融工具的难关,1997 年,以 IASC 代表任主席,澳大利亚、加拿大、法国、德国、英国、日本、新西兰、北欧五国和美国等 13 国的准则制定机构组成了金融工具国际联合工作组,并于 2000 年 12 月发布了《准则草案和结论基础——金融工具及类似项目的会计处理》的公开征求意见稿。

称 SWP),SWP 于 1998 年底提出了《重塑 IASC 未来》的研究报告,1999 年 11 月向理事会递交了《关于重塑 IASC 未来的建议》的最终报告,并付诸行动。

一、对 IASC 的目标作了新的规定

顺应时代特征的需要,IASC 又于 2000 年 5 月再次修改了它的章程,重组后的受托人会于 2001 年 1 月 1 日启用了这个《国际会计准则委员会基金会章程》。① 为此,又于 2002 年 4 月批准了《国际财务报告准则公告前言》②,取代了 1983 年 1 月公布的修订的《国际会计准则公告前言》。③ 2005 年 3 月受托人会再次批准了对 2000 年《章程》的修订,修订后的《章程》和上述新的《前言》中规定的目标是:

1.为了公众利益,制定一套高质量、可理解并具有实施效力的全球性会计准则,准则应考虑中小规模实体和新兴经济体的特殊要求。这套准则将要求在财务报表和其他财务报告中提供高质量、透明和可比的信息,以帮助世界资本市场的参与者和其他使用者进行经济决策。

2.促使这些准则得到使用和严格的运用。

3.促使各国会计准则与国际会计准则得到高质量的统一。

二、组织结构上的"两院制"转变为"一院制"

战略工作组原先在《重塑 IASC 未来》中提出的建议,简括起来,是新的 IASC 设基金会、理事会和准则制定委员会三个层次,基金会任免理事会成员和准则制定委员会成员,筹集和管理基金;理事会负责审议准则和投票表决;准则制定委员会负责研究和起草准则。这个机制与 IASC 原结构的差别在于,会计准则制定工作由专职成员负责,而不是像以前那样由临时组建的筹划委员会这样的兼职人员负责;技术性讨论落在准则制定委员会这个层次上,理事会更像一个表决机构。因为准则的研究制定和表决通过由两个机构分别负

---

① 1973 年 IASC 成立时发布的《国际会计准则委员会章程》共经过 3 次修订:1982 年 11 月,1992 年 10 月,2000 年 5 月。2000 年 5 月修订后改称《国际会计准则委员会基金会章程》。

② 全文可参阅于小旺(译)、朱海林(校):《国际财务报告准则前言》,载《会计研究》2002 年第 7 期;或,《国际会计准则 2002》中文译本,中国财政经济出版社 2003 年版,第 20～23 页。

③ 现已废止的《国际会计准则公告前言》于 1975 年 1 月公布,1978 年 3 月、1982 年 11 月两度修订。

Accounting

责,因此有人称之为"两院制"。

上述方案受到美国等几个英语国家的反对,经过反复磋商,1999 年 11 月,战略工作组向 IASC 理事会递交了题为《关于重塑 IASC 未来的建议》的最终报告。根据这一方案,除了设立作为基金会的受托人会(Trustees)外,不再分设理事会和准则制定委员会,而是合二为一,称为国际会计准则理事会,即 IASB,这个理事会由专职人士组成,对会计准则有最后的决定权。因为研究制定和表决通过由一个机构负责,因此被称为"一院制"。

三、现行《基金会章程》规定的 IASC 的组织架构以及重组中的实际运作

如前述,IASC 会员大会于 2000 年 5 月批准了新的《国际会计准则委员会基金会章程》(以下简称《基金会章程》)①;2005 年 3 月受托人会又批准了修订的《基金会章程》。现按照这两份《章程》规定的组织架构,结合重组中的实际运作,进行简括的介绍。

新 IASC 的构建,首先是成立提名委员会(Nominating Committee),然后由提名委员会任命受托人,再由受托人会任命国际会计准则理事会(IASB)。随着 2001 年 1 月 IASC 宣布对 IASB 成员的任命,IASC 重组的主要任务就基本完成。另外,受托人会还将任命成立准则咨询委员会(Standards Advisory Council)和常设解释委员会(Standing Interpretation Committee)。

提名委员会成立于 1999 年 12 月,是构建新 IASC 的第一个步骤。提名委员会成员 7 人,由原 IASC 理事会投票确定,美国证券交易委员会主席 Arthur Levitt(列维)担任主席。提名委员会在任命受托人会的首批成员后,其任务就完成了。

(一)受托人会(受托管理委员会)②

根据章程规定,新的 IASC 由受托人会负责监管,会计准则的制定由国际会计准则理事会全权负责。

---

① 全文可参阅《国际会计准则 2002》中文译本,中国财政经济出版社 2003 年版,第 10~19 页。

② 本书第一版将"Trustees"译为"受托人会",后因财政部会计准则委员会在翻译中将其译为"受托管理委员会",为便于读者参阅官方文献,在第二版中改译为"受托管理委员会"。后来,在官方译文中有译为"受托人会",也有译为"受托管理委员会"。因此,在第三版中又改为"受托人会",第四版中再改为"受托管理委员会"。《国际财务会计准则 2004》(中译本)出版,在《章程》中译为"受托人",我鉴于英文为复数 Trustees,觉得译为"受托人会"可能更体现它是组织结构,第五版因而又译为"受托人会"。

　　受托人会由19名具有不同地区及功能背景的个人组成。国际会计师联合会推荐其中的5位,报表编制者、使用者和学术界的国际组织各有1位代表,其余11人为"自由推荐"任命。为了保持地区间的平衡,使其具有广泛的国际基础,首批受托人会成员有6名来自北美,6名来自欧洲,4名来自亚太地区,3名来自其他地区。受托人会成员任期一般为3年,可连任一次。受托人会成员因正常退休或其他原因造成空缺,由受托人会负责选择与即将退休成员具有类似背景的人士替补。首任受托人会主席(即基金会主席)由提名委员会任命,首任受托人会主席退休后,将由受托人会从其成员中指定人选接任。

　　受托人会作为管理和监督机构,负责任命IASB成员,订立与成员的合同并考评成员的工作;任命国际财务报告解释委员会及准则咨询委员会成员;还负责考察IASC和IASB的策略(包括考虑IASB的工作议程),以及对IASB的效率进行监控,为IASC筹集资金,对IASC的预算进行审批及负责批准对章程的修改。受托人会每年至少召开两次会议,其法定人数为60%的受托人亲自出席或通过通讯方式出席,但不能由代理人代表。每位成员有1票表决权,除终止对某个成员的任命和修改章程要求有75%的多数成员赞成外,其他决定只需参与表决的简单多数赞成即可。如果表决时赞成与反对票数相同,主席有额外一票的决定票。

　　2000年5月,提名委员会任命了首任19名受托人会成员,美国前联邦储备局主席Paul A. Volcker(沃克),任国际会计准则委员会基金会首任主席,即受托人会主席。依照2000年的《章程》,受托人(包括受托人会主席)的任期为三年,可连任一次。2005年修订后的《章程》规定:受托人会主席任期三年,可连任一次,主席之前作为受托人的任期不计入主席的任期内。

　　2005年11月,受托人会宣布成立了一个高层次的具有广泛代表性的顾问组来分担受托人提名和任命新受托人的工作。其目的在于加强受托人会与这些全球性或地区性国际组织之间的磋商,顾问组成员有权直接推举新受托人,其最终任命权则属受托人会。但受托人会需对与顾问组相左的决定作出解释。目前,顾问组的9个成员是:世界银行行长、国际货币基金组织主席、证券委员会国际组织(IOSCO)执行委员会主席、金融稳定论坛主席、欧洲中央银行行长、亚洲开发银行行长、美洲开发银行行长、非洲开发银行行长,以及现顾问组主席沃克(原受托人会主席)。这些国际金融和证券监管机构负责人的参与,进一步展示了国际金融和资本市场对国际会计准则制定机构的大力支持和紧密合作。

根据 2005 年 3 月受托人会就《国际会计准则委员会基金会章程》的修订①作出的有关调整各组织机构组成的初步决定,受托人的名额扩大为 22 人,包括欧洲 8 名、北美洲 6 名(其中 4 名来自美国)、亚洲/大洋洲地区 6 名(其中 1 名来自我国)、非洲和南美洲各 1 名。2005 年 12 月,基金会主席沃克宣布了新一届受托人的任命决定:由欧洲中央银行执行委员会创始人员之一托马索·派多亚·夏欧帕继任国际会计准则委员会基金会主席,并新任命了 7 位受托人,连同原受托人留任的共 21 人,以后又任命了 1 人。值得一提的是,此次新受托人的任命,得到了新成立的顾问组的支持。

由于需要出任意大利新政府的财政部长,夏帕欧于 2006 年 5 月离职,由基金会副主席拉斯卡维(P. A. Laskaway)暂代主席。新任主席原荷兰财政部长杰里特·查尔曼(G. Zalm)已于 2008 年 1 月上任。

(二)国际会计准则理事会(IASB)

根据《IASC 基金会章程》,IASB 是国际会计准则的制定机构,对所有技术问题负完全责任,包括国际会计准则和征求意见稿的起草和公布,以及常设解释委员会解释公告的最终批准;就所有项目公布征求意见稿,对重要项目公布原则公告草案或其他讨论性文件,以公开征求意见;完全负责 IASC 日常的技术安排和有关技术问题的项目规划,在进行工作时,可将具体的研究或其他工作分配给国家准则制定机构或其他组织;成立筹划委员会,为重要项目提供咨询。

IASB 有 14 名成员,其中 12 人为全职成员,2 人为兼职成员。IASC 按各成员承担的职责向其支付报酬,金额由受托人会确定。每个 IASB 成员应承诺为公众利益服务,在准则制定过程中代表个人,实施职业判断时不受任何组织和地区利益的影响。全职成员中的 7 人还负有与相应国家准则制定机构进行正式联络的责任,以推进国家会计准则与国际会计准则的协调。2005 年修订的《基金会章程》废除了此"7 人联络员"条款。

IASB 成员由受托人会任命,其中至少有 5 名具有执业审计师的背景,至少有 3 名具有编制财务报表的经验,至少有 3 名具有财务报表使用者的背景,至少有 1 名具有学术背景。理事会成员任期 5 年,可连任一次。

受托人会任命 1 名全职成员担任 IASB 主席,IASB 主席同时也是 IASC 的首席执行官。任命 1 名全职成员为副主席,副主席仅在主席缺席时主持工作。

IASB 成员每人有 1 票表决权。公布征求意见稿、国际会计准则终稿和解

---

① 参见第四小节中的阐述。

释公告终稿要求得到 14 名成员中的 8 名赞同。IASB 的其他决议,只需参加会议成员中的简单多数赞成即可,但该次会议至少有 60％的成员亲自出席或通过通讯方式出席。

IASB 成员选定的首要条件是技术专家,不考虑地区因素。受托人会选择 IASB 成员,应使 IASB 组成人员具有相关国际业务和市场情况的技术和经验的最佳组合,以制定出高质量的全球性的会计准则。新修订的《基金会章程》中,IASB 成员选定条件变更为"专业的胜任及实际的经验",并提出受托人会在选定 IASB 成员过程中应确保理事会不被特定的团体和某地区的利益所垄断。为此规定了如下 8 条 IASB 成员标准:(1)技术能力强,且通晓财务会计和报告;(2)具有分析能力;(3)交流的能力;(4)具有公正地作出决策的能力;(5)对财务报告环境具有较强的意识;(6)具有合作能力;(7)具有较强的纪律性;(8)承诺为 IASC 和公众利益努力工作。

2001 年 1 月,受托人会任命了 IASB 成员。主席为英国人 Sir David Tweedie(泰迪),曾担任英国会计准则委员会(ASB)第一位专职主席,也是 G_{4+1} 集团的首任主席。

在 2005 年修订的《基金会章程》中规定了 IASB 制定准则应进行的程序,由强制性的和非强制性的步骤组成。强制性的步骤是:准则咨询委员会将议题增加到 IASB 的议程;发布表决通过的征求意见稿以供公众评论,其中应包含投反对票成员的意见;在评论期内充分考虑所有的评论;发布的准则由至少 9 名成员批准,准则中亦应包含投反对票成员的意见。非强制性步骤包括:在征求意见稿前应先发布讨论稿,组建工作组,举行听证会等;如果 IASB 不予采用,应作出详细的解释。

在修订的《基金会章程》中,对 IASB 的理事名额(含 2 名兼职理事)保持不变,但放宽了对理事专业背景的要求,即对此不再作出具体的数量化要求,而是要求理事会由具有审计、报表编制、使用和学术方面经验的人士组成。表决通过的票数则由原定的简单多数改为 9 票。2005 年 12 月,沃克在宣布新一届受托人的任命决定时,同时宣布了再次任命泰迪为 IASB 主席,任期为 5 年,以保持工作的成效和连续性。2006 年 11 月,我国证监会首席会计师张为国曾被任命为 IASB 理事,目前,IASB 仍由 14 位全职、兼职理事组成。

(三)准则咨询委员会

准则咨询委员会(SAC)成立于 2001 年,是不同地区、不同功能背景的组织和个人向 IASB 和受托人会提供建议的正式渠道,由大约 30 名具有不同地区和职业背景的成员组成,IASB 主席为其主席,由受托人会任命,任期 3 年,可连任,以后递增至 49 名。准则咨询委员会的职责是,向 IASB 提供有关理事会工作的议程决议和优先项目的建议,通告 IASB 在 SAC 中有代表的组织和个人对重要准则制定项目的观点,向 IASB 或受托人会提供其他建议。咨询委员会每年至少召开三次会议,会议向公众公开。

准则咨询委员会的目的是为了实现广泛性和各方面的代表性的平衡,包括职业和地区的平衡。准则咨询委员会将代表准则制定过程中各个不同的方面,成为 IASB 和受托人会获得建议和思路的关键渠道,我国已入选准则咨询委员会。

在 2005 年 3 月受托人会对《章程》的修订作出的有关调整各组织机构组成的初步决定中,将 SAC 的委员名额从当时的 49 人减少到 35 至 40 人;在人选上不再强调技术性,而更重视战略考虑;SAC 主席改为由 IASB 主席和理事之外的兼职人员兼任,由受托人组成的提名委员会确定主席(可能还设一名副主席)和委员人选,提交受托人会决定。受托人会于 2005 年 7 月批准了 SAC 规程,但这只是作为一份"运作层面"的文件,不构成《基金会章程》的组成部分。

2005 年 10 月,受托人会宣布了重组后的 SAC 成员名单。此次重组主要包括:(1)任命尼尔森·卡瓦略(巴西圣保罗大学会计和财务学教授)为主席,(2)修改并形成 SAC 新章程,(3)任命新的 SAC 成员。重组后 SAC 的成员为 40 名,包括非洲 2 名、亚太地区 9 名(其中 1 名来自我国)、欧洲 14 名、拉丁美洲 3 名、中东 1 名、北美 4 名、国际组织代表 7 名[分别来自巴塞尔银行业监管委员会、国际保险监管协会、国际会计师联合会(IFAC)、国际货币基金组织、证券委员会国际组织(IOSCO)、联合国贸易和发展委员会、世界银行]。此外还有 3 个组织作为 SAC 的观察员,它们是欧盟委员会、日本金融服务局和美国证券交易委员会(SEC)。

(四)国际财务报告解释委员会

国际财务报告解释委员会的职责是,根据 IASB 的要求或根据 IASC《框架》,对国际会计准则的应用进行解释;公布解释公告草案以及公开征求意见;向 IASB 报告并获得 IASB 对解释公告的批准。委员会包括 12 名成员,由受托人会任命,任期 3 年,可以连任。由受托人会任命 IASB 的 1 名成员、技术活动主管或 IASB 工作人员中的 1 名高级成员、或其他条件合适的个人为 IF-RIC 的主席,主席有权对正在考虑的技术问题发言,但没有投票权。IFRIC 每次会议必须至少有 9 名成员出席,理事会主席可派 1～2 名理事会成员作为无表决权的观察员参加会议。每位成员有一票表决权,不许委托投票。批准解释公告草案或终稿的要求是对该草案或终稿投反对票的有表决权的成员不超过3位。会议向公众公开。

四、修订现行《基金会章程》的过程

IASC完成全面重组后,经过七年来(至2008年1月)的实际运作,基于各方面的意见,正对2005年修订的现行《国际会计准则委员会基金会章程》进行全面修订,并且要求受托人会每5年要对《章程》进行修订。其"章程委员会"于2003年11月成立,并先后在纽约、伦敦、东京、墨西哥城召开了四次公开听证会,2004年10月的第四次公开听证会是最后一次。章程委员会已就可能的修订达成了初步意见,将在会后进一步进行研究考虑。它们主要涉及如下的10个方面:

(1)对中小主体和新兴经济的特殊考虑;

(2)受托人的地理分布和职业背景;

(3)受托人的监督职责;

(4)国际会计准则委员会基金(IASC Foundation)的筹集;

(5)国际会计准则理事会(IASB)的构成;

(6)IASB的联络国关系;

(7)IASB的咨询安排;

(8)IASB的投票程序;

(9)国际财务报告解释委员会(IFRIC)的资源和有效性;

(10)准则咨询委员会(SAC)的构成、职责和有效性。

我们赞赏新IASC这种及时协调各方面的利益和权责关系的举措,相信将进一步提高IASC、特别是IASB在准则制定中的凝聚力。

在2005年3月举行的受托人会议对《基金会章程》的修订,主要涉及调整各组织机构的组成,我们在第三小节中已经述及。2007年10月,受托人会宣布,对《基金会章程》的全面修订,在2008年进行,这涉及上述10个方面的实质性问题。

2008—2009年《章程》的修订处于第1阶段,主要有两点:其一是建立一个新的监督小组,其二就是IASB成员扩充为16名。

1. 2008年2月,IASC Foundation(基金会)提议建立一个监督小组Monitoring Group,以加强Trustees(受托人会)对公众的责任。监督小组的成员来自政府机构和证券市场监管者。监督委员会主要负责监督资金的筹集情况和年度预算。

2.2008 年 4 月,对《章程》的修订正式开始。其活动基本上是开圆桌会议,对以上两点进行讨论。其中,2008 年 6 月的伦敦会议对监督小组有了初步的决定:

(1)监督小组将参与受托人的任命程序,并有权批准受托人的任命。

(2)监督小组将对受托人如何履行《章程》中规定的责任提出建议。

(3)监督小组成员由欧盟代表,国际货币基金组织理事,IOSCO 主席,IOSCO 技术委员会主席,美国、日本证券委员会主席,世界银行主席组成。

3.2009 年 1 月对 16 名成员组成进行讨论:

(1)4 名来自亚太地区;

(2)4 名来自欧洲;

(3)4 名来自北美;

(4)1 名来自非洲;

(5)1 名来自南美;

(6)两名可以来自任何地区,但要保持地域性的平衡。

4.对《章程》的修订的第 2 阶段,IASC 基金会提出 4 个主要议题:

(1)国际会计准则是否应该拓展适用范围至非营利机构和公众部门?

(2)《章程》是否也应用原则性基础?

(3)IASB 是否应对"紧急事件"有正式的处理程序?

(4)IASB 是否应该在国际会计准则的翻译问题上扮演更重要的角色?

五、IASB 在制定国际财务报告准则(IFRS)方面的进展

国际会计准则理事会(IASB)自 2001 年 4 月开始运作以来,其创新意识和据以制定的工作计划令人瞩目。

1.IASB 与各主要国家的准则制定机构建立了良好的合作关系,特别是与美、英、加、澳、德、法、日等 7 国的准则制定机构建立了战略协作伙伴关系,这就改变了 IASC 原理事会长期以来把国际准则与国家准则的协调化工作主要放在准则制定之后的做法。

2.IASB 把今后将发布的准则,定名为国际财务报告准则(IFRS),IFRS 还将涵盖非财务信息方面的准则(如环境报告准则和可持续发展报告准则);2001 年 7 月召开的首届准则咨询委员会明确提出,IFRS 不仅要考虑上市公司对国际会计准则的需求,还应该考虑非上市公司、中小企业及新兴市场经济国家的需求,这已体现在 2005 年修订的《基金会章程》对 IASC 的目标的表述中(见第一小节)。

3.明确了制定国际准则的思路,确立了"原则基础"的准则制定模式。2002年2月和4月,IASB主席David Tweedie(泰迪)爵士先后在美国参议院"银行、住户和都市事务委员会"以及美国国会财政委员会的听证会上,对IASB和FASB准则的制定模式作了评价,他认为:FASB的"规则基础"准则制定模式容易导致去寻找"准则在那里规定我不能做"的心态,其结果是,详细的规则往往被别有用心的公司和个人通过精心的交易策划来规避;规则基础模式也不利于公司和CPA发挥专业判断,诱使他们过分关注准则的细节规定,而忽略对财务报表整体的公允性判断;而原则基础模式则有助于培育以专业判断来取代机械套用准则的弊端。但Tweedie也承认,原则基础模式必须以公司和CPA能以维护公众利益为己任来进行专业判断为前提。

4.制定了准则立项的远景规划,在首届准则咨询委员会上将准则立项分为四类:

(1)旨在确保准则中的领袖地位促进准则趋同化的项目,包括企业合并、保险合同会计、业绩报告、股票期权报告等;

(2)旨在便于运用IFRS的项目,包括首次运用IFRS指南(已于2003年6月发布为IFRS 1)、金融业务、披露和列报等;

(3)旨在完善现行准则的项目,包括IFRS前言(已发布),现行准则的改进(已于2003年6月在《改进国际会计准则》项目中发布了改进后的13个IASs)、IAS 39的修订(已在2003年12月发布了对IAS 39和IAS 32的修订)等;

(4)其他项目,包括与IASB有战略协作关系的国家准则制定机构正在修订或制定中的16个准则,IASB将与它们合作,确保这些项目上的差异能被及时发现和解决。

按照IASB原定的规划,全球性会计准则将分两个阶段实现。在今后3至5年内先确保发达国家之间(主要是美国与含英国的欧盟各国)的会计准则趋同化,只有这个目标实现后,才有可能将注意力转向中小企业及新兴市场经济国家的信息需求。但后者已提前启动。

5.2002年6月,IASB又启动了一个新的工作计划,在已列入初始工作计划中的"企业合并"(已于2004年3月发布为IFRS 3)、"业绩报告"、"以股份为基础的支付"(已于2004年2月发布为IFRS 2)、"保险合同"(已于2004年3月发布为IFRS 4)等首批优先项目之外,又将"合并财务报表和特别目的实体"、"收入的定义和确认及相关负债"、"保险合同——在现有IASs中的运用"(已纳入IFRS 4)、"金融风险的披露"等列为优先项目。

6.2002 年 10 月,与美国 FASB 签署了《诺沃克协议》(诺沃克为 FASB 所在地),执行一项"短期国际趋同计划",双方在 2003 年完成主要差异确认,并在 2005 年做到减少或消除这些差异,截至现在,已完成多个项目的趋同计划。

六、IASB 的工作成果

应该充分肯定 IASB 这八年来的工作成果,现总括以上的阐述,列示其主要成果如下:

1. 制定发布了 9 个 IFRSs、4 个 SICs 和 19 个 IFRICs[参见第三节一、(二)和(三)]。

2. 制定发布了《改进国际会计准则》项目,对 13 项国际会计准则进行改进,发布改进后的各项准则[参见第三节一、(二)和(三)]。

3. 制定发布了对 IAS 39 和 IAS 32(2000 年修订版)进行修订的《修订后金融工具准则》;制定发布了取代 IAS 32 的披露部分和 IAS 30 的 IFRS 7《金融工具:披露》;以 IFRS 9 分步骤取代 IAS 39。2009 年 11 月发布的 IFRS 9,提出了在 2010 年加入对金融负债分类和计量的新要求,以及对金融工具的终止确认、金融工具的减值、套期保值会计的新要求。预计到 2010 年底,所有的新内容将加入 IFRS 9 之中,从而全面取代 IAS 39,这些新要求将在 2013 年 1 月 1 日生效。

4. 为准备修订《编报财务报表的框架》进行了项目研究(参见第二节)。

5. 提前启动了中、小规模主体会计准则项目。已于 2006 年 8 月 4 日非正式征求意见。

6. 除金融工具会计准则项目外,列入优先项目积极进行开发的,主要还有企业合并和合并财务报表的新准则(其中已制定发布企业合并的新准则 IFRS 3)以及全面收益准则,在开发过程中与 FASB、ASB 等紧密合作。

7. 与 FASB 的"短期国际趋同计划"进展顺利,但看来主要只是减少现存差异。

8. 制定发布了《国家会计准则制定机构与国际会计准则理事会未来关系的谅解备忘录》草案(2005 年 3 月),其目的在于构建各国会计准则制定机构与 IASB 的未来关系,协调双方工作,明确在建立全球统一的高质量、可理解、可执行的会计准则的过程中各自的作用,在广泛征求各国会计准则制定机构意见后,在 2005 年 9 月举行的世界会计准则制定机构会议上再次进行了讨论。与此同时,IASB 积极走访各主要国家,与其准则制定机构会谈协商,达成协议。例如,从 2004 年起,多次与日本会计准则委员会和我国会计准则委员会举行会晤、工作会谈,协商与 IFRS 的趋同意向和规划,扩大了共识,加强了交流合作,在具体项目上取得了不同程度的进展。

9.制定了技术更正(technical correction,TC)政策(2005 年 10 月)。所谓"技术更正",是指在 IFRS 的措辞显然不能恰当地反映 IASB 的意图,即使结合该准则的结论基础及应用指南来考虑时也是如此的情况下,应更改准则的措辞,做到恰当反映。它不同于编辑性的更改(如拼写或数字差错或准则段落的接引错误)。IASB 决定采取"快速"程序处理技术更正性问题,以求时效。简言之,即由 IASB 工作人员认定问题(必要时还须提请 IFRIC 议程委员会评估),并拟定修改建议稿,在 IASB 会议中讨论并作出决定,在 IASB 网站发布公开征求意见(期限 30 天),工作人员在分析收到的反馈意见后提交 IASB 再次开会讨论,而后以电子版的形式发布该项准则的修改稿。

这一新政策的采用,除了使因相关准则的修订或新准则的制定而导致某项准则的局部修改外,还包括了由于"技术更正"而作的局部修改,并且保证了修改的时效性。

10. IASB 于 2007 年 7 月与中国财政部在北京共同举办了新兴市场与转型经济国家会计国际趋同研讨会,会上通过了《推动新兴市场与转型经济国家会计国际趋同的北京倡议》(简称《北京创议》)。与会代表包括 IASB 的首脑,世界银行、联合国的主管官员,以及来自澳大利亚、印度、巴西等新兴市场和转型经济及发达国家和地区政府部门、会计组织的 150 多位代表。

七、二十国集团领导人金融市场和世界经济峰会对国际会计准则制定机构工作及国际趋同提出的要求

2008 年 11 月,二十国集团①领导人在华盛顿举行金融市场和世界经济峰会。会议发表的宣言指出,在世界经济和国际金融市场面临严重挑战之际,二十国集团领导人决心加强合作,为全球经济增长共同努力,实现世界金融体系的必要改革。改革金融市场的基本原则是:

1.增强透明度和受托责任;

---

① 二十国集团成员包括美、英、法、德、意、日、加、俄组成的八国集团和中国、阿根廷、澳大利亚、巴西、印度、印度尼西亚、墨西哥、沙特阿拉伯、南非、韩国、土耳其等十一个新兴国家。按照惯例,国际货币基金组织与世界银行列席该组织的会议。二十国集团的 GDP 总量占世界的 25%,人口约 20 亿。

2.加强监管；

3.保护金融市场完整性；

4.加强国际合作；

5.改革相关国际金融组织。

宣言附了一份《行动计划》，要求各国财政部长应在 2009 年 3 月 31 日完成《行动计划》所规定的工作和追加的研究工作，后者包括研究全球会计准则及趋同要求。

（一）短期计划（2009 年 3 月 31 日前完成）

1.全球主要会计准则制定机构应加快规范准则对表外工具的会计处理和披露中的落弱环节；

2.监管机构和会计准则制定机构应提高对金融市场参与者披露复杂金融工具的要求；

3.国际会计准则制定机构的治理结构应进一步改进，包括审议其理事构成，并在独立准则制定机构和有关方面之间建立恰当的联系。

（二）中期计划

1.全球主要会计准则制定机构应深入合作，以建立全球单一高质量会计准则的目标；

2.监管机构、监督机构、会计准则制定机构在恰当的时候应相互合作，并与私营部门持续合作，以确保高质量会计准则得到一致的应用与执行。

3.金融机构应在其报告中加强风险披露，并在持续一致的基础上，按照国际最佳实务披露其所有损失。监管机构应确保金融机构的财务报表按照一致、规范的基础，完整、准确、及时地披露公司各种活动的信息（包括表外活动）。

二十国集团领导人将于 2010 年 4 月 30 日之前再次举行会议，审议上述工作和原则的完成及落实情况。

八、国际财务报告准则 XBRL 分类标准制定的工作机制和最新进展

国际会计准则委员会基金会（LASCF）XBRL 项目组（XBRL-IASB）是 LASCF 的一个研发团体，其主要使命是受 LASCF 委托，对 IFRS 提供技术支持，保证基于 IFRS 的 XBRL 分类标准与 FRS 具有同样的质量。

XBRL-IASB 是一个相对独立的组织，其经费来自基金会的专项经费，直接向 LASCF 全体受托人汇报工作，与 IASB 没有直接关系，其成员在 IASB

中均未任职。

XBRL-IASB 目前共有 12 个成员,主要由会计专家(会计准则制定者)、信息技术人员和计算机技术人员构成,会计专家在 IFRS-XBRL 分类标准制定过程中具有重要作用。

XBRL-IASB 是 XBRL 国际组织的八个发起人之一,是具有 XBRL 国际组织正式权限的成员,与 XBRL 国际组织有良好的合作关系,双方的合作主要是通过联席会议、视频会议、电话或电子邮件等形式进行交流,不互派常驻人员。

九、当前 IFRS 在全球范围内被采纳的情况

IASC 重组后提出的"制定一套高质量、可理解和可执行的全球会计准则"方针,得到了许多国家和国际组织的支持。

(一)主要国家的采纳情况

在第四章,我们已介绍了欧盟首先承诺从 2005 年初其成员国上市公司开始执行 IFRS,并于 2002 年 7 月启动了法定程序的情况。此外,宣布从 2005 年初起执行 IFRS 的国家还有澳大利亚、新西兰等国。英国 ASB 已决定并开始不再自行制定和发布新准则,而只发布将 IASB 采纳的 IFRSs(包括继续有效的 IASs)适用于英国的相关准则(参见第三章的论述)。日本证券市场监管机构金融服务局于 2004 年 6 月建议,允许上市公司按 IFRS 编报财务报表,同时说明与按日本公认会计原则编表的主要差异。加拿大会计准则委员会(ACSB)于 2006 年 1 月启动一项使加拿大会计准则与 IFRS 趋同的计划。意大利议会在 2005 年 2 月立法,允许在境内采用 IFRS 并对不同类型的企业制定了不同的具体实施方案。又如第三章第七节中所述,俄罗斯杜马也通过决议,对那些采用美国 GAAP 的大型公司,从 2008 年起也要采用 IFRS。马来西亚、新加坡、爱沙尼亚等国则早在 2003 年起已开始执行 IFRS。美国 SEC 也可能在一定时期后宣布不一定要求在美国证券市场申请上市的外国公司援用美国会计准则而允许应用国际准则(目前仍要求按照 IFRS 编制财务报表的公司,在美国发行证券时必须按照美国 GAAP 对报表进行调整),因为这样才能降低在美国上市的外国公司的筹资成本,使美国资本市场在全球竞争格局中继续领先。2004 年 10 月 15 日,SEC 发表其首席会计师唐纳德·尼科尔 9 月 28 日在 IASB 的"国家准则制定机构会议"上的讲话,该讲话中指出,如果 IASB 能继续保持目前的独立地位并制定、发布高质量的准则,而且能形成一套良好的程序,他个人认为,SEC 将来一定能取消前述规定;2005 年 11 月 15

日,SEC 新任主席克里斯托弗·考克斯又重申,SEC 积极鼓励全球趋同和协作;近期,欧盟也与美国 SEC 讨论了"取消调整要求"问题。

以下再引用几份国际调查资料,来说明全球主要国家采纳 IFRS 的情况:

1.普华永道、安永、毕马威、德勤、德豪、均富等六大国际会计师事务所于 2003 年 2 月联合发表了《会计准则趋同——2002 年全球调查》的调查报告,在 59 个受访国家和地区中,超过 90％的国家和地区有意与 IFRS 趋同,而且,其中 72％的受访国家和地区已经制定了具体的政策和进度。

2.德勤国际会计师事务所对全球 132 个国家和地区截至 2003 年 12 月 31 日采纳 IFRS 的情况统计结果见表 5-6。

表 5-6　全球采纳 IFRS 的情况
2003 年 12 月 31 日

情况归类	国家和地区数	所占百分比(％)
1.已经要求国内所有上市公司采用 IFRS 的	36	27
2.宣布将于 2005 年起要求所有上市公司采用 IFRS 的	30	23
3.要求国内部分上市公司采用 IFRS 的(包括中国)	8	6
1.允许所有上市公司采用 IFRS 的	37	28
2.禁止国内上市公司采用 IFRS 的	47	35

资料来源:根据王清刚、李庆有:《全球会计准则的提出与 IAS/IFRS 的发展动向》一文中的表述制表,见《中国注册会计师》2004 年第 4 期。

由表 5-6 可见,在 132 个国家和地区中,"要求"国内上市公司和外国上市公司都采用 IFRS 的数目(36)与"允许"国内上市公司和外国上市公司(或是没有外国上市公司)都采用 IFRS 的数目(37)大体相当;"要求"国内上市公司必须采用本国准则的数量还相当多(47),这显示了"民族主义情结"的影响,也显示了推进国际准则与国内准则的趋同化仍然需要努力。

有关的近期资料显示,根据德勤国际会计师事务所网站关于 IASB 的更新资料,至 2008 年 2 月,在 157 个司法管辖区内,对国内上市公司:

(1)不允许采用 IFRSs 的有 32 个;

(2)允许采用 IFRSs 的有 24 个;

(3)部分要求采用 IFRSs 的有 4 个;

(4)全部要求采用 IFRSs 的有 82 个;

(5)有 15 个在境内没有证券交易所。

在允许或要求采用 IFRSs 的 114 个(24＋4＋82)司法管辖区内:

(1)有 75 个管辖区内的审计报告提到 IFRSs 的遵从情况;

(2)有 32 个管辖区内的审计报告提到遵从当地 GAAP 或采用 IFRS;

(3)有 1 个管辖区内的审计报告提到有些公司遵从当地 GAAP,而其他公司则采用 IFRSs 的情况;

(4)有 2 个管辖区的资料未能取得。

关于各国采用国际会计准则的情况,2009 年德勤做了一个非常详细的列表,统计了国际会计准则在全球被采纳的情况(不仅区分了是否采纳,而且还细分了采纳的范围是上市公司还是合并报表)。

这个统计表随时更新。读者可在需要时参阅这个表。具体的网址是:http://www.iasplus.com/country/useias.htm。

(二)重要国际组织的采纳情况

几乎所有的重要国际组织,如 IOSCO、世界银行和国际货币基金组织、OECD、西方八国集团、巴塞尔银行监管委员会以及 IFAC、IAASB、联合国会计和报告准则政府间专家工作组等,都先后发表声明,认可和支持 IASB 主导的全球会计准则。

(三)几份国际调查资料

以下应用几份国际调查资料来说明全球采纳 IFRS 的情况:

1.普华永道、安永、毕马威、德勤、德豪、均富六大国际会计事务所于 2003 年 2 月联合发表了《会计准则趋同——2002 年全球调查》的调查报告,在 59 个受访国家和地区中,超过 90%的国家和地区有意与 IFRS 趋同,而且,其中 72%的国家和地区已经制定了具体的政策和进程表。

2.根据 IASB 网站对全球 85 家证券交易所的统计,截至 2003 年 12 月 31 日,已接受上市公司按 IFRS 编制财务报告的共 70 家,占 82%。另据 IASB 网站的不完全统计,截至 2003 年 12 月 31 日,全球已有上千家公司直接采用 IFRS 或在财务报告中将 IFRS 信息作为补充信息提供。世界银行、德意志银行、法国航空公司、汉莎航空公司、雀巢公司、菲亚特公司、阿迪达斯等超大型公司则从 2002 年起就开始采用 IFRS 编制财务报告。

3.欧盟委员会于 2005 年 3 月公布了对其 25 个成员国和 3 个欧洲经济区成员国采用 IFRS 情况的调查结果。这项调查是针对欧盟第 1606(2002)号法令中未作明确规定要求按 IFRS 编报的非上市公司或母公司的单独财务报表进行的。

(1)对于上市公司单独财务报表,除 5 个国家禁止采用,1 个国家尚未确定外,其余 22 国均要求或允许采用。

(2)对于非上市公司合并报表,28 国均要求或允许采用 IFRS,但 5 个国

家规定了一定范围的排除(例如小企业、除银行外的企业等)。

(3)根据第 1606 号法定规定,只公开发行公司债券的公司可延至 2007 年采用 IFRS,但 15 个国家未予延期。

(4)对于在境外上市并采用非欧盟会计准则的公司,只有 6 个国家延期到 2007 年采用 IFRS。

4.联合国贸易和发展大会于 2006 年 2 月发表了《国际财务报告准则的实际应用问题评论》,一方面总结了近年来在世界各地采用 IFRS 的企业数剧增的情况,同时也指出了随之出现的实际问题,如制度冲突、执行机制、技术问题等。这说明 IFRS 在向全球推广的过程中,仍面临着诸多挑战。

5.如前述,根据德勤国际会计师事务所网站的更新资料,至 2008 年 2 月止,在 157 个司法管辖区除了 15 个在境内没有证券交易所外,对国内上市公司允许采用 IFRS 的有 24 个,部分要求采用的 4 个,全部要求采用的 82 个,共 110 个,占 77.46%;只有 32 个不允许采用,占 22.54%。

十、对"重塑 IASC 未来"的回顾与展望

在进入 21 世纪之时,新的 IASC 组织架构,已经仿照"FASB 模式"基本完成,并且开始运作了。不必讳言,IASC 的这次重组是由美、英等英语国家主导的,特别是美国从一向不支持 IASC 的工作,转变为积极主动地参与这次 IASC 的改组活动。在 IASC 的机构全面重组中,受托人会和 IASB 的主席,1 名来自美国,1 名来自英国;IASB 的 14 名成员中有一半来自这两个国家,IASC 是否会成为"富人俱乐部"、"G_{4+1}(英语国家准则制定机构组成的)俱乐部"、乃至"美英俱乐部",曾备受人们关注。2001 年 1 月 31 日至 2 月 1 日,G_{4+1} 在伦敦召开会议,发布公告停止一切活动,宣告解散,以"全力支持 IASB 在世界范围内促进会计准则趋同化的努力"。G_{4+1} 这一高姿态的行动起了很好的释疑作用,受到国际社会的赞扬。

回顾"重塑 IASC 未来"的运作情况,本书著者提出以下见解:

1.对于美国 SEC 与 FASB 态度的转变,至少结束了 FASB 与 IASC"对立"的局面,当然其转变也有本身利益关系的驱动,试看以下的历程:

(1)1996 年 10 月,为了鼓励更多的外国公司在美国资本市场上筹资,同时为了减少不必要的报表调整费用,有利于降低外国公司的筹资成本,美国国会要求 SEC 报告国际会计准则的进展情况,并希望能够成功制定一套国际公认的会计准则,供打算在美国上市的外国公司使用。正是在这样的背景下,SEC 在经过与 IASC 对话后,才宣布有条件支持 IASC 制定一套可以用于跨

国上市公司财务报表的会计准则的。

(2)1996年,SEC宣布,它支持IASC制定用于跨国融资活动的国际会计准则,但是它同时又提出,它只接受能够导致可比性、透明度和充分信息披露的高质量的会计准则;以后,SEC主席Arthur Levitt也在多种公开场合表示,他支持IASC制定高质量的、符合SEC三个条件的国际性准则;2000年2月,SEC发布了一份公告再一次表态,寻求在更大范围内使用国际会计准则的可能性。2005年11月,SEC新任主席克里斯托弗·考克斯又重申,SEC积极鼓励全球趋同的协作。

(3)早在1988年,FASB就以观察员的身份参加IASC理事会;1991年,FASB宣布,它支持国际性准则(当时指的不一定是IASC准则,例如,曾酝酿由G_{4+1}来制定国际准则)的制定;从1994年到1997年,FASB与IASC先后合作制定了《每股收益》和《分部报告》等准则;1998年底,FASB发表了《国际会计准则的制定:着眼于未来》(International Accounting Standards Setting:A Vision for the Future)的报告,再一次提出建立高质量的国际性准则的重要性;从1999年开始,FASB与其他一些国家准则制定机构一起被邀请参与IASC的重组工作。

但这些也都说明,SEC和FASB政策的转变,仍是企图以"美国模式"去影响乃至主导国际准则的制定。然而,在我看来,不能过早地肯定这就是坏事,应该承认,FASB有其可借鉴的成功经验。这几年来,从IASB运作的实际情况看,也不是听凭美国说了就算的,这应该是一个良好的开端。

2.由专职专家制定会计准则的架构,是无可厚非的。IASC重组后,新的IASB的职能与原理事会有很大不同,它将不再考虑地区代表性问题,而是由认定为国际上会计技术最强的专家组成,其苛刻的资格条件,很难避免美英及其他英语国家在国际会计准则制定中占主导地位,当前只能接受这个(也许是痛苦的)事实。

我们寄希望于,重组后,IASB将实现《基金会章程》中进一步增强独立性和公开性的精神。根据《基金会章程》,IASB的专职成员只代表自己,不允许存在其他任何雇佣关系,不得保持任何会产生经济动机的身份,从而避免影响他们在制定会计准则时进行判断的独立性;IASB、准则咨询委员会和常设解释委员会的会议,除有关人事问题的会议外,都对公众公开,以增强国际会计准则制定的透明度。使这些专家们摆脱本国利益的阴影,公正地为全世界公众服务,也能公开地接受全世界公众的监督。

3.准则咨询委员会的组成备受关注,它是否能实现广泛性和各方面的(包括职业和地区代表性的)平衡,将是 IASB 是否能听到来自全球、特别是发展中国家的呼声的试金石。2005 年冬 SAC 的重组正体现了这一点。

4. 值得我们关注的是,对国际准则趋同化的前景,要有一个实事求是的评价,盲目的急于求成的急躁情绪是没有根据的。因为,国际环境趋同的过程不可能超越全球经济一体化的进程,而且难免有曲折;国别会计准则与国际会计准则之间的某些矛盾仍然会在一个不太短的时期内存在,并时有消长。我们已论述过成文法系与不成文法系国家之间的法律环境还难以趋同的问题和协调对策;论述了 IOSCO 在评审、认可和向国际资本市场推荐 IASC 核心准则体系时,提出的应按照某一国家或地区的实际,对突出的重大问题补充"调节"、"披露"、"解释"等会计处理的建议;介绍了欧盟在采纳 IFRSs 时的"先技术层次,后立法层次"的"双层认可机制"。而且,这里还要指出,已经出现了欧盟的"部分地"、"有保留地"采纳国际准则与 IASB 要求采纳所有国际准则的分歧。

欧盟于 2004 年 11 月一方面认可了 IASB《改进国际会计准则》项目的 13 项改进后 IASs 以及新制定发布的 IFRS 3、IFRS 4 和 IFRS 5,但对 IFRS 2 决定延期讨论表决;2004 年 12 月,又通过了只是有保留地采用 IASB 于 2003 年 12 月修订的 IAS 39,因为 IAS 39 禁止将公允价值选择权应用于负债,与欧盟第 4 号指令相违背;同时又认为,允许对基于投资组合的核心存款的利率套期采用公允价值套期会计,只能是非强制性的;建议 IASB 对这两项考虑修订。而 IASB 主席 Tweedie(泰迪)则一方面表示意识到欧盟认可所有国际准则面临的挑战;另一方面则批评这种部分地采用的做法,将带来破坏准则内在完整性和一致性的风险,并将使准则的一致运用面临更多的困难。鉴于将公允价值选择权赋予企业的规定,导致欧盟及其他国际组织的质疑(如巴塞尔银行监管委员会),IASB 在充分考虑这些意见后又对 IAS 39 进行了修改,增列了限制性的约束条件,获得欧盟的最终认同和接受(参见第十章第一节第四分节的论述),这说明,IASB 也在努力避免出现 IFRS 只被部分或有保留地采纳的局面。又如,主张所有以股权为基础的支付(包括雇员股票期权)费用化的 IFRS 2,经协商和折中后,欧盟也于 2005 年 2 月正式批准了 IFRS 2。这种曲折的过程,估计今后仍会出现。

还可以举一些例子。如美国 FASB 在 IAS 2 已取消了存货计价的后进先出法之后,在 2004 年 11 月发布的 SFAS 151《存货成本》中,仍允许采用后进先出法;日本会计准则委员会(ASBJ)对 IFRS 3《企业合并》中接受 FASB 在 SFAS 141 的主张取消权益结合法,表示了异议,等等。如何在这些分歧出现后通过当事各方的协商进行协调,无疑是对双方专家们的智慧和毅力的考验。我们认为,尽管有时只可能是一定程度上的折中妥协或只能作一些技术处理,但在协调、趋同的道路上总是会不断前进的。

研 讨 题

5-1 你认为 IASC 的发展战略在主流方面是否成功? 如果是,还有哪些不足之处?

5-2 为什么说 IASC 的"可比性和改进计划",对提高 IAS 的权威性起了重大的作用?

5-3 你认为 IASC 与 IOSCO 是在什么背景下达成"核心会计准则计划"的协议的?

5-4 你是否认为 IASB 已采纳的 IASC 于 1989 年发布的《编报财务报表的框架》亟须修订?

5-5 IFRS 与 IAS 这两个词有什么联系和区别?

5-6 你对"重塑 IASC 的未来"的构想和至今的实施情况,有什么评价?

5-7 重组后的新 IASC 是否已成为"美英俱乐部"? 你有什么看法?

5-8 在制定高质量的国际会计准则的过程中,需要考虑发展中国家的哪些要求?

5-9 在新的 IASC 的架构和运行中,突出的问题是协调美英和英语国家与欧洲大陆国家间的关系,还是发达国家与发展中国家的关系呢?

5-10 你认为,截至目前,在体现高质量准则方面,IAS 与美国的 FAS 孰优?

5-11 你对 IASB 在制定 IFRS 方面的进展有何评价?

5-12 就欧盟和美国的准则制定机构与全面重组前后 IASC 的关系进行对比分析,发表你的观点。

Accounting

第 六 章

物价变动会计的基本模式

西方世界从 20 世纪 60 年代后期至 80 年代早期,经历了持续的通货膨胀(物价上涨)年代,而且多数国家的通货膨胀率(物价上涨率)达到或接近两位数[①],这给传统的会计计量结构、历史成本计量模式带来了很大的冲击,由于物价上涨、货币贬值,动摇了会计计量中币值稳定的基本假设,导致以历史成本为基础的财务报表失实,从而歪曲了企业的经营成果、财务状况和现金流量的真实图景。尽管许多公司以历史成本为基础的财务报表上仍然显示着数额不小的净收益,企业却缺乏更新生产设备甚至缺乏补充存货的资金;有些公司的盈利数字在扣除物价上涨因素后,竟低于其分派的股利金额,甚至有在调整后变为亏损的。所谓"通货膨胀会计"(inflation accounting)或"物价变动会计"(accounting for changing prices),正是在这样的背景下成为热门课题的。20 世纪 80 年代中期起,西方主要国家的物价上涨率普遍降到 5% 左右,物价变动会计已经淡出,但世界各国的情况差别悬殊,少数国家至今还陷在高(乃至恶性)通货膨胀的困境中。两位数的持续物价上涨的重演,始终是一个威胁。因此,物价变动会计仍是国际会计界关注的研究课题。我国经历了 1988 年接近 30% 的通货膨胀率后,尽管已成功地遏制了通货膨胀,[②]但物价变动会计也曾引起我国会计界的关注。

物价变动会计,可以泛指旨在消除物价变动(当前主要是物价上涨)影响(尽管只是在一定程度上)的个别会计程序和方法,例如在存货计价中采用后

---

①　例如,20 世纪 70 年代主要西方国家的年平均通货膨胀率,美国为 6.7%,法国为 9%,英国为 13.2%,意大利为 16.8%,只有前联邦德国和日本最低,不超过 4%。

②　我国在采取适度从紧的货币政策和对国民经济的发展加强宏观调控后,到 20 世纪 90 年代,逐步下降至 10% 以下,以后又降至 5% 以下,甚至在 21 世纪之初出现过物价总体下降。但是,自 2007 年以来,我国又面临遏制通货膨胀的压力。

进先出法、次进先出法等方法①,对生产设备采用加速折旧等等。但更恰切地说,物价变动会计主要是指对整个会计计量结构的改造。从改造会计计量结构的不同设想来说,主要有三种会计处理模式。即:(1)历史成本/不变购买力模式;(2)现行成本/名义购买力模式;(3)现行成本/不变购买力模式。显然,第三种模式是(1)、(2)两种基本模式的综合。

▲ 第一节 历史成本/不变购买力模式

历史成本/不变购买力(historical cost/constant purchasing power)会计模式简称不变购买力会计模式,或称一般物价水平(general price level)会计模式或不变币值会计模式。

一、历史成本/不变购买力模式的基本构想

这一模式的基本构想是仍然坚持历史成本计量原则,认为历史成本计量原则本身并没有什么缺陷,问题在于需要有一个稳定的、可比的会计计量单位,因而建议以代表货币的一定购买力的不变价格来代替币值已经变动的历史价格。具体做法是通过某种物价指数把财务报表上各个项目的历史价格金额换算为不变价格金额,即以某一年度的货币购买力为基准的共同价格金额。

例如,资产负债表中固定资产项目的历史价格金额为US$46 500。对于在不同年份购置的资产项目的历史美元价格,应该按照某种物价指数换算为共同美元价格。这里,我们应用的是美国的城市消费物价指数(我们取20世纪80年代中期以前物价指数上升幅度较大的年份),并且以1986年美元价格为共同价格金额,详见表6-1。这里需说明的是,表6-1中以及其他章节出现的"$"均为"US$"。

---

① 次进先出法一向未被会计准则接受,后进先出法曾是美国长期流行的存货计价法之一,在2003年12月IASB发布的对13个国际会计准则《改进项目》中,改进后IAS 2已取消了改进前IAS 2允许采用的后进先出法。但FASB在2004年11月发布的FAS 151中,仍允许与纳税申报相一致,在财务报告中对存货采用后进先出法计价(参见第五章第四节的相关论述)。

Accounting

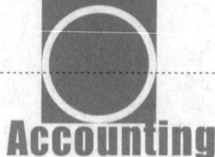

表 6-1   按物价指数换算历史美元价格

购置年份	购置成本	物价指数	换 算 结 果
1959	$ 8 700	87	$ 8 700×298/87 ＝ $ 29 800
1967	10 000	100	$ 10 000×298/100＝ 29 800
1974	7 400	148	$ 7 400×298/148＝ 14 900
1982	14 400	289	$ 14 400×298/289＝ 14 848
1986	6 000	298	$ 6 000×298/298＝ 6 000
合　　计	$ 46 500	按 1986 年美元价格合计数	$ 95 348

只有换算为共同美元价格后,这些资产项目的价值才是建立在不变购买力基础上的。它表明,在不变购买力模式下,像固定资产、无形资产、存货等非货币性项目,其以不变购买力表述的价格将随物价指数的上升或下降而涨落。

但是,像现金、应收款(短期或长期)、应付款(短期或长期)等货币性项目,其货币金额是固定不变的。当货币的实际购买力因通货膨胀(物价上涨)而下降时,持有货币性资产将会遭受货币购买力下降的损失;在承担的货币性负债上,则会因货币购买力下降而获得利益。这样形成的货币一般购买力损益,应计入按不变购买力计量的净收益。

由此可见,不变购买力模式的基本设想是,按一般物价水平的变动来调整以历史成本为基础的财务报表,确定货币性项目净额上的购买力损益,重编以不变购买力为基础的财务报表。

二、重编不变购买力财务报表的程序

为便于阐述,设简例如下:

[例1] 设迪凡有限公司于 19×2 年 1 月 1 日开业。按历史成本编制的 19×4 年度收益及留存收益表如表 6-2,19×4 年 12 月 31 日资产负债表如表 6-3。①

———————

① 我们所以仍用 20 世纪的年份,是因为表示那些年份是物价持续上涨的年份。即相关的物价变动会计准则尚生效的年份。

表 6-2　迪凡有限公司收益及留存收益表

19×4 年度(至 12 月 31 日止)

(以历史成本为基础)

销货		$ 264 000
销货成本		
存货,12/31/19×3	$ 41 300	
购货	198 000	
可供销售的商品成本	$ 239 300	
存货,12/31/19×4	39 000	200 300
销货毛利		$ 63 700
营业费用(折旧费除外)	$ 37 500	
折旧费	3 300	40 800
税前收益		$ 22 900
所得税		9 750
净收益		$ 13 150
留存收益,12/31/19×3		8 500
合　计		$ 21 650
现金股利		12 000
留存收益,12/31/19×4		$ 9 650

表 6-3　迪凡有限公司比较资产负债表

19×4 年和 19×3 年 12 月 31 日

(以历史成本为基础)

	19×4 年 12 月 31 日	19×3 年 12 月 31 日
现金、应收账款及其他 　货币性资产	$ 43 600	$ 33 600
存货	39 000	41 300
厂场设备(净额)	23 100	26 400
土地	30 000	30 000
资产总计	$ 135 700	$ 131 300
流动负债(全部是货币性)	$ 26 050	$ 22 800
长期负债(全部是货币性)	30 000	30 000
股东权益		
普通股,外发 7 000 股	70 000	70 000
留存收益	9 650	8 500
负债及股东产权总计	$ 135 700	$ 131 300

其他资料假设如下:

1. 物价指数。

19×2年1月1日(开业时)	100
19×3年12月31日	120
19×4年12月31日	132
19×3年度平均	116
19×3年第4季度平均	118
19×4年度平均	125
19×4年第4季度平均	130

2. 存货按先进先出法计价。年初存货基本上购于19×3年第4季度,年末存货基本上购于19×4年第4季度。

3. 厂场设备及土地均于19×2年1月1日开业时购置。厂场设备平均使用期限为10年,按直线法折旧,不留残值。

4. 普通股均于19×2年1月1日开业时发行。

5. 销货收入、购货成本、营业费用(折旧费除外)和所得税在年内都是均衡发生的。

6. 现金股利分派在19×4年12月31日。

7. 不变购买力为年末美元价格。①

根据以上资料,可按以下几个步骤重编以不变购买力(年末美元)为基础的财务报表。

(一)把资产负债表项目调整为19×4年12月31日的美元价格

对货币性项目和非货币性项目分别调整如下:

1. 货币性项目

由于通货膨胀,年初的金额按年末购买力计量时,其换算系数为"年终物价指数/年初物价指数";年末的金额不变,即其换算系数为"年终物价指数/年终物价指数"。

(1)现金、应收账款及其他货币性资产

12/31/19×3	$33 600×132/120 = $36 960
12/31/19×4	$43 600×132/132 = $43 600

(2)流动负债(货币性的)

---

① 当然,也可以用基期美元价格作为不变购买力。但习惯上大都以当前美元价格作为不变购买力。在不变购买力为当前美元价格时,可以用年末美元价格,也可以用当年平均美元价格。

12/31/19×3 $ 22 800×132/120＝$ 25 080

12/31/19×4 $ 26 050×132/132＝$ 26 050

（3）长期负债（货币性的）

12/31/19×3 $ 30 000×132/120＝$ 33 000

12/31/19×4 $ 30 000×132/132＝$ 30 000

2.非货币性项目

在通货膨胀的情况下,它们的价格将上涨。故无论是年初或年末的历史美元金额,都要按"年终物价指数/购置时日物价指数"换算为年末美元金额。

（1）存货

12/31/19×3 $ 41 300×132/118＝$ 46 200

12/31/19×4 $ 39 000×132/130＝$ 39 600

（2）厂场设备

12/31/19×3 $ 26 400×132/100＝$ 34 848

12/31/19×4 $ 23 100×132/100＝$ 30 492

（3）土地

12/31/19×3 $ 30 000×132/100＝$ 39 600

12/31/19×4 $ 30 000×132/100＝$ 39 600

（4）普通股

12/31/19×3 $ 70 000×132/100＝$ 92 400

12/31/19×4 $ 70 000×132/100＝$ 92 400

（5）留存收益（用结余法倒算）

资产总额－负债总额－普通股＝留存收益

12/31/19×3 $ 157 608－$ 58 080－$ 92 400＝$ 7 128

12/31/19×4 $ 153 292－$ 56 050－$ 92 400＝$ 4 842

（二）把收益及留存收益表项目调整为 19×4 年 12 月 31 日的美元价格

除折旧费的换算系数应与厂场设备的换算系数一致外,销货收入、购货成本、营业费用（折旧费除外）及所得税的换算系数都是"年终物价指数/全年平均物价指数"。由于现金股利是在年末分派的,它的金额已是年末美元价格。

（1）销货 $ 264 000×132/125＝$ 278 784

（2）销货成本

存货,12/31/19×3 $ 41 300×132/118＝$ 46 200

购货 $ 198 000×132/125＝<u>209 088</u>

可供销售的商品成本（$ 239 300） $ 255 288

存货,12/31/19×4 $ 39 000×132/130＝<u>$ 39 600</u>

销货成本（$ 200 300）   <u>$ 215 688</u>

(3)营业费用(折旧费除外) $37 500×132/125＝$39 600

(4)折旧费 $3 300×132/100＝$4 356

(5)所得税 $9 750×132/125＝$10 296

(6)现金股利 $12 000×132/132＝$12 000

(三)计算货币性项目净额上的购买力损益

在不变购买力会计模式下,计算货币性项目净额上的购买力损益是核心问题。在计算时,应当考虑年内货币性项目净额的流量,即"年初持有＋本年来源－本年运用＝年末持有",并编成购买力损益计算表如表6-4。

表 6-4 迪凡有限公司购买力损益计算表

19×4 年度(按 12 月 31 日美元)

	19×3 年 12 月 31 日			19×4 年
	历史成本	换算系数	按 19×4 年 12 月 31 日美元	12 月 31 日 历史成本*
现金、应收账款及其他 货币性资产	$33 600	132/120	$36 960	$43 600
流动负债(货币性)	(22 800)	132/120	(25 080)	(26 050)
长期负债(货币性)	(30 000)	132/120	(33 000)	(30 000)
货币性项目净额	($19 200)[a]		($21 120)[b]	($12 450)[c]

	19×4 年度		
	历史成本	换算系数	按 12 月 31 日 美元
货币性项目净额	($19 200)[a]	132/120	($21 120)[b]
加(来源):			
销货	264 000	132/125	278 784
合计	$244 800[d]		$257 664[f]
减(运用):			
购货	198 000	132/125	209 088
营业费用(折旧费除外)	37 500	132/125	39 600
所得税	9 750	132/125	10 296
现金股利	12 000	132/132	12 000
合计	$257 250[e]		$270 984[g]
货币性项目净额—历史成本 12 月 31 日(d－e)	($12 450)[c]		
货币性项目净额—按 12 月 31 日美元 重新表述,应为(f－g)			($13 320)[h]
货币性项目净额上的 购买力利得(c－h)			$870

* 指按 19×4 年 12 月 31 日美元表述的。

Accounting

(四)重编不变购买力财务报表

根据以上的调整换算结果和所确定的货币性项目净额上的购买力损益，可重编不变购买力财务报表如表 6-5 和表 6-6。

表 6-5　迪凡有限公司收益及留存收益表
19×4 年度(至 12 月 31 日止)
(以不变购买力为基础)

销货		$ 278 784
销货成本		
存货,1 月 1 日	$ 46 200	
购货	209 088	
可供销售的商品成本	$ 255 288	
存货,12 月 31 日	39 600	215 688
销货毛利		$ 63 096
营业费用(折旧费除外)	$ 39 600	
折旧费	4 356	43 956
税前收益		$ 19 140
所得税		10 296
不包括购买力损益的净收益		$ 8 844
货币性项目净额上的购买力利得		870
不变购买力净收益		$ 9 714
留存收益,12/31/19×3		7 128
合　计		$ 16 842
现金股利		12 000
留存收益,12/31/19×4		$ 4 842

表 6-6　迪凡有限公司比较资产负债表

19×4 年和 19×3 年 12 月 31 日

（以不变购买力为基础）

	19×4 年 12 月 31 日	19×3 年 12 月 31 日
现金、应收账款及其他货币性资产	$ 43 600	$ 36 960
存货	39 600	46 200
厂场设备（净额）	30 492	34 848
土地	39 600	39 600
资产总计	$ 153 292	$ 157 608
流动负债（全部是货币性）	$ 26 050	$ 25 080
长期负债（全部是货币性）	30 000	33 000
股东权益		
普通股,外发 7 000 股	92 400	92 400
留存收益	4 842	7 128
负债及股东产权总计	$ 153 292	$ 157 608

在以上简例中,以历史成本为基础的财务报表反映了 19×4 年度的净收益 $ 13 150,与 19×3 年 12 月 31 日留存收益 $ 8 500 合计达 $ 21 650。从中分派股利 $ 12 000,19×4 年 12 月 31 日留存收益为 $ 9 650。但在以不变购买力为基础的财务报表中,经调整后 19×4 年度的净收益只是 $ 9 714,低于当年发放的股利 $ 12 000。19×3 年 12 月 31 日的留存收益降为 $ 7 128,19×4年 12 月 31 日的留存收益则降为 $ 4 842,通货膨胀对历史成本财务报表的影响可见一二。而例中的通货膨胀波动幅度,还不是很剧烈的。

▲ 第二节　现行成本/名义购买力模式

现行成本/名义购买力（current cost/nominal purchasing power）会计模式,简称现行成本会计模式。现行成本主要是指现有资产的重置成本,即资产的现行价值。它也可以是现有资产的可变现净值(即当前市场售价减处置成本)。①

一、现行成本/名义购买力模式的基本构想

这一模式的基本构想是,财务报表的使用者最关心的是企业净资产的现行价值而不是净资产的历史价值,因而主张改变以历史成本为基础的会计计量模式,而代之以现行成本为基础的会计计量模式,从而改变了收益确定的程序。在以现行成本为计量基础时,虽然仍然使用名义币值,但已充分估计了物价变动的具体影响。

在现行成本会计模式下,企业的最终收益(净收益)是由经营收益(operating income)和资产持有利得(holding gain,简译为持产利得)构成的。以存货价格上涨为例,在历史成本计量模式下,对此不予确认,一直要到存货销售时才通过销售收入与历史成本的配比,确定所实现的经营收益。在现行成本计量模式下,存货在持有期间应按其重置成本或可变现净值计价,增加的价值就被确认为各个会计期间的持产利得(未实现的);在存货销售时,则通过销售收入与现行成本的配比,确定所实现的经营收益;而这时,在持有期间尚未实现的持产利得也就实现了,只是,它们中已经在未实现时分别归属于以前各期的金额,应在确定当期的净收益时扣除。以下举一个突出的简例,来对比历史成本计量模式和现行成本计量模式下收益确定的程序。

[**例2**] 设某公司于第一年初购入商品US＄30 000,在第一年末其现行成本上涨至US＄35 000,第二年末又上涨至US＄38 500,储存至第三年才全部销售,销售时现行成本为US＄41 500,售价为US＄48 000。三年中,按历史成本计量模式和现行成本计量模式确定的收益如表6-7、表6-8所示:

① 资产的现行价值(重置成本或可变现净值)如果是有效市场价格,它符合当前的"公允价值"定义。但这是物价变动会计文献中使用的术语,当时还没有使用"公允价值"的概念。

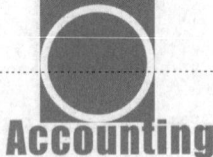

表6-7 历史成本计量模式下的收益确定

	第一年	第二年	第三年
销货收入	$0	$0	$48 000
销货成本	0	0	30 000
历史成本会计模式下的净收益	$0	$0	$18 000

表6-8 现行成本计量模式下的收益确定

	第一年	第二年	第三年
销货收入	$0	$0	$48 000
销货成本	0	0	41 500
经营收益	$0	$0	$6 500
已实现持产利得	0	0	11 500
已实现收益	$0	$0	$18 000
未实现持产利得	5 000	3 500	(8 500)*
现行成本会计模式下的净收益	$5 000	$3 500	$9 500

* 这个扣减数表示已计入前两年净收益的未实现持产利得现在已经实现了,但它包括在第三年已实现持产利得$11 500之中。为了抵消重复计算,故应加以扣除。

将历史成本数据调整为现行成本数据时,其关系表现为:

1.当年未实现持产利得

当年未实现持产利得应为年末存货现行成本与历史成本之差(即价格变动额)与年初存货现行成本与历史成本之差的代数和。

(1)第一年为:($35 000－$30 000)－$0＝$5 000

(2)第二年为:($38 500－$30 000)－$5 000＝$3 500

(3)第三年为:$0－($3 500＋$5 000)＝－$8 500

2.当年已实现持产利得

当年已实现持产利得应为当年销货成本的现行成本与历史成本之差。

(1)第一年为:$0－$0＝$0

(2)第二年为:$0－$0＝$0

(3)第三年为:$41 500－$30 000＝$11 500

第三年持有存货的现行成本的增加额为:

$11\ 500-\$8\ 500=\$3\ 000$　即,

($\$41\ 500-\$30\ 000$)－($\$3\ 500+\$5\ 000$)=\$3\ 000

由此可见,现行成本计量模式的基本设想是,按现行成本的变动来调整以历史成本为基础的财务报表,把持产损益(包括已实现和未实现的)与经营损益区分开来,重编以现行成本为基础的财务报表。

二、重编现行成本财务报表的程序

为便于阐述,也设简例如下:

[例3]　继续应用在第一节举出的迪凡有限公司以历史成本为基础的19×4年度的收益及留存收益表以及19×4年12月31日和19×3年12月31日的比较资产负债表,除需要应用的有关资料一如前设外,补充必要的现行成本资料如下:

(1)存货　19×3年12月31日的可变现净值为\$51\ 000;19×4年12月31日的可变现净值为\$48\ 000。

(2)厂场设备　19×3年12月31日的可变现净值为\$39\ 000,折旧后净值为\$31\ 200;19×4年12月31日的可变现净值为\$42\ 000,折旧后净值为\$29\ 400。

(3)土地　19×3年12月31日的可变现净值为\$34\ 000;19×4年12月31日的可变现净值为\$36\ 000。

(4)销货成本　以现行成本为基础是\$216\ 000。

(5)销货收入、营业费用(折旧费除外)、所得税、现金股利　都是按发生时日的现行成本表述的,其以现行成本为基础的金额与以历史成本为基础的金额是相同的。

根据以下几个步骤,重编以现行成本为基础的财务报表。

(一)资产负债表项目的调整

对货币性项目和非货币性项目分别调整如下:

1.货币性项目

所有货币性项目年初的历史成本就是当时的现行成本,年末的历史成本也就是年末的现行成本,因此,无需作任何调整,转录如下:

	12/31/19×3	12/31/19×4
现金、应收账款及其他货币性项目	\$33\ 600	\$43\ 600
流动负债(货币性)	\$22\ 800	\$26\ 050
长期负债(货币性)	\$30\ 000	\$30\ 000

2.非货币性项目

非货币性项目的现行成本见所给资料,转录如下:

	12/31/19×3	12/31/19×4
存货	$51 000	$48 000
厂场设备(净值)	$31 200	$29 400
土地	$34 000	$36 000

对于普通股,仍按历史成本表述,19×3 年 12 月 31 日和19×4年 12 月 31 日均为 $70 000,以便在这个基础上把经营收益和资产持有利得都积累为留存收益。

留存收益用结余法倒算如下:

资产总额－负债总额－普通股＝留存收益

12/31/19×3 $149 800－$52 800－$70 000＝$27 000

12/31/19×4 $157 000－$56 050－$70 000＝$30 950

（二）收益及留存收益表项目的调整

1.销货收入、营业费用(折旧费除外)、所得税、现金股利以现行成本为基础的金额,与以历史成本为基础的金额相同;销货成本以现行成本为基础的金额,见所给资料。转录如下:

销货	$264 000
销货成本	$216 000
营业费用(折旧费除外)	$37 500
所得税	$9 750
现金股利	$12 000

2.折旧费按厂场设备的可变现净值的完全成本的平均余额计算摊提。

厂场设备可变现净值的 完全成本的平均余额 ＝（$39 000＋$42 000）÷2

＝$40 500

折旧费＝$40 500÷10 年＝$4 050(每年)

（三）资产持有损益和现行成本增减的计算

在现行成本模式下,计算资产持有损益是核心问题。对所有的非货币性项目,都要比较其现行成本与历史成本,其间的差额为未实现的持产损益。销货成本和折旧费的现行成本与历史成本之间的差额,即已实现的持产损益。在物价上涨的年代,则总是持产利得。计算如表 6-9(可参阅第一段中的阐述):

在表 6-9 的计算中,在涉及厂场设备及其折旧费的持有利得的计算方面,有一个值得说明的问题。以现行成本为基础的折旧费 $4 050,是按照厂场设备本年的现行完全成本平均余额计算的,它与以历史成本为基础的折旧费

$3 300 之间的差额 $750,这是已实现的持产利得。但年末厂场设备的现行完全成本为 $42 000,其净额 $29 400 是从 $42 000 减累计折旧 $12 600 得出的(每年的折旧额为 $4 200,三年累计折旧为 $12 600),而摊提的每年折旧费只有 $4 050,三年累计折旧只有 $12 150,其间差额 $450,应抵减厂场设备的未实现持有利得和增加累计折旧,这个差额称为"卷入"(catch up)折旧或"储备"(backlog)折旧。即:如果略去了这笔卷入折旧,厂场设备的净额将是 $29 850($42 000－$12 150),而不是 $29 400[$42 000－($12 150＋$450)],算出的厂场设备未实现持有利得也不是表内的 $6 300($29 400－$23 100),而是 $6 750($29 850－$23 100)了。

表 6-9　迪凡有限公司持产利得计算表

19×4 年度(至 12 月 31 日止)

	现行成本	历史成本	持产利得
存货,12/31/19×4	$48 000	$39 000	$9 000
存货,12/31/19×3	$51 000	$41 300	$9 700
销货成本	$216 000	$200 300	$15 700
厂场设备(净值),12/31/19×4	$29 400	$23 100	$6 300
厂场设备(净值),12/31/19×3	$31 200	$26 400	$4 800
折旧费	$4 050	$3 300	$750
土地,12/31/19×4	$36 000	$30 000	$6 000
土地,12/31/19×3	$34 000	$30 000	$4 000

	存　货	厂场设备	土　地	合　计
未实现的持产利得				
12/31/19×4	$9 000	$6 300	$6 000	$21 300
12/31/19×3	9 700	4 800	4 000	18 500
未实现持产利得的增加(减少)	($700)	$1 500	$2 000	$2 800
已实现持产利得	15 700	750	0	16 450
本年度持有资产现行成本的增加	$15 000	$2 250	$2 000	$19 250

(四)重编以现行成本为基础的财务报表

根据以上调整计算的结果,可重编现行成本财务报表如表 6-10、表 6-11。

表 6-10　迪凡有限公司收益及留存收益表

19×4 年度(至 12 月 31 日止)

(以现行成本为基础)

销货		$ 264 000
销货成本		216 000
销货毛利		$ 48 000
营业费用(折旧费除外)	$ 37 500	
折旧费	4 050	41 550
税前收益		$ 6 450
所得税		9 750
现行成本下的经营收益(亏损)		($ 3 300)
已实现资产持有利得		16 450
已实现收益		13 150
未实现资产持有利得增加(减少)		2 800
现行成本下的净收益		$ 15 950
留存收益,12/31/19×3		27 000
合　计		$ 42 950
现金股利		12 000
留存收益,12/31/19×4		$ 30 950

表 6-11　迪凡有限公司比较资产负债表

19×4 年和 19×3 年 12 月 31 日

(以现行成本为基础)

	19×4 年 12 月 31 日	19×3 年 12 月 31 日
现金、应收账款及其他货币性资产	$ 43 600	$ 33 600
存货	48 000	51 000
厂场设备(净额)	29 400	31 200
土地	36 000	34 000
资产总计	$ 157 000	$ 149 800
流动负债(全部是货币性)	$ 26 050	$ 22 800
长期负债(全部是货币性)	30 000	30 000
股东权益		
普通股,外发 7 000 股	70 000	70 000
留存收益	30 950	27 000
负债及股东权益总计	$ 157 000	$ 149 800

在这两个重编的以现行成本为基础的财务报表中,已实现和未实现的持产利得,都计入"现行成本下的净收益"。关于持产利得,是作为原投资本的收益,还是作为"资本保全调整"并以独立的项目包括在资产负债表的股东权益内,美国会计学界中各持一说,并无定论。在赞成作为原投资本收益的学者中,对应计入净收益还是作为最后一项要素加在净收益之上,也有不同的意见。在流行现行成本计量模式的英联邦和西欧大陆国家,其惯例大都把现行成本调整额作为资本准备(即资本保全调整)列入股东权益(资本构成)中,而不计入各期收益。国际会计准则委员会在《关于编报财务报表的框架》中论述资本保全的概念时,已明确肯定资本保全调整是业主权益的一部分,而不是作为利润。

▲ 第三节　对物价变动会计基本模式的评价

在阐述了物价变动会计的不变购买力模式和现行成本模式这两种基本模式后,本节将继而对它们作出对比评价。

一、两者的依据都是资本保全概念

不变购买力模式和现行成本模式依据的都是资本保全概念(concept of capital maintenance)。即,只有在保证资本完整无损的基础上,才能确定利润。因此,在通货膨胀时期,必须消除物价上涨的影响,才能判断资本的保全程度如何。

然而,两者对资本保全的具体概念又有所不同:

(一)不变购买力模式着眼于财务资本保全

不变购买力模式着眼于财务资本保全,也就是着眼于按不变的货币购买力(用一般物价指数度量)来保持资本完整无损。其含义是:企业在购、产、销的整个经营过程中,必须保持购买范围极为广泛的各种类别的货物和劳务的不变能力。利润被认为是,在保持企业能在期末一般地购得像期初一样多的商品和劳务的能力,即保持同等的财务资本的情况下,企业在期内所能分配的资源的最大金额。

(二)现行成本模式着眼于实体资本保全

现行成本模式着眼于实体资本保全,也就是着眼于按照同样水平的实体生产能力或营运能力(企业提供商品和劳务的能力)来保持资本完整无损。因而它的假设基础是,所有消费或出售的资源都要用能在同样的生产和经营水平上完成同样功能的资源来置换。利润则被认为是,在保持企业能在期末拥有与期初同等的实体资本或生产经营能力水平的情况下,企业在期内所能分配的资源的最大金额。

财务报表使用者的不同需要,会决定他们喜爱哪一种模式。但是,实际的经济环境则往往决定哪一种模式对它比较适用。在一般物价普遍上涨(主要原因是通货膨胀)的经济环境中,人们会去选择不变购买力模式。如果不是物价的普遍上涨,而是不同步的结构性上涨,使各类商品和劳务价格上涨的幅度大不相同,甚或有一些价格还可能下降,人们就会选择现行成本模式。当前,由于技术变革加速而导致产品更新换代和价格下降的情况屡见不鲜,再加上政府的政策措施和其他因素而导致的这种结构性的物价变动,使特定类别产品的价格指数和一般物价指数的走向大相径庭,这促使不同行业的企业更关心其特定行业的物价变动而不是一般物价变动,也就是更关心其实体资本的保全而不是财务资本的保全。人们现在所以比较喜爱用"物价变动会计"而少用"通货膨胀会计",也是有鉴于此吧!

二、对不变购买力模式的评价

对不变购买力模式简要地评价如下:

(一)不变购买力模式的主要优点

1.不变购买力模式并没有改变传统的历史成本计量基础,而只是把代表不同时期购买力的历史币值换算为当前币值,因而易于为人们理解。

2.不变购买力模式根据政府公布的物价指数进行调整换算,具备比较客观的依据。

3.换算为当前币值后,增强了同一企业不同期间的财务报表之间和不同企业的财务报表之间的可比性。

(二)不变购买力模式的主要缺陷

1.它实际上是假定通货膨胀对所有企业及所有各类资产都具有同等的影响,实际情况当然不是这样。如前所述,在一般物价指数与特定商品的价格指数差别悬殊的环境下,它的适用性就值得考虑。

2.不变购买力模式所报告的货币性项目净额上的购买力损益,很难说它能反映经营管理的成绩;如果是购买力利得的话,并不意味着它能为股利分派准备什么资金保证。因此,从财务报表为决策提供有用信息的角度来说,历史成本/不变购买力模式并不比历史成本/名义购买力模式(历史成本计量模式)具有更多的意义。

3. 更有甚者, 由于购买力损益是由企业在年初和年末的货币性项目净额的变动而形成的, 如果企业的债务不断增加, 尽管它将负担沉重的利息支出, 但利息费用已计入历史成本/名义购买力为基础的净收益中, 在不变购买力模式下, 总会出现巨额的购买力利得, 这很可能予人以错觉。①

三、对现行成本模式的评价

对现行成本模式简要地评价如下:

(一)现行成本模式的主要优点

1. 现行成本是代表资产的服务潜力的一种近似值。例如, 厂场设备被耗费的价值(通过折旧进行计算)将形成现金流动, 这种现金流量的现值是很难正确估计的, 现行成本则比较近似于这一价值。现行成本的增加, 意味着企业由于所持有的资产服务潜力的价值增加而获得了持产利得, 它将从经营收益中分离出来, 从而避免了在历史成本计量模式下的虚夸经营利润(在物价上涨时期), 也可以保证重置已消耗的同类资产所需的资金来源。②

2. 现行成本模式可以较好地反映企业的经营效率。比如说, 两个使用相同的财产装备、经营相同业务的企业, 其财产装备的历史成本会有差别, 如果都按现行成本计价, 所确定的经营收益就能建立在可比的基础上。就对比和评价企业内部各部门的经营效率来说, 情况更是如此。

3. 也许更主要的是, 它比较适用于结构性物价变动的环境。现行成本计量模式并非源于通货膨胀会计, 也不局限于用来分离经营收益中的物价上涨影响, 对技术变革所导致的资产重置价值变动(往往是下降)的会计影响(往往是持产损失), 也可以从经营收益中分离出来。可以说, 它衡量的是在特定行业的企业中与它的生产经营潜力相关的物价变动的会计影响。

(二)现行成本模式的主要缺陷

1. 现行成本模式一向被认为是, 对各项资产的现行成本的评估, 不可避免地带有主观随意性, 而且逐项评估的工作是比较繁重的。因此, 目前往往是

---

① 例如, R. 范西尔在《通货膨胀会计: 一场大论战》中就提出这个问题, 该文载《哈佛商业评论》1976 年 3、4 月号。

② 从这个意义上说, 把持产利得(未实现和已实现的)作为资本保全调整额(资本准备)反映在资本构成(股东权益)中, 看来是比较合适的。但即使把持产利得包括在各年度的净收益中或加在净收益之上, 在确定可分派股利的最高限度时, 也应该把它们(包括未实现和已实现的)剔除。

采用按各类资产的特定价格指数分别进行换算,来确定它们的现行成本。对重要工业产品和许多设备种类来说,是可以从企业外部取得这些特定物价指数的。有些大公司则自行计算不能从外部取得的特定物价指数。但无论如何,其耗费的工作量总是较多的。而且,人们总是对所确定的现行成本数据的客观性和相关性有所怀疑。

2.对现行成本计量模式下分别确定经营收益以及未实现和已实现持产利得的程序,财务报表的一般外部使用者难以理解。

根据以上对物价变动会计的两种基本模式优缺点的评价,从整体评价来说,作者是赞同现行成本模式优于不变购买力模式的观点的。但在恶性和高通货膨胀的环境中,不变购买力模式仍有其适用性。

四、现行成本/不变购买力模式

前已述及,可以把以上两种物价变动会计的基本模式综合为现行成本/不变购买力(current cost/constant purchasing power)模式。这种模式的基本设想是,为了全面地反映并消除物价变动的会计影响,既要改变计量尺度,也要改变计量基础。因此,要把不变购买力模式和现行成本模式结合起来,才能反映企业的经济资源、盈利能力和现金流量的真实变化。例如,持有 $2 000 的有价证券,其现行价格上涨至 $3 000。在现行成本模式下,应该确认 $1 000的未实现持产利得;但如果这一时期的一般物价水平上涨了80%,则实际上因持有这些有价证券而承受了一般购买力损失 $1 600,因此,只有反映扣除一般购买力变动因素后的持产损失 $600,才是恰当的。

显然,主张采用现行成本/不变购买力模式的人们提出的论据是不无道理的,但通常人们又都以"成本效益原则"(cost—benefit principle)来反对采用这样繁琐的会计模式,认为是得不偿失。还有人指出,把现行成本模式和不变购买力模式结合在一起,既综合了它们的优点,也不可避免地包含了它们的缺陷。

这里,不拟再用例题来说明现行成本/不变购买力模式下重编财务报表的程序。

研 讨 题

6-1　为什么上世纪70年代的热门课题"通货膨胀会计",至80年代后期就淡出了?

6-2 "通货膨胀会计"和"物价变动会计"在概念上是否同义?

6-3 你对物价变动会计的不变购买力模式,作何评价?

6-4 你对物价变动会计的现行成本模式,作何评价?

6-5 物价变动会计的现行成本/不变购买力模式的构想是什么? 为什么它并没有得到普遍认同?

作 业 题

6-1 仍使用教本中[例 1]所给资料,但改设物价指数如下:

19×2 年 1 月 1 日(开业时)	100
19×3 年 12 月 31 日	124
19×4 年 12 月 31 日	136
19×3 年 12 月平均	120
19×3 年第 4 季度平均	122
19×4 年平均	128
19×4 年第 4 季度平均	134

要求按照所需程序,重编以不变购买力(年末美元)为基础的财务报表。

6-2 仍应用上题所设以历史成本为基础的财务报表及除物价指数以外的其他有关资料,补设必要的现行成本资料如下:

(1)存货 19×3 年 12 月 31 日的可变现净值为 $ 49 600,19×4 年 12 月 31 日的可变现净值为 $ 46 080。

(2)厂场设备 19×3 年 12 月 31 日的可变现净值的完全成本为 $ 41 200,折旧后净值为 $ 28 840;19×4 年 12 月 31 日的可变现净值的完全成本为 $ 46 800,其折旧后净值为 $ 34 200。

(3)土地 19×3 年 12 月 31 日的现行成本为 $ 35 000,19×4 年 12 月 31 日的现行成本为 $ 38 600。

(4)销货成本 以现行成本基础为 $ 216 500。

(5)销货收入、营业费用(折旧费除外)、所得税、现金股利 都是按发生时日的现行成本表述的,按现行成本基础的金额与按历史成本基础的金额相同。

要求按照所需程序,重编以现行成本为基础的财务报表。

Accounting

第 七 章

物价变动会计的国际展望

物价变动会计是 20 世纪 70 年代的热门课题,当时也许是国际差异最大的会计问题,而且还处于实验阶段。我们将在本章首先展示国际对比的图景。而后,选择三个具有代表性的物价变动会计的实践方案,进行介绍和剖析。

▲ 第一节 物价变动会计的国际对比

在进行对比之前,回顾一下西方主要国家在制定关于物价变动与财务报告的会计准则方面的历史,从中可以得到有益的启迪。

一、不变购买力模式还是现行成本模式

物价变动会计的构想,在初始阶段是以对历史成本财务报表的调整为着眼点的。因此,不去改变人们已经习惯的历史成本计量基础,而提出应该改变计量尺度的不变购买力模式,是易于为财务报表的一般使用者理解和接受的。在制定物价变动与财务报告的会计准则的初始阶段,倾向于以不变购买力(不变币值)去代替已经变动了的历史购买力(历史币值),可以说是相当自然的趋势。

早在 1963 年,历史成本/不变购买力模式的构想,就见于美国注册会计师协会发表的第 6 号会计研究报告《报告物价水平变动的财务影响》中。这份研究报告建议在作为补充资料的基础上报告不变价格美元的会计信息。接着,1969 年发表的会计原则委员会第 3 号报告《反映一般物价水平变动的财务报表》又指出:"按一般物价水平调整的财务报表列示了历史美元报表中不能取得的有用信息",鼓励把根据一般物价水平变动重编的财务报表作为历史美元财务报表的补充(但不把这种调整报表作为基本的、必需的财务报表)。这些文告都不是正式的会计准则。英国会计标准筹划指导委员会则在 1974 年发

布了第 7 号标准会计惯例(SAP 7)《货币购买力变动会计》。1974 年,美国财务会计准则委员会也发布了将作为公认会计准则的《按一般购买力单位编制财务报告》的征求意见稿;同年,澳大利亚特许会计师协会发表了按一般购买力单位重新表述财务报表的建议;1975 年,加拿大特许会计师协会也发表了类似的建议。但以上这些文告(除英国的 SAP 7 以外),最终都没有成为正式的会计准则。因为,人们又转向现行成本模式。

先是澳大利亚特许会计师协会在 1975 年改变了 1974 年原来的建议,提出在资产计价中采用现行价值的新建议。前联邦德国注册会计师协会也是在 1975 年提出《以保持企业真实价值为目的的会计》的建议,鼓励股票公开发行的公司补充披露将销货成本和折旧费重新表述为重置成本等值而对收益产生的影响。比利时在 1976 年发布的《企业财务报表王室法令》中,要求以表下注释的形式披露存货、固定资产、销货成本和折旧费的现行成本数据。法国在 1977 年和 1978 年对《法国财务法案》的修订中,也要求披露固定资产的现行重置成本。20 世纪 80 年代初,法国各工业部门的不少大企业都应用各类商品的零售价格指数来计算存货的重置成本。在英国,由于政府指派的桑狄兰兹(F. Sandilands)委员会对通货膨胀会计的调查研究结果是主张采用现行成本会计,英国会计标准委员会(ASC)于 1980 年发布了取代第 7 号标准会计惯例的第 16 号标准会计惯例(SAP 16)《现行成本会计》,适用于符合以下三项标准中任何两项的股票上市交易或公开发行的公司。这三项标准是:(1)销售额达到或超过 500 万英镑;(2)资产总额达到或超过 250 万英镑;(3)雇员达到或超过 250 人。该准则还规定也可以把现行成本报表作为基本报表。1982 年,澳大利亚会计研究基金会的澳大利亚现行成本会计准则委员会也发布了一项建议性准则,要求资产总额超过 2 000 万澳元的股票上市交易的公司和资产总额超过 1 亿澳元的政府企业必须编制按现行成本调整的补充收益表和资产负债表;同时,也可以把现行成本报表作为基本报表。新西兰会计师协会则于 1982 年发布了第 1 号现行成本会计准则《反映物价变动影响的信息》。在荷兰,由于受到阿姆斯特丹大学的 Th. 林伯格(Limperg)教授在 20 世纪 20 年代就提出的重置价值理论的影响,荷兰的大公司对存货和固定资产的记录,都保持在现行重置价值上,相应的,在收益表中列入以重置价值为基础的销货成本和折旧费。

由于英国的以现行成本为基础的资产负债表的结构,与第六章介绍的纯理论性的构思不同,颇具特色,我们将在本章第三节介绍。

综上所述,可见现行成本模式当时是大多数英联邦国家和西欧大陆国家

Accounting

流行的会计惯例。

在美国,美国证券交易委员会(SEC)于 1976 年发布了会计系列文告第 190 号(ASR 190)《披露某些重置成本数据》,要求股票上市的大公司(其存货和厂场设备总值超过 1 亿美元或占资产总额 10％以上的)披露存货和厂场设备的重置成本,并且在现行重置成本的基础上披露销货成本和折旧费。由于证券交易委员会是政府权力机构,它的这个行动促使财务会计准则委员会(FASB)重新研究它的立场,在当年撤销了 1974 年已公布的《按一般购买力单位编制财务报告》的征求意见稿,并于 1979 年发布了第 33 号财务会计准则(FAS 33)《财务报告与物价变动》,改而采取现行成本/不变购买力会计模式,但无需重编财务报表,而只是提供部分补充资料。要求这样做的是符合(1)拥有存货及不动产厂场设备(扣除折旧前的总额)达 1.25 亿美元以上的或(2)资产总额(其中不动产厂场设备系扣除累计折旧后的净额)达 10 亿美元以上的股票上市的大公司。[①] 在世界范围内,只有加拿大也发布了与之类似的会计准则。而且,美国在 1986 年发布的用以替代第 33 号财务会计准则的第 89 号财务会计准则(FAS 89)《财务报告与物价变动》中,实际上已只是在按现行成本调整的基础上,再披露其与一般物价水平变动水平之间的差异而已,我们将在本章第二节进行介绍。

这样,在世界范围内,在物价变动会计方面仍流行不变购买力会计模式的,就只有巴西、阿根廷等高通货膨胀的国家。而且,它们关于在财务报表中披露通货膨胀影响的构思,与我们在第五章中介绍的重编以不变购买力为基础的财务报表的程序,也是很不相同的,我们将在本章第四节介绍巴西的不变购买力财务报表模式。

以上的简略历史回顾已为我们描绘出物价变动会计国际差异的总图景。以下,则就各国不同的具体要求再进一步加以说明。

二、是否仍以历史成本报表为基本财务报表

归纳起来,在是否仍以历史成本报表为基本财务报表,以及在披露物价变动影响时是采用重编完整的报表还是仅提供部分补充资料方面,存在着以下几种方式:

1.仍以历史成本报表为基本财务报表,以现行成本报表为补充资料。

---

① FASB 制定并发布了 FAS 33 后,SEC 又发布了第 271 号会计文告,宣布第 190 号会计文告的要求从 1980 年 12 月 25 日或以后结束的财务年度起即予废除。

2.以现行成本报表为基本财务报表,以历史成本报表为补充资料。

3.以现行成本报表为基本财务报表,附以充分的历史成本信息(即仅提供部分的历史成本补充资料)。

在流行现行成本模式的国家,其公认会计准则往往允许选用1、2两种方式之一,甚或1、2、3三种方式的任何一种。英国的第16号标准会计惯例(现已废止),就是明确提出可在三种方式中选用其一的。显然,在第3种方式下,完整的历史成本报表实际上已被扬弃。

4.仍以历史成本报表为基本财务报表,附以充分的现行成本信息(即仅提供部分的现行成本补充资料),如前面提到的比利时的《企业财务报表王室法令》所规定的。

5.仍以历史成本报表为基本财务报表,附以充分的现行成本/不变购买力信息(即仅提供部分的现行成本/不变购买力补充资料),如美国和加拿大的公认会计准则所要求的。

6.在基本财务报表中并列历史成本和历史成本/不变购买力信息,如巴西的公司法所要求的。

三、只是对达到一定条件的大公司的要求或建议

由于披露物价变动影响的会计信息通常需要增加大量的工作,因此:

1.它并不是对所有发布对外财务报告的公司的普遍要求,而主要只是对达到一定条件的股票上市或公开发行的大公司的要求。如前面提到的美国、英国、澳大利亚、加拿大都是如此。

2.在低通货膨胀的条件下,物价变动会计不会成为流行的惯例。例如,尽管前联邦德国注册会计师协会于1975年提出了建议,但并不为前联邦德国的公司所遵循。在日本,则从未发布过有关处理物价变动影响的会计准则。20世纪80年代中期西方世界的通货膨胀率普遍下降,英国已在1984年停止执行第16号标准会计惯例,并于1988年予以废止;美国则在1986年发布的第89号财务会计准则中把"要求"改为"自愿"。可以说,至20世纪90年代,在西方主要国家的会计准则中,只是存在着关于自愿披露物价变动会计影响的建议而已。

四、会计准则本来带有实验的性质,现在已经废止、淡出

例如,美国财务会计准则委员会在1979年发布的第33号财务会计准则中就明确提出,它希望企业"在本公告的大纲下从事实验,并发展适用于该企

业特定条件的新方法"。嗣后,即就特定行业和特定问题陆续发布了 7 个公告①,并取消了一些披露要求。最后,则发布了用以替代第 33 号和上述有关公告的第 89 号财务会计准则公告。在第 89 号公告中,改变了"要求"企业而只是"鼓励"企业增添能帮助财务报告的使用者了解物价变动影响的披露。又如,英国第 16 号标准会计惯例公告在发布时就订有 3 年的试验期。而在 1982 年,英格兰和威尔斯特许会计师协会就提议撤销这一公告,在会计标准委员会②的表决中,仅以微弱的多数通过继续延长试验,至 1984 年决定停止执行这一公告,1988 年 4 月已予以废止。加拿大特许会计师协会第 4510 节建议书,也订有在实施 5 年后重新审查的期限,而至 1987 年也停止执行。由此可见,物价变动会计的实践,当时就处于实验、修订的过程,而且还经历着停顿的曲折过程。至 20 世纪 90 年代,由于发达国家在世界范围内都遏制了物价上涨的趋势,物价变动会计就"淡出"了。

五、国际会计准则对披露物价变动影响要求的演变和最终废止

国际会计准则委员会(IASC)对处理物价变动对财务报表的影响,先后发布过两个国际会计准则(IASs)

(一)1977 年发布的 IAS 6《物价变动的会计反应》,1982 年起已被 IAS 15 取代

IAS 6 认为,企业应采用在财务报表中表述特定物价变动、一般物价水平变动或两者对财务报表影响的程度;如果没有采用这样的程序,应该加以说明。IAS 6 已被 IAS 15 取代。

(二)1981 年 11 月发布的 IAS 15《反映物价变动影响的信息》(1994 年重编),2004 年 1 月已被国际会计准则理事会(IASB)废止

IAS 15 适用于那些在收入、利润、资产或职工人数在其经营环境中是重

---

① 它们是:第 39 号财务会计准则公告(以下简称"公告")《财务报告与物价变动:矿产及石油和天然气》,第 40 号公告《财务报告与物价变动:林地和成长中的森林》,第 41 号公告《财务报告与物价变动:特定资产——产生收益的不动产》,第 46 号公告《财务报告与物价变动:电影制片业》,第 54 号公告《财务报告与物价变动:投资公司》,第 70 号公告《财务报告与物价变动:外币折算》,第 82 号公告《财务报告与物价变动:取消某些披露》;还有第 69 号公告《石油和天然气生产业务的披露》的第 35～38 节。以上公告现在均已废止。

② 如前述,英国的会计标准委员会是由英格兰和威尔斯会计师协会以及英国和爱尔兰的其他 5 个主要会计职业团体一起作为共同主办人的。其 20 位成员由 6 个主办的会计职业团体组成的 6 人委员会提名,但他们是以个人身份出席会计标准委员会会议的。

要的企业(未规定具体的规模指标)。规定了可以采用:(1)一般购买力法,(2)现行成本法,(3)综合上述两种方法特点的方法;并且说明构成上述方法的基础的是确定收益的两种基本方法:(1)在保持企业股东权益的一般购买力前提下来确认收益,(2)在保持企业一定经营能力的前提下来确认收益。并且说明了,在多数国家,反映物价变动影响的信息是作为补充信息提供的,由此可见,IAS 15 只是综合了各主要国家的准则要求。

IASC 理事会也在 1989 年 10 月宣告,不要求、但鼓励企业按 IAS 15 披露有关物价变动影响的信息。

2004 年 1 月,IASB 在《改进国际会计准则》项目中,除发布了改进后的 13 个国际会计准则①外,同时废止了 IAS 15。

▲ 第二节 美国的按现行成本/不变购买力模式进行部分重新表述的程序

如前所述,在西方各国,在物价变动会计的公认会计准则中要求采用现行成本/不变购买力模式的,只有美国和加拿大。它们都只鼓励股票上市的大公司披露以现行成本/不变购买力为基础的部分补充资料,并不要求对历史成本报表进行全面调整而重编以现行成本/不变购买力为基础的财务报表。以下,我们将以美国的第 89 号财务会计准则为例,说明按现行成本/不变购买力模式对物价变动影响进行部分重新表述的要求和程序。

一、按现行成本/不变购买力模式对物价变动影响进行部分重新表述的要求

美国第 89 号财务会计准则《财务报告与物价变动》中提出了如下的要求:

(一)在现行成本基础上披露当年经营收益的某些组成项目

所提供的信息可以采用报告格式(statement format)或调节格式(reconciliation format)进行,以披露(在调节格式中)或使读者得以确定(在报告格式中)销货成本以及折旧费、折耗费和摊销费的原报告金额(历史成本)与现行成本之间的差额。

(二)提供有关购买力损益以及扣除通货膨胀影响后的现行成本增减额的信息

1.货币性项目净额上的购买力损益;

————————
① 参见本书第五章第二节。

2.存货和不动产厂场设备的扣除通货膨胀后的现行重置成本或可变现净值(视何者较低)的增加或减少额。这里所指的"通货膨胀",即指一般物价水平的上涨。

3.在母公司合并国外子公司的报表时,还要提供折算调整额。

(三)对选定的财务数据,汇总披露最近五年的有关信息

选定的财务数据如下:

1.销货净额和其他经营收入;

2.以现行成本为基础的持续经营收益;

3.货币性项目净额上的购买力损益;

4.存货和不动产厂场设备的扣除通货膨胀后的现行成本或可变现净值的增加或减少额;

5.以现行成本为基础的外币折算调整额总和(如果可行的话);

6.以现行成本为基础的货币性净资产;

7.以现行成本为基础的普通股每股持续经营收益额;

8.普通股每股发放的现金股利;

9.年末普通股每股市价。

(四)可以以年度平均美元或年末美元或是基期美元代表不变购买力

重新表述的信息,可以以代表不变购买力的年度平均美元或年末美元表述,两者都是当前币值;也可以以美国劳工统计局在计算城市消费物价指数时使用的基期(1967年)美元或具有同等购买力的美元表述,这是基期币值。

习惯上大都采用当前币值,而且通常使用年度平均美元而非年末美元。这是因为,收入和费用都假设是在整个年度内经常且均衡地发生的,当按年平均美元重新表述时,其历史成本就是不变购买力(年度平均美元)成本,因而无需调整,这样可以简化换算手续。

二、按现行成本/不变购买力模式对物价变动影响进行部分重新表述的程序

我们将继续引用第六章第五节和第三节中的简例,着重说明为提供当年信息而进行部分重新表述的程序。这里,我们将使用年度平均美元作为不变币值。

[例1] 设迪凡有限公司19×4年度的历史成本财务报表、有关物价指数及现行成本数据均如第六章例题所设。

(一)确定销货成本和折旧费的历史成本与现行成本之间的差额

1.历史成本数据取自表6-2迪凡有限公司19×4年度以历史成本为基础的收益及留存收益表:

销货成本	$ 200 300
折旧费	$ 3 300

2. 现行成本数据见该例题所给资料(销货成本)及计算:

销货成本	$ 216 000
折旧费*	$ 4 050

* 折旧费是按照厂场设备的现行完全成本的平均余额计算摊提的。

3. 历史成本与现行成本之间差额如下:

销货成本	$ 200 300 — $ 216 000 =($ 15 700)
折旧费	$ 3 300 — $ 4 050 =($ 750)

(二)计算货币性项目净额上的购买力损益

历史成本数据取自表 6-3 迪凡有限公司 19×4 年和 19×3 年 12 月 31 日的比较资产负债表和表 6-2 的 19×4 年度收益及留存收益表。物价指数见第六章这一例题所给资料。计算情况见表 7-1。

表 7-1　迪凡有限公司购买力损益计算表

19×4 年度(按年度平均美元)

	19×3 年 12 月 31 日			19×4 年
			按 19×4 年	12 月 31 日
	历史成本	换算系数	平均美元	历史成本
现金、应收账款及其他货币性资产	$ 33 600	125/120	$ 35 000	$ 43 600
流动负债(货币性)	(22 800)	125/120	(23 750)	(26 050)
长期负债(货币性)	(30 000)	125/120	(31 250)	(30 000)
货币性项目净额	($ 19 200)[a]		($ 20 000)[b]	($ 12 450)[c]

	19×4 年度		
			按 19×4 年度
	历史成本	换算系数	平均美元
货币性项目净额	($ 19 200)[a]	125/120	($ 20 000)[b]
加(来源):			
销货	$ 264 000	125/125	$ 264 000
合　计	$ 244 800[d]		$ 244 000[f]

续表

减(运用)：			
购货	＄198 000	125/125	＄198 000
营业费用(折旧费除外)	37 500	125/125	37 500
所得税	9 750	125/125	9 750
现金股利	12 000	125/132	11 364
合　计	＄257 250 ᵉ		＄256 614ᵍ
货币性项目净额—历史成本，12月31日(d−e)	(＄12 450)ᶜ		
货币性项目净额—按年度平均美元重新表述(f−g)			(＄12 614)ʰ
货币性项目净额—历史本，12月31日调整为年度平均美元	(＄12 450)ᶜ	125/132	(＄11 790)ⁱ
货币性项目净额上的购买力利得(i−h)			＄824

　　由于按年度平均美元重新表述的销货收入、销货成本、营业费用(折旧费除外)、所得税的金额，都与原来报告的历史成本金额相同，也就是说，可以假设年内货币性项目增加或减少的净额，是按年度平均美元表述的。例中，只有现金股利的金额，才要从年末美元换算为年度平均美元。我们可以不采用上述的典型程序，而改用如表 7-2 所示的简化程序来计算货币性项目净额上的购买力损益。

表 7-2　迪凡有限公司购买力损益计算表

19×4 年度(按年度平均美元)

	历史成本 (名义美元)	换算系数	1992 年度 平均美元
货币性净负债额，12/31/19×3	＄19 200	125/120	＄20 000
年内货币性净负债额的减少	(6 750)		(6 750)
货币性净负债额，12/31/19×4	＄12 450	125/132	(11 790)
由于货币性净负债额的减少而形成的购买力利得			＄1 460
现金股利换算减少金额			(636)
货币性项目净额上的购买力利得			＄824

(三)计算存货和不动产厂场设备的扣除通货膨胀后的现行成本的增加或减少额

计算见表 7-3,现行成本(现行成本/名义美元)数据和物价指数见第六章例题所给资料。

表 7-3　迪凡有限公司持有资产现行成本增减计算表

19×4 年度(按名义美元与不变美元)

	现行成本/名义美元	换算系数	现行成本/不变*美元
存货,12/31/19×3	$51 000	125/120	$53 125
购货	198 000		198 000
销货成本	(216 000)		(216 000)
存货,12/31/19×4	(48 000)	125/132	(45 455)
存货现行成本的增加(减少)	$15 000		$10 330
厂场设备,12/31/19×3	$31 200	125/120	$32 500
折旧费	(4 050)		(4 050)
厂场设备,12/31/19×4	(29 400)	125/132	(27 841)
厂场设备现行成本的增加(减少)	$2 225		($609)
土地,12/31/19×3	$34 000	125/120	$35 417
土地,12/31/19×4	(36 000)	125/132	(34 091)
土地现行成本的增加(减少)	$2 000		($1 326)

	现行成本/名义美元	通货膨胀因素**	现行成本/不变*美元
现行成本的增加(减少)			
存货	$15 000	$4 670	$10 330
厂场设备	2 225	2 834	(609)
土地	2 000	3 326	(1 326)
合　计	$19 225	$10 830	$8 395

＊　19×4 年度平均美元。

＊＊　现行成本/名义美元增减额-现行成本/不变美元增减额=通货膨胀因素。

(四)验证以上计算结果

以上的计算是否正确无误,可以通过 19×3 年 12 月 31 日与 19×4 年 12 月 31 日股东权益的变动关系验算如表 7-4。

表7-4 根据股东权益的变动关系进行验算

	数据来源	现行成本/不变美元*
股东权益 12/31/19×3		
存货	表 7-3	$ 53 125
厂场设备	表 7-3	32 500
土地	表 7-3	35 417
货币性项目净额(净负债额)	表 7-2	(20 000)
合 计		$ 101 042
持续经营收益(亏损)**		(3 300)
现金股利	表 7-1	(11 364)
货币性项目净额上的购买力利得	表 7-2	824
扣除通货膨胀后资产现行成本的增加	表 7-3	8 395
股东权益,12/31/19×4		$ 95 597
存货	表 7-3	$ 45 455
厂场设备	表 7-3	27 841
土地	表 7-3	34 091
货币性项目净额(净负债额)		(11 790)
合 计		$ 95 597

*19×4年度平均美元。

** 以历史成本为基础的净收益 $13 150 ＋ 销货成本调整额($ 200 300－$ 216 000)＋折旧费调整额($ 3 300－$ 4 050)＝持续经营亏损$ 3 300。

(五)编制报告格式或调节格式的对物价变动进行调整的持续经营收益表

(1)报告格式,见表7-5;

(2)调节格式,见表7-6。

Accounting

表 7-5 迪凡有限公司对物价变动进行调整的持续经营收益表

19×4 年度(至 12 月 31 日止)

	原先报告的金额 (历史成本)	对特定价格变动 调整后的金额 (现行成本)
销货净额及其他营业收入	$264 000	$264 000
销货成本	$200 300	$216 000
折旧费	3 300	4 050
其他营业费用	37 500	37 500
所得税	9 750	9 750
合　计	$250 850	$267 300
持续经营收益(亏损)	$13 150	($3 300)
货币性项目净额(净负债额减少) 　上的购买力利得		$824
本年度持有存货、厂场设备、土地 　的特定价格(现行成本)的上涨		$19 225
一般物价水平上涨的影响		10 830
特定价格上涨超过一般物价水平 　上涨的部分*		$8 395
外币折算调整额	×	×

* 即扣除通货膨胀后资产现行成本的增加额。

表 7-6 迪凡有限公司对物价变动进行调整的持续经营收益表

1994 年度(至 12 月 31 日止)

持续经营收益,原先报告金额	$13 150
反映现行成本的调整额	
销货成本	(15 700)
折旧费	(750)
对特定价格变动进行调整后的持续经营收益(亏损)	($3 300)
货币性项目净额(净负债额减少)上的购买力利得	$824
本年度持有存货、厂场设备、土地的特定价格(现行成 　本)的上涨	$19 225
一般物价水平上涨的影响	10 830
特定价格上涨超过一般物价水平上涨的部分	$8 395
外币折算调整额	×

例中迪凡有限公司是一家国内企业,并不拥有国外子公司,故无外币折算调整额。关于在折算国外子公司的外币报表时如何消除国际通货膨胀影响的问题,将在第十二章第六节中阐述。

(六)汇编对物价变动影响调整后的一些选定财务数据的五年比较

见表7-7,19×4年的各项数据无需多作说明。其中的每股信息:每股持续经营收益和每股现金股利均为有关金额除以 7 000 股。年末每股市场价格是假设的,例如 19×4 年末为 $ 12.80,按换算系数"年度平均物价指数/年末物价指数"(125/132)换算为 $ 12.12。年末净资产的有关金额可以从历史成本基础的比较资产负债表及验算过程(表7-4)中取得。我们还为 19×3 年假设了有关数据,其中,销货净额及其他营业收入的原报告金额 $ 218 000,系19×3年度平均美元,应换算为 19×4 年度平均美元,即 $ 218 000×125/116 = $ 234 914。其余的数字都是任意假设的。

表7-7   迪凡有限公司对物价变动影响调整后的一些选定财务数据的五年比较

(按 19×4 年平均美元)

	19×4	19×3	19×2	19×1	19×0
销货净额及其他营业收入					
原报告金额	$ 264 000	$ 218 000			
对一般物价水平上涨调整后的金额	$ 264 000	$ 234 914			
持续经营收益(亏损)					
原报告金额	$ 13 150	$ 11 620			
对特定价格变动调整后的金额	($ 3 300)	$ 1 040			
货币性项目净额上的购买力利得(损失)	$ 824	$ 413			
资产特定价格上涨超过一般物价水平上涨的部分	$ 8 395	$ 6 917	(略)	(略)	(略)
外币折算调整额					
原报告金额	×	×			
对特定物价变动调整后的金额	×	×			
年末净资产					
原报告金额	$ 79 650	$ 78 500			
对特定物价变动调整后的金额	$ 95 597	$ 101 042			

Accounting

续表

	19×4	19×3	19×2	19×1	19×0
每股信息					
持续经济收益(亏损)					
原报告金额	$1.8786	$1.6600			
对特定物价变动调整后的金额	($0.4714)	$0.1486			
发放的现金股利					
原报告金额	$1.7143	$1.5421			
对一般物价水平上涨调整后的金额	$1.6234	$1.4843			
年末市场价格					
原报告金额	$12.80	$12.64			
对一般物价水平上涨调整后的金额	$12.12	$12.22			
年度平均物价指数	125	116			

最后需要指出的是,美国第89号财务会计准则只要求披露持有存货、厂场设备、土地的特定价格上涨及其超过(或低于)一般物价水平上涨的部分,而不要求披露对子公司投资、递延借项或贷项(主要是递延所得税)等项目的上述价格变动的影响。

▲ 第三节 英国的现行成本模式

虽然,英国的第16号标准会计惯例公告《现行成本会计》已废止,但它提出的现行成本模式的构思是颇具特色和见地的。因而,在物价变动会计的研究领域内,它仍然不失为颇有价值的文献。

如第二节所述,美国会计界的构思是:把现行成本模式和不变购买力模式从保持实体资本和保持财务资本的概念上截然分开,前者反映非货币性资产的持有损益(因为很少非货币性负债),可以通过对资产项目的重估价或根据特定物价指数来确定它们的现行成本;后者则反映货币性项目净额上的购买力损益,它将以一般物价指数来衡量。

第89号财务会计准则建议的按现行成本/不变购买力模式进行部分重新表述的程序,正是这种构思的充分体现。即只有既改变计量基础又改变计量尺度,才能全面地反映并消除物价变动的会计影响。

英国的第 16 号标准会计惯例所建议的现行成本模式,则是对上述构思的突破。

一、第 16 号标准会计惯例关于现行成本模式的总体构思

现行成本模式着眼于保持企业的生产经营能力,但除了要保证重置存货和厂场设备的资本完整无损外,还需要增加它的名义货币性营运资本。但它的度量并不是一般的购买力,而是特定的购买力,因为任何企业都不会把资本投入整个经济市场,而只是投入它必需持有的特定商品和财产。这样,就应该在现行成本基础上对以历史成本为基础的利润额进行三项调整,它们是:

1. 销货成本调整额;

2. 折旧费、折耗费和摊销费调整额;

3. 货币性营运资本调整额(monetary working capital adjustment)。

企业的净负债额(货币性借贷资本)在所使用的资本总额(包括借贷资本和股份资本)中所占的比重如何,在物价变动时会带来不同的会计影响。在通货膨胀时期举债可以给企业带来利益,但度量它的也应该是特定购买力,而不是一般购买力。这同样是因为,所举借的债务资本只是投入企业必需持有的特定商品和财产,而不是投入整个经济市场。反映物价变动在这一方面的会计影响的调整额,可称为资本配搭调整额(gearing adjustment),或译资本组合调整额。同时,举债是否能真正使企业处于有利的地位,需视举债带来的利益能否超过利息支出而定。因此,必须从资本配搭调整额中,减去所支出的利息费用净额(即期内应计基础上的利息费用减去利息收入的净额)。

应该说,这一总体构思是缜密的,也是有见地的。以下把这一构思与美国第 89 号财务会计准则的总体构思作一简略的对比。

1. 两者都认为,需要同时确定非货币性资产的持有损益和货币性项目净额上的购买力损益,才能全面地反映和消除物价变动的会计影响。

2. 但在如何确定货币性项目净额的购买力损益的构思上,两者是不同的:

(1)美国第 89 号会计准则建议消除一般购买力水平变动的会计影响,并且只用一个单一的数字,从现行成本/名义美元的金额中减去,以确定现行成本/不变美元的金额。

(2)英国第 16 号标准会计惯例建议消除特定购买力水平变动的会计影响,并区分为货币性营运资本调整额和资本配搭调整额。从资本配搭调整额中还要减除举债的利息支出净额,以反映举债的实际得失。

3. 在与非货币性资产的持有损益相结合时,两者就表现为不同的物价变动会计模式：

(1)美国采用现行成本/不变购买力模式；

(2)英国采用现行成本模式(它不同于美国概念的现行成本模式)。

二、货币性营运资本调整额和资本配搭调整额

第16号标准会计惯例把(1)销货成本调整额,(2)折旧费、折耗费和摊销费调整额,(3)货币性营运资本调整额合称为经营调整额,以区别于资本配搭调整额。

销货成本调整额是销货历史成本与现行成本之间的差额,折旧费、折耗费和摊销费调整额是它们按资产的历史成本摊提的金额与按资产的现行成本摊提的金额之间的差额。如果不通过对资产项目的重估价来确定它们的现行成本,那么,无论是资产的现行成本,还是以现行成本为基础的销货成本和折旧费、折耗费和摊销费,都可以通过特定物价指数换算。这在前面已经阐述过了,此处无需赘述。需要说明的是货币性营运资本调整额和资本配搭调整额。

(一)货币性营运资本调整额

第16号标准会计惯例把货币性营运资本规定为:商业应收款、应收商业票据及预付款之和减去商业应付款、应付商业票据、预收款及应计负债之和后的净额。它为什么要按特定物价指数而不按一般物价指数换算呢? 公告中还有一段具有说服力的具体分析。

当赊销交易发生后,在有关的商业账款收回之前,事实上,企业的一部分营运资本,也就是为存货重置成本的变动提供的资本就被购货方占用了;相反的,当赊购交易发生后,在偿付账款之前,与这些存货有关的特定价格的变动所需的资本实际上是由销货方承担的,这就为企业(购货方)释出了这部分营运资本可供他用。所以,这些情况都与存货的重置成本有关,应该按特定物价指数换算。它们反映的是,应收款收回前销货收入购买力的变动和应付款偿付前购入存货的重置价格的变动,后者更可以看做是销货的现行成本调整的延伸。

(二)资本配搭调整额

资本配搭调整额用来指明在物价上涨(或下跌)时期因举债经营给股东带来的利益(或损失)。因此,从中还应该减除举债利息支出,这在前面已经说明了。资本配搭调整额的计算如下式：

$$资本配搭调整额 = \frac{净货币性负债}{使用资本总额} \times 以现行成本为基础的经营调整额合计$$

也就是说,它是按货币性负债在使用资本总额中所占的比率来衡量经营调整额在不同的资本配搭(组合)情况下的影响程度的。

从以现行成本为基础的经营利润中减去配搭调整额扣除举债净利息支出(应计基础上的利息费用减利息收入)后的净额,再减去应纳所得税后,就是企业在保持经营资本完整无损的前提下可处置财富的最高限度,也就是以现行成本为基础的股东应享利润。

三、以现行成本为基础的比较收益表和比较资产负债表的表式

根据第 16 号标准会计惯例的要求编制的以现行成本为基础的比较收益表和比较资产负债表的表式如表 7-8 和表 7-9。

表 7-8 英联公司比较收益表

19×4 年和 19×3 年度(各至 12 月 31 日止)

(以现行成本为基础)

19×3 年度				19×4 年度	
£460 800		营业额			£512 000
£61 952		以历史成本为基础的未扣除利息和所得税的利润			£74 240
		减:以现行成本为基础的经营利润调整额			
	£10 240	销货成本调整额		£11 776	
	1 792	货币性营运资本调整额		2 560	
33 792	21 760	折旧费调整额		24 320	38 656
£28 160		以现行成本为基础的经营利润			£35 584
	(£4 352)	减:资本配搭调整额		(£4 250)	
256	4 608	利息费用减利息收入(应计基础)		5 120	870
£27 904		以现行成本为基础的未扣除所得税的利润			£34 714
15 616		减:所得税			18 688
£12 288		以现行成本为基础的股东应享利润			£16 026
10 000		减:股利			12 000
£2 288		以现行成本为基础的本年度留存利润			£4 026

表 7-9 的资产负债表采用英国流行的营运资本式。

表 7-9　英联公司比较资产负债表

19×4 年和 19×3 年 12 月 31 日

（以现行成本为基础）

19×3 年 12 月 31 日				19×4 年年 12 月 31 日	
		占用资产			
￡464 128		固定资产(净值)			￡499 968
		净流动资产			
	￡81 920	存货		￡102 400	
	17 920	货币性营运资本		20 480	
	￡99 840	营运资本总额		￡122 880	
	(10 000)	拟派股利		(12 000)	
74 480	(15 360)	其他流动负债		(14 592)	96 288
￡538 608		合　计			￡596 256
		资本来源			
		股份资本及准备			
	￡76 800	股份资本		￡76 800	
	316 160	现行成本准备*		368 502	
￡488 688	95 728	其他准备及留存利润		99 754	￡545 056
49 920		借贷资本			51 200
￡538 608		合　计			￡596 256

*　现行成本准备

余额,12/31/19×3			￡316 160
反映物价变动的重估价盈余			
土地及房屋	￡5 120		
厂场及机器	36 608		
存货及在制品	12 304	￡54 032	
货币性营运资本调整额		2 560	
资本配搭调整额		(4 250)	52 342
余额,12/31/19×4			￡368 502

Accounting

▲ **第四节　巴西高通货膨胀环境下的不变购买力模式**

在 20 世纪 70—80 年代,巴西面临着接近或往往是三位数的通货膨胀率。在这样的高通货膨胀环境下,巴西的会计准则曾试图在企业的财务报表和纳税申报中都计算通货膨胀的影响。1978 年 1 月 1 日起生效的修订后的巴西《公司法》修订了上述做法,它要求巴西公司采用巴西政府国库债券指数作为消除通货膨胀影响的指数,对永久资产和业主权益项目按一般物价水平变动进行调整(不变购买力模式)。

一、巴西《公司法》关于按一般物价水平变动调整历史成本财务报表的要求

其要旨可以归纳如下:①

1. 永久资产(permanent assets)包括土地、房屋、设备、递延资产和投资。在投资项目内,包括对子公司和联营公司的股权投资。业主权益包括投入资本、准备和留存收益。永久资产和业主权益项目按一般物价水平变动(以巴西政府国库债券指数表示)调整后,其称为"货币性订正"(monetary correction)的调整额应该互抵。

2. 永久资产的货币性订正额超过业主权益货币性订正额的部分,应视为由于举债经营获得的利益;反之,即为损失。故:

$$\begin{matrix}资产负债表 \\ 订正损益\end{matrix} = 永久资产\left(原价 - \begin{matrix}折旧 \\ 准备\end{matrix}\right)订正额 - \begin{matrix}业主权益 \\ 订正额\end{matrix}$$

3. 上述的资产负债表订正损益应计入当年经营损益。对于订正利得,则仅限于其超过外币债务汇兑损失和当地货币性债务订正损失的部分。②

4. 资产负债表订正损失可作为纳税扣减项目,在应税收益中确认的订正利得,也限于其超过外币债务汇兑损失和当地货币性债务订正损失的部分。

---

① 可参阅 R. 弗莱明:《巴西通货膨胀会计的新概念》,载《会计师杂志》1979 年 4 月号。

② 在本国货币贬值的情况下,外币债务余额在按年末汇率调整时或偿还时必然形成汇兑损失(可参阅第十章中的阐述)。关于当地货币性债务订正损失,指的是,按照巴西的惯例,长期债务将与通货膨胀指数挂钩进行调整,故在按指数订正后也必然形成损失。

5.经营收入和除折旧费以外的经营费用,基于在年度内均衡发生的假设,当按年度通货膨胀率(全年平均)调整时,其历史成本金额无需订正。但折旧费则需要订正。在计算应税收益时,折旧费可按订正后的数额扣减。

6.各项货币性订正金额,除对投入资本的订正额单独反映为"资本准备"外,其他均包含在所订正的有关项目(如永久资产及其折旧准备、股东权益中的各项准备金)内。

7.按一般物价水平变动调整后的订正数据和历史成本数据都是基本财务报表的组成部分,而不作为补充财务报表。

二、巴西的不变购买力模式的总体构想

这个总体构想的基本原理是:按一般物价水平变动调整后的永久资产与业主权益互抵后的订正额,代表由于从所举借的长期债务或业主权益中筹集营运资本而形成的购买力损益。因为从长期负债和业主权益的合计数中减去永久资产净值后,即为企业的营运资本(流动资产-流动负债)。

这样,当永久资产净值等于业主权益时,营运资本全部来自所举借的长期债务。如果属于货币性项目的长期债务都是本国货币而且不与通货膨胀指数挂钩,由于在营运资本的构成中,货币性流动资产和流动负债的金额在通货膨胀下是固定不变的,只有属于非货币性项目的存货,其价格才会上涨,故永久资产与业主权益按一般物价变动水平互抵后的订正额,实际上都是由于存货价格上涨而形成的购买力利得;当永久资产订正额超过业主权益订正额时,说明一部分永久资产也是通过举债筹资的,这时形成的购买力利得,实际上是由于存货和这一部分永久资产价格的上涨而形成的。如果业主权益订正额大于永久资产订正额,则说明一部分营运资本是由业主权益提供的,这一部分营运资本将由于存货价格的上涨而形成购买力损失。

由于巴西的本国货币长期债务是与通货膨胀指数挂钩的,所以也要确认当地货币性债务的订正损失;如果举借了外币债务,还要确认外币债务汇兑损失。

经过以上的剖析后,我们可以看到,这一整体构思同样地分别考虑了通货膨胀对货币性项目和非货币性项目的不同影响。从表面上看,只对永久资产的历史成本进行了订正,而对包括在流动资产中的存货这个非货币性项目的历史成本则没有进行订正,而实质上,在确定计入当期损益的购买力损益(一般物价水平变动影响)时,已经把存货价格上涨的因素包含在内了。这是巴西模式的独到和别具匠心之处。

三、同时列示历史成本和不变购买力数据的收益表和资产负债表表式

现列示巴西模式下同时按历史成本和不变购买力订正后的数据列示的收益表和资产负债表的表式如表 7-10 和表 7-11。

表 7-10 巴西利亚公司收益表

19×4 年度(至 12 月 31 日止)

	历史成本 金　额			对 75%的通货膨 胀率订正后的金额
经营收入	Cr320 000	经营收入		Cr320 000
经营费用(折旧费除外)	(120 000)	经营费用(折旧费除外)		(120 000)
折旧费	(40 000)	折旧费	Cr40 000	
经营利润	Cr160 000	订正	30 000	(70 000)
外币债务汇兑损失	(46 000)	经营利润		Cr130 000
当地货币性债务订正	(34 000)	通货膨胀损失		
		外币债务汇兑损失	Cr(46 000)	
		当地货币性债务订正	(34 000)	
		资产负债表订正利得*	60 000	(20 000)
净利润	Cr80 000	净利润		Cr110 000

* 资产负债表订正利得

永久资产订正	Cr480 000	
折旧准备订正	(90 000)	Cr390 000
资本订正	Cr240 000	
准备及留存收益订正	90 000	(330 000)
		Cr60 000

注:Cr 为当时巴西货币克鲁塞罗(Cruxeiro),1994 年巴西实施币制改革计划,现在的货币单位为雷亚尔。

表 7-11　巴西利亚公司资产负债表
19×4 年 12 月 31 日

	历史成本金额			按 75%的通货膨胀率订正后的金额
	12/31/19×3	12/31/19×4		
流动资产	Cr60 000	Cr180 000	流动资产	Cr180 000
永久资产	640 000	640 000	永久资产	1 120 000①
折旧准备	(80 000)	(120 000)	折旧准备	Cr210 000②
			本年折旧费订正	30 000 (240 000)
总　计	Cr620 000	Cr700 000	总　计	Cr1 060 000
流动负债	Cr20 000	Cr24 000	流动负债	Cr24 000
长期负债	160 000	156 000	长期负债	156 000
股东权益			股东权益	
资本	320 000	320 000	资本	320 000
准备及留存收益	120 000	120 000	资本准备	240 000③
本年利润		80 000	准备及留存收益	210 000④
			本年利润	110 000
总　计	Cr620 000	Cr700 000		Cr1 060 000

注：　① Cr640 000＋Cr640 000×75%＝Cr640 000＋Cr480 000(订正额)
　　　② Cr120 000＋Cr120 000×75%＝Cr120 000＋Cr90 000(订正额)
　　　③ Cr320 000×75%(订正额)
　　　④ Cr120 000＋Cr120,000×75%＝Cr120 000＋Cr90 000(订正额)

研　讨　题

7-1　为什么物价变动会计的国际会计准则和各国会计准则大都以"财务报告与物价变动"命名？

7-2　你对曾发布过的反映物价变动的国际会计准则和各国会计准则,有哪些主要评价？

7-3　美国 FASB 的 FAS 89《财务报告与物价变动》对反映现行成本不变购买力的会计影响的构想与英国 ASC 的 SAP 16《现行成本会计》的构想有哪些不同？

7-4　你怎样理解 SAP 16 中的经营调整额和资本配搭调整额,以及经营调整额中的货币性营运资本调整额？

7-5　巴西的不变购买力会计模式的别具匠心之处体现在哪里？

作　业　题

7-1　应用 6-1 题中的以历史成本为基础的财务报表及 6-2 题中的有关资料,按照美国第 89 号财务会计准则公告的要求,按现行成本/不变购买力会计

Accounting

模式对物价变动影响进行部分重新表述,作为历史成本报表的补充资料,可略去"物价变动影响调整后的一些选定财务数据的五年比较"。

7-2 设英伦公司19×5年和19×4年度(至12月31日止)以历史成本为基础的比较收益表和19×5年12月31日和19×4年12月31日以历史成本为基础的比较资产负债表如下:

英伦公司比较收益表

19×5年和19×4年度(至12月31日止)

(以历史成本为基础)

19×4年度		19×5年度
£230 400	营业额	£256 000
£30 976	未扣除利息和所得税的经营利润	£37 120
4 995	减:利息费用减利息收入(应计基础)	5 671
£25 981	未扣除所得税的利润	£31 449
7 808	减:所得税	9 344
£18 173	股东应享利润	£22 105
5 000	减:股利	6 000
£13 173	本年度留存利润	£16 105

英伦公司比较资产负债表

19×5年和19×4年12月31日

(以历史成本为基础)

19×4年12月31日			19×5年12月31日	
		占用资产		
£78 119		固定资产(净值)		£75 175
		净流动资产		
	£36 347	存货	£43 038	
	8 064	货币性营运资本	8 960	
	£44 411	营运资本总额	£51 998	
31 731	(12 680)	流动负债	(13 296)	38 702
£109 850		合　计		£113 877
		资本来源		
		股份资本及准备		
	£48 400	股份资本	£48 400	
£90 890	42 490	准备及留存利润	47 925	£96 325
18 960		借贷资本		17 552
£109 850		合　计		£113 877

与现行成本调整有关的资料给定如下：

1.经营利润调整额和资本配搭调整额

	19×4 年度	19×5 年度
货币性营运资本	£17 920	£20 480
货币性营运资本调整额	£896	£1 280
销货成本调整额	£5 120	£5 888
折旧费调整额	£10 880	£12 160
资本配搭调整额		

（销货成本调整额和折旧费调整额为历史成本数据与现行成本数据之差；货币性营运资本调整额为第 16 号标准会计惯例定义的营运资本乘有关存货的特定价格指数的结果，题中不要求计算。资本配搭调整额则要求习作者自行计算）

2.非货币性资产重估价盈余及现行成本准备

	19×4 年 12 月 31 日	19×5 年 12 月 31 日
重估价盈余		
固定资产（净值）	£7 980	£13 864
存货	2 244	4 520
合 计	£10 224	£18 384
现行成本准备	£54 587	

应用上述资料，根据英国第 16 号标准会计惯例的要求，为英伦公司编制以现行成本为基础的 19×5 年和 19×4 年度（至 12 月 31 日止）的比较收益表及 19×5 年和 19×4 年 12 月 31 日的比较资产负债表（提示："其他准备及留存收益"项目的余额可利用资产负债表平衡原理计算得出）。

7-3 设巴西亚纳公司以历史成本为基础的 19×5 年度（至 12 月 31 日止）收益表和 19×5 年和 19×4 年 12 月 31 日比较资产负债表如下：

巴西亚纳公司收益表

19×5 年度（至 12 月 31 日止）

	历史成本
经营收入	Cr256 000
经营费用（折旧费除外）	(96 000)
折旧费	(32 000)
经营利润	Cr128 000
外币债务汇兑损失	(35 200)
当地货币性债务订正	(28 800)
净利润	Cr64 000

巴西亚纳公司比较资产负债表

19×5 年和 19×4 年 12 月 31 日

	历 史 成 本	
	12/31/19×4	12/31/19×5
流动资产	Cr48 000	Cr144 000
永久资产	512 000	512 000
折旧准备	(64 000)	(96 000)
总 计	Cr496 000	Cr560 000
流动负债	Cr16 000	Cr19 200
长期负债	128 000	124 800
股东权益		
资本	256 000	256 000
准备及留存收益	96 000	96 000
本年利润		64 000
总 计	Cr496 000	Cr560 000

又设 19×5 年度的通货膨胀率为 50%。请参照巴西关于按一般物价变动订正历史成本报表的模式,编制订正后的 19×5 年度收益表及 19×5 年和 19×4 年12 月 31 日比较资产负债表。

第 八 章

企业合并与合营的会计处理

　　现代大公司的形成和扩展,往往借助于企业合并与合营。一家公司可能为了种种目的,例如,为了建立原料的供应基地、开辟或扩大产品的市场、取得先进的工艺技术、开展多样化经营等等,而去兼并、控制其他公司或与其他公司合营。西方国家在经济衰退时期,许多难以支撑的中、小公司也常被实力雄厚的大公司所吞并。股份有限公司的股票可以自由转让,特别是发达国家内存在着活跃的证券市场,通过股票的收购和让售,大大地便利了企业合并的进行。随着资本的国际流动,企业合并不仅在本国范围内进行,而且早已跨越国界,在世界范围内进行,无论在发达国家之间、在发达国家与发展中国家之间、或是在发展中国家之间,通过取得对方境内公司的多数股权创建子公司或与对方境内的企业合营以扩大跨国经营的情况,已经屡见不鲜。

▲ 第一节　企业合并与合营导致的会计问题

　　本节分别说明企业合并的不同方式和企业合营的不同形式以及它们所导致的会计处理问题。

　　值得首先指出的是,在国际会计准则理事会(IASB)《改进国际会计准则》

项目(2003 年 12 月)改进后的 IAS 27、IAS 28、IAS 31 中①,对有关企业合并和合并财务报表的一些基本概念和方法,作了较重大的改进。2004 年 3 月,IASB 又发布了 IFRS 3《企业合并》,取代了 IAS 22(1993 年,1998 年进行了修订)《企业合并》和 IAS 30《银行和类似金融机构财务报表中的披露》。从本节开始,就将涉及这些内容。

以下论述企业合并的方式。

一、企业合并的三种方式

企业合并主要有三种方式:

(一)吸收合并

一家公司取得其他一家或几家企业的净资产而后者宣告解散,这是吸收合并(merger),或称兼并。进行兼并的公司往往也就承担被兼并公司的债务,但如后者的债权人要求清偿时则必须偿还。吸收合并的结果,仍然只有一个单一的经济主体和法律主体。进行兼并的公司可以采用现金、债券或发行股票的方式来换取被兼并公司的股东权益。

(二)创立合并

现存的几家公司以其净资产换取新成立公司的股份,原来的公司都宣告解散,这是创立合并(consolidation),或称新设合并。新成立的公司将接受已解散的各公司的资产,往往也承担各公司的债务(但如原债权人要求清偿时则必须偿还)。已解散的各公司的股东,在以原股份换得新成立公司的股份后,也就成为新公司的股东。创立合并的结果,也仍然是一个单一的经济主体和法律主体。

(三)控制合并

企业合并最盛行的方式是一家公司通过长期股权投资取得另一家或几家公司的控制股权(control interest),使被投资公司成为它的附属公司(subsidiary corporations),常称子公司,它自己则成为这些子公司的母公司(parent corporation),或称控股公司。每个公司都是独立的经济主体和法律主体,母、

---

① 改进后的 IAS 27、IAS 28、IAS 31 都变更了名称,列示如下:

准则编码	改进后名称	改进前名称
27	合并财务报表和单独财务报表	合并财务报表和对子司投资的会计处理
28	联营企业中的投资	对联营企业投资的会计处理
31	合营中的权益	合营中权益的财务报告

子公司组成一个集团(group)。

所谓取得控制股权,是指能在股东大会上享有多数表决权,这样就能绝对控制该子公司的财务和经营决策。从原则上说,这要持有该子公司有表决权的普通股份50%以上(基于西方国家的公司推行"一股一权"原则,严格地说,至少是50%加1股)。但对那些公开发行股份并具有相当规模的子公司来说,由于小股东十分分散,母公司往往只需持有它的20%左右甚至更少的股份,再通过与部分小股东结成联盟,实际上就能实现控制的目的了。

1.多层控股与多层、交叉控股

以上说的是单层控股,即母公司必须直接持有子公司50%以上的股权。还可能有多层控股,从原则上说,对第一层以下的子公司,母公司必须直接和间接持有其50%以上的股权。以图8-1为例:

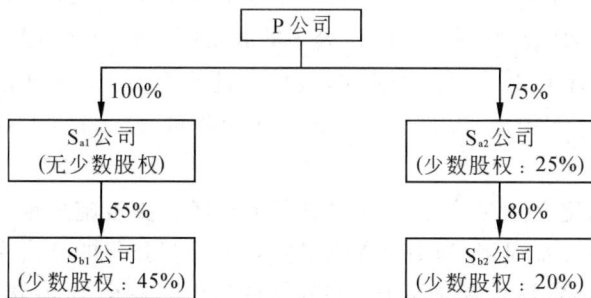

图 8-1　多层控股集团

在图8-1中,P公司直接控制S_{a1}公司100%的股权和S_{a2}公司75%的股权,并间接控制S_{b1}公司55%(100%×55%)的股权和S_{b2}公司60%(75%×80%)的股权。这四家公司都是P公司的子公司。S_{a1}公司不存在少数股权(minority interest)股东,S_{a2}公司、S_{b1}公司、S_{b2}公司则分别有25%、45%、20%的股权为少数股权股东所持有。

更复杂的情况是多层、交叉控股(详见图8-2)。

在图8-2中,对S_{a1}公司和S_{a2}公司来说,S_{b1}公司和A_{b2}公司是它们各自的子公司。但对P公司来说,由于S_{a1}公司、S_{a2}公司和S_{b1}公司之间存在着交叉持股关系,要确定P公司直接和间接拥有的股权,才能判断某一公司是否是它的子公司。

2.子公司与联营公司

P公司直接控制S_{a1}公司80%的股权,其直接和间接控制的S_{a2}公司的股

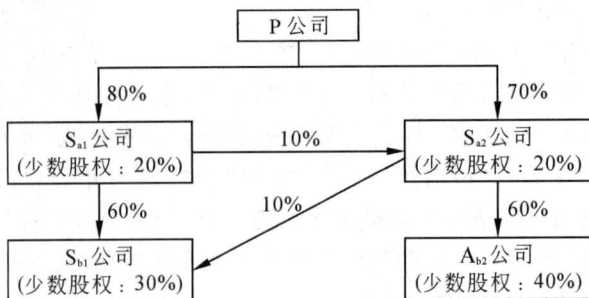

图 8-2　多层、交叉控股集团

权则为 78%（$70\%＋80\%×10\%$），间接控制的 S_{b1} 公司的股权则为55.8%（$80\%×60\%＋78\%×10\%$），都超过 50%。因此,这三家公司都是 P 公司的子公司。但是,P 公司间接持有 A_{b2} 公司的股权仅达 46.8%（即 $78\%×60\%$）。因此,A_{b2} 公司不是 P 公司的子公司,根据改进前 IAS 28《对联营公司投资的会计处理》中已下的定义,它是 P 公司的联营公司(associated corporations),或译为联属公司。

联营公司定义是:投资公司能对其财务和经营决策施加重大影响的被投资公司。按照传统惯例,如果投资公司持有被投资公司的有表决权股份不足 20%,一般应假定该投资公司不具备这样的能力。直至 1980 年代,美国和欧洲国家的传统会计惯例都是如此。

由此可见,在以母公司为首的集团内,除包括子公司外,还可能包括联营公司。至于其持有的股权不足 20% 的被投资公司,按照传统惯例,一般就不认为是集团的成员了。

二、不同合并方式下的会计问题

在以上三种不同的企业合并方式下,将发生哪些会计问题呢?

（一）处理吸收合并和创立合并业务时应用的会计方法,仍属于传统的会计领域

在吸收合并方式下,被兼并公司应通过解散清算的程序处理其净资产的让售,并将让售所得分配给原有股东,结束其会计记录。进行兼并的公司应在其账册中记录取得的资产和承担的负债(均按受让的重估价值),并记录所支付的现金(或其他资产)、发行的债券、或增发的股票。嗣后,进行兼并的公司就作为单一的报告主体处理其会计事务。

Accounting

在创立合并方式下,所有被解散的公司都应通过解散清算的程序,处理其净资产的让售,并将所得的新创立公司的股份分配给原有股东,结束各自的会计记录。新创立的公司则应在其启用的账册中,记录取得的资产和承担的负债(均按受让的重估价值),并记录其所发行的股份。嗣后,新创立的公司就作为单一的主体处理其会计事务。

由此可见,在这两种合并形式下,在处理合并业务应用的会计方法,仍属于传统的会计领域。

(二)在控制合并方式下,需要在母公司的单独财务报表和子公司的个别报表基础上编制合并报表

如前所述,在控制合并方式下,无论是取得控制权的母公司或被控制的子公司,在集团内都将作为独立的经济主体和法律主体继续经营,继续保持各自的会计记录,继续按会计年度编制各自的财务报表。只是,在处理合并业务时,母公司要在其账册中对取得股权的长期投资进行记录罢了。但是,在嗣后的每一个会计年度,对母、子公司组成的集团来说,如果需要把它视为单一的主体来反映整个集团的经营成果、财务状况和现金流量,那就要在母、子公司所编制的单独财务报表和个别财务报表的基础上编制合并财务报表(consolidated financial statement),这是一个新的会计课题。

把母公司本身编制的财务报表称为单独(seperate)财务报表,是改进后IAS 27新使用的术语,以区别于子公司编制的个别(individual)财务报表。同时,改进后IAS 27也从《合并财务报表和对子公司投资的会计处理》改名为《合并财务报表和单独财务报表》。

三、处理长期股权投资的传统国际惯例

在以上的论述中,我们已经指出了以持有被投资公司股权而进行长期投资的三个层次。即按照传统惯例:(1)持有被投资公司50%以上的股权的,为控制性投资,投资公司(母公司)能绝对控制被投资公司(子公司)的财务与经营决策;(2)持有被投资公司不低于20%但不超过50%的股权的,投资公司能对被投资公司(联营公司)的财务与经营决策施加重大的影响;(3)持有被投资公司的股权不足20%的,投资公司不具备影响被投资公司财务与经营决策的能力,在这种情况下,投资的目的被认为不过是赚取股利收益。

(一)成本法与权益法

对以上三个不同层次的长期股权投资,在会计处理上要相应的采用不同的方法:

1.持有股权不足 20％的长期投资，其会计处理采用成本法

既然这类长期股权投资的目的被认为不过是赚取股利收益，其计价就应保持在取得股权时的初始成本基础上，其投资收益则是每年从被投资公司派得的股利。这种会计处理方法称为成本法（cost method）。

2.对联营公司的长期投资，其会计处理采用权益法

既然对联营公司（持有不低于 20％但不超过 50％的股权的被投资公司）的长期投资的目的在于对它的财务与经营决策施加重大影响，其投资收益应该是在这些公司每年的报告净收益（或净亏损）中应享有（或应分担）的份额，而不仅仅是派得的股利。为此，投资公司要根据持有的股权份额，将应分享（或应分担）的联营公司当年净收益（或净损失）确认为投资收益（或投资损失），同时作为在联营公司内权益的增加（或减少）而增加（或减少）长期投资的价值；在有投资收益的情况下，对派得的股利，则应视为所分享权益的收回而冲转"长期投资"账户的权益增加额。这样，对联营公司投资的计价基础，也就不再是取得股权时日的初始成本，而是每一报告期末在这些联营公司中的实享权益了。故这种会计处理方法称为权益法（equity method）。

3.对子公司的长期股权投资，其会计处理采用权益法，并且全面合并它们的财务报表

对子公司（持有其 50％以上、即多数股权的被投资公司）的控制性长期股权投资，其会计处理当然要采用权益法，即把控制性长期投资的计价建立在对这些子公司净资产的实享权益基础上。同时，在企业合并后的每一个会计年度，都要对它们的个别财务报表进行全面合并。这在前面已经指出了，此处不再赘述。需要说明的是，尽管根据实际情况，往往无需取得 50％以上的股权就能实际上控制被投资公司的财务与经营决策，但控制权的标准仍然没有完全摒弃"超过 50％为绝对控制"的概念。

（二）长期股权投资会计处理方法的国际比较

以上说明了长期股权投资会计处理的一般传统惯例，这一惯例早已为第 3 号国际会计准则和美、英等主要西方国家的会计准则所肯定。但在上世纪 80 年代，各国的惯例仍有不少分歧。例如，德国、意大利、瑞典、比利时、西班牙、奥地利、挪威、印度、韩国等国，对不低于 20％但不超过 50％的长期股权的投资，其会计处理大都采用成本法；日本在 1983 年 4 月 1 日开始的会计年度以前也采用成本法；澳大利亚和南非则允许在成本法和权益法之间进行选择；芬兰的占优势的惯例是成本法；而荷兰则要求对不足 20％的长期股权投资，也按权益法处理。

根据崔和缪勒在《国际会计》(1984年版)中的表述,对于超过50%股权的控股性长期投资,把编制合并报表规定为权威性或带有强制性的会计准则的,约有25个国家和地区;而德国则只要求合并国内子公司的报表而不要求合并国外子公司的报表;像意大利这样的主要西方国家,占优势的惯例是不合并,如果合并也只要求合并国内子公司的报表而不合并国外子公司的报表。这些情况至20世纪90年代已有变化,合并财务报表的编制开始成为通行的国际惯例。此外,对许多发展中国家来说,对编制合并报表的会计实践更是比较滞后。我国企业集团对合并报表的编制,在那时也处在初创阶段。

我国在1993年7月1日开始实施《企业会计准则》之前,对国有企业等内资企业的长期股权投资一律采用成本法核算。只有1992年1月1日开始实施的《股份制试点企业会计制度》才规定,持股占被投资企业资本总额50%以上的长期投资应按权益法核算,并需编制集团的合并财务报表(亦即持股在50%及以下的长期投资均按成本法核算)。而1992年7月1日开始实施的《外商投资企业会计制度》则规定,持股占被投资企业资本总额25%以上且对被投资企业的经营管理有重大影响力的,可以采用权益法核算。在根据《企业会计准则》制定并与《准则》同时在1993年7月1日开始实施的各种行业会计制度中,只是原则性地规定:"对被投资单位没有实际控制权的,应当采用成本法核算;拥有实际控制权的,应当采用权益法核算。"1998年1月1日开始实施的《股份有限公司会计制度——会计科目和会计报表》,才与国际惯例"接轨",以20%作为采用权益法或成本法的持股界限,同时也强调了施加重大影响或控制,作为采用权益法的关键。自2001年1月1日起执行的《企业会计制度》,也作出了同样规定。

(三)会计准则中对区分长期股权投资性质的量化标准的淡出

IAS 3被IAS 27和IAS 28(1998)取代后,IAS 27虽然仍肯定多数(50%以上)表决权的"控制权"量化标准,但已放宽到虽然未拥有(直接或间接地)50%以上股权但具有法定依据(如与其他股东签订协议或通过章程等法律文件)而持有多数表决权(详见第九章第三节第二小节),即从绝对控制权扩展到法定控制权。目前FASB又启动了再突破法定控制权概念的努力(详见上述章节的第三小节)。至于对长期股权投资采用成本法和权益法的股权界限量化标准,即20%以下和以上(含20%)的分界线,在IAS 28中虽然也仍予保留,但同时加上了"但书",即虽达到20%或以上,但如能明确证明不存在重大影响,或是虽在20%以下,但能明确证明存在重大影响,前者将按成本法处理,后者将按权益法处理;同时,还列示了具有重大影响的证实方式,规定了可根据以下的一种或多种方式来判断是否存在重大影响：

(1)在被投资者董事会或类似权力机构中的代表情况；

(2)政策制定过程的参与情况,包括股利分配或其他分配政策的参与情况；

(3)投资者与被投资者之间的重大交易；

(4)管理人员的交换；

(5)关键技术信息的提供。

由此可见,对于是否具有重大影响判断,主要将根据上述五种因素来证实,20%持股权的量化标准,实际上已退居次要的地位了。

我国在 2006 年 2 月发布的具体会计准则第 2 号《长期股权投资》中,已不再对投资者的控制性投资、具有重大影响的投资以及不具有重大影响的其他投资,提示量化的持股比率界线。

(四)修订后和改进后的 IAS 39 对长期股权投资的计价增加了公允价值法

由于 IASC 在金融工具的计价中提倡公允价值法,对权益性证券的长期投资(包括对子公司以及对联营公司或其他公司)的计价,当然也适用公允价值法。因此,在 IAS 39《金融工具:确认和计量》2000 年修订稿中,明确地提出了对长期股权投资的三种计价方法:成本法、权益法、公允价值法。

这样,就母公司的单独财务报表来说,其列报的对子公司、对联营公司、对合营公司或对其他公司的长期股权投资项目,除按权益法或成本法计价外,也都可以按公允价值法计价。

IASC 全面重组后,IASB 在《改进国际会计准则》项目中对 IAS 27 的改进中(改进后改称为《合并财务报表和单独财务报表》)更明确规定在母公司的单独财务报表中,对子公司、联营公司和合营公司的股权投资的计价基础可采用成本法或公允价值法,在编制合并财务报表时再调整到权益法基础上,我们将在第九章第一节详细阐述这种程序。

四、企业合营及其会计问题

所谓"合营",根据第 31 号国际会计准则(IAS 31)《合营中权益的财务报告》给出的定义,是指两个或若干个企业从事某项共同控制(joint control)的经营活动的合同规定。^① 企业合营中共同控制的任何一方称为合营者,但企业合营中也可能有不参与共同控制的其他投资者。

企业合营有许多不同形式和结构,可以分为(1)共同控制经营、(2)共同控制资产和(3)共同控制实体三种类型。以下分别加以说明,并同时阐述其会计处理问题。

(一)共同控制经营及其会计处理

有些企业合营只涉及使用合营者的资产或其他资源,利用各自的生产经营专长,以便共同制造、推销和发售特定的产品(如飞机),而不是建立一个合营实体或与合营者本身分开的财务结构。各个合营者筹集自己的资金,承担自己的负债以及自己发生的费用,并在合营协议中规定对销售共同产品的收入和共同发生的费用在合营者之间分配的办法。

关于合营者在共同控制经营中的权益,每个合营者将以下项目记入各自的会计记录:(1)其控制的资产及承担的负债;(2)其发生的费用(包括分配的共同费用)以及从出售合营商品或劳务中赚取的收入份额。由于共同控制经营中的资产、负债、费用、收入均已列入合营者各自的会计记录和财务报表,合营本身就不必设置会计记录,或只对共同发生的费用作出记录,最终才按议定的办法分配给合营者各自承担,也不必编制单独的财务报表。为了评价合营的业绩,合营者则往往为合营项目编制管理会计报表。

由此可见,共同控制经营的企业合营并没有导致新的财务会计问题。如果合营者是某一集团的母公司而需要编制合并财务报表,共同控制经营中的权益也就随同合营者(母公司)的单独财务报表而列入合并报表。

(二)共同控制资产及其会计处理

有些企业合营涉及合营者共同控制(而且往往是共同拥有)的向合营项目提供或专为合营项目购建并由其专用的一项或若干项资产。这些资产将用来为合营者获取利益。每个合营者可以分享共同控制资产带来的收入并负担所发生的费用的议定份额。这些合营也不涉及建立一个合营实体或与合营者本

① "joint control"以前都译为"共同控制"(见《国际会计准则2002》中译本),本书第四版参照那时对西方文献的译法,改译为"联合控制",以免与不涉及集团外部的权益转移和交换的集团内关联公司的权益转移和交换的"common control"相混淆,"common control"则译为"共同控制"。但"common control"一词未被IASB接受,在2004年3月发布的IFRS 3中,使用了"涉及同一控制下主体的企业合并"的这一表达明确的词,来指集团内关联公司的权益转移和交换。《国际财务报告准则2004》中文译本中对"joint control"仍译为"共同控制",因此,现也重新使用"共同控制"这一译法。

Accounting

身分开的财务结构。例如：若干产油公司共同控制和经营一条输油管道，每一合营者按协议规定使用这条管道来输送自己的产品，并为此按议定比例负担营建和经营管道的费用。又如，几个企业共同控制一项房地产，各自分享收入的租金份额，分担合营费用的份额。

关于合营者在共同控制资产中的权益，每个合营者将以下项目记入各自的会计记录：(1)其在共同控制资产中的份额，根据资产性质列账而不是作为投资，如共同控制的输油管道份额，应列入固定资产类；(2)发生的负债，指专门为营建此项资产而发生的负债；(3)为了合营而与其他合营者共同发生的负债份额；(4)销售或使用合营产品份额的收入，连同合营发生的费用的分配份额；(5)为了在合营中的权益而发生的费用，如合营者为在此项资产中的权益而筹资的有关费用，与销售在合营产品中的份额有关的费用等。

由于共同控制的资产及与其相关的负债、费用、收入均已列入合营者各自的会计记录和财务报表，合营本身单独设置的会计记录可以限于共同发生的费用，最终将按议定的份额分配给合营者各自承担。合营本身无需编制财务报表。为了评价合营的业绩，合营者则往往为合营项目编制管理会计报表。

由此可见，共同控制资产的企业合营也没有导致新的会计方法问题。如果合营者是某一集团的母公司而需编制合并财务报表，共同控制资产中的权益也就随同合营者(母公司)的单独财务报表而列入合并报表。

(三)共同控制实体及其会计处理

共同控制实体是涉及建立公司、合伙或其他实体的合营，每个合营者在其中拥有各自的权益。除了在合营合同中规定各合营者如何确立对这一实体的经营活动的共同控制外，共同控制实体的营运方式与其他企业并无不同。这一实体拥有合营的资产，承担负债、发生费用并赚取收入，它可以以自己的名义签订合同和为合营活动筹集资金。合营者按议定的条件分享这一实体的经营成果，包括可以采取分享合营产品的方式。共同控制实体常见的例子有，两家企业为了在特定行业中共同经营它们的业务，而将有关的资产和负债转入一个共同控制实体。再如，企业在外国与该国政府或企业等机构联合，建立共同控制的独立实体经营业务。共同控制实体也可以是在共同控制经营或共同控制资产的合营基础上形成，例如，在共同控制经营中为共同生产产品的设计、推销、发售和售后服务，组建一个共同控制实体；又如，为了纳税利益或其他原因，将诸如石油管道之类的共同控制资产归入一个共同控制实体。

共同控制实体保持自己的会计记录和编制、提供自己的财务报表。每一合营者对这一实体的出资则作为长期股权投资记入合营者的会计记录并列入其财务报表。对共同控制实体的长期股权投资的会计处理,可以采用权益法或比例合并法。

1. 权益法

支持对共同控制实体的投资采用权益法处理的见解是,把合营者对共同控制实体的投资等同于母公司对其集团内的联营公司的投资,因为共同控制实体与母公司完全控制的子公司不同。当合营者是某一集团的母公司而编制合并财务报表时,对共同控制实体的投资,就像对联营公司的投资那样,仍以"长期股权投资"项目列入合并报表,其计价则建立在权益法基础上。对共同控制实体的个别报表,也像联营公司的个别报表那样,并不进行合并。美国的会计惯例流行权益法。

这种会计处理方法,没有把共同控制实体的合营者实施的共同控制与联营公司的投资者只能对其财务与经营决策施加重大影响区别开来。

在对合营公司采用权益法会计时,母公司单独财务报表中对其所属合营公司的长期股权投资项目,其计价也就以权益法为基础,但按照 2000 年和 2003 年修订后的 IAS 39,也可以以公允价值法为计价基础。

2. 比例合并法

支持比例合并法的见解则认为,共同控制实体毕竟不同于联营公司,其个别报表应与合营者的单独报表合并。但共同控制实体又有别于子公司,所以它的个别报表不能像子公司那样全面合并于母公司的报表,而只能按合营者在共同控制实体的各项资产、负债、费用和收入中所占的份额与合并财务报表(合营者作为某一集团的母公司编制的)中的类似项目逐项合并,这就是比例合并法(proportional consolidation method)。在欧洲大陆国家,流行比例合并法。

1990 年发布的第 31 号国际会计准则《合营中权益的财务报告》推荐比例合并法,将其列为基准方法,认为比例合并能更好地反映共同控制实体中合营者权益的实质和经济现实,即合营者对共同控制实体的未来经济利益的份额控制。但第 31 号国际会计准则也允许在报告共同控制实体中的权益时采用权益法,将它列为备选的方法。但 IASB 在 2005 年 12 月份的会议上,决定取消对共同控制实体的比例合并法。其理由是,在共同控制实体中的权益应视为一种约定的"整体资源协议",不能分拆合并于不同的合营者,这正是美国 FASB 只允许采用权益法的理由。

2007 年 9 月 13 日,IASB 发布了命名为《共同协定》("Joint Arrangement")的第 9 号征求意见稿,公开征求意见,并预定在 2009 年 1 月作为正式准则发布①,用以取代 IAS 31,现在比例合并法已被正式废止。新准则中还对"共同协定"重新下了如下的定义:"共同协定是一种契约或协定,即两个或两个以上的主体共同从事某项经济活动,并共同对该项活动进行决策。共同协定包括共同资产协定、共同经营协定和合营企业协定。"

在结束本章时,值得指出,我国在 2006 年 2 月发布的 38 项具体会计准则中,没有类似于 IAS 31、IAS 28 的准则,而另行发布了没有相对应的国际准则的企业会计准则第 2 号《长期股权投资》。

第二节 取得控制权的购买法

在第一节概述了企业合并与合营导致的会计问题的基础上,以下将分节详述控制合并的会计处理方法和创建共同控制实体的会计处理方法。

一、控制合并的购买法与权益结合法

母公司为了取得对子公司的控制权,可以使用现金、其他资产、票据以及发行债券或优先股甚至一部分普通股,按商定的购买价格去收买对方的股份,这时,在会计处理上采用的方法称为购买法(purchase method),或译收买法或购并法。母公司也可能完全用自己的普通股去交换对方几乎全部的普通股,按双方权益的账面价值入股,这时,在会计处理上采用的方法称为权益结合法(pooling of interest method),或译权益入股法或权益联营法。②

以上的叙述说明,购买法和权益结合法在会计处理上主要差别在于,母公司在取得子公司股份时,按照购买法,其购买价格可能高于或低于子公司净资产(股东权益)的账面价值;而按照权益结合法,则不过是双方的净资产(股东权益)按照各自的账面价值的简单合并。

购买法是国际流行的会计惯例(包括美国),而权益结合法仅仅是美国在历史上曾比较流行的方法。我们在第二章引述了崔与巴维希在 1982 年发表的调查报告《国际会计的分歧》,该报告对拥有最大证券市场的西方十国——美国、日本、英国、前联邦德国、法国、加拿大、瑞典、荷兰、瑞士、澳大利亚的 869 家大工业公司所作的调查表明,除美国以外的 9 个国家流行的都是购买

---

① 如第五章所述,IASB 曾决定并宣示在 2009 年 1 月 1 日前不正式发布任何准则。

② 在吸收合并和创立合并中,也可以采用购买法或权益结合法。

法,而不采用权益结合法,只有美国才同时流行过购买法和权益结合法。英国的公认会计准则虽然也允许采用权益结合法,但它并不流行。关于在企业合并的会计处理中对购买法和权益结合法的运用,也见诸 1993 年修订发布的第 22 号国际会计准则《企业合并》(原为 IAS 3《企业合并的会计处理》,于 1985 年 1 月 1 日施行),1998 年 IAS 22 再次修订,仍允许分别采用购买法和权益结合法。

二、购买法下控制合并的会计处理——传统程序

为便于阐述,设简例如下:

[例1] 设 P 公司在收买 S 公司 90％的股权(每股一权)以前,双方的资产负债表的简明表式如表 8-1 和表 8-2。

表 8-1 P 公司资产负债表
20×4 年 12 月 31 日

流动资产		流动负债		
现金	$ 12 500	应付款		$ 14 000
应收款	9 000	股东权益		
存货	18 000	普通股	$ 50 000	
流动资产合计	$ 39 500	留存收益	19 000	
长期股权投资*	2 500	股东权益合计		69 000
固定资产(净值)	41 000			
资产总计	$ 83 000	负债及股东权益总计		$ 83 000

* 低于被投资公司 20％的股权。

表 8-2 S 公司资产负债表
20×4 年 12 月 31 日

流动资产		流动负债		
现金	$ 3 100	应付款		$ 1 050
应收款	1 700	股东权益		
存货	2 300	普通股	$ 10 000	
流动资产合计	$ 7 100	留存收益	2 200	
固定资产(净值)	6 150	股东权益合计		12 200
资产总计	$ 13 250	负债及股东权益总计		$ 13 250

国
际
会

计

S公司净资产的账面价值为＄12 200。90％股份的账面价值为＄10 980。设购买价格为＄12 870,P公司支付现金＄2 870,发行公司债＄10 000,取得了此项股权。

（一）购买股权的会计记录

设这项购买股权交易于20×5年1月1日完成,P公司作会计分录如下:

借:对子公司股权投资 ＄12 870

　贷:现金 ＄2 870

　　应付公司债 ＄10 000

这笔分录过账后,P公司资产负债表变动如表8-3。我们列出这张资产负债表,只是为了便于说明收买股权后母公司财务状况的变化。在实务中,并不需要对外编报此表。

表8-3　P公司资产负债表
20×5年1月1日

流动资产		流动负债	
现金	＄9 630	应付款	＄14 000
应收款	9 000	应付公司债	10 000
存货	18 000	负债合计	＄24 000
流动资产合计	＄36 630		
长期投资		股东权益	
对子公司股权投资 ＄12 870		普通股	＄50 000
其他长期股权投资* 2 500	15 370	留存收益	19 000
固定资产(净值)	41 000	股东权益合计	69 000
资产总计	＄93 000	负债及股东权益总计	＄93 000

* 低于被投资公司20％的股权。

S公司20×5年1月1日(被购并后)的资产负债表不变,只是它的股东权益的90％已被P公司收买,P公司成为它的多数股权股东。10％的股权则仍属于少数股权股东。

如前所述,P公司取得控制股权实现企业合并后,S公司仍作为独立的经济主体和法律主体继续经营。P公司和S公司将保持各自的会计记录,编制各自的单独和个别财务报表,但它们组成了PS集团。

（二）股权取得日的合并财务报表

在实务中,并不需要对外编报股权取得日的合并财务报表。企业为了在以后各年度编制合并报表的需要,通常都会编制股权取得日的合并报表。在教科书中,为了便于阐明合并报表编制程序,通常也都对此加以论述。

如前所述,合并财务报表是把母、子公司组成的集团作为单一的报告主体而列示整个集团的财务状况、经营成果和现金流量的,它是在母公司和子公司的单独报表和个别报表的基础上进行合并的。在股权取得日,可以编制集团的合并资产负债表,其程序如下:

1.合并时,母公司报表中的"对子公司股权投资"项目和子公司报表中的股东权益属于母公司拥有的部分(例中为90%),应予以消除。它们是反映控股和被控股关系的相应而相反的项目(reciprocal elements)。

2.然而,在购并时,母公司付出的购买价格通常不等于子公司的净资产(股东权益)的账面价值。因此,在消除前必须对子公司账面的可辨认资产和负债项目按购买日的市价重新估价为公允价值①,调整它们的账面价值,并相应的调低"对子公司股权投资"的账面价值。

3.调整和消除之后,就可以把母公司和子公司报表中相同的资产和负债项目分别合并。

(三)股权取得日合并资产负债表的编制程序

根据上述程序,利用例中的数据,编制股权取得日PS集团的合并资产负债表。

1.按公允价值调整子公司报表中有关的可辨认资产项目的账面价值(例中假设负债项目的公允价值均等于其账面价值),确认商誉,并相应的调整母公司报表中"对子公司股权投资"项目的计价基础。

假设按照股权购买日的市价,S公司的存货应重估为$2 900,固定资产(净值)应重估为$7 050,则:

项　目	账面价值	购买日市价	增　值	
			总　额	90%
存货	$2 300	$2 900	$600	$540
固定资产(净额)	6 150	7 050	900	810
合　计	$8 450	$9 950	$1 500	$1 350

重估价后,S公司净资产(股东权益)价值应增至$13 700($12 200＋

---

① 有时,在购并中也会确认在子公司报表中原先未确认的项目。此外,资产项目中可能有计提了减值损失的,简例中都略而不论了。

$1 500)。P公司购买的90％股权的价值应增至$12 330[($12 200＋$1 350)×90％或$13 700×90％]。但P公司付出的购买价格为$12 870，仍高出$540($12 870－$12 330)，应将其确认为商誉(goodwill)。也就是说，母公司之所以愿意付出比它购买的子公司账面净资产的公允价值更高的价格，是由于子公司具有能获得超过正常投资报酬率的能力和信誉，体现了通过合并得以实现的被购并企业原先未确认的自创商誉；此外还来自购并企业和被购并企业的净资产的集合经营而产生的预期协作的公允价值。两者都是购并中形成的"超额集合价值"(excess assembled value)。①

可以用分录来示意所作的调整(分录①)。在调整分录中，同时把母公司报表中"对子公司股权投资"项目的计价基础调低到与所购买的子公司股份的账面价值相一致，以便在下一步进行消除。例中，即从购买价格$12 870调低到$10 980($12 870－$1 350－$540)。

借：存货(子公司) $540
  固定资产(净值)(子公司) $810
  商誉 $540
  贷：对子公司股权投资(母公司) $1 890

2.消除母公司单独报表上的"对子公司股权投资"和子公司个别报表上股东权益中属于母公司拥有的部分，母公司未收买的那部分股权在合并资产负债表上应反映为子公司中的"少数股东权益"(minority interest)。

例中，子公司股东权益(普通股和留存收益)90％为母公司拥有，其账面价值为$10 980，10％仍为少数股权股东所持有，其账面价值为$1 220。消除分录如下(分录②)：

借：普通股(子公司) $10 000
  留存收益(子公司) $2 200
  贷：对子公司股权投资(母公司) $10 980
    子公司中少数股东权益 $1 220

3.经过以上的调整和消除步骤后，就可以分别合并母公司单独报表和子公司个别报表中相同的资产和负债项目。

上述程序常借助于工作底稿来完成，如表8-4。

---

① 这是FASB在制定FAS 141《企业合并》和FAS 142《商誉和其他无形资产》的过程中在征求意见稿中剖析"商誉的构成"时提出的，详见常勋：《财务会计四大难题》第三版，立信会计出版社2006年版，第261～263页。

表8-4　PS集团合并资产负债表工作底稿

20×5年1月1日　　　　　　　　单位：$

	单独和个别资产负债表		调整和消除		合并资产负债表
	P公司	S公司	借　方	贷　方	
现金	9 630	3 100			12 730
应收款	9 000	1 700			10 700
存货	18 000	2 300	①540		20 840
对子公司股权投资	12 870	—		①1 890 ②10 980	
其他长期股权投资	2 500				2 500
固定资产(净值)	41 000	6 150	①810		47 960
商誉	—		①540		540
总　　计	93 000	13 250	1 890	12 870	95 270
应付款	14 000	1 050			15 050
应付公司债	10 000	—			10 000
子公司中少数股东权益	—	—		②1 220	1 220
普通股	50 000	10 000	②10 000		50 000
留存收益	19 000	2 200	②2 200		19 000
总　　计	93 000	13 250	12 200	1 220	95 270

4.根据工作底稿中"合并资产负债表"栏内的数据，就可以编制股权取得日(20×5年1月1日)PS集团的合并资产负债表如表8-5。

表 8-5　PS集团合并资产负债表

20×5年1月1日

流动资产			流动负债		
现金		$ 12 730	应付款		$ 15 050
应收款		10 700	应付公司债		10 000
存货		20 840	负债合计		$ 25 050
流动资产合计		$ 44 270	子公司中少数股东权益		1 220
长期股权投资*		2 500	股东权益		
固定资产(净额)		47 960	普通股	$ 50 000	
商誉		540	留存收益	19 000	69 000
资产总计		$ 95 270	负债及股东权益总计		$ 95 270

* 低于被投资公司20%的股权。

我国《企业会计制度》关于购买价格(原始投资成本)超过(或低于)所取得的被投资单位股东权益份额的,作为"股权投资差额"处理,与上述国际流行的惯例有所差别。"股权投资差额"按不超过(或不低于)10年的期限摊销,视原始投资成本超过(或低于)所取得股东权益的份额而定。2006年2月发布的企业会计准则中,第20号企业会计准则《企业合并》已采取了与国际会计准则相同的处理程序,确认为商誉(或负商誉)。

(四)合并报表编制程序的概念依据——母公司观和主体观

在以上的例解中,我们采用的是西方国家流行的购买合并程序。这样的合并报表编制程序,是以母公司观为其概念依据的。还有一种合并程序是以主体观为其概念依据的。

1. 母公司观的基本特征

(1)在合并资产负债表中,股东权益仅限于母公司股东的权益。子公司少数股权股东的权益,在合并资产负债表中被排除在合并股东权益之外,作为独立的"夹层项目"(mezzanine item)列示在负债和股东权益之间。

(2)相应的,子公司中少数股权的应享收益,也被排除在合并净收益之外。

(3)在母公司和子公司的单独和个别资产负债表中,各项资产都是按其账面历史成本(原始取得成本)计价的。但在合并资产负债表中,子公司的净资产价值中属于母公司收买的股权部分已按购买日的公允价值重行估价,这从母公司观来看是理所当然的,因为它购买的子公司权益就限于这一部分。但这是不是意味着对同一资产项目的会计计量基础的不一致呢?论者认为,购买企业同样是一项实际发生的交易行为,由母公司购买的那部分子公司的净资产价值,正是应该按照购买日的原始取得成本(当日市价)来计量,才符合历史成本计量基础。至于未被购买的仍属于子公司少数股东权益的那部分净资产价值,则理应按子公司报表中的账面历史成本(其原始取得成本)计量。这样,恰恰是全面体现了历史成本计量基础。并入合并报表的母公司资产价值,当然也要按母公司报表中的账面历史成本计量。然而,这却导致了子公司的同一资产项目在合并资产负债表中的双重计价标准。如例中子公司存货和固定资产(净值)的增值部分,都只限于母公司所购买的90%的价值。

(4)公司间利润在理论上应按母公司所购股权的比例消除,但实务中的惯例是100%消除(这将在第九章第三节第二分节中详细说明)。

2. 主体观的基本特征

主体观认为,既然合并报表的编制,是把包括母、子公司的集团作为单一的主体,那就:

（1）应该把子公司中的少数股东权益也包括在合并资产负债表的股东权益内；相应的，子公司的少数股权股东在各该子公司净收益中的应享收益份额也应该包括在合并净收益中。

（2）相应的，子公司中少数股权的应享收益，也应包括在合并净收益之中。

（3）同一资产项目都应按企业合并时日（购买日）的公允价值重新计价，对同一资产项目进行双重计价被认为是不合理的。

（4）公司间利润应 100％消除。

由此可见，这两种概念的依据是对立的，它们将导致不同的会计程序和结果。对主体观下合并报表的编制程序，我们将在以后论述。

（五）对三个问题的说明

1. 既然收买企业是一项实际发生的交易行为，而且购买价格一般都会高于子公司净资产（股东权益）的账面价值。因此，子公司在被购并前的股东权益（包括普通股和留存收益）必须切断，与购并后所组建的集团并无任何关联。

2. 在上述例题中，由于购买价格超过子公司净资产的账面价值，我们处理了可辨认账面资产（存货和固定资产）的重估增值并确认了商誉。在例中，我们把商誉确认为无形资产而后分期摊销，关于对商誉的会计处理方法的变革，我们将在第九章中再专门讨论。

但也可能出现购买价格低于子公司净资产账面价值的情况（例如在购买一家濒临破产的企业时）。按照美国第 16 号会计原则委员会意见书《企业合并》（1970 年）的要求，其间的差额首先应归属于可辨认贬值的资产项目，而后把余剩的差额按比例地分摊于各项非货币性资产。如果这些非货币性资产的余额已降到零，但仍留有差额，这个差额才可确认为递延贷项，习惯上把它称为负商誉（negative goodwill）。对于负商誉的确认之所以加上如此严格的限制，是因为在企业合并以后，它的摊销额将增加合并净收益。

但国际会计准则委员会（IASC）在 1998 年对第 22 号国际会计准则《企业合并》进行修订时，对负商誉的处理，则作出不同的规定如下：

（1）如果负商誉与收买企业的购买计划中确认并能可靠计量的预计未来损失和费用有关，应在未来的损失和费用得到确认时在收益表中确认为收益。

（2）如果无关，则按以下方法在收益表中确认为收益。

①负商誉不超过所取得的非货币性资产的公允价值（在这里，表现为重估价值，如前述）的，应在有关资产的平均余剩年限内用系统的方法确认为收益；

②如果负商誉的金额超过所取得的非货币性资产的公允价值，超过部分应立即确认为收益。

国
际
会
计

看来,这一修订更实事求是,符合负商誉作为"递延收益"的性质。

IASB 在 2004 年 3 月发布的 IFRS 3(取代了 IAS 22)中又认为,IAS 22 关于"与购买企业购买计划中的预计未来损失和费用有关的负商誉,应在未来的损失和费用得到确认时在收益表中确认为收益"的规定不恰当,因为这个"差额"与购买方压低购买价格相关,使被购方的可辨认资产、负债的公允价值净额会同时受到类似的影响。因而要求,在这种情况下,购买方首先应进行必要的重新评估,如果重新评估还存在差额,最恰当的处理方法是立即在损益中确认。

3.在以上的例题中,假设子公司只有普通股一种股份,如果子公司股东权益中存在优先股且合并后为母公司持有,合并程序就较为复杂。即在上述基本程序之外,需要考虑确定所持优先股的权益,将子公司的股东权益和当年净收益在优先股和普通股之间进行分配。

三、IAS 22 对购买法下控制合并的传统程序的变革

在以上介绍的传统程序中,最凸显的会计结果是在合并财务报表中对同一资产项目的双重计价问题。由于论者认为这种处理符合历史成本计价原则,尽管有争议,还是一直沿袭了近 50 年(20 世纪 50 年代至 90 年代),1998 年 IASC 在修订的第 22 号国际会计准则(IAS 22)《企业合并》时,才对此进行变革,要求对被收购的子公司净资产全部按购买日公允价值计量。

引用 1998 年修订的第 22 号国际会计准则(IAS 22)《企业合并》中的规定加以说明:

1.IAS 22 第 34 段中指出:"……确认的可辨认资产和负债应按购买日的公允价值计量……少数股权应按其在……确认的可辨认资产和负债中所占份额反映。"

2.第 35 段进一步明确:"根据这种方法,不论购买企业购入的是其他企业的全部资本还是只有部分资本,或者直接购入资产,购买企业已获控制权的可辨认净资产都应以其公允价值反映。因此,任何少数股权均应按其在子公司可辨认资产公允价值中所占的份额表示。"

由此可见,按照"以公允价值计量"的要求,即使是按母公司观编制合并财务报表,合并财务报表内的各资产、负债项目都按购买日的公允价值计价,子公司中的少数股权也应按其在子公司净资产公允价值中所占的份额表示,"双重计价"问题已不复存在。

现仍应用以上的例1,改按 IAS 22(1998 年修订)的规定处理如下:

(一)合并资产负债表工作底稿的编制

1.所作的调整分录(分录①)为:

借:存货(子公司) $ 600

    固定资产(净额)(子公司) $ 900

    商誉 $ 540

    贷:对子公司股权投资(母公司) $ 1 890

       子公司中少数股东权益 $ 150

2.所作的消除分录(分录②)为:

借:普通股(子公司) $ 10 000

    留存收益(子公司) $ 2 200

    贷:对子公司股权投资(母公司) $ 10 980

       子公司中少数股东权益 $ 1 220

表 8-6　PS 集团合并资产负债表工作底稿

20×5 年 1 月 1 日   单位:$

	单独和个别资产负债表		调整和消除		合并资产负债表
	P 公司	S 公司	借　方	贷　方	
现金	9 630	3 100			12 730
应收款	9 000	1 700			10 700
存货	18 000	2 300	①600		20 900
对子公司股权投资	12 870	—		①1 890 ②10 980	—
其他长期股权投资	2 500	—			2 500
固定资产(净值)	41 000	6 150	①900		48 050
商誉	—	—	①540		540
总　计	93 000	13 250	2 040	12 870	95 420
应付款	14 000	1 050			15 050
应付公司债	10 000	—			10 000
子公司中少数股东权益	—	—		①150 ②1 220	1 370
普通股	50 000	10 000	②10 000		50 000
留存收益	19 000	2 200	②2 200		19 000
总　计	93 000	13 250	12 200	1 370	95 420

Accounting

(二)合并资产负债表

根据表 8-6 编制的合并资产负债表如表 8-7(可与表 8-5 相对照)。

表 8-7 PS 集团合并资产负债表

20×5 年 1 月 1 日

流动资产		流动负债		
现金	$ 12 730	应付款		$ 15 050
应收款	10 700	应付公司债		10 000
存货	20 900	负债合计		$ 25 050
流动资产合计	$ 44 330	子公司中少数股东权益		1 370
长期股权投资 *	2 500	股东权益		
固定资产(净额)	48 050	普通股	$ 50 000	
商誉	540	留存收益	19 000	69 000
资产总计	$ 95 420	负债及股东权益总计		$ 95 420

* 低于被投资公司 20% 的股权。

▲ 第三节 取得控制权的权益结合法

第二节已经指出,投资公司(母公司)取得被投资公司(子公司)的控制性股权而建立集团的企业合并,流行的国际惯例是购买法,也允许采用权益结合法,只是美国的会计惯例。为此,我们先来考察一下美国有关企业合并和合并财务报表的会计准则的演变过程。

一、美国公认会计准则关于采用权益结合法的条件规定

规范企业合并会计程序的准则,在美国始于美国注册会计师协会会计程序委员会(CAP)于 1950 年发布的第 40 号会计研究公报(ARB),它已经提出取得控制股权的企业合并的两种会计方法,即购买法和权益结合法。并且,把(1)股东股权的连续性、(2)业务经营管理的连续性、(3)合并规模的类似性(合并各方相对规模十分接近)作为权益结合的标准,否则即为购买。而在合并中使用巨额现金时,则不论其他条件如何,都将认为是购买。这些内容在 1953 年发布的第 43 号会计研究公报《对第 1 至 42 号会计研究公报的重述和修订》的第 7 章"资本账户"中作了重述而未加重大修订。在 1957 年发布的第 48 号会计研究公报《企业合并》中,仍然承袭上述的区分标准,并且规定参与结合

的股份应占子公司 90％～95％以上的股权,才是权益结合。

20 世纪 60 年代特别是后 5 年,是美国企业合并的高潮时期。由于美国证券市场非常发达,在企业合并中以证券(债券以至股票)交换对方股份的做法,愈演愈烈。同时,由于当时的持续通货膨胀的影响,在一般情况下,子公司净资产的账面历史成本总会低于当前的公允价值(市价),如果在企业合并中应用权益结合法,母公司对子公司的投资是按照较低的子公司净资产账面价值计量的,而不像购买法那样是按照较高的购买价格(子公司净资产的公允价值)计量。从而,在企业合并以后,就可能立即得出较高的报告收益(这只是由于合并而不是由于合并后的经营成果)。这一时期,在选择合并的方法上是相当自由的。许多事例说明,不少公司在运用种种手法,变购买为权益结合。比如说,先用现金购回(重新取得)自己的股票作为库存股份,而后用以交换对方的股份;对按较低的净资产账面价值交换股份的子公司股东,以特定形式(例如在合并后企业盈利时)给予增发股份或其他补偿,或是在合并时给予某些优惠条件;把合并分为部分购买和部分权益结合而不是一次完成;如此等等。为了阻止对权益结合法的滥用,美国注册会计师协会会计原则委员会(APB)于1970 年发布了第 16 号意见书《企业合并》,取代了过去发布的所有关于企业合并的准则文告(第 51 号会计研究公报(ARB)是关于《合并财务报表》的准则,不在其列)。在第 16 号意见书中,对应用权益结合法的条件作了严格的规定,列举了 12 个条件,只有完全符合这 12 个条件,才能应用权益结合法。如果有一项不符,就应作为购买。现简述如下:

1. 在提出合并计划前的两年内,参与合并的每一个企业必须是自主的,不是另一家公司的子公司或分部。但是,这并不排除在前两年内新创建的公司,除非它是一家不自主的公司的部分或全部继承者。

2. 在提出至完成合并计划的时日,参与合并的公司以公司间投资形式持有任何参与合并公司的外发有表决权普通股,不能超过该公司外发股份的10％,除非所持有的股份是用来交换为执行合并计划而发行的股份。这是为了要求参与合并的每一家公司必须独立于其他参与合并的公司所加的限制。

3. 合并必须在一次交易中实现;或是按照具体的计划在合并计划提出后一年内实现。

4. 继续存在的公司或最终形成的母公司只能发行与其外发的大多数有表决权普通股具有同等权利的普通股,来交换其他(参与合并的)公司在合并计划完成时日"几乎全部的"外发有表决权普通股。第 16 号意见书对于确定是否满足交换"几乎全部的"有表决权普通股的要求,具体规定了一套详细的程序。要求的实质在于:继续存在的公司或(发行股份的)母公司必须用所发行的有表决权普通股(在提出和完成合并计划时日之间)交换参与合并的公司外发的90%或以上的普通股。

5.每一家参与合并的公司必须基本上保持合并前的有表决权普通股的同等股权。也就是说,任何公司不能出于对合并施加影响的意图,而通过交换、收回或分派给股东等方式来改变这些股权。

6.参与合并的公司只能为了企业合并以外的目的来重新取得有表决权普通股的股份。在提出合并计划的时日以后,任何公司都不能重新取得超过正常股数的股份。

7.为实现合并交换股份,必须使参与合并的同一公司内各股东对其他股东的股权比例保持不变。

8.在合并形成的公司内,股东必须能行使普通股股份的表决权;不能使用诸如委托表决的机制来剥夺或限制普通股股东行使其表决权。

9.在计划完成之日,合并必须结束,计划中不能附有关于发给证券或其他补偿的悬而未决的规定。因此,合并形成的公司不能同意在或有条件下对参与合并的公司的前股东增发股份或给予其他补偿。

10.合并形成的公司不能直接或间接同意去收回或重新取得为实现合并而发行的全部或一部分普通股。

11.合并形成的公司不能作出能使参与合并的公司前股东受益的其他财务安排,例如,用为合并而发行的股票作为借款的担保。

12.合并形成的公司在合并后两年内不能作出处置参与合并的公司大部分资产的打算,除非是为了消除重复的设施或过剩的生产能力,以及按照分离的公司在正常的经营过程中必须加以处置的那些资产。

在上述的12个条件中,第4、5、7条当然是决定权益结合的实质性条件;第1、2两条涉及参与合并的公司的地位;第5、7两条体现了有关企业合并的早期准则文告中所提出的股东股权的连续性原则;第10、12条在于防止为预先安排好的通过收回或重新取得为合并而发行的股票或处置账面计价较低的子公司资产而去谋利;其余各条则主要在于防止权益结合法的滥用。

由此可见,在美国,权益结合法是在历史发展中形成的处理企业合并的一种会计惯例,在应用中已经受到公认会计准则的严格限制。

然而,这些十分严格和具体的限制,在实务中并没有有效地阻止权益结合法的"滥用"。企业往往通过精密策划,在形式上达到这12条具体要求,就能应用权益结合法进行企业合并。

二、国际会计准则对购买和权益结合的界定

第 22 号国际会计准则《企业合并》(1998 年修订)对购买和权益结合的界定,是比较原则和清晰的。

(一)购买

其定义是:"指通过转让资产、承担负债或发行股票等方式,由一个企业(购买企业)获得另一个企业(被购买企业)净资产和经营活动的控制权的企业合并。"(第 8 段)

由此可见,企业合并后存在明显的控制关系,从而能辨别出哪个是购买企业,是购买式合并的基本特征。大多数企业合并都要按购买法处理。

实务中,有时难以辨明哪一方为购买方时,第 22 号国际会计准则还列举了可供辨认的一些迹象(见第 10 段)。

1.一个企业的公允价值大大超过了另一参与合并企业的公允价值;

2.一个企业以现金换取另一个企业有表决权的股份;

3.一个企业的管理层能够控制合并后企业的管理班子的选举。

(二)权益结合

其定义是:"指参与合并的企业的股东共同控制它们的全部或实际上是全部的净资产和经营活动,以便继续对合并后的实体分享利益和分担风险。而且参与合并的哪一方都不能认定是购买者。"(第 8 段)

由此可见,权益结合是企业合并中的"偶尔"情况,参与合并的企业的管理层共同管理合并后的实体,从而,参与合并的企业的股东共同分担和分享合并后实体的风险和利益,以致无法辨明哪一个是购买企业。

第 22 号国际会计准则还指明(第 15 段):

"为了达到共同分担和分享合并后实体的风险和利益的目的":

1.参与合并的企业的有表决权的普通股,如果不是全部股份,至少应是绝大多数股份,参与交换和集合;

2.一个企业的公允价值不能与另一企业的公允价值相差很远;

3.合并之后,各企业的股东在合并后的实体中应保持与合并前实质上同样的表决权和股权。

以这样的标准、而不是以美国会计原则委员会第 16 号意见书的 12 个条件来界定购买和权益结合,应该具有更大的规范性。同时,也值得指出,"换股"只是判别权益结合的一种明显的迹象,它不能表示权益结合的实质。

　　最后要指出,我国在 1995 年发布的《合并会计报表暂行规定》和 1997 年发布的《企业兼并有关会计处理问题暂行规定》中,都没有提出"购买法"和"权益结合法"这两种不同的会计方法,但从规定的会计程序上看,我国允许采用的实质上只是购买法,自 2001 年 1 月 1 日起执行的《企业会计制度》也是如此。2006 年 2 月发布的 38 项具体准则中的企业会计准则第 20 号《企业合并》和第 33 号《合并财务报表》当然不会提出权益结合法,因为它已被废止了。

三、权益结合法下取得控制股权的会计处理

　　仍沿用第二节的例 1。

　　P 公司和 S 公司在合并前的单独和个别资产负债表仍如前设。现改设 P 公司以每股设定价值 $\$20$ 的普通股 400 股去交换 S 公司 90％的股份(一股一权,也就是 90％的股权),即每股设定价值 $\$10$ 的普通股 900 股。实现权益结合。

　　(一)权益结合的会计记录

　　如前所述,在权益结合法下,母公司对子公司的股权投资,将按子公司入股股权的账面价值计价,例中为 $\$10\,980$(子公司账面股东权益 $\$12\,200\times$ 90％)。双方股份的交换,在会计记录中将以子公司普通股的设定价值为基准,例中为 $\$9\,000$($\$10\,000\times90$％)。P 公司用以交换 S 公司股份而新发行的普通股 400 股,按设定价值每股 $\$20$ 计算为 $\$8\,000$,故实收资本超过设定价值 $\$1\,000$($\$9\,000-\$8\,000$)。而子公司合并前的留存收益,也将按入股股权的比例转作母公司的留存收益(与实收资本分开记录),例中为 $\$1\,980$($\$2\,200\times90$％)。设这项权益结合于 20×5 年 1 月 1 日完成,P 公司应作会计分录如下:

借:对子公司股权投资　　　　　　　　　　　$\$10\,980$
　贷:普通股　　　　　　　　　　　　　　　　　　　$\$8\,000$
　　　实收资本超过设定价值部分　　　　　　　　　$\$1\,000$
　　　留存收益　　　　　　　　　　　　　　　　　　$\$1\,980$

　　这笔分录过账后,P 公司的资产负债表变动如表 8-8。S 公司 20×5 年 1 月 1 日(权益结合后)的资产负债表不变,只是它的股东权益的 90％已结合到 P 公司(S 公司持有这些股份的股东将成为 P 公司的股东),只有 10％的股权仍属于少数股权的股东。

表 8-8　P 公司资产负债表

20×5 年 1 月 1 日

流动资产		流动负债	
现金	$ 12 500	应付款	$ 14 000
应收款	9 000		
存货	18 000	股东权益	
流动资产合计	$ 39 500	普通股	$ 58 000
长期投资		实收资本超过	
对子公司股权投资 $ 10 980		设定价值部分	1 000
其他长期股权投资* 2 500	13 480	留存收益	20 980
固定资产(净额)	41 000	股东权益合计	79 980
资产总计	$ 93 980	负债及股东 权益总计	$ 93 980

* 低于被投资公司 20% 的股权。

(二)股权取得日合并资产负债表的编制程序

以下说明的权益结合法下股权取得日合并资产负债表的编制程序,同样是以母公司观为其概念依据。

在权益结合法下,由于母公司的"对子公司股权投资"就是按照子公司净资产(股东权益)的账面价值计价的,可以直接消除。子公司的各项资产、负债都按照账面价值与母公司的相应项目合并,也无须调整。因此,在权益结合下编制合并报表的程序就更为简便。可先编工作底稿如表 8-9。

表 8-9　PS 集团合并资产负债表工作底稿

20×5 年 1 月 1 日　　　　　　　　　　　　　　　　单位：$

项　目	单独和个别资产负债表		消　　除		合并资
	P 公司	S 公司	借　方	贷　方	产负债表
现金	12 500	3 100			15 600
应收款	9 000	1 700			10 700
存货	18 000	2 300			20 300
对子公司股权投资	10 980	—		10 980	—
其他长期股权投资	2 500				2 500
固定资产(净额)	41 000	6 150			47 150
总　计	93 980	13 250		10 980	96 250
应付款	14 000	1 050			15 050
子公司中少数股东权益	—	—		1 220	1 220
普通股	58 000	10 000	10 000		58 000
实收资本超过设定价值部分	1 000				1 000
留存收益	20 980	2 200	2 200		20 980
总　计	93 980	13 250	12 200	1 200	96 250

Accounting

工作底稿中的消除分录,可列示如下:

借:普通股(子公司) $10 000

    留存收益(子公司) $2 200

  贷:对子公司股权投资(母公司) $10 980

      子公司中少数股东权益 $1 220

根据以上的工作底稿,编制权益入股日的合并资产负债表如表 8-10:

表 8-10   PS 集团合并资产负债表
20×5 年 1 月 1 日

流动资产		流动负债		
现金	$15 600	应付款		$15 050
应收款	10 700	子公司中少数股东权益		1 220
存货	20 300	股东权益		
流动资产合计	$46 600	普通股		$58 000
长期股权投资*	2 500	实收资本超过设定价值部分		1 000
固定资产(净值)	47 150	留存收益	20 980	79 980
资产总计	$96 250	负债及股东权益总计		$96 250

* 低于被投资公司 20%的股权。

从以上的合并资产负债表中可以看到,按照母公司观,子公司中的少数股东权益,被排除在集团的股东权益之外。把集团作为单一的报告主体时,其股东权益限于母公司股东的权益。此外,我们也看到,在权益结合法下,得出了与购买法完全不同的合并结果。

由于子公司在合并前的留存收益将作为权益入股,并入母公司的留存收益,所以,也可以编制股权取得日的合并留存收益表,把已分拨的和未分拨的留存收益逐项合并。在我们所举的简例中,对此就从略了。

四、权益结合法的废止

如前所述,虽然国际会计准则、美国和英国的财务会计准则在企业合并中都允许采用购买法或权益结合法,但权益结合法实际上只是在美国比较流行。1996 年 8 月,美国财务会计准则委员会(FASB)就把重新审议 APB 第16 号意见书和第 17 号意见书《无形资产》列入议事日程;至 1999 年 9 月,发布了关于《企业合并和无形资产》建议准则的征求意见稿;至 2000 年 2月,又发布了关于《企业合并和无形资产——商誉的会计处理》建议准则的修订征求意见稿;至 2001 年 5 月,FASB 决定将分开发布两个准则——《企业合并》及《商誉和其他无形资产》,要求从 2001 年 6 月 30 日以后开始,所有企业合并的会计处理都采用购买法,从而废止"权益结合法"。这不能不说是一次重大的变革,这两个准则已于 2001 年 6 月 30 日发布为 FAS 141和 FAS 142。

　　FASB 关于废止权益结合法的见解,是鉴于:(1)相同的交易应采用相同的会计处理,购置资产的处理方法就是"购买法",即认为企业合并是购买企业的净资产;(2)购买法能使投资者对交易的原始成本和投资的事后业绩有一个较好的概念,即将合并前后的经营业绩切断,将购买交易中投资者的原始成本作为新的起点。

　　由于美国废止了权益结合法,世界各国流行的企业合并的会计处理方法,就都是购买法了。2004 年 3 月,IASB 也发布了取代 IAS 22 的 IFRS 3《企业合并》,废止了权益结合法。

　　一个值得探讨的问题是,一旦废止权益结合法,纯属换股的企业合并、特别是在创立合并和吸收合并方式下,能否适用"购买法"呢? 我们认为,如果这种换股是在各方净资产的公允价值的基础上确定换股比例的,那么,换股只是一种形式,既然进行了重新计价,可以视为购买法的拓展,国际上有的学者称之为"新起点法";有的学者则认为,只有采用了主体观后,才是"新起点法"。我们倾向于后者。而"权益结合法"应该是指在各方净资产(权益)的账面价值基础上的结合。①

---

　　①　有争议的问题在于,对这种建立在合并各方权益的账面价值基础上的权益结合法应否废止,国际上仍有不同意见。可参阅常勋:《财务会计四大难题》,立信会计出版社2005 年 1 月第三版,第八章第四节第五节。

国
际
会
计

▲ 第四节 对合营企业的比例合并法

　　以上两节阐述的是母公司取得控制股权的企业合并中采用的会计方法（购买法和权益结合法），本节将说明合营者对合营企业投资的会计处理方法。这里阐述的是第 31 号国际会计准则推荐过的比例合并法，2009 年 1 月 1 日起生效的 IFRS 9《共同协定》取代了 IAS 31，并废止了比例合并法。

　　一、组建合营公司(共同控制实体)的会计记录

　　以两个企业为共同生产和经营某类产品而组建一个共同控制的公司作为例子。

　　[例 2]　设 P 公司在 20×5 年 1 月 1 日购并 S 公司的同时，又与 J 公司达成组建一家共同控制实体 E 公司的协议，以利用双方各自的技术优势，共同生产和经营某类产品。P 公司为此投给 E 公司现金 $1 000，存货（按账面价值）$6 000 和相关的应付账款 $5 200，固定资产（按重估净值）$6 800（其账面净值则为 $6 400），以上合计 $8 600。J 公司则投给 E 公司现金 $2 800，固定资产按重估净值 $7 950（在例中未涉及 J 公司的会计处理，故无需给出其账面净值），以上合计 $10 750。又 N 公司作为非共同控制的投资者投给 E 公司现金 $2 150。故在 E 公司的净资产 $21 500 中，P 公司占 40%，J 公司占 50%，N 公司占 10%。

　　P 公司所作的对合营企业（共同控制实体）E 公司投资的分录如下：

　　借：对合营公司股权投资　　　　　　　　　　　　　　$8 600
　　　　应付账款　　　　　　　　　　　　　　　　　　　$5 200
　　　　贷：现金　　　　　　　　　　　　　　　　　　　　　　$1 000
　　　　　　存货　　　　　　　　　　　　　　　　　　　　　　$6 000
　　　　　　固定资产（净值）　　　　　　　　　　　　　　　　$6 400
　　　　　　对合营公司投资收益 ①　　　　　　　　　　　　　　$400

　　P 公司在购买 S 公司 90% 的股权和取得 E 公司 40% 的股权后，其 20×5 年 1 月 1 日的资产负债表将如表 8-11 所示。

_____

　　①　如果数额巨大，可贷记"递延对合营公司投资收益"，而后分期摊销为投资收益。

表 8-11　P 公司资产负债表

20×5 年 1 月 1 日

流动资产			流动负债		
现金		$ 8 630	应付款		$ 8 800
应收款		9 000	应付公司债		10 000
存货		12 000	负债合计		$ 18 800
流动资产合计		$ 29 630			
长期投资			股东权益		
对子公司股权投资	$ 12 870		普通股		$ 50 000
对合营公司股权投资	8 600		留存收益②		19 400
其他长期股权投资①	2 500	23 970	股东权益合计		69 400
固定资产（净值）		34 600			
资产总计		$ 88 200	负债及股东权益总计		$ 88 200

①低于被投资公司 20％的股权。

②投资收益 $ 400 并入留存收益。在实务中,并不需要编报这张资产负债表。在会计记录中,投资收益仍将作为 20×5 年度的收益项目。

组建的共同控制实体 E 公司的资产负债表如表 8-12：

表 8-12　E 公司资产负债表

20×5 年 1 月 1 日

流动资产		流动负债	
现金	$ 5 950	应付款	$ 5 200
存货	6 000	股东权益	
流动资产合计	$ 11 950	普通股*	21 500
固定资产（净值）	14 750		
资产总计	$ 26 700	负债及股东权益总计	$ 26 700

* 合营者 J 公司 50％,P 公司 40％;非合营投资者 N 公司 10％。

二、合营企业(共同控制实体)报表的合并程序——比例合并法

例中,P公司一方面作为PS集团的母公司,要对其子公司S公司的报表进行全面合并;另一方面,它作为合营企业(共同控制实体)E公司的合营者,要对E公司的报表进行比例合并。比例合并的程序与全面合并的程序并没有什么差别,同时,由于合营者对合营企业的投资,即其在合营企业净资产(股东权益)的账面价值中所占的份额,因此,合并时只需要进行简单的消除。

我们将在P公司的单独报表和S公司和E公司的个别报表基础上同时进行合并。为了便于区别,我们把原来的PS集团称为PS+E集团。

按照对合营企业报表的比例合并法,应合并的是E公司资产负债表中所有资产、负债项目的40%。详见表8-13。

表8-13　PS+E集团合并资产负债表工作底稿

20×5年1月1日　　　　　　　　　单位:$

项　目	单独和个别资产负债表				调整和消除		合并资产负债表
	P公司	S公司	E公司		借　方	贷　方	
			报表	40%			
现金	8 630	3 100	5 950	2 380			14 110
应收款	9 000	1 700	—	—			10 700
存货	12 000	2 300	6 000	2 400	①540		17 240
对子公司股权投资	12 870	—	—	—		①1 890	—
						②10 980	
对合营公司股权投资	8 600	—	—	—		③8 600	—
其他长期股权投资	2 500	—	—	—			2 500
固定资产(净值)	34 600	6 150	14 750	5 900	①810		47 460
商誉	—	—	—	—	①540		540
总　计	88 200	13 250	26 700	10 680	1 890	21 470	92 550
应付款	8 800	1 050	5 200	2 080			11 930
应付公司债	10 000	—	—	—			10 000
子公司中少数股东权益	—	—	—	—		②1 220	1 220
普通股	50 000	10 000	21 500	8 600	②10000		50 000
					③8 600		
留存收益	19 400	2 200	—	—	②2 200		19 400
总　计	88 200	13 250	26 700	10 680	20 800	1 220	92 550

关于工作底稿内的调整和消除分录,调整分录①和消除分录②已在第二节合并P公司和S公司的报表时阐述过了(参见表8-4)。消除分录③则是消

除 P 公司对合营企业 E 公司的投资与它所占 E 公司的 40％股份,亦即:

借:普通股(E 公司,40％) $8 600

  贷:对合营公司股权投资(P 公司) $8 600

    根据工作底稿"合并资产负债表"栏中的数额,就可以编制 20×5 年 1 月 1 日(企业合并日)PS＋E 集团的合并资产负债表。其中,对 S 公司是全面合并,对 E 公司是按 40％的比例合并。例如:

    "现金"的合并金额为 $8 630＋$3 100＋$2 380(即 $5 950×40％);

    "存货"的合并金额为 $12 000＋($2 300＋$540)＋$2 400(即 $6 000×40％);

    其余项目的合并金额依此类推。

    有一个问题值得说明,即:E 公司各资产负债项目按 40％的比例进行合并的金额,与 P 公司对 E 公司投入的各资产、负债项目的原始金额显然不符。这是不足为奇的。因为各个资产、负债项目一经投入就归被投资的企业所有,投资者不再保持对特定项目的各别权益,而只是体现为在企业净资产额中所占的权益份额。而合并财务报表则是两个企业主体各自报表的合并。

    表 8-14 是 PS＋E 集团的合并资产负债表。有必要指出,在合并资产负债表的表下附注中,应披露按比例合并的资产额(流动资产额和固定资产额)及负债额(流动负债额和长期负债额)。

表 8-14   PS＋E 集团合并资产负债表

20×5 年 1 月 1 日

流动资产			流动负债		
现金	$14 110		应付款		$11 930
应收款	10 700		应付公司债		10 000
存货	17 240		负债合计		$21 930
流动资产合计	$42 050		子公司中少数股东权益		1 220
其他长期股权投资*	2 500		股东权益		
固定资产(净值)	47 460		普通股	$50 000	
商誉	540		留存收益	19 400	69 400
资产总计**	$92 550		负债及股东权益总计**		$92 550

  * 低于被投资公司 20％的股权。

  ** 按比例合并的 E 公司在资产总额中占 $10 680(流动资产 $4 780,固定资产净值 $5 900),在负债总额中占 $2 080(均为流动负债)。

    最后,有必要指明的是,如果 P 公司对共同控制实体投资的会计处理不采用比例合并法而采用权益法,那么,对报表进行合并的只是 P 公司和 S 公司。在 PS 集团的合并资产负债表中,P 公司对 E 公司的投资 $8 600,仍将以单独的项目"对合营公司股权投资"反映为 P 公司的长期投资项目,但有别于"其他长期股权投资"(和"对联营企业投资")项目。

研 讨 题

8-1 上市公司的股权日益分散,对于按持有被投资公司的股权数划分长期股权投资三个层次的传统量化标准,带来什么冲击?

8-2 "共同控制"与"涉及同一控制下主体"的企业合并,有什么不同?

8-3 你认为对合营企业(共同控制实体)的投资,是采用权益法还是采用比例合并法较为恰当? 对此,美国准则与国际准则的动态如何?

8-4 比较取得控制股权的购买法和权益结合法的特征。权益结合法为什么被废止? 对此,你有何评论?

8-5 比较母公司观和主体观在合并财务报表编制的传统程序的基本特征。你认为哪些特征是它们的本质区别?

8-6 1998 年 IAS 22《企业合并》的修订,对购买法的传统程序有什么重大变革? 其影响如何?

作 业 题

8-1 P 公司和 S 公司合并前的单独和个别资产负债表如下:

P 公司资产负债表

20×4 年 1 月 1 日

流动资产		流动负债		
现金	$15 000	应付款		$18 000
应收款	20 000	应付公司债		30 000
存货	25 000	负债合计		$48 000
流动资产合计	$60 000	股东权益		
对联营公司股权投资(按权益法)	30 000	普通股	$100 000	
固定资产(净值)	85 000	留存收益	27 000	
		股东权益合计		127 000
资产总计	$175 000	负债及股东权益总计		$175 000

S公司资产负债表
20×4年1月1日

流动资产		流动负债		
现金	$1 500	应付款		$3 000
应收款	3 500	应付公司债		5 000
存货	7 000	负债合计		$8 000
流动资产合计	$12 000	股东权益		
长期股权投资（按成本法）	2 000	普通股	$20 000	
固定资产（净值）	10 000	累计亏损	(4 000)	
资产总计	$24 000	股东权益合计		16 000
		负债及股东权益总计		$24 000

设 P 公司按购买价格 $10 800 购买 S 公司 90％的股权，支付现金 $2 800，新发行公司债 $8 000。购买于 20×4 年 1 月 1 日完成。在对 S 公司净资产进行重估价时，应收款应加提备抵坏账 $500，购买日存货按市价经估定的公允价值为 $6 000，固定资产（净值）按市价估定的公允价值为 $9 000。

要求：分别按照传统的程序和 IAS 22 变革的程序，(1)为 P 公司作出购买股权的会计记录；(2)为 P 公司编制股权取得日的资产负债表；(3)为 PS 集团编制股权取得日的合并资产负债表。

8-2　上题改为 P 公司发行面值 $20 的普通股 550 股交换 S 公司面值 $10 的普通股 1 800 股，实现企业合并。

要求：(1)为 P 公司作出权益结合的会计记录；(2)为 P 公司编制股权取得日的资产负债表；(3)为 PS 集团编制股权取得日的合并资产负债表。

8-3　设 P 公司以现金 $1 500、账面净值为 $7 200 的固定资产作价 $7 500，与 J 公司共同组建合营企业 E 公司，取得 E 公司 50％的股权。J 公司以现金 $9 000 投入 E 公司，取得 50％的共同控制股权。

要求：(1)为 P 公司作出取得 E 公司股权的会计记录；(2)E 公司组建时的资产负债表；(3)为 P 公司编制取得 E 公司股权日的资产负债表；(4)为 P＋E 集团编制股权取得日合并资产负债表。

Accounting

国
际
会
计

第 九 章

合并财务报表的编制

第八章已经指出,投资公司(母公司)在取得对被投资公司(子公司)的控制性股权建立企业集团以后,在每一会计年度,都要在母、子公司的单独和个别财务报表的基础上编制集团的合并财务报表,并采用全面合并的方法。如果母公司同时又参与共同控制实体(合营公司)的投资,该合营公司的报表则要按比例合并法并入集团的合并财务报表,但比例合并法将被 2009 年 1 月 1 日生效用以取代 IAS 31 的 IFRS 9《共同协定》废止,对合营企业的长期股权投资的会计处理只能采用权益法。故本章阐述合并财务报表的编制程序时,将不再论述对合营企业的比例合并法。①

▲ 第一节　企业集团合并财务报表的编制程序

企业集团的合并财务报表包括合并收益表、合并留存收益表、合并资产负债表和合并现金流量表。但合并现金流量表②也可以通过合并母公司和子公司的各别现金流量表来编制,也可以根据合并资产负债表和合并收益表编制。本章所举的例题中对合并现金流量表略而不提,只在第二节"关于编制合并财务报表的诸问题中"对其编制方法用文字加以说明。

继续应用第八章的例子,来阐述 PS 集团 20×5 年度合并财务报表的编制程序。在此之前,先要说明 P 公司对 S 公司的投资收益的会计处理。

---

① 本书第五版中本章的第二节自第六版起已全部删去。

② 如前述,无论是国际会计准则还是美国等主要西方国家的公认会计准则,都已要求编制现金流量表,取代以营运资本为基础的财务状况变动表。

一、母公司对子公司投资收益的会计处理

在第八章第一节中已经阐明,母公司对子公司的控制性股权投资,应按权益法处理。也就是说,母公司对子公司的投资收益,是按照其所持有的股权比例在子公司当年净收益中应享的份额(或当年净亏损中应承担的份额)确定的。而在母公司的"对子公司股权投资"账户中,则应该由于分享(或分担)子公司的收益(或亏损)而增加(或减少)对子公司拥有的权益;从子公司派得的当年股利,要抵减已反映在"对子公司股权投资"账户中的权益增加额。这样,"对子公司股权投资"账户的余额,就是当年末母公司对子公司实际拥有的权益。

[例1] 设 S 公司 20×5 年度的净收益为 $3 640,当年分派的股利为 $2 500。又 P 公司在购买 S 公司股权时对 S 公司可辨认资产的计价按修订的 IAS 22(1998)处理。

1. 把对子公司的投资收益入账

例中,P 公司持有 S 公司 90% 的股权,故其在 S 公司当年报告净收益中应享有的份额为 $3 276($3 640×90%)。在 P 公司的会计记录中,一方面要确认此项投资收益,另一方面要反映为对 S 公司权益的增加。作分录如下:

借:对子公司股权投资 $3 276

    贷:对子公司投资收益[①] $3 276

2. 对派得股利,应抵减对子公司权益的增加额

P 公司派得的股利为 $2 250($2 500×90%),作分录如下:

借:应收股利 $2 250

    贷:对子公司股权投资 $2 250

这里,应用以购买法进行企业合并的例子,并按照 IAS 22(1998 年修订)的规定,子公司的净资产在购买日全部按公允价值计价。

3. 对购买子公司股权时确认的账面资产增值和商誉价值,应予以摊销

假设:(1)S 公司在被购买日的存货在 20×5 年内已全部售出,故其增值 $600 应全部转销;(2)固定资产的增值 $900,应按各项资产的余剩折旧年限摊销,由于土地不折旧,其增值当然不予摊销,设 20×5 年度应摊销的固定资产增值为 $212;(3)商誉经确定分 10 年摊销,故 20×5 年度摊销额为 $54($540÷10 年)。

---

① 如果集团内存在着成员公司间的多层和交叉控股关系,这个账户可称为"公司间投资收益"。

国

际

会

计

（1）对账面资产的增值摊销额＄812（＄600＋＄212）的90％，即＄731，应同时抵减对 S 公司的投资收益和已记入"对子公司股权投资"账户的权益增加额。① 作分录：

　　借：对子公司投资收益　　　　　　　　　　　　　　　　＄731

　　　　贷：对子公司股权投资　　　　　　　　　　　　　　　　　　＄731

（2）对商誉的摊销额，一种见解是，基于继续经营中的企业不确认商誉的会计准则，它不应抵减对 S 公司的投资收益，因为子公司作为继续经营的企业，在确定其净收益时不应计入商誉摊销额，而应以"商誉摊销费"项目列入母公司的营业费用。另一种见解是，把商誉摊销额计入母公司本身的营业费用，也未必恰当，因母公司合并子公司所购入的商誉，并没有反映在母公司本身的报表上。既然调整"对子公司投资收益"是为了编制合并报表，商誉又是在合并过程中确认的，则仍以抵减"对子公司投资收益"为宜。我们采用第二种见解。

　　借：对子公司投资收益　　　　　　　　　　　　　　　　＄54

　　　　贷：对子公司股权投资　　　　　　　　　　　　　　　　　　＄54

以上所作的分录过账以后，"对子公司投资收益"和"对子公司股权投资"账户中的记录如下：

对子公司投资收益

20×5 年	摘　　要	借方	贷方	余额（贷）
12.31	子公司报告净收益		＄3 276	＄3 276
31	抵减购买时确认的子公司 　账面资产增值的摊销额	＄731		＄2 545
31	抵减购买时确认的合并 　商誉的摊销额	＄54		＄2 491

对子公司股权投资

20×5 年	摘　　要	借方	贷方	余额（借）
1.1	余额（购买价格）			＄12 870
12.31	子公司报告净收益	＄3 276		＄16 146
31	子公司分派现金股利		＄2 250	＄13 896
31	摊销购买时确认的子公司 　账面资产增值		＄731	＄13 165
31	摊销合并商誉		＄54	＄13 111

---

① 增值摊销＄812 的10％，即＄81 将计入子公司中少数股东权益。

二、编制集团合并财务报表

P 公司和 S 公司 20×5 年度的单独和个别收益及留存收益表和 20×5 年 12 月 31 日的单独和个别资产负债表各项目的余额列示在合并财务报表工作底稿(表 9-2)的单独和个别试算表栏。

(一)对单独收益及留存收益表项目的说明

对 P 公司收益及留存收益表中的一些项目稍加说明如下:

1. 对 S 公司投资收益的余额 $2 491(见以上有关母公司会计记录中的阐述),已经包括在 P 公司收益及留存收益表中的净收益 $12 590 之内(也就是 PS 集团本年度的合并净收益)。

2. 股利收益 $285,是指其他长期股权投资的收益。例中,这些投资都低于被投资公司 20％的股权,因此应按成本法处理,其投资收益就是股利收益。①

如果集团内包括联营公司和合营公司,对联营公司和合营公司的股权投资要按权益法处理。这时,在母公司的会计记录中,就要增设"对联营公司投资收益"和"合营公司投资收益"账户,在合并收益及留存收益表中,这两个项目也不进行消除。

(二)对单独和个别资产负债表项目的说明

对 P 公司资产负债表中的一些项目也稍加说明如下:

1. "对子公司股权投资"的余额 $13 111,见以上有关母公司会计记录的阐述。

如果集团内有联营公司和合营公司,在母公司的会计记录中,就要增设"对联营公司股权投资"和"对合营公司股权投资"账户,其计价也应建立在权益基础上。

2. "应收股利"的余额 $2 535,即以上述及的应收子公司股利 $2 250 与应收其他被投资公司股利 $285 之和。

3. 假设 P 公司当年的股利已经支付,故"应付股利"无余额。

在 S 公司资产负债表中,应付股利 $2 500 是本年度分派给 P 公司($2 250)和少数股权股东($250)的。

(三)集团合并财务报表的编制程序

在母公司取得对子公司的控制股权建立企业集团后,在每一会计年度编

---

① 母公司单独财务报表中的会计记录为:

借:应收股利 $285

    贷:股利收益 $285

制合并财务报表时,其程序与我们在第八章已经阐述的程序基本相同,也需要通过调整、消除、合并三个步骤。现分述如下:

1.子公司账面资产增值和合并商誉的摊销

对子公司账面资产的增值,要区分已摊销部分和未摊销部分。已摊销部分应调整有关的成本和费用金额,未摊销部分仍应调整有关资产的账面价值。对商誉,已摊销部分应计入合并营业费用,未摊销部分仍应列入合并资产负债表。这样,也就相应的调低了母公司报表中"对子公司股权投资"的计价基础。例中,存货、固定资产和商誉的已摊销和未摊销部分如下:

项　　目	年初余额*	已摊销部分		未摊销部分	
		金额	应调整项目	金额	应调整项目
存货	$600	$600	销货成本	—	—
固定资产	$900	$212	折旧费	$688	固定资产
商誉	$540	$54	其他营业费用	$486	商誉

* 例中,年初即股权取得日。嗣后,每一会计年度的年初都是指上一会计年度的年末。

在以上的有关资产增值的摊销和未摊销部分,应计入"少数股东权益"的为$150;计入"对子公司股权投资"的为$1 350;商誉及其摊销部分$540均计入"对子公司股权投资",故应贷记"对子公司股权投资"的金额合计为$1 890。

可作调整的示意分录如下(分录①):

借:销货成本(子公司)　　　　　　　　　　　　　　　$600

　　折旧费(子公司)　　　　　　　　　　　　　　　　$212

　　固定资产(净额)(子公司)　　　　　　　　　　　　$688

　　其他营业费用　　　　　　　　　　　　　　　　　　$54

　　商誉　　　　　　　　　　　　　　　　　　　　　　$486

　贷:对子公司股权投资(母公司)　　　　　　　　　　　　　　$1 890

　　　子公司中少数股东权益　　　　　　　　　　　　　　　　$150

通过以上的调整,母公司报表中"对子公司股权投资"的余额,就从$13 111调低到$11 221,即与子公司股东权益(净资产)的账面价值相一致的计价水平,而不再是购买价格水平。

2.消除反映控股关系的相应而相反的项目

即消除母公司报表中的"对子公司股权投资"和子公司报表中的"股东权益"为母公司购买的部分(例中为90%),同时把未被购买的那部分股东权益(例中为10%)在合并报表上反映为"子公司中少数股东权益"。然而,经过一个年度的经营活动,其间的对应关系已经发生了变化,可以通过表 9-1 来反映年初和年末存在于母公司对子公司股权投资、少数股东权益以及子公司股东权益之间的对应关系。

表 9-1　母公司对子公司股权投资、少数股权以及子公司
股东权益间的对应关系(20×5 年度)

	年初子公司股东权益	其　　　中		
		母公司投资 90%	少数股东权益 10%	合计
普通股	$ 10 000	$ 9 000	$ 1 000	$ 10 000
留存收益 1.1	2 200	1 980	220	2 200
合　　计	$ 12 200	$ 10 980	$ 1 220	$ 12 200
对子公司投资收益		$ 2 491	—	2 491
子公司中少数股权应享收益		—	364*	364
现金股利		(2 250)	(250)	(2 500)
		$ 11 221	$ 1 334	$ 12 555
子公司账面资产增值及商誉摊销额		785		785
年末子公司股东权益		$ 12 006	$ 1 334	$ 13 340
普通股		$ 9 000	$ 1 000	$ 10 000
留存收益		$ 3 006	$ 334	$ 3 340

＊ 子公司本年度净收益 $ 3 640×10% = $ 364。

在编制合并报表时,需要消除的是子公司报表中的"普通股"(年初)、"留存收益"(年初)、"现金股利"(本年度)以及母公司报表中的"对子公司股权投资"(年末)、"对子公司投资收益"(本年度)等项目的余额。同时,在合并报表中反映"子公司中少数股权"(年末)和"子公司中少数股权应享收益"(本年度)。根据表 9-1 展示的关系,可作消除的示意分录(分录②)如下:

借:普通股(年初)(子公司)　　　　　　　　　　　　　$ 10 000

　　留存收益(年初)(子公司)　　　　　　　　　　　　$ 2 200

　　对子公司投资收益(本年度)(母公司)　　　　　　　$ 2 491

　　子公司中少数股权应享收益(本年度)　　　　　　　$ 364

　贷:对子公司股权投资(年末)(母公司)　　　　　　　　　　　$ 11 221

　　　现金股利(本年度)(子公司)　　　　　　　　　　　　　　$ 2 500

　　　子公司中少数股东权益(年末)　　　　　　　　　　　　　$ 1 334

表 9-1 的下端所展示的,实际上是对上述消除示意分录的验证。在被消除的"对子公司股权投资"的年末余额 $ 11 221 上,加上子公司账面资产增值

及商誉的摊销额 $735(因为在确定"对子公司投资收益"时,从子公司报告收益中扣减了这一摊销额),得出的 $12 006,即年末子公司股东权益中母公司所占的份额($13 340×90%)。

3.消除公司间交易的相应而相反的项目

集团内各成员公司之间(母公司和各子公司之间,各子公司之间)的交易,在各自的会计记录和报表中都是不同经济主体之间进行的交易。但在编制合并报表时,既然整个集团作为单一的报告主体,公司间的交易也就要进行消除。这些交易包括:公司间销售及利润,公司间转让资产,公司间相互持有各自发行的债券,公司间的应收、应付票据,公司间的各种应收、应付款,公司间的应收收益和应付费用,等等。例中,在 P 公司和 S 公司之间就存在应收、应付股利。我们再增设一些数据,来说明消除公司间销售及利润的程序。

(1)消除公司间销售及利润

设 P 公司按内部销售价格销售商品给 S 公司,公司间销货(净额)为 $22 300。20×5 年末,S 公司的存货中尚包括 P 公司售给的商品 $1 990,如按 P 公司的销货成本计算,则为 $1 680。

首先,在合并报表内,应从合并销货收入和合并销货成本中消除这项公司间销售,因为 P 公司的销售收入同时是 S 公司售出这些商品时的销货成本。如果 S 公司已将这些商品全部售出,公司间的利润(按销货毛利表述)也就实现了。但例中 S 公司的年末存货中尚包括 P 公司售给的商品 $1 990,这些存货价值中包含了尚未实现的公司间利润 $310($1 990- $1 680)。在合并报表中,对集团内未实现的公司间利润也应消除。这一方面要抵减已按 P 公司的销售价值消除的合并销货成本额,另一方面要调低 S 公司的这部分存货价值。① 可作消除示意分录(分录③、④)如下:

---

① 例中为母公司销货给子公司(称为下销交易,down-stream transaction),也可能是子公司销货给母公司(上销交易,up-stream transaction)。在上销交易中,因未实现利润含在子公司的净收益中,会影响少数股权的应享收益,所作的消除示意分录将与例中有所不同。

例中 S 公司的报告净收益为 $3 640,如改设为上销交易,则其中含有未实现利润 $310,已实现利润仅为 $3 330,少数股权应享净收益将是 $333($3 330×10%)而不是 $364,也就是说,少数股权将分摊 $31($310×10%或 $364- $333)的应抵销公司间利润,P 公司只分摊 279($310×90%)的应抵销公司间利润。所作的消除分录将改为:

借:销货成本(购货方,母公司) $279
    子公司中少数股东权益 $31
  贷:存货(购货方,母公司) $310

Accounting

借:销货(售货方,母公司)   ＄22 300
　　贷:销货成本(购货方,子公司)   ＄22 300
借:销货成本(购货方,子公司)   ＄310
　　贷:存货(购货方,子公司)   ＄310

以上的会计处理表明,公司间利润指的是销货毛利。还需要提出的一个问题是,当子公司中存在少数股东权益时,公司间利润应该按母公司拥有的股权比例消除还是要100％消除? 主张100％消除的理由是,基于只有行使控股权的母公司,才能对集团内公司间的经营活动(如这里的内部销售价格)进行决策和管理,因而它应承担公司间交易的全部会计影响。美国和其他主要西方国家的公认会计准则大都主张100％消除,以上的分录就是根据100％消除公司间利润的准则作出的。但也有学者认为,从理论上说,只有在主体观下,才应100％消除,按照母公司观,理应该是按比例消除。因此,这是在母公司观的现代惯例中,掺杂了主体观的概念。

(2)消除公司间应收、应付股利

例中,S公司本年度的应付股利＄2 500,应付P公司的为＄2 250,在P公司的报表中,则包括在应收股利＄2 535内。可作消除示意分录(分录⑤)如下:

借:应付股利(子公司)   ＄2 250
　　贷:应收股利(母公司)   ＄2 250

消除以后,P公司的应收股利＄285(＄2 535－＄2 250)即为其他长期股权投资的应收股利,S公司的应付股利＄250(＄2 500－＄2 250)即为应付少数股权股东的股利。

以上的调整和消除分录见PS集团合并财务报表工作底稿(表9-2)的"调整和消除"栏。

4.合并相同的资产、负债项目

进行了调整和消除以后,就可以合并母公司和各子公司报表中相同的资产、负债项目。合并的结果见工作底稿(表9-2)的"合并报表"栏。需要说明的是:

Accounting

表 9-2　PS 集团合并财务报表工作底稿

20×5 年度(至 12 月 31 日止)　　　　　　　　　单位：$

项　目	单独和个别试算表		调整和消除		合并报表
	P 公司	S 公司	借方	贷方	
收益及留存收益表项目					
销货(净额)	162 250	41 300	③22 300		181 250
对子公司投资收益	2 491	—	②2 491		—
股利收益	285				285
合　计	165 026	41 300	24 791		181 535
销货成本	118 910	29 200	①600	③22 300	126 720
			④310		
折旧费	4 305	675	①212		5 192
其他营业费用	20 831	5 370	①54		26 255
所得税	8 390	2 415			10 805
子公司中少数股权应享收益	—	—	②364		364
合　计	152 436	37 660	1 540	22 300	169 336
净收益	12 590	3 640	26 331	22 300	12 199
留存收益 1.1	19 000	2 200	②2 200		19 000
合　计	31 590	5 840	28 531	22 300	31 199
现金股利	12 500	2 500		②2 500	12 500
留存收益 12.31(移下)	19 090	3 340	28 531	24 800	18 699
资产负债表项目					
现金	9 124	5 420			14 544
应收款	10 840	2 905			13 745
应收股利	2 535	—		⑤2 250	285
存货	20 685	3 270		④310	23 645
对子公司股权投资	13 111	—		①1 890	—
				②11 221	
其他长期股权投资	2 500	—			2 500
固定资产	36 695	5 475	①688		42 858
商誉	—		①486		486
总　计	95 490	17 070	1 174	15 671	98 063
应付款	16 400	1 230			17 630
应付股利	—	2 500	⑤2 250		250
应付公司债	10 000				10 000
子公司中少数股东权益	—	—		①150	1 484
				②1 334	
普通股	50 000	10 000	②10 000		50 000
留存收益 12.31(承上)	19 090	3 340	28 531	24 800	18 699
总　计	95 490	17 070	40 781	26 284	98 063

(1)整个工作底稿分成上、下两段。在进行合并计算时,在"收益及留存收益表项目"段内最终得出的年末留存收益那一行的数字,要移到"资产负债表项目"段内最下端的留存收益那一行,故分别注有"移下"和"承上"的字样。

(2)P公司按权益法处理对S公司的股权投资,合并收益及留存收益表中的本年度合并净收益本应是P公司本年度的净收益$12 590。但由于有关资产项目的增值摊销部分有$81(销货成本$60+折旧费$21)计入了子公司中的少数股权,以及由于消除集团内的公司间利润$310,故本年度的合并净收益只是$12 199($12 590-$81-$310)。相应的,年末合并留存收益本应是P公司的年末留存收益$19 090,也是由于上述原因,年末合并留存收益只是$18 699($19 090-$81-$310)。

5.编制PS集团20×5年合并收益及留存收益表和20×5年12月31日合并资产负债表

根据工作底稿"合并报表"栏的数字,即可编制PS集团20×5年度合并收益及留存收益表(表9-3)和20×5年12月31日合并资产负债表(表9-4)。

第九章 合并财务报表的编制

表9-3 PS集团合并收益及留存收益表
20×5年度(至12月31日止)

销货净额	$181 250
销货成本	126 720
销货毛利	$54 530
营业费用	31 447
营业收益	$23 083
其他收益	285
税前收益	$23 368
所得税	10 805
税后收益	$12 563
子公司中少数股权应享收益	364
净收益	$12 199
留存收益,1月1日	19 000
合　计	$31 199
现金股利	12 500
留存收益,12月31日	$18 699

表 9-4　PS 集团合并资产负债表

20×5 年 12 月 31 日

流动资产		流动负债		
现金	$ 14 544	应付款	$ 17 630	
应收款	13 745	应付股利	250	$ 17 880
应收股利	285	应付公司债		10 000
存货	23 645	负债合计		$ 27 880
流动资产合计	$ 52 219	子公司中少数股东权益		1 484
长期股权投资*	2 500	股东权益		
固定资产	42 858	普通股	$ 50 000	
无形资产		留存收益	18 699	
商誉	486	股东权益合计		68 699
资产总计	$ 98 063	负债和股东权益总计		$ 98 063

＊低于被投资公司 20％的股权。

（四）关于编制程序的进一步说明

为了使有关合并报表编制程序的阐述紧密衔接,我们把一些有待进一步说明的问题,留待现在一并加以说明。

1.在按权益结合法进行企业合并的方式下合并报表的编制程序

在上述例题中,企业合并的方式是购买。如果企业合并的方式是权益结合,母公司在取得子公司的控制股权后,在每一会计年度为企业集团编制合并财务报表的程序,与例中阐述的程序基本上是相同的。而且,由于不存在需要摊销子公司账面资产的增值和摊销商誉的问题,其程序更为简单。也就是说,这里不需要调整程序,只需要消除和合并两个程序。

2.商誉是确认为无形资产而后摊销还是每年确认减值损失

如第二章所述,把商誉确认为无形资产而后系统地摊销,还是从合并股东权益中立即注销,这在国际惯例中有较大的分歧。把商誉确认为无形资产而后摊销作为占优势的会计惯例的,有美国、加拿大、墨西哥、日本、澳大利亚等国,但在计算应税收益时,税法则不允许将商誉摊销作为扣减项目;把从合并股东权益中立即注销商誉作为占优势的惯例,但也允许把商誉确认为无形资产而后摊销的,主要是德国、法国、荷兰等多数西欧国家,英国在 1990 年以前也是如此,在 1989 年 7 月发布的第 22 号标准会计惯例《商誉会计》中,才只允许把商誉作为应摊销资产项目。

第 22 号国际会计准则《企业合并》(1998 年修订稿)中规定:"商誉应按成本减去任何累计摊销和任何累计减值损失之后的金额列示",摊销一般采用直线法,摊销期不超过 20 年。第 38 号国际会计准则《无形资产》(包括商誉在内)也作了同样的规定。

而 2001 年 6 月美国财务准则委员会在发布的 142 号财务会计准则《商誉和其他无形资产》中,改变了摊销商誉的方法,代之以测试其减值损失(至少每年度),只有在商誉的账面记录金额超过其公允价值的年度,才确认其减值,并将减值部分确认为当年的费用。

IASB 在 2004 年 9 月发布的 IFRS 3《企业合并》中,也规定了至少每年测试一次并确认减值损失,并且采用了"全面商誉"的会计概念,认为"在企业合并中确认的商誉,系由母公司及非控制权股东的持股比率组成",因此改变了对商誉进行比例合并的方法,而与其他无形资产一样实行 100% 合并。

3.年初存货中包含的公司间利润的调整

在上述例题中,有关公司间利润的消除,只是 S 公司的年末存货中包含 P 公司售给的商品。在 20×6 年编制合并报表时,就会出现在 S 公司的年初存货中也包含 P 公司售给商品的情况,其价格中包含的公司间利润为 $310。根据先进先出的假设,一般都认为年初存货已在当年售出,这项公司间利润已经实现。为此,应调整年初的合并留存收益和当年的合并销货成本。[1]

借:留存收益(年初)　　　　　　　　　　　　　　　 $310

　　贷:销货成本　　　　　　　　　　　　　　　　　　　　 $310

关于公司间让售资产交易的消除及公司间债券交易的消除,本书不拟举例介绍,有兴趣的读者可以参阅其他书籍中的阐述。[2]

▲ 第二节　合并财务报表编制程序的变革

本节将探讨对合并财务报表编制程序的变革。主要包括 IASB 对 IAS 27 改进中的重大变革和美国 FASB 对控制政策和合并范围重大变革的建议。

---

[1]　如果严格按照权益法的正规程序,对所有公司间交易的消除都于上年末在会计记录中调整"对子公司投资收益"和"对子公司股权投资"(即作了"借:对子公司投资收益 $310;贷:对子公司股权投资 $310"的分录),则对年初存货中包含的公司间利润的调整,就要作如下的分录:

借:对子公司股权投资　　　　　　　　　 $310

　贷:销货成本　　　　　　　　　　　 $310

[2]　例如,常勋:《财务会计四大难题》,立信会计出版社 2006 年 9 月第三版,第七章第四节。

一、在单独财务报表中按成本法或公允价值法核算对子公司的投资,在合并报表的编制中才调整为权益法基础

在第一节所举的例题中,P 公司在单独财务报表中已按权益法处理对 S 公司的投资。在实务中,也有不少企业在单独财务报表中都按成本法处理长期股权投资,因而确认对子公司的投资收益也只是股利收益,"对子公司投资"的计价基础仍是投资时日的原始成本,在合并财务报表的编制中才调整为权益法基础。

IASB 在改进后 IAS 27《合并财务报表和单独财务报表》(2003 年 12 月)中认为,由于合并财务报表已提供了关于母公司在子公司股东权益中所占的权益份额和在权益法基础上确定的损益的信息,如果单独财务报表中的"对子公司股权投资"项目不按权益法核算,而按成本法或公允价值法核算,将能为投资的业绩提供更多有用的相关信息。例如,在成本法下关于投资项目的股利分配的信息;而公允价值法则能比较恰切地反映投资项目的经济价值。因此,改进后 IAS 27 要求在单独财务报表中,无论是对子公司、联营公司和合营公司的投资,都采用成本法或公允价值法核算,而在编制合并财务报表的过程中,在消除"对子公司股权投资"时,在列报"对联营公司股权投资"和"对合营公司股权投资"时,才调整为权益法基础。

这样,在母公司单独报表中按成本法列报对子公司的投资,原先只是在实务中采用的变异程序,就成为国际会计准则所要求的正规程序了。

由于在编制合并报表的程序中,"对子公司股权投资"和"对子公司投资收益"(这时是"子公司股利收益")在合并过程中是要消除的;在合并子公司的净收益,并扣减"少数股权应享收益"后,得出的也就是应计入合并净收益的母公司应享收益。这样的调整程序十分简便,与改进前 IAS 27 对比,由于改变了在会计纪录中对"对子公司股权投资"和"对子公司投资收益"科目按权益法的调整程序,这样就更为简便。这一变革当然得到实务界的广泛支持。现仍应用以上举的例题,加以说明(表 9-5)。

几点说明:

1. 在 P 公司的单独财务报表中,对子公司的投资收益,是从子公司派得的股利收益＄2 250(而非应享收益＄2 491),相应的,对子公司的股权投资,仍按其原始购买成本＄12 870 计价(而不是建立在权益基础上的＄13 111)。

表 9-5　PS 集团合并财务报表工作底稿

20×5 年度（至 12 月 31 日止）　　　　　　　　　单位：$

项　目	单独和个别试算表		调整和消除		合并报表
	P公司	S公司	借方	贷方	
收益及留存收益表项目					
销货（净额）	162 250	41 300	③22 300		181 250
对子公司股利收益	2 250	—	②2 250		—
其他股权投资股利收益	285	—			285
合　计	164 785	41 300	24 550		181 535
销货成本	118 910	29 200	①600 ④310	③22 300	126 720
折旧费	4 305	675	①212		5 192
营业费用	20 831	5 370	①54		26 255
所得税	8 390	2 415			10 805
子公司少数股权应享收益	—	—	②364		364
合　计	152 436	37 660	1 540	22 300	169 336
净收益	12 349	3 640	26 090	22 300	12 199
留存收益1.1	19 000	2 200	②2 200		19 000
合　计	31 349	5 840	28 290	22 300	31 199
现金股利	12 500	2 500		②2 500	12 500
留存收益12.31（移下）	18 849	3 340	28 290	24 800	18 699
资产负债表项目					
现金	9 124	5 420			14 544
应收款	10 840	2 905			13 745
应收股利	2 535	—		⑤2 250	285
存货	20 685	3 270		④310	23 645
对子公司股权投资	12 870	—		①1 890 ②10 980	—
其他长期股权投资	2 500	—			2 500
固定资产	36 695	5 475	①688		42 858
商誉	—	—	①486		486
总　计	95 249	17 070	1 174	15 430	98 063
应付款	16 400	1 230			17 630
应付股利	—	2 500	⑤2 250		250
应付公司债	10 000				10 000
子公司少数股东权益	—	—		①150 ②1 334	1 484
普通股	50 000	10 000	②10 000		50 000
留存收益12.31（承上）	18 849	3 340	28 290	24 800	18 699
总　计	95 249	17 070	40 540	26 284	98 063

2.在消除分录②中,所消除的是"子公司股利收益"＄2 250和"对子公司股权投资"＄10 980,但由于所扣减的"子公司中少数股权应享收益"(＄364)是建立在权益法基础上的,故合并净收益(＄12 199)也就是建立在权益基础上的。表9-5中所作的消除分录②可列示如下:

普通股(年初)(子公司)	10 000
留存收益(年初)(子公司)	2 200
子公司股利收益(本年度)(母公司)	2 250
子公司中少数股权应享收益(本年度)	364
对子公司股权投资(年末)(母公司)	10 980
现金股利(本年度)(子公司)	2 500
子公司中少数股权(年末)	1 334

(调整分录①和消除内部交易的分录③、④均与表9-2中相同)

这样,表9-5的"合并报表"栏的各项金额就与表9-2中的相应数字完全相同。

3.母公司报表中净收益＄12 349与合并净收益＄12 199之间的差额为＄150。

这是由于以下三个原因造成的:

(1)在合并净收益中消除了公司间利润＄310(参阅表9-2),应从P公司净收益中扣减;

(2)有关资产项目(存货和固定资产)增值摊销部分有＄81计入少数股东权益(参阅9-2),应从P公司净收益中扣减;

(3)由于例中P公司单独财务报表中"对子公司股权投资收益"项目改按成本法核算(根据改进后的IAS 27的要求),"对子公司股利收益"＄2 250(见表9-5)与"对子公司投资收益"＄2 491(见表9-2)之间形成了＄241的差额;应加计到P公司净收益。

＄12 349(P公司净收益)－(＄310＋＄81)＋＄241,即;

＄12 349－＄150＝＄12 199(合并净收益)

相应的,P公司期末留存收益＄18 849与合并期末留存收益＄18 699之间的差额,也就是＄150。

二、合并与不合并的传统原则

前面已经提出了在国际上已沿用很久的关于合并的两条基本原则。即(1)投资公司(母公司)必须取得被投资公司(子公司)50％以上的多数股权;

(2)母公司取得多数股权的目的在于控制子公司的财务和经营决策。但也列有"豁免范围",或容许对上述基本原则有所偏离的情况,这里先阐述允许豁免的传统惯例。

1.一家本身完全(100％)由其他企业拥有的母公司,不一定需要编制合并报表。因为它的母公司不一定有这样的要求,而其他使用者的需要又可以由它的母公司的合并报表来满足。在一些国家,一家几乎完全由另一家企业拥有的母公司,如果取得本公司少数股权股东的同意,也可以免编合并报表。所谓"几乎完全拥有",通常是指它的母公司至少拥有它的90％的股权。

2.下列情况的子公司报表不予合并:(1)收买和拥有子公司,是专门为了在近期内卖出,因此控制只是暂时性的;(2)在严格的长期性限制条件下经营,大大削弱了其向母公司转移资金的能力。

3.如果该子公司的经营业务与集团内其他公司极不相同,对该子公司的报表可以不予合并,仅在合并报表的表下注释中披露其重要财务数据或将其报表随附于合并财务报表。但改进前 IAS 27《合并财务报表及对子公司投资的会计处理》就认为据此将其排除在合并之外并不合理,应该对这类子公司的报表进行合并,同时在合并报表中增加披露关于该子公司所经营的不同业务的信息。美国于 1987 年发布的 FAS 94《合并所有多数拥有的子公司》中也取消了关于经营业务极不相同的子公司可不予合并的做法,而规定要合并"所有"拥有多数股权的子公司。可以不予合并的只是:(1)控制权是暂时性的;(2)子公司在重组或已破产;(3)受子公司所在东道国的法令严格限制。

例如,根据上述第 2 条第(2)项,在外汇汇出受到严格管制的国家内从事经营的国外子公司,其报表往往不予合并。作为工业集团的子公司的银行和保险公司,其报表通常不予合并,是同时基于第 2 条第(2)项和第 3 条的考虑。如果对经营房地产业务的子公司的报表不予合并,则是根据第 3 条,但第 3 条现在已不为国际会计准则和美国财务会计准则所允许。

4.有时母公司只拥有一家企业的半数或半数以下的股权,但如果(1)通过与其他投资企业协议,掌握了 50％以上的表决权;(2)根据法律文件或协议,有权控制该企业的财务和经营决策;(3)有权任命董事会或类似权力机构的多数成员;(4)在董事会或类似权力机构的会议上有权投多数票。它即被认为拥有法定控制权,可以合并这一家企业的报表。

对于第 4 条所列情况,必须说明的是,这是指母公司依法律文件或协议

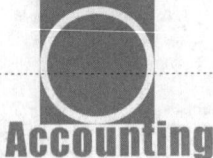

规定具有控制权,而不是指拥有的股权不超过50%但实际具有控制权的情况。

对于合营企业(共同控制实体)的财务报表的比例合并(如前述,比例合并法将被),也是以取得该合营公司的股权系出于共同控制的目的以及订有合营协议为条件的。如果只是为了在不久的将来去变卖共同控制的权益而进行暂时性的共同控制,这类合营企业的报表就不宜合并。再者,如果合营企业是在长期严格限制的条件下经营,使其向合营者转移资金的能力受到严重的削弱,其报表也不宜合并。

当前,上述的传统惯例正处在重大变革过程,以下分别加以阐述。

三、美国 FASB 关于控制政策的重大变革的设想

FASB 在 1995 年 10 月发布了《合并报表:政策与程序》建议准则的征求意见稿,1999 年 2 月又发布了《合并报表:目标和政策》的修订征求意见稿,而暂时搁置对"程序"部分的建议准则的制订。无论是 1995 年或 1999 年发布的征求意见稿,都对合并政策作了突破现行准则要求拥有多数股权和具有法定控制权的规定,扩展到具有"实质性控制权"。

引用 1999 年修订征求意见稿中的表述,就公司而言,具备以下三个条件之一(或同时具备一项以上)的,[①]就具有控制权,从而应合并被控制公司的财务报表。

1. "在选举公司的管理机构中具有多数表决权或有权指派其管理机构的多数成员。"

2. 在选举公司的管理机构中"拥有巨大的少数表决权,同时,不存在具有重大表决权的其他方或联合组成的其他方"。

3. "通过现在拥有的可转换证券或其他权利,单方面(1)具有在选举公司管理机构中的多数表决权,或(2)有权指派公司管理机构的多数成员的;且这些可转换证券或其他权利在其持有者的选择下即可行使,同时,转换这些证券或行使该权利的预期收益超过其预期成本。"

显然,除第 1 项表述的仍是绝对控制权和法定控制权外,第 2 项的性质就

---

① 我们在这里论述的控制政策的重大改革,只是就公司组织形式而言。此外,该修订征求意见稿还把合并范围扩大到有限合伙组织,其条件是:

"控制主体是有限合伙的唯一普通合伙人,并且不存在具有解散该有限合伙或者撤换普通合伙人的现行能力的其他合伙人或联合组成的其他合伙人群体。"

属于实质性控制权了(当然,实质性控制权仍然不是事实上的控制权)。而第3项则是把法定控制权扩大到潜在的法定控制权。

这种"跨越"在实务中的影响难免受到各方面的质疑,在征求意见的过程中,许多方面担心:对"实质性控制"很难确定具体的判断条件和一致的量化标准①,而有赖于主观判断,会给企业管理层留下"操纵"的空间;这一变革对现行实务会导致何种和多大的影响和反应等等。甚至像美国财务经理协会这样的权威组织也持有保留意见。FASB将如何决定,尚需时日,但是,"实质性控制"又是一个无可规避的现实。

四、改进后的 IAS 27 对合并范围的变革

改进后 IAS 27 对合并范围的界定,同样体现了对合并政策的变革,即在绝对控制权(多数股权)和法定控制权的基础上,对合并范围作了一定的放宽规定,但与 FASB 正在进行的重大变革对比,在我看来,它还没有向实质性控制权跨越。

但关于合并范围中的豁免条件,则相对地扩大了豁免范围,提高了豁免标准,如改进前 IAS 27 规定:一家本身由其他公司 100% 拥有或几乎全部拥有的母公司,如果取得本公司少数股权股东的同意,可以免编合并报表;改进后 IAS 27 把"几乎全部拥有"扩大为"部分拥有",将"取得本公司少数股权股东同意"放宽为只要"均被通知且不反对",但这种否定权不仅赋予有表决权的普通股股东,也赋予没有表决权的优先股股东。

另一方面,改进后 IAS 27 补充了改进前 IAS 27 没有作出的如下规定:

1.该母公司的债务性证券和权益性证券未在公开市场中进行交易(包括柜台交易);

2.该母公司没有为了在公开市场发行任何种类的证券,将其财务报表在证券交易委员会或其他监管部门备案或正处于备案过程中(即正在准备公开交易的过程中)。

并且也明确指出:该母公司的最终母公司或中间母公司按照国际财务报告准则编制了对外公开的合并财务报表。

此外,改进后 IAS 27 不再使用"暂时性控制"这个界定不够明确的词,改为持有该股权的时间不超过 12 个月。

---

① 尽管征求意见稿中有提出,如果在管理机构的少数表决权中拥有 50% 以上的表决权,或前三位的大股东拥有少数表决权中 30% 以上的表决权,就是巨大的少数表决权。

Accounting

▲ 第三节 关于编制合并财务报表的诸问题

以上阐述的是编制合并财务报表的基本程序和变革程序,本节将集中说明和讨论关于编制合并财务报表的诸问题。①

一、提供集团合并财务报表的国际惯例

提供集团合并财务报表是国际流行的惯例,但也有差异。据 J. S. 阿尔潘(Arpan)和 L. H. 雷德鲍(Radebaugh)在《国际会计与多国公司》(*International Accounting and Multinational Enterprises*,1985)一书引用普华会计师事务所于 1979 年发表的《会计原则和报告惯例的国际调查》中的资料,对以下各国和地区内的大多数公司提供集团报表的情况进行调查的结果如表9-6。

表 9-6　提供集团报表的大多数公司遵循的惯例

只提供母公司报表	提供母公司报表并辅以合并报表		只提供合并报表
西班牙	英国	澳大利亚	美国
巴西	前联邦德国	新西兰	加拿大
哥斯达黎加	法国	墨西哥	巴拿马
萨尔瓦多	爱尔兰	委内瑞拉	巴哈马
危地马拉	丹麦	特立尼达	百慕大
洪都拉斯	荷兰	牙买加	菲律宾
尼加拉瓜	挪威	多米尼加共和国	
泽西岛	瑞典	马拉维	
象牙海岸	日本	博茨瓦纳	
塞内加尔	香港	肯尼亚	
	新加坡	尼日利亚	
	韩国	赞比亚	
	马来西亚	津巴布韦	
	斐济	南非	

---

①　本节列举的问题,并未涉及实务操作中的具体问题,例如:(1)因减少或增加投资等原因对长期股权投资的会计处理从权益法改为成本法或反之;(2)采用权益法时,如被投资单位发生连续亏损时的会计处理;(3)企业合并在年度中(而不是像例题中那样假设在年初)完成时应如何处理合并净收益和股利分派;(4)子公司与母公司的报告期的起讫有差别;等等。读者可自行思考,或参阅常勋:《财务会计四大难题》,立信会计出版社 2006年第三版,第八章第三节第九分节。

Accounting

　　从表 9-6 中可以看到,美国和加拿大等国的流行惯例是只提供合并报表;而西欧国家、日本和其他许多国家和地区的流行惯例是提供母公司报表并辅以合并报表;西班牙、巴西等国的流行惯例则是只提供母公司报表,但从 20 世纪 90 年代以来,同时提供合并报表(而不是"辅以")和母公司单独报表,已成为国际流行的惯例。

　　合并报表的编制成为流行惯例的时间,各国也有较大的差别。合并财务报表在 19 世纪末和 20 世纪初首先出现于美国,第一份合并报表是由美国科尔顿石油托拉斯公司于 1886 年编制的,以后就逐渐发展为流行的惯例。20 世纪 30 年代,合并报表开始在英国流行,而在大多数西欧国家,则是第二次世界大战后的新事物。日本一直到 1975 年才制定要求编制合并报表的会计准则,并由大藏省于 1976 年以法令颁布。

二、母公司观与主体观

　　前面已经指出,合并财务报表的编制,是把整个集团作为单一的报告主体。但是,在这样的前提下,却存在着两种不同的观点。一种观点认为,集团这个单一主体的业主权,只属于母公司的股东,而把各子公司的少数股权股东排除在外。这种观点可称为母公司观,另一种观点则认为,不能把各子公司的少数股权排除在集团这个"单一主体"的业主权之外,正像不能把单一公司中的少数股权排除在业主权之外一样,这种观点可称为主体观。

　　传统的母公司观与主体观之争,影响到合并财务报表的整个编制程序和方法。前面也已经指出,半个多世纪以来,流行的国际惯例是以母公司观为依据来编制集团合并财务报表的程序,我们在第八章和本章所举的例题遵循的正是这样的程序。但随着 IAS 22《企业合并》的再次修订(1998)和 IAS 27 的改进(2003 年 12 月,改进后更名为《合并财务报表和单独财务报表》),传统的编制程序经历了重大的变革,我们所举的例题已依次反映了变革的过程。

　　(一)编制合并财务报表依据的概念框架

　　我们先用一个简表(表 9-7)来总括前面已论述的母公司观和主体观的主要特征。

表 9-7　母公司观和主体观的主要特征

母公司观			主 体 观
传 统 的		按修订的 IAS 22(1998)	
理 论 上 的	当 代 惯 例		
1.子公司中的少数股权不包括在合并资产负债表的股东权益内	1.同理论上的母公司观	1.同传统的母公司观	1.子公司中的少数股权包括在合并资产负债表的股东权益内
2.相应的,少数股权在各该子公司当年净收益中的应享份额不包括在合并净收益中	2.同理论上的母公司观	2.同传统的母公司观	2.相应的,少数股权在各该子公司当年净收益中的应享份额要包括在合并净收益中
3.合并资产负债表中的同一资产项目采用双重计价,只有属于母公司权益的部分按购买日公允价值计价	3.同理论上的母公司观	3.同主体观	3.在合并资产负债表中的同一资产项目全面按公允价值计价,并"下推"至应属于子公司中少数股权的部分
4.公司间利润(未实现)按母公司拥有的权益比例消除	4.同主体观	4.同主体观	4.公司间利润(未实现)100％消除

从表 9-7 中可以清晰地看出:第 1、2 两点是母公司观与主体观的实质性区别;对消除公司间利润来说,按母公司拥有的权益比例消除在当代惯例中是没有出现过的,只是理论上的说法,而无论是传统的母公司观当代惯例和按修订的 IAS 22 的母公司观,在处理程序上都是与主体观相同的;值得特别指出的是,按照修订的 IAS 22(1998),凸显传统的母公司观与主体观在处理程序上尖锐对立的"双重计价"之争,就不复存在了,可以说,这是传统的母公司观与主体观在计价基础上的一种融合趋向,我们已在第八章第二节第三分节中引述了修订的 IAS 22 中的有关规定。在本章第一节所举的例题 1 中,关于合并财务报表的编制程序就应用了修订的 IAS 22 的规定。

(二)主体观下合并财务报表的编制程序

从表 9-2"PS 集团合并财务报表工作底稿"中可以看出,除了要把"少数股权应享收益"计入合并净收益和将"少数股东权益"列在合并股东权益内之外,这就是一张按主体观编制的工作底稿;相应的,据以编制的按主体观的合并收益及留存收益表和合并资产负债表,唯一的不同也就是要把"少数股权应享收益"计入合并净收益和将"少数股东权益"列在合并股东权益内。因此,我们就不需要再来举例论述按主体观编制合并财务报表的程序了。但如前所述,这种列报上的不同,却体现了母公司观与主体观的实质性差别。

为便于读者对比，以下列示按主体观编制的 PS 集团合并收益及留存收益表和合并资产负债表如表 9-8、表 9-9（读者可与表 9-3、表 9-4 对照）。

表 9-8　PS 集团合并收益及留存收益表

（按主体观）

20×5 年度（至 12 月 31 日止）

销货净额	$ 181 250
销货成本	126 720
销货毛利	$ 54 530
营业费用	31 447
营业收益	$ 23 083
其他收益	285
税前收益	$ 23 368
所得税	10 805
税后合并净收益	$ 12 536
子公司中少数股权应享收益	364
母公司应享收益	$ 12 199
母公司留存收益，1 月 1 日	19 000
合　计	$ 31 199
现金股利	12 500
母公司留存收益，12 月 31 日	$ 18 699

表 9-9　PS 集团合并资产负债表

（按主体观）

20×5 年 12 月 31 日

流动资产		流动负债		
现金	$ 14 544	应付款		$ 17 630
应收款	13 745	应付股利		250	$ 17 880
应收股利	285	应付公司债		10 000
存货	23 645	负债合计		$ 27 880
流动资产合计	$ 52 219	股东权益		
长期股权投资 *	2 500	母公司权益		
固定资产	42 858	普通股	$ 50 000	
无形资产		留存收益	18 699	68 699
商誉	486	子公司中少数股东权益		1 484
资产总计	$ 98 063	股东权益合计		70 183
		负债和股东权益总计		$ 98 063

* 低于被投资公司 20% 的股权。

三、主体观将取代母公司观

已流行了半个世纪多的母公司观,将有被主体观取代的趋向。在我看来,在公众公司(股票公开发行的公司,包括上市公司和股票只在柜台交易的公司)股权越来越分散的趋势下,主要代表控股股东(母公司)利益的母公司观,势必被主要代表子公司中少数股权股东利益的主体观所取代。

(一)美国 FASB 意图转向主体观

值得指出的是美国 FASB 在 1995 年 10 月发布的关于《合并财务报表:政策与程序》建议准则的征求意见稿,在"程序"部分明确规定:少数股权应列为权益的组成部分,可称为子公司中的"非控制性股权",以区别于应归属于"控制性股权的权益"。这说明了 FASB 的意图正是从母公司观转向主体观,但由于征求意见的过程中对合并政策和程序两个方面都众说纷纭,FASB 才决定先就《合并财务报表:目标和政策》(1999 年修订的征求意见稿)继续征求意见及制定发布准则,而把程序部分的准则制定工作暂时搁置。如从 1995 年算起,至今已有 13 个年头,足见其难产。但在合并财务报表的目标和政策问题确定后,合并财务报表的编制程序和方法,转向主体观也就顺理成章了。

为了解决现在实施的关于合并财务报表的准则仍然是 1959 年发布的ARB 51(它只是在 1987 年发布的 FAS 94 中作过部分修订)这一明显地滞后于客观环境发展的现实问题,解决 ARB 51 与嗣后制定发布的诸多相关准则间的不协调,以及与新的《企业合并》准则 FAS 141 不相匹配,FASB 于 2004年 8 月发布了《合并财务报表,包括子公司中非控制性股权的会计和报告》建议准则征求意见稿,先撇开关于合并财务报表的目标和政策的变革这一难题,以有助于缓解需要协调解决的紧迫问题;2007 年 12 月,这一建设准则正式发布为 FAS 160《合并财务报表中的非控制股权——对 ARB 51 的修订》。

(二)改进后 IAS 27 创采用主体观之先河

IASB 在讨论对 IAS 27 的改进时认为:少数股权不符合《编报财务报表的框架》中负债的定义,它代表的是少数股权股东对子公司权益的要求权,符合业主权益的定义,所以不应在负债和股东权益之外单独列示,而应该作为业主权益项目列示在合并股东权益之中。IASB 批准了对少数股东列示的上述改变,这开创了采用主体观之先河。

但是,这种仅从改变列报形式上作出的变革,虽然从财务报表要素的定义上找到一定的概念依据,但它没有从编制合并财务报表的目的和合并政策上论证其概念依据,因而是不充分的。我们赞同理事会成员山本提出的不同看法,他认为,在改变少数股权项目的列报规定之前,应该首先对合并财务报表的目标等基础性问题进行讨论。

(三)关于"下推会计"

在以上的阐述中,在每一年度编制合并财务报表时,都是借助于工作底表来完成的。在购买法下,对购买价格超过被购买的净资产账面价值的调整和购买商誉的确认,都要在历年的工作底表中进行,长期以来,子公司的可辨认资产(和负债)的账面价值必须按历史成本反映(按照母公司观)。为了避免在账外保存购买日和历年的工作底表,以确定购买日和各个资产负债表日各项资产(和负债)及商誉增(减)值的未摊销额,并且避免重复进行相应的转销程序,西方主要国家的会计界曾有人寻求把购买日净资产的公允价值,下推到子公司的个别财务报表,并纳入会计系统。但由于这种"下推会计"①有悖于历史成本计量模式,从未体现在任何会计准则中。既然,根据修订的IAS 22(1998),子公司和母公司的净资产都转向以公允价值计量,能否运用"新起点"概念,把"下推会计"纳入会计系统呢?这应该是一个值得关注的趋向。

四、合并成本

在上述的例解中,我们并没有严格区分购买价格和合并成本这两个概念。购买价格只是合并成本的主要构成部分,合并成本中还包括一些支出。同时,合并业务也有一些复杂的情况(如分阶段合并和部分合并以及未来或有事项等)。以下将作比较详细的说明。

(一)初始合并成本的构成

IFRS 3《企业合并》(2004)中指出,企业合并的成本,包括以下两方面:

1.购买方为换取对被购方的控制权而放弃的资产、发生或承担的负债,以及发行的权益性工具在交易日的公允价值(购买价格)。

需要说明的是:

(1)企业合并可能通过单个交换交易完成,也可能涉及多个交换交易。前面各章所说的"购买日"是指购买方获得对被购方控制权的日期,由于所举例题中企业合并都是通过单个交换交易完成的,所以购买日就是交易日;如果合

---

① 我们在以上表述母公司观和主体观的特征时使用了"下推"这个概念,但它并不是这里所说的"下推会计"。

并是通过逐次购买股份而分阶段完成的,则合并成本为各交易日的单项交易成本的总和,各项对价的公允价值应为各交易日的公允价值。

（2）当企业合并成本的全部或一部分的结算被递延时,应考虑结算中可能发生的溢价或折价,将应付金额折现为交易的现值,以此来确定递延部分的公允价值。

（3）一般来说,有市场报价的权益性工具在交易日的标价是公允价值的可靠计量指标,只有交易日的标价被证实为不可靠时（如证券市场萧条）,才和没有公开标价的权益性工具一样,可以考虑其他估价方法,例如参照从被购方获得的权益份额的公允价值,或是参照在购买方净资产公允价值中所占的权益份额,或是参照购买方支付的货币性资产在交易日的公允价值来推算。而且,事实上,交易日公允价值的确定,还避免不了谈判中的影响。

（4）预期由于合并将发生的未来损失不应包括在合并成本中。

2.任何可直接归属于企业合并的成本。比如支付给为完成合并而聘请的CPA、法律顾问、资产评估师及其他咨询人员的业务费。但不应包括:

（1）一般行政成本（包括收购部门的营运成本）以及其他不能直接归属于特定合并交易的成本。它们应在发生时确认为费用。

（2）筹备与发行金融负债的成本,即使是为了企业合并而发行的。它们应包括在负债的初始计量中。

（3）发行权益性工具的成本,即使是为了企业合并而发行的。它们应减少发行权益性工具取得的收入。

（二）由于未来或有事项需对初始合并成本进行的调整

当企业合并协议规定了由于未来或有事项需对初始的购买成本进行调整时,如果调整很可能发生并能可靠地计量,则购买方应在购买日将调整额计入合并成本中;如果未来事项没有发生,或者需要对估计的调整额进行修订,则应对企业合并成本再进行适当的调整。这些调整可能与未来时间能保持或实现特定盈利水平相关联,或是与维持所发行的权益性工具的市价相联系。

在有些情况下,购买方可能要向被购方进行后续支付,以补偿购买方为取得控制权而支付的资产、发行的权益工具或承担的债务工具的价值减少。例如,购买方对作为企业合并成本的组成而发行的权益性工具或债务工具的市价作出了担保,并为了恢复初始确定的成本而必须增发权益工具或债务工具。在这种情况下,对权益性工具的追加支付（按公允价值）应归属于发行工具的初始价值的减少而被抵销;对债务工具的追加支付（按公允价值),应视为初始发行时的溢价的减少或折价的增加。它们都不能确认为合并成本的增加。

(三)IASB 与 FASB 就企业合并的会计处理发布的联合建议

2005 年 6 月 30 日,IASB 和美国 FASB 同时发布了联合建议,建议书中提出了双方在首次重大合作项目中制定的一份准则草案,其目的是对企业合并会计处理方法进行改进和整合,使之成为可以同时适用于国内和跨国财务报告的单一高质量准则。建议中的准则将用来取代现有的 IFRS 3《企业合并》和 FAS 141《企业合并》。

建议的准则征求意见稿中保持了 IFRS 3 和 FAS 141 中关于所有企业合并业务通常都采用购买法的基本要求,认定其中的一方为购买方,另一方为被购方。主要的修改在于,将被购并企业按公允价值计量与其净资产增值后还存在差额,全部确认为商誉,而不是仅仅确认可划归购买方的那部分商誉,亦即应同时确认"未控制股权"(noncontrolling interest,现有准则中称为"少数股权")上的商誉。此外,对企业合并中取得的资产和承担的负债按公允价值进行计量的原则规定了少数的例外情况。同时规定在购并中支付给第三方的咨询、法律、审计等服务费用一般应在发生时确认为费用,而不是进行资本化记入企业合并价值。

这一建议中,关于合并费用不再资本化的部分,已体现在以下即将阐述的对 IFRS 3 的修订中;关于改变对商誉的会计处理,尚未见实施。

(四)修订的 IFRS 3 和 IAS 27(改进后)对(一)、(二)两项涉及的相关问题的修订

2008 年 1 月,IASB 正式发布了修订后的 IFRS 3 和 IAS 27(改进后),生效日期定为 2009 年 7 月 1 日。修订主要包括:

1.分阶段合并和部分合并

不再要求在每一阶段都确定有关的商誉,而是在购并日,将之前持有的被购企业投资的价值,与支付的对价和获取的被购企业净资产之和之间的差额确认为商誉。在部分合并中,除了原规定可以采用非控制权益分享的被购企业可辨认资产的份额计量外,也可以非控制权益的公允价值计量。

2.合并费用和或有合并成本

合并费用不再作为合并成本的一部分,而是在购并日作为交易费用计入当期损益。或有合并成本应在购并日确认为一项负债,在购并日以后才根据相关准则对其进行调整。这两项修订的目的在于提高费用信息的透明度。

3.部分出售合并企业股权或剥离业务

明确规定为,如果部分出售合并股权或剥离业务没有导致对企业控制权的转移,将其认定为权益交易;若控制权发生了转移,才确认股权转让的利得和损失,这项修订弥补了 IAS 27 的缺陷。

五、涉及同一控制下主体的企业合并

在上述的例解中,涉及的是两个(或多个)独立主体之间的企业合并,但企业合并也可能发生在已组建的集团内部,即"涉及同一控制下主体的企业合并"。

IFRS 3 将"涉及同一控制下主体的企业合并"定义为:"所有参与合并的主体或业务在企业合并前和企业合并后都受同一方或相同的若干方最终控制,并且该控制不是暂时性的合并"。这通常涉及集团内部的公司间的股权转换。例如,将一家子公司的股份从集团内的一个子集团调至另一子集团;将一家新控股公司作为一个子集团的母公司纳入集团;将集团内两个或两个以上具有相同股东的子公司结合成一个新的子集团;等等。这种集团内部的股权转换记录,也属于集团内的公司间交易。但 IFRS 3 认为,使用"涉及同一控制主体或业务的企业合并"的表述,比"同一控制下企业之间的交易",对范围的限定性质更为明确,因为,这里要处理的是集团内部的控制性股权与被控制权益的抵销问题。

显然,在同一控制下主体的合并中,就只能使用"合并成本"概念,而不能使用"购买价格"概念了。

六、联营和合营公司在合并财务报表中从成本计价调整为按权益计价的程序

权益法是对子公司及联营公司和合营公司的长期股权投资的会计处理方法。前面已指出,在集团内,除子公司以外,往往还包括联营公司和合营公司,在存在着多层和交叉持股的情况下,存在联营公司的情况尤为普遍。子公司的报表已与母公司的报表合并,对联营公司的股权投资,仍将以单独的项目列入合并资产负债表,因为联营公司的报表是不予合并的。如果对合营公司采用权益法而不采用比例合并法,情况也是如此。

改进后 IAS 27(2003 年 12 月)规定,在母公司的单独财务报表中,"对联营公司股权投资"将按成本法或公允价值法核算;在合并财务报表中,再调整为按权益法计价。在这种情况下,将在合并财务报表作相应的调整分录,由于我们在以前所举的例题中未涉及对联营公司的股权投资,现举例说明。

Accounting

假设对联营公司当年的股利收益为＄1 000,根据其拥有权益的比例在当年该公司净收益中的应分享份额则为＄1 250,在母公司的单独财务报表中所作的会计分录为:

借:应收股利　　　　　　　　　　　　　　　　　＄1 000
　贷:对联营公司投资收益(股利收益)　　　　　　　　　　　＄1 000

这时,"对联营公司股权投资"也就按其原始成本列报在单独财务报表中(假设初始成本为＄80 000)。

在编制合并财务报表时,应在工作底稿中作如下调整分录:

借:对联营公司股权投资　　　　　　　　　　　　　＄250
　贷:对联营公司投资收益(＄1 250－＄1 000)　　　　　　　＄250

这样,在合并资产负债表中,"对联营公司股权投资"项目的计价将调整至权益基础(＄80 250),计入合并净收益的"对联营公司的投资收益"将是＄1 250。

对合营公司因采用权益法而在合并报表中以单独项目列示,也将按上述程序处理。

七、权益法的缺陷

按权益法处理公司间的交叉持股关系,是有明显的缺陷的。以下引述的一个突出的事例,就充分暴露出权益法的这种缺陷。

L. 福尔兹(Foulds)在《权益法会计注释》(Equity Accounting Footnote)一文中,介绍了贾丁. 马西森公司和香港地产公司的情况。这两家公司每一家都持有对方40％的股权,双方都采用权益法会计。也就是说,贾丁·马西森公司把香港地产公司净收益的40％归入财务报表,而后又把它的已归入对方净收益的40％的收益总额的40％退还出去。香港地产公司也是如此处理。香港金融报刊把这种情况比喻为"企图在布满镜子的房间里找到最终的反射",那是不可能的。在单层合并中,还能采用一次交互分配法来计算这种交叉持股中的实际权益;在多层、交叉控股的情况下,几乎是难以解决。

对子公司和联营公司(以及合营公司)的股权投资在会计处理上采用权益法的另一个缺陷是,它使母公司的留存收益中包含了还保留在各个子公司和联营公司(及合营公司)之中的应享收益的份额。如果母公司从中分派股利,显然是不妥当的。因此,不少人提出应对从权益法基础的留存收益中进行股利分派,应该考虑这一限制因素。

八、国外子公司财务报表的合并

本章论述的合并财务报表的编制程序,同样适用于国内和国外子公司报表的合并。但是,国外子公司的报表往往是按其所在东道国的货币表述的,这些外币报表必须折算为母公司的报告货币(本国货币)后才能与母公司报表合并。为合并目的而对外币报表进行折算,是一个复杂的课题,这将在第十三章加以详细讨论。

九、合并现金流量表的编制①

按照现行现金流量表的规范格式,"来自经营活动的现金流量"部分,也和"来自投资活动的现金流量"和"来自筹资活动的现金流量"部分那样,是直接按导致现金和现金等价物的流动的因素揭示的(直接法)。在这种情况下,以母公司和子公司的单独和个别现金流量表为基础,在抵销母、子公司及各子公司之间发生发生的内部交易对现金和现金等值物流量的增、减后,就可以编制集团的合并现金流量表,其程序比根据集团的合并资产负债表和合并收益表来编制合并现金流量表更为简捷。

概括言之,应当抵销的这些现金流量包括:

(1)母、子公司及各子公司之间当期以现金(及现金等价物,以下同)投资或购买股权所产生的现金流量;

(2)母、子公司及各子公司之间当期取得投资收益收到的现金与另一方分配股利、利润或支付利息而支出的现金;

(3)母、子公司及各子公司之间以现金结算债权与债务所产生的现金流量;

(4)母、子公司及各子公司之间当期销售产品和商品所产生的现金流量;

(5)母、子公司及各子公司之间处置固定资产、无形资产和其他长期资产收回的现金净额及对方购建固定资产、无形资产和其他长期资产支出的现金;

(6)母、子公司及各子公司之间发生的其他内部交易所产生的现金流量。

然而,IAS 7《现金流量表》虽然鼓励主体采用直接法报告来自"经营活动的现金流量",也允许采用间接法来揭示经营活动形成的现金流量。即:通过

---

① 如果母公司和各子公司编制单独和个别权益变动表,也应编制集团的合并权益变动表。

将主体的非现金交易、过去或者未来经营活动的现金收支的递延或应计项目，以及与投资或筹资的现金流量相关的收益或费用项目的影响，对当期损益进行调整①，来揭示经营活动所形成的现金流量。在各国关于现金流量表的准则中，也有的要求在按直接法编制的现金流量表中作为补充资料披露按间接法揭示的来自经营活动的现金流量。②

对于按间接法揭示的经营活动现金流量，无论是作为允许采用的另一种规范格式，或者只是作为按直接法编报的现金流量表中的补充披露资料，都要根据集团的合并资产负债表和合并收益表中的相应数据来编制。

十、合并财务报表信息的适当分解

合并财务报表把母公司和各子公司及各合营公司（共同控制实体）的报表合并为一份以集团为单一主体的报表，其信息的加总程度是很高的，为了使报表使用者从合并报表中获悉对他们的决策有用且不会引起误解的信息，在表下注释中对某些重要的信息进行适当的分解，是符合充分披露原则的。我们在例中披露了一些这样的信息。现在，则比较全面地对应予披露的信息进行综述。

（一）分部信息的披露

西方主要国家的会计准则和 IAS 14《分部报告》（1997 年修订）都要求在合并报表中披露分部信息（segmental information）。大型跨国公司的子公司遍布全球，就销售额、净收益额、资产额等重要的财务指标提供分部信息，对报表使用者来说是十分有用的。所谓"分部"，通常是按地理区域划分的，对跨行业多样化经营的公司，另行提供按行业分部的重要财务信息更是符合需要的。

表 9-10 简示了分部信息的披露表式。

---

① 常见的调整项目如折旧费用、汇兑损益、投资损益、利息费用、应收款的增减、存货的增减、应付款的增减、利息的支付、所得税支付等。

② 如我国在 2006 年 2 月 15 日发布的企业会计准则第 31 号《现金流量表》中，即规定作为补充资料披露。

国
际
会
计

表 9-10 环宇工业公司合并财务报表,地区分部信息

20×1 年度(至 12 月 31 日止)　　　　　单位:百万美元

地　　区	年度销售净额		年度净收益额		年末资产余额	
	20×1	20×0	20×1	20×0	20×1	20×0
美国本国	11 518	12 314	1 051	987	9 561	9 225
西欧	9 367	10 108	893	1 032	8 743	8 416
远东和澳大利亚	2 104	1 962	276	249	2 096	1 894
世界其他地区	4 261	4 543	189	206	3 348	3 018
公司间交易的扣除	(1 263)	(1 164)	(5)	(11)	(117)	(128)
合　　计	25 987	27 763	2 404	2 463	23 631	22 425

(二)其他信息的分解

例如,当把经营业务与集团内其他公司极不相同的子公司的报表合并时,在存货中应分解出其存货金额(比如工业集团中的房地产子公司持有的房地产价值);对联营公司股权投资中的主要投资对象和投资额;应付公司债中发行债券的主要子公司及债券种类和金额以及母公司本身发行的债券种类和金额;集团内各公司相互持有其他公司债券的情况;等等。

研 讨 题

9-1　在按购买法编制合并财务报表时,IASB 在对 IAS 27 的改进中(2003 年 12 月),对于在母公司单独财务报表列报的子公司股权投资的计价基础作了什么重大变革? 其理由? 改进前 IAS 27 的原规定的着眼点又是什么?

9-2　为什么这一变革得到实务界的普遍认同?

9-3　美国 FASB 正在开展突破"合并不合并"的传统原则而对控制政策进行重大变革,但遇到很大的阻力,主要是什么原因? 对此,你有什么看法?

9-4　你对主体观将取代母公司观的趋势有什么看法?

作 业 题

9-1　P 公司及其控股 80%的子公司 C 公司在处理双方的投资收益和分派股利业务前的 20×6 年 12 月 31 日试算表如下:

项　　目	P公司		C公司	
现金	$9 860		$3 216	
应收款	8 160		4 578	
存货	11 816		8 126	
对子公司股权投资	21 464		—	
固定资产(净值)	28 650		18 880	
应付款		8 635		5 940
应付股利		5 000		—
普通股		60 000		20 000
留存收益1.1		6 040		4 660
销货(净额)		57 680		27 650
销货成本	36 120		14 774	
折旧费	2 880		1 520	
其他营业费用	9 590		5 076	
所得税	3 815		2 080	
现金股利	5 000		—	
合计	$137 355	$137 355	$58 250	$58 250

设 P 公司在购买 C 公司股权时对 C 公司可辨认资产的计价按修订的 IAS 22(1998)处理。

要求：

(1)设 C 公司宣告 20×6 年度分派的现金股利为 $3 000(尚未支付),作分派股利的会计分录,并据以调整结账前的试算表。

(2)为 P 公司记录其对 C 公司的投资收益和派得股利。

(3)设 P 公司于 20×5 年购买 C 公司权益时,存货增值的部分计 $480,在 20×6 年这部分存货已全部售出;固定资产(净值)的增值部分 $1 040 中,20×6 年的摊销额为 $320;合并商誉 $520 分 10 年摊销;为 P 公司作出调整投资收益的记录。

(4)将以上记录入账后的 P 公司结账前试算表记入合并报表工作底稿,并作出调整分录和消除投资和被投资权益的分录。

(5)20×6 年 P 公司对 C 公司的销货为 $12 140(按内部销售价格),年内售出 $10 975,年终存货 $1 165 按 P 公司销售成本计算为 $928,作消除公司间销售和利润的分录。

(6)公司间销售中尚有账款 $865 未结算,含在 P 公司的应收账款和 C 公司的应付账款中,作消除分录。

（7）完成合并报表工作底稿。

（8）分别按母公司观和主体观编制 PC 集团 20×6 年度的合并收益及留存收益表和 20×6 年 12 月 31 日的合并资产负债表。

9-2 题 9-1 中，假设 P 公司在单独财务报表中按成本法核算对 C 公司的股权投资，根据题 9-1 所给数据和要求，完成编制合并报表的工作。

国
际
会
计

Accounting

第 十 章

金融工具会计

▲ **第一节** 衍生金融工具的确认和计量

　　金融工具会计是世纪之交的热门前沿课题。由于"物价变动会计"的淡出，论者有将"企业合并和合并财务报表"、"外币折算"和"金融工具会计"称为国际会计新三大难题；也有在原来的三大难题之上，加上"金融工具会计"，称为国际会计四大难题的。[①] 其实，金融工具中的基本金融工具，包括现金、有价证券短期投资、各项应收和应付款、战略性的长期债券和权益性证券投资，以及企业发行的债券和权益性证券，是会计上早已确认并在财务报表中列报的项目，并且已经形成了一套通用的会计处理方法。急需解决的则是衍生金融工具交易长期作为"表外业务"处理对财务报表的有用性带来的巨大冲击。

　　一般来说，衍生金融工具就是将在远期履约的金融合同，是待履行或履行中的合约。按照传统的会计惯例，它们像商品订购合同一样，基于合同应在交换行为发生时(而不是在签约时)才能确认的原则，合同代表的权利(资产)和义务(负债)都不能反映在资产负债表中，其要害是它们不符合资产和负债的定义。

　　20世纪80年代以来，随着全球的金融自由化浪潮和以市场为主导的金融工具创新不断涌现，无论是在各国国内或是在国际的货币市场和证券市场上，利用利率、汇率、证券价格等因素的不确定性，运用多种多样的金融创新工具，能防范(套期避险)或导致(投机冒险)巨大的财务风险，已成为各方关注的突出问题。

　　鉴于衍生金融工具在企业融资和投资活动中的巨大作用，在运用得当时，可以给企业带来可观的财务利益；在运用失误时，又可能给企业带来灾难性的

---

　　① 可参阅常勋：《财务会计四大难题》第二版中的"《财务会计三大难题》序言"和"《财务会计四大难题》第一版序言"，立信会计出版社2005年版。

财务损失。因此,如果仍然像传统会计那样,把衍生金融工具交易中形成的金融资产和金融负债排除在资产负债表外,从而也把它们可能带来的报酬(利得)和风险(损失)排除在收益表外,把衍生金融工具交易作为"表外业务"处理,这显然不能满足财务报表使用者的信息需求,而且可能使财务报表的"表内"信息予人以严重的误导。

从上世纪80至90年代以来,美国FASB和IASC都致力于开发和制定有关金融工具的会计准则,其他的主要西方国家除英、加、日等少数国家也取得一些成果外,从全球范围看,多数国家很迟或很少涉猎。① 如上所述,开发和制定准则的目的,是要解决衍生金融工具的确认和计量问题,但IASC和FASB发布的都是金融工具会计准则,而不是只针对衍生金融工具的会计准则,以避免对基本工具和衍生工具采用两套标准。因此,在准则的开发制定过程中,也不得不考虑对基本工具的现行会计惯例的影响。

本章不拟去详细讨论金融工具的列报、披露和确认、计量问题②,而是主要根据第39号国际会计准则《金融工具:确认和计量》以及第32号国际会计准则《金融工具:列报和披露》的演变和改进,结合FAS$_s$,作一简括的论述。还应该指出,在IASB的国际准则制定协作机制建立前,在金融工具准则制定中,已展开了IASC与西方主要国家的准则制订机构联合攻关的工作,例如1997年成立的由IASC代表任主席、有13国准则制订机构代表参加的"金融工具项目国际联合工作组"③于2000年12月制定发布了《准则草案和结论依据——金融工具及类似项目的会计处理》的征求意见稿(在本书的简括论述中不拟涉及)。IAS 32和IAS 39分别发布于1995年3月和1998年12月,于2000年作了修订,并经过数度修改,IAS 39还附有对228个问题进行解答的"应用指南"(自2000年8月至2001年12月陆续发布),足见当时金融工具准则在运用中因缺乏实践经验遭遇的困难。IASC全面重组后,新建立的IASB于2003年12月制定发布了对IAS 32和IAS 39进行了全面修订的《修订后金融工具准则》(修订后IAS 32和修订后IAS 39),又于2005年8月发布了取

① 我国在2001年末发布的《金融会计制度》中,对衍生金融工具交易仍作为表外业务进行核算;至2006年2月,财政部在发布的1个基本会计准则和38个具体准则中,才参照国际准则,启动了在表内确认和计量衍生金融工具,发布了9个相关准则。

② 有兴趣的读者可参阅常勋:《财务会计四大难题》第一篇"金融工具会计",立信会计出版社2000年第一版,2005年第二版,2006年的第三版和2008年的第四版有重大的修订。

③ 13国代表为美国(FASB)、英国、澳大利亚、新西兰、加拿大、法国、日本各2人,德国3人,北欧5国1人;IASC代表Alex Milburn任主席。

代 IAS 32 的披露部分和 IAS 30《银行和类似金融机构财务报表中的披露》的 IFRS 7《金融工具:披露》。对 IAS 39 的继续修订或重新制定工作也一直在与 FASB 合作进行中。

一、衍生金融工具的类别

当前,金融工具、特别是衍生工具的创新层出不穷,品种已达成千上万种。可以把衍生金融工具分为以下几类:

(一)远期合同(forward contract)

远期合同是衍生金融工具最基本的类别,其特征可概括为:

1.它是由交易双方协商签订的,具体规定了交易的币种、金额、标的、交割期限等,因此具有特定性,难以转让和流通;

2.绝大部分(90%以上)都在到期日实际交割,一般都是通过柜台交易;

3.交易的标的物正是实际交割的金融工具、商品或其他交易对象;

4.合同到期时,无论对主动签约方有利还是不利,主动签约方均须履约。

远期合同一般用于套期避险。

(二)期货合同(futures contract)

期货合同不过是标准化的远期合同,其特征为:

1.它不是由交易双方就特定交易协商签订的,而是通过对远期合同的改造,使其具有不同的面额和分为不同的期限,各项细则均按固定的标准制定,极易转手,具有高度的流通性。

2.这样,经营期货合同就需要一套完整的交易、结算体系,通过期货交易所和结算所,购、售者可以不受限制,竞价买卖期货合同,只有少数合同才会到期实际交割,绝大部分在到期前就转手平仓,通过预先交纳的保证金结算,也就是进行净额结算。

3.显然,这对进行投机牟利非常便利,这才是签订期货合同的主要目的[①],从而,交易的标的物,也就是期货合同本身。

4.与远期合同一样,当合同到期时,无论对主动签约方有利还是不利,主动签约方均须履约。

(三)期权合同(option contract)

期权合同与远期合同和期货合同的不同之处在于:在合同满期时或满期

---

① 在实务中,也有购买期货合同进行小额的套期避险的,其目的只是为了避免逐个签订特定的远期合同的麻烦。也就是说,在这种情况下,期货合同只是当作远期合同来使用。

Accounting

前,主动签约方有选择权,有利时执行,不利时不执行。

因此,期权合同是一种选择权合约,持权人(主动签约方,即这一衍生工具交易的买方)享有在期满(欧式期权)或期满之前(美式期权)按约定价格购买或销售某种金融资产或非金融资产(合同标的物)的权利。如果行情有利,他有权选择买进或卖出该种资产;如果行情不利,他可以放弃行使买进或卖出的权利;而期权合同的立权人(期权合同的卖方,即发行方)则有义务在买方选择执行时出售或购入该种资产。

在签订期权合同时,持权人应向立权人交纳一笔期权费,这是持权人为取得选择权必须承担的投资成本,他承担的风险即以损失这笔期权费为限;而立权人则需承担在对他不利的情况下持权人要求执行时的全部损失,所以交易双方的风险与报酬是不对称和不对等的。

(四)互换(掉期)合同(swap contract)

互换(掉期)合同即交易双方关于以特定方式交换未来一系列现金流量的协议,它实际上是远期合同的一种组合。例如,以固定利率债券调换浮动利率债券的合同,交易双方实际上是在同样期限的债券之间,交换未来的一系列按固定利率计算的利息和按浮动利率计算的利息以及到期时的本金的现金流量;又如两种不同货币的债券的互换(掉期)合同,交易双方实际上是在同样期限的债券之间交换未来的一系列以不同货币计量的利息和到期时的本金的现金流量。

对不同类别的衍生金融工具用于不同目的(如套期保值或投机牟利)的会计处理,我们将在第二节和第三节分别举例阐述。

二、金融工具和衍生金融工具的定义

(一)金融工具的定义

2003 年 12 月的修订后第 32 号国际会计准则对金融工具所下的定义全文如下述:

金融工具,指形成一个主体[①]的金融资产并形成另一个主体的金融负债或权益工具的合同。[②]

---

① 修订后 IAS 32 指出,"主体"(entity)包括"个人,合伙、公司、信托和政府机构",因而并不限于"企业"。

② 以商品为基础的合同,如果签约方有权以现金或某种其他金融工具进行结算(即不是在签约时已确定合同的目的在于购买、销售或使用特定商品,并预期将以交货履约),则该商品合同应视为金融工具进行会计处理。

金融资产,指下列资产:

1.现金。

2.另一个企业的权益工具。

3.合同权利,包括:

(1)从另一个主体收取现金或其他金融资产的合同权利;或者

(2)在对主体潜在有利的条件下,与另一主体交换金融资产或金融负债的合同权利。

4.将以或可以主体本身权益工具结算的合同,且该合同是:

(1)一项非衍生工具,使主体必须或可能必须获取可变数量的主体本身权益工具;或者

(2)一项衍生工具,该衍生工具将通过或可能通过以固定金额的现金或其他金融资产换取固定数量的主体本身权益工具以外的其他方式结算。其中,主体本身的权益工具不包括在未来获取或交付本身权益工具的合同。

金融负债,指下述负债:

1.合同义务,包括:

(1)向另一主体支付现金或其他金融资产的合同义务;或者

(2)在对主体潜在不利的条件下,与另一主体交换金融资产或金融负债的义务。

2.将以或可以主体本身权益工具结算的合同,且该合同是:

(1)一项非衍生工具,使主体必须或可能必须交付可变数量的主体本身权益工具;或者

(2)一项衍生工具,该衍生工具将通过或可能通过以固定金额的现金或其他金融资产换取固定数量的主体本身权益工具以外的方式结算。其中,主体本身的权益工具不包括在未来获取或交付主体本身权益工具的合同。

权益工具,指证明在扣除所有负债后的主体资产中拥有剩余权益的合同。

修订后定义对修订前定义的重要补充,是增加了金融资产定义中的第4款和金融负债定义中的第2款,读来有些费解,现举实例稍加诠释。

例如,获取或交付与100盎司黄金等值的主体本身权益工具(股票或认股期权等其他权益工具)的合同,即属于定义中"以本身权益工具结算的合同"中的"必须获取或交付可变数量的主体本身权益工具"的"非衍生工具";如果是衍生工具,如认股期权(按固定价格认股的远期选择权),但持权人不以"到期执行期权、认购股票"的方式进行结算,而是选择了(或可能选择)在期权市场上出售此项期权获取现金的结算方式,即属于"以固定金额的现金(或其他金

融资产)换取'固定数量的主体本身权益工具以外'的其他方式结算"的"衍生工具"。至于前文中所说的"固定数量的主体本身权益工具"并不包括"在未来获取或交付主体本身权益工具的合同",那是因为,这种合同在性质上不是权益工具而是金融负债。

IAS 32还指出了发行者发行的既含负债又含权益成分的复合金融工具。例如,同时赋予债券购买者在特定时期转换为普通股的期权的合同,是由金融负债和权益工具两部分组成的。合同的主体是对购买者发行债券,赋予债券购买者的远期认股权就被视为"嵌入"(embedded)主合同的嵌入衍生工具。在发行者的资产负债表内,应分别列报这一复合金融工具的负债和权益成分,使发行者的财务状况得到更真实的反映。

(二)衍生金融工具的定义

第39号国际会计准则对衍生金融工具所下的定义在2003年修订前后基本相同,现列示修订后的定义如下:

衍生工具,指具有以下特征的金融工具:

1.其价值随特定利率、金融工具价格、商品价格、汇率、价格指数或利率指数、信用等级或信用指数或其他变量(如果该变量是非金融变量,则该变量不应是某一方特有的)(有时称作"基础变量")的变动而变动。

2.不要求初始净投资,或是,与对市场条件变化具有类似反应的其他类型合同相比,只要求很少的净投资。

3.在未来某一日期结算。

美国财务会计准则委员会在第133号财务会计准则《衍生工具和套期活动的会计处理》(1998年6月)中,把衍生金融工具定义为同时具有如下特征的金融工具或其他合同:

1.衍生工具存在着:(1)一个或多个标的物;(2)一个或多个名义金额或数量(notional amount)①或支付条款,或者兼而有之,支付条款决定了结算金额(无论是否要求结算)。

2.不要求任何初始净投资,或者,所要求的初始净投资额,远少于对市场因素变化可望作出类似反应的其他类型合同所要求的初始净投资额。

3.合同条款要求或允许净额交割,或易于通过合同以外的方式进行净额交割,或者,进行的资产交付将导致并不严重偏离净额交割的情况。

---

① 名义金额是指以货币单位表示的"数量",名义数量也可以以其他数量单位表示,如股票的份数、商品的重量、利率单位等等。

综合以上的定义,可以归纳出衍生金融工具具备的下列特征:

1.衍生金融工具在形式上都是远期经济合同。

2.衍生金融工具的价值随其标的的变动而变动,标的是衍生工具价值的基础,即基础变量。常用作标的的有特定的利率、金融工具(如证券)价格、商品价格、汇率以及价格指数或利率指数、信用等级或信用指数等等。

3.衍生金融工具(特定的远期合同)的名义金额通常就是合同的结算价格,例如期汇合同的结算价格,即外币金额×签约时锁定的远期汇率。

4.签约的目的,原本是为交易者转移风险,即套期保值;但利用合同期间标的价格变动的不确定性,同样也可以伺机投机牟利。

5.签约时不要求净投资,如外汇远期合同;或只要求很少的净投资,如期权合同在签约时需交纳的期权费。

6.衍生金融工具的持有者往往可以自由选择在未来某一日期结算交割,而且可以采用净额结算的方式,也就是按衍生工具的价值变动额进行结算。应该指出,净额结算大大地方便了投机活动。

国际会计准则委员会和美国财务会计准则委员会都认为,根据上述衍生金融工具的定义,所形成的金融资产和金融负债都符合资产和负债定义的基本特征,即它们代表企业享有的或承担的将导致未来现金流入或流出的权利或义务。IASC更认为,签订的合同是形成资产和负债的法定权利和义务的(过去)事项[①],从而突破了长期以来认为不能在资产负债表内确认衍生金融工具的障碍,是因为它们不符合资产和负债定义中"必须由过去事项所形成"的特征的观点,而且提出,它们之所以不能在资产负债表内确认为资产和负债,是因为不符合某些确认标准,因此,必须对确认标准问题有一个新的认识。

(三)衍生金融工具的新定义

美国会计准则第157号定义了公允价值,建立了在公认会计准则下计量公允价值的框架,并且扩大了公允价值计量的相关披露要求。

在FAS 157之前,关于公允价值的定义各有不同,且如何应用这些定义的相关指引很有限,导致了在应用公认会计原则时不一致性的情况发生。

FAS 157中所定义的公允价值依然为交换价值(和之前的公允价值定义一致)。交换价值是在市场参与者间,出售资产或转移负债的交易中所形成的价格。这些交易是一种假设性的交易,是从拥有资产和承担负债的市场参与

---

① 可参阅IAS 37《准备,或有负债和或有资产》中对负债定义的诠释,或参阅常勋:《财务会计四大难题》第三版,立信会计出版社2006年版,第31页。

者的角度而言的。FAS 157 说明:相关的价格是指愿意出售资产所获得的价格,或转移负债所付出的价格,而不是愿意购入资产所付出的价值,或承担负债所对应的价格。

FAS 157 认为:公允价值是一个基于市场的计量,而不是针对公司特性的计量。因此,公允价值计量应该是基于市场参与者愿意对资产或负债进行标价这一假设。

关于市场参与者对公允价值计量的假设,FAS 157 建立了公允价值的层级,即:(1)市场参与者基于独立于报告主体的市场数据所进行的假设,和(2)报告主体对市场参与者基于最佳信息来源所进行的假设。存在第 2 种情况主要是考虑:若在计量日,所交易的资产或负债的相关市场活动很少,在这种情况下,报告主体可以不必穷其所有以获得市场参与者对交易标的的假设。

FAS 157 说明市场参与者的假设应该包含风险因素。倘若市场参与者包含了相关资产、负债标价的风险调整,则公允价值计量也应该包含相应的调整。

FAS 157 说明市场参与者的假设应该包含关于出售资产或使用资产所受到限制的影响。若市场参与者在标价资产时考虑了所受限制的影响,则公允价值计量也应考虑此限制。

FAS 157 还说明对负债的公允价值计量应该反映此项负债无法履约的风险。若某项负债以公允价值进行计量,则报告主体应该考虑了信用风险所导致的影响。

三、衍生金融工具的确认

(一)突出确认的"过程观",衍生金融工具的确认并非一次就已完成

其实,美国第 5 号财务会计概念公告《企业财务报表中的确认和计量》(1984 年 12 月)就明确指出:"确认是将一项目作为一项资产、负债、收入、费用等正式记录并列入财务报表的过程。"还指出:"就资产或负债而言,确认不仅含有记录该项目的取得或发生,还要记录它后来的变动,包括应从财务报表中消除其后果的变动。"

看来,在金融工具会计准则的制定过程中,正是抓住了这种"过程观",把金融工具、特别是衍生工具突出为并非一次就完成确认的不少资产、负债项目之一。这些项目在"记录并列入财务报表的过程"中,可能要通过:

1. 初始确认(initial recognition)

初始确认是对任何项目的首次确认,一般来说,是在特定交易或事项已经

发生,这一项目符合确认标准之时。很多项目的确认一次就完成了,但金融工具代表的是签约双方的权利和义务,特别是那些代表签订远期合同双方权利和义务的基本工具和衍生工具,从签约到履约有一个过程,所以确认不是一次就完成的,因而有后续确认和终止确认问题。

2. 后续确认(subsequent recognition)

后续确认与后续计量相关,如果一个项目在初始确认之后发生变动,这主要是它的价值发生变动,例如金融工具的公允价值的变动。[①] 可以说,后续确认决定于后续计量的需要。

3. 终止确认(de-recognition)

终止确认是针对合同权利和义务的终止而言的。就金融工具来说,第39号国际会计准则中指出的终止确认的条件是:

(1)金融资产的终止确认

"只有当对构成金融资产或金融资产的一部分的合同权利失去控制时,企业应终止确认该项金融资产或该部分金融资产。"

可见,是否失去控制是判断应否终止确认的条件。但控制权的存在与否,又是与风险和报酬是否转移密切相关的。IAS 39 实际上是运用了"控制"与"风险和报酬"这两个概念。在金融资产转让中,判断它们是否转移是十分复杂的问题,修订后 IAS 39 对此进一步作了详细的规定(在本书的简括论述中,就不再深入讨论了)。

(2)金融负债的终止确认

"只有当金融负债(或金融负债的一部分)废止时(亦即,当合同中规定的义务解除、取消或逾期时),企业才能将该项金融负债(或该项金融负债的一部分)从资产负债表中转销。"

引文中的"解除",包括债务人通过偿付解除了债务,或者通过法定程序或与债权人协商,在法律上解除了对该项债务(或其一部分)的主要责任。

(二)初始确认时点的选择

在选择初始确认的时点时,如果确认是一次完成的(如惯常交易中),那当然是在交易发生之时;如果确认不是一次完成的,那就不一定都在交易或事项

---

① 当然,其他的资产、负债项目,也会因价值变动问题而需要在财务报表中列报之前进行后续计量。比如,存货的初始确认是在购入和取得之时,其计量基础是交换价格,即记录的历史成本,但在资产负债表中确认期末存货价值时就要按成本与市价孰低原则进行后续计量,确认跌价准备。应收账款和不动产、厂场设备也是如此。

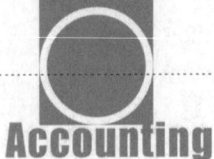

发生之时,对远期经济合同(无论是商品合同或金融工具合同),有一个可以选择初始确认时点的问题,即选择把时点定在签约日或是履约日。例如,对商品的订购合同,一般选择在一方的履约日确认购货交易,而无需在签约日确认订购合同而在履约日再终止确认订购合同;而对企业未进入市场交易的应收或应付账款、应收或应付票据、应付公司债券等基本金融工具,事实上早就运用了在签约日初始确认(应收、应付账款根据商业习惯认定;应收、应付票据和应付公司债券实际上就是合同,因此签发票据和发行债券就是签约)、在履约日终止确认的程序,并且早已成为通行的会计惯例;因此,对进入货币市场、外汇市场、资本市场交易的衍生金融工具采用初始确认和终止确认的程序,并不是确认概念上的创新。这里,签约日就是金融工具的交易日,履约日就是金融工具的结算日。如果签约的目的是为了标的物交易的话(例如为套期保值而签订的外汇远期合同),金融工具的结算日也就是标的物的交易日,但衍生金融工具的标的物也可能并没有进行实际交易(例如为投机牟利的外汇期货合同)。

(三)初始确认的标准

这是指把初始确认的时点定在金融工具的交易日(签约日)的情况下的初始确认标准。

众所周知,确认的一般标准是:在某一项目符合财务报表要素定义的前提下,对(1)未来经济利益流入或流出企业的可能性和(2)计量的可靠性所作的判断。

国际会计准则委员会《编报财务报表的框架》(1989年7月)中关于确认的一般标准是:如果符合以下两项标准,就应确认一项符合要素定义的项目:

1. 与该项目有关的未来经济利益将会流入或流出企业;

2. 对该项目的成本或价值能可靠地加以计量。

就第一项标准而言,具体到金融工具时,应该根据什么作出判断呢?第39号国际会计准则第27段中提出:"当企业、也只有当企业成为金融工具合同条款的一方时,它应该在其资产负债表内确认金融资产或金融负债。"[①]

接着,还在第28段明确指出:"根据第27段的规定,企业应将衍生工具中所含的合同权利或义务在其资产负债表中确认为资产或负债。"

[①] 在发布 IAS 39 之前,IASC 先发布了征求意见稿 ED 48。但 IAS 39 正式发布时,则摒弃了 ED 48 中关于判断"风险和报酬是否转移"这一确认标准,改为上述的标准。在本书的简括表述中,一般只提现行准则规定,不去探讨准则制定过程中的变更,以及准则发布后仍在探讨的问题。

接着在 29 段以举例的方式说明根据上述确认标准应予确认和不予确认的合同。应予确认的三个举例是：

1. "不附条件的应收款项和应付款项"，"应在企业成为合同的一方，从而拥有收取现金的法定权利或承担支付现金的法定义务时，确认为资产和负债"（这是传统的也是现行的惯例）。

2. "远期合同——在未来日期以确定价格购买或销售特定金融工具或商品的承诺，应于承诺日（签约日）确认为资产或负债，而不应等到交换实际发生日才予确认。"接着又明确指出：即使"该远期合同的公允价值净额为零"，也应在合同交易日确认，这是因为，"当企业成为远期合同的一方时，相关权利和义务的公允价值通常相等"（如外汇远期合同）。

3. "金融期权的持权者或立权者成为该期权合同一方时，该金融期权应确认为资产和负债。"

不予确认的两个举例是：

1. "由于购买或销售商品或劳务的确定承诺而将要购买的资产和将要承担的负债，只有到合同双方中至少一方履约以致该方有权收取资产或有义务交付资产时，才能按现行会计惯例予以确认。"［这里明确说明了：①权利或义务的确立须在双方中至少一方履约之时；②这种无需对订货合同（订单）在签约日初始确认而后在履约日终止确认的处理程序，是符合现行会计惯例的］

2. "已计划的未来交易，不管其发生的可能性有多大，均不是企业的资产和负债。因为，直到财务报告日，企业还没有成为由于未来交易而能够在未来收到资产或要求在未来交付资产的合同的一方。"

四、衍生金融工具的计量

虽然国际会计准则委员会和美国财务会计准则委员会都确立了以公允价值计量所有金融工具的目标，认为这对获取一致并相关的信息是必须的。但由于这涉及计量可靠性、公允价值计量必然导致的未实现损益、现行会计惯例及与之关联的现行法令规章必须变革等等一系列的因素，第 39 号国际会计准则作为过渡性的准则，只是"极大地增加了金融工具会计处理中公允价值的使用"，并且采用了对不同类别的金融资产实行不同的计量基础的原则。

（一）金融资产的分类

第 39 号国际会计准则对金融资产进行了分类，主要是从持有金融资产的意图，把金融资产区分为四类。参照修订后 IAS 39（2003 年 12 月）的规定，表述如下：

1.以公允价值计量且其变动计入损益的金融资产或金融负债

这主要是指为了近期出售或回购的目的而获得的金融资产或发生的金融负债。2003年修订前的 IAS 39 中,本类别就标示为"为交易而持有的金融资产或金融负债"。2003年修订时之所以将其扩大为"以公允价值计量且其变动计入损益的金融资产或金融负债",则是为了(如修订后 IAS 39 中指出的)"除没有活跃市场标价且其公允价值无法可靠计量的对权益工具投资外",在初始确认时,主体可以指定"准则范围内的任何金融资产或金融负债"为"以公允价值计量且其变动计入损益的金融资产或金融负债",以尽可能扩大公允价值的使用。

对于"为交易而持有的金融资产或金融负债",应按最初获得或发生时的意图确定,不能在持有期间将其从本类中划出。

对于衍生金融资产和衍生金融负债,除非它们被指定且是有效的套期工具,否则应认为是为交易而持有的金融资产和金融负债。

还需要指出,IASB在修订后 IAS 39 中把可以指定任何金融资产或金融负债以公允价值计量的选择权(公允价值选择权)赋予企业的做法,在国际会计界招致普遍的质疑,即担心企业会谋求自身利益而进行操纵。欧盟就要求 IASB 进行修正,并且对此予以保留。为此,IASB 于2005年6月对此进行了修改,对公允价值选择权加以限制,即必须符合以下四项条件之一的金融资产或金融负债,才能以公允价值计量并将其变动计入损益:(1)持有可供出售的金融资产或负债;(2)用公允价值计量会消除或显著减少计量不一致性;(3)包含嵌入衍生工具的复合金融工具(除非嵌入工具无法显著改变相关现金流量);(4)企业管理层是根据某一资产、负债组合或资产和负债共同组合的管理和评价方式,而不是根据资产或负债的性质来指定公允价值计量的金融工具。经过这一修改后,欧盟会计监管委员会于2005年7月予以接受。

2.持有至到期日的投资

指具有固定或可确定金额和固定到期日,且主体明确打算并能够持有至到期日的非衍生金融资产。在每一资产负债日,均应对其意图和能力加以评价,以确定各个项目应否仍归入本类。

3.贷款和应收款项

指有固定的或可确定的付款金额,但没有活跃的市场标价的非衍生金融资产,即企业直接向债务人提供资金、商品或劳务所形成的金融资产。但打算立即或在短期内就转让的贷款和应收款项不包括在内,而应归类为为交易而持有的金融资产,列入"以公允价值计量且其变动计入损益的金融资产或金融负债"类中。

IASB 在修订后 IAS 39 中才把"源生的贷款和应收款项"扩展为"贷款和应收款项",即不再像修订前 IAS 39 那样,把"源生的"和"购入的"区分开来,其主要原因是考虑到源生的和购入的贷款和应收款项经常被一起管理,而且,要区分"源生的"和"购入的"有时是有困难的。

4.可供出售的金融资产

指那些被指定为可供出售的非衍生金融资产,或那些未归入以上三类的金融资产。

一般来说,对于第 2、3 两类金融资产,应按历史(摊余)成本计量,第 4 类金融资产应和第 1 类一样,按公允价值计量。

(二)不要求公允价值计量的三类金融资产

在批准发布第 39 号国际会计准则时,国际会计准则委员会理事会决定不要求以公允价值计量的三类金融资产是:

1.企业的贷款和应收款项;

2.持有至到期日的投资;

3.没有活跃市场报价且其公允价值不能可靠计量的金融资产。

(三)对于企业的长期股权投资,不改变当时准则要求及嗣后所作的修订

在发布 IAS 39 时规定:

1.母公司在其单独的财务报表中对子公司投资的会计处理,按照第 27 号国际会计准则《合并财务报表和对子公司投资的会计处理》的规定进行。

2.投资者在其单独的财务报表中对联营企业的会计处理,按照第 28 号国际会计准则《对联营企业的会计处理》的规定进行。

3.合营者在其单独的财务报表中对合营投资的会计处理,按照第 31 号国际会计准则《合营中权益的财务报告》的规定进行。

这样,第(二)点中不要求以公允价值计量的"无报价权益工具",是指投资于无报价(即未上市交易)的权益证券,但是,如果对权益证券投资的目的在于与被投资企业建立或保持长期经营关系(可称之为"战略性投资"),例如被投资企业属于联营企业或合营企业,则其会计处理应按第 28 号或第 31 号国际会计准则的规定进行。

但上述规定并不意味着这些长期股权投资是按历史成本计量(这三类长期股权投资均不采用"成本法")。就对子公司的股权投资而言,在企业合并时,根据 IAS 22《企业合并》的要求,被购并公司的账面可辨认资产项目,应按

购并日的公允价值重新计量;购并后的每一个会计年度,对子公司投资的计价基础按照 IAS 27 应采用权益法,就对联营公司和合营公司的股权投资而言,按照 IAS 28 和 IAS 31 也是建立在权益法基础上的,尽管这种计价基础并不是公允价值(证券市场的现时价格)。

如我们已在第八章和第九章指出的,IAS 39 的 2000 年修订稿中,已对长期股权投资的计价基础规定了可采用成本法、权益法和公允价值法。在 IASB《改进国际会计准则》项目(2003 年 12 月)中,改进后 IAS 27(改称《合并财务报表和单独财务报表》)规定,在母公司的单独财务报表中,对子公司、联营公司和合营公司的股权投资的计价基础可采用成本法或公允价值法,在编制合并财务报表时再调整到权益法基础上,读者可参阅第九章的相关部分,此处不再赘述。

(四)对不同类别的金融资产采用不同的后续计量基础

FAS 115《特定的债务证券和权益证券的会计处理》(1993)分别对上述三类证券的特征、计量基础和对收益的影响,作了非常简明的表述,如表 10-1。

表 10-1　FAS 115 对债务和权益证券的分类

类　　别	证券别	特　　征	在资产负债表上的列报——后续计量基础	对收益的影响
持有至到期日的	债务	持有至到期日的明确意图和能力	摊余成本 *	利息 已实现利得和损失
为交易而持有的	债务、权益	主要为短期出售而购买和持有	公允价值	利息和股利 已实现利得和损失 未实现利得和损失
可供出售的	债务、权益	以上两类以外的证券	公允价值 计入其他全面收益的未实现利得和损失	利息和股利 已实现利得和损失

＊摊余成本是指初始确认时用以计量金融资产或金融负债的金额经以下调整后的余额:(1)减去偿还的本金;(2)加或减初始确认额与到期金额之差额的累积摊销额;(3)减因资产减值或资产不能收回而减记的金额(直接或通过备抵账户)。

(五)IASB 对以公允价值计量的金融工具重分类规定的修订①

2008 年 10 月 13 日,IASB 发布了对 IAS 39《金融工具:确认及计量》和 IFRS 7《金融工具:披露》的修改意见,放宽了金融工具重分类的规定,围绕这一修订的诸多争议,不仅反映了金融危机对世界金融体系和交易活动财务报告的高度透明要求,而且反映了国际财务报告准则在全球资本市场上所发挥的重要作用,以及各关系方在制定国际规定的博弈中的利益冲突和合作。有些财务报表编制者围绕着会计中的公允价值问题不断向 IASB 和美国 FASC 提出责问和修改要求;一些学者认为公允价值的使用在报表使用者和编制者之间加剧了信息不对称,违反了稳健性原则,但对许多报表项目来说,公允价值仍是实务中可用的最佳计量属性,因此,目前会计准则制定机构的主要力量,都集中在如何更好地计量公允价值。

以金融机构为主的一些报表编制者认为,在螺旋式下跌的市场上,人们对以公允价值计量金融工具市场,持续失去信心,陷入恶性循环。因此他们呼吁通过金融资产重分类的方法,使一部分金融工具摆脱公允价值计量的束缚。大量报表编制者、审计师和使用者都认为目前 IFRSs 中为公允价值计量提供的指南严重不足,尤其是对目前市场不再有效的情况下没有适用的专门指南。

IASB 响应金融稳定论坛在 2008 年 3 月底发出的呼吁,组建了公允价值计量专家组。截至 10 月,该专家组共召开了 7 次会议,并于 10 月份以理事会教育指南的名义发布了《理事会专家组报告:在非活跃市场中计量金融工具的公允价值》,这实际上是一份对以模型定价方法计量公允价值中所需考虑的各类问题的全面总结。既坚持公允价值计量的目标和原则,又尽可能考虑了市场中的各种实际问题,规定详细但又不落入规则导向的老套路,对国际准则使用者执行公允价值计量要求具有很好的指导作用。

同时,理事会意识到美国 FASs 仍然在理论上允许对部分金融工具重分类,这可能导致一些原本以公允价值计量的金融工具可以通过重分类适用其他计量属性,欧洲金融机构对此向 IASB 施加压力,促使 IASB 对金融工具重分类规定进行修订,使修改后的国际准则在原则上与美国准则大体保持一致。根据这次修改:

(1)如果是衍生金融工具,不允许重分类;

(2)如果某些金融工具被指定为以公允价值计量(适用"公允价值选择权

---

① 可参阅《修改前后国际准则对公允价值计量的金融工具重分类规定与美国准则相关规定的比较》一文,载《会计研究》2008 年第 11 期。

规定"),不允许重分类；

（3）在不再活跃的市场上，对其他情况下的重分类规定适当放宽。

如前述，这种放宽只能说是原则上大体保持一致，在许多关键性细节方面仍存在许多争议。以下列表作一简括对比，见表10-2。

国际会计

表 10-2　IAS 39 修改前后及相关美国准则对涉及公允价值
计量重分类的规定比较

	重分类规定：从公允价值到非公允价值计量	修改前	修改后	美国准则	备注
1	衍生工具	禁止	禁止。	作为衍生工具期间，以公允价值计量。	二者相同。
2	公允价值计量且价值变动计入损益→贷款和应收款	禁止	允许，指定为公允价值计量的除外。	交易性→贷款和应收款，禁止。	二者规定不同。主要原因是：由于美国准则以投资的形式进行分类，因此交易性证券不可能重分类为贷款和应收款。
				公允价值选择权→贷款和应收款，禁止。	
3	公允价值计量且价值变动计入损益→持有至到期日	禁止	允许（罕见），指定为公允价值计量的除外。	交易性→持有至到期，允许（罕见）。	FAS 115 规定，对于交易性证券而言应当是罕见的。SEC 和 FASB 将"罕见"解释为"从来没有"。所以，二者规定基本相同。
				公允价值选择权→持有至到期，禁止。	
4	贷款和应收款→公允价值计量且价值变动计入损益	禁止	禁止	不适用（禁止）	二者规定基本相同。
5	持有至到期→公允价值计量且价值变动计入损益	禁止	禁止	持有至到期→交易性，允许（罕见）	二者仅对证券规定相同。
				持有至到期→公允价值选择权，不适用（禁止）。	

续表

	重分类规定:从公允价值到非公允价值计量	修改前	修改后	美国准则	备注
6	可供出售→贷款和应收款	禁止	允许	不适用(类似允许,但情况不同)。美国准则允许可供出售债务(成本与公允价值孰低)→为投资而持有的债务(摊余成本)。	IAS 39 中的"可供出售"类以公允价值计量且价值变动计入权益;美国准则没有"可供出售"类,可供出售类以成本或公允价值(变动计入损益)孰低计量。所以,二者在这方面有类似规定,但具体情况不同。
7	可供出售→持有至到期	允许	允许	允许	二者相同。
8	贷款和应收款→可供出售	禁止	禁止	不适用(类似允许,但情况不同)。准则允许在贷款类中以"为投资而持有"(摊余成本)重分类为"可供出售"(成本与公允价值孰低)。	理由同第 6 项。所以,二者在这方面有类似规定,但具体情况不同。
9	持有至到期→可供出售	允许	允许(没有明文规定,但事实上是罕见的,其具体要求与美国准则相同)。	允许(罕见),FAS 115 规定了适用的环境变化情况。	IAS 39 对"导致这种分类是罕见的诱因"作了规定,其规定的环境变化则与 IAS 115 的规定相同。

（六）IFRS 9《金融工具——分类与计量》的发布

2009 年 11 月发布《金融工具——分类与计量》,涉及对金融资产的分类和计量,作为取代 IAS 39 的第一部分。IFRS 9 的生效日为 2013 年 1 月 1 日,鼓励提前采用。

IASB 将在 2010 年对 IFRS 9 的内容进行扩充,增加对金融负债分类和计量的新的标准,金融工具的终止确认、减值及套期会计。预计到 2010 年底,IFRS 9 将全面取代 IAS 39。

对于各大投资银行利用对持有的金融工具进行重分类进而隐藏风险、调节利润的做法,这次修订的 IFRS 9 体现出两大特点:

1.减少了 IAS 39 中对金融工具的多种分类,使金融工具的分类更为简单明了;

2.加大了采用公允价值计量金融工具的力度,对"摊余成本"的使用作了更为严格的限制。

以下是主要修订的内容:

1.金融资产的初始计量:公允价值;

2.金融资产的后续计量:金融资产可采用两种计量属性进行后续计量,即:摊余成本和公允价值;计量属性的确定必须在金融工具初始计量时完成。

3.金融资产(企业持有的债权):企业持有的债权仅在通过下列两种测试的情况下可采用摊余成本进行后续计量:(1)商业模型测试:某企业的商业模式是持有债权以获取"债权"和约定的现金收入;而不是暂时持有债权,在到期前出售以获得价值变化产生的利润。(2)现金流量测试:本项金融资产使企业能在约定的日期获得现金收入,这部分收入仅是本金及利息的收入。即使在这种情况下,IFRS 9 也提供了公允价值计量的选择,因为这样可以消除债权与其他金融资产在确认及公允价值变化的计量方面的不一致性。

4.除了上述情况,所有的债权必须以公允价值计量且其变动必须记入当期损益(fair value through profit loss,FVTPL)。原 IAS 39 中"可供出售的金融资产"(available for sale,AFS)及"持有至到期日的金融资产"(held to maturity,HTM)的分类在 IFRS 9 中被废止。债权的重分类(即在公允价值和摊余成本间进行转换)只能是在企业的商业模式发生改变的情况下。

5.权益类金融资产的计量:IFRS 9 允许的计量方法有两类:(1)公允价值计量且其变化须记入当期损益;(2)公允价值计量且其变化记入其他全面收益(fair value through other comprehensive income,FVTOCI),在这种情况下,企业持有的权益类金融资产并不是用来交易的,必须在初始计量时做出这一选择,且不得转换分类。企业收到的股利须通过损益表计量。IFRS 9 明确表示:即使是未在公开市场交易的权益类金融资产,也不可采用成本法计量。

6.衍生金融工具的计量:初始计量必须采用公允价值。后续计量中公允价值的变化(1)须在损益表中确认,除非:(2)企业将该衍生金融工具作为套期的金融工具,此时适用 IAS 39 的相关规定。

7.嵌入式金融工具:IFRS 9 不采用 IAS 39 对嵌入式金融工具的定义,要求对其单独采用公允价值计量且其变化应反映在当期的损益中。

（七）金融负债的计量

初始确认后,应以摊余成本计量除为交易而持有的金融负债及属于负债的衍生工具以外的所有金融负债。因此,一般来说,金融负债没有后续计量问题。只有以公允价值计量的为交易而持有的金融负债及属于负债的衍生工具,才需要按变动了的公允价值重新计量,但是,对于与未上市的权益工具相联系并需通过交付这种权益工具进行结算的衍生负债,由于无报价(未上市)权益工具不能可靠地计量,故现在只能仍以摊余成本计量。

对于指定为被套期项目的金融负债,则要按有关套期活动会计的规定进行计量。

▲ 第二节　金融期货、期权、互换(掉期)交易的会计处理

在四类衍生金融工具中,远期合同常用于套期保值(避险),期货合同大都用于投机牟利(冒险)。本节将阐述期货交易和以投机牟利为目的的期权交易的会计处理,同时,也将阐述互换(掉期)交易的会计处理。关于套期活动的会计处理则将在第三节阐述。

一、交易日会计与结算日会计

我们在讨论初始确认的时点选择时,已经提出了可以选择在"交易日"或"结算日"进行初始确认。这里要阐述的"交易日会计"和"结算日会计"则是就会计处理程序而言的,它们与是在交易日还是在结算日进行初始确认没有必然的关联。当然,如果选择了在结算日进行初始确认,总是要采用结算日会计。而选择了在交易日进行初始确认,则既可以采用交易日会计,也可以采用结算日会计,以简化"在交易日作出初始确认的会计记录,在结算日再作终止确认的会计记录"的程序。

二、金融期货交易的会计处理

金融期货交易包括利率期货、外汇期货和股票指数期货。这里,只就用以投机牟利的利率期货为例,说明关于金融期货交易的基本会计程序。

（一）会计处理的要领

由于期货交易是在期货交易所进行的,它为交易的参与者建立头寸("多头"或"空头")和结算头寸提供了极大的方便和灵活性,交易的参与者可根据

行情随时转手平仓,通过保证金存款办理结算,实行"差额结算"即"净额结算"的原则。

1. 期货合同的初始确认

期货合同本身就是交易的标的物。根据 IAS 39 的要求,要对期货合同进行初始确认,故一般可在会计处理中采用交易日会计。但由于投机牟利在绝大多数情况下不会持有至合同到期日进行全额结算,而是在持有期间选择时机转手,进行差额结算,而且其初始投资额为零,因而也可以在会计处理中采用结算日会计。[①]

2. 对初始保证金的调整与期货合同公允价值变动的确认

在签订期货合同时交纳的保证金,可称为初始保证金(initial margin deposit),它属于应收款的性质,不属于对期货合同的初始计量。期货合同公允价值(市价)的变动及其导致的盈亏,在会计中应予确认。根据此项变动额可以计算并调整初始保证金的金额,交易所往往对保证金的余额规定一条保持线,当保证金存款降低到保持线以下时,定期要求交易者追加,超过保持线时,可予退回超额部分,这是保持保证金(maintenance margin deposit)。保证金的追交或退回,也是在期货合同期间应作的会计处理。

3. 转手平仓的差额结算或到期实际交割

期货合同既然用于投机牟利,合同持有者主要是根据行情变化在合同期间转手平仓,通过保证金存款进行"差额结算",并终止确认这项期货合同。只有在到期实际交割时,才要作出实际交割的会计记录。

(二)会计处理程序

[**例 1**] 20×1 年 1 月 6 日某公司与期货经纪人签订承诺购入债券期货 \$100 000(当日市价)的 2 个月期期货合同,按期货价格的 10％交纳初始保证金 \$10 000,并在每月月末按照期货价格的涨(跌)补交(或退回)相应的金额。设 1 月 31 日该项债券期货的市价涨至 \$105 000。2 月 28 日,该公司预测其市价将连续疲软,按 \$101 000 转手平仓,并支付交易费 \$600。[②] 通过差额结算,收回保证金余额。

1 月 6 日 在签约日(期货合同交易日)对债券期货进行初始确认,同时确认一项金融资产和一项金融负债(其净投资为零),并将其分类为"为交易而

---

① 结算日会计的运用,并不限于投机活动,在套期活动会计中,对套期工具也可以采用结算日会计。

② 除佣金外,包括交易税、契税等税金的征缴,以下同。

持有的"证券;同时,作缴纳保证金的记录:

借:债券期货投资 $100 000

 贷:应付债券期货合同款 $100 000

借:存出保证金 $10 000

 贷:银行存款 $10 000

1月31日 补交保证金($10 500－$10 000),并确认因债券投资公允价值变动(上涨)而获取的(未实现)投资利得($105 000－$100 000):

借:存出保证金 $500

 贷:银行存款 $500

借:债券期货投资 $5 000

 贷:债券期货投资损益① $5 000

2月28日 确认本月的债券投资损失($101 000－$105 000)。转手平仓,进行差额结算,终止确认此项债券期货:

借:债券期货投资损益 $4 000

 贷:债券期货投资 $4 000

借:应付债券期货合同款 $100 000

  财务费用(交易费) $600

  银行存款 $10 900

 贷:债券期货投资 $101 000

  存出保证金 $10 500

以上是采用交易日会计的处理程序。如果采用结算日会计,则:

1.在1月5日只需作交纳保证金的分录。

2.在1月31日仍需作补交保证金并确认债券投资公允价值变动的分录。

3.在2月28日改作转手平仓进行差额结算的分录如下:

借:债券投资损益 $4 000

 贷:债券期货投资 $4 000

借:财务费用(交易费) $600

  银行存款 $10 900

 贷:债券期货投资 $1 000

  存出保证金 $10 500

以上的处理程序省略了在交易日做初始确认期货合同的记录,而在结算

---

① 这笔未实现投资收益将结转当期(1月份)净收益,以下此类分录中的投资损失或利得都同样地结转各该期净收益。

日再终止确认期货合同,而且更恰当地体现了差额结算的实际情况。

该公司在此项债券投资的投机活动中,获利$1 000(1月份获利$5 000,2月份损失$4 000),并为此发生交易费$600,实际获得的净利为$400。

在投机活动中,投机者也可能没有把握住时机,因循拖延,直至期货到期日。现改设该公司在2月28日未转手平仓,改作收到退回的保证金和确认债券公允价值变动的分录如下:

2月28日 收到退回的保证金($10 100-$10 500),并确认由于债券投资的公允价值变动(下跌)而招致的(未实现)投资损失($101 000-$105 000):

借:银行存款	$400	
贷:存出保证金		$400
借:债券投资损益	$4 000	
贷:债券期货投资		$4 000

3月5日① 设此项债券的市价下跌至$82 000,由于这时要进行债券的实际交割,应将清仓结算的债券期货投资(空头)确认入账而后转销期货合同(这里采用的是结算日会计);同时确认公允价值变动(下跌)而招致的投资损失($82 000-$101 000),并作通过保证金结算的分录:

借:债券期货投资	$100 000	
贷:应付债券期货合同款		$100 000
借:债券投资损益	$19 000	
贷:债券期货投资		$19 000
借:应付债券期货合同款	$100 000	
债券投资	$82 000	
财务费用(交易费)	$600	
贷:债券期货投资		$82 000
存出保证金		$10 100
银行存款		$90 500

在上述情况下,该公司除存出的保证金$10 100外,还要加付$90 500,才能完成清仓结算。在此项债券投资的投机活动中,最终亏损了$18 000(1月份收益$5 000,2月份损失$4 000,3月份清仓结算前损失$19 000),并为此承担了$600的交易费,实际上共损失$18 600。

① 这里是指债券期货合同的到期日,并不是指该项债券的到期日。

三、金融期权交易的会计处理

如前述,期权(options)合同是一种选择权合约,持权人(期权合同的买方)享有在合同期满或期满之前按约定的价格购买或销售一定数额的某种金融资产的权利,这个约定价格称为期权合同的执行价格(exercise price)。而期权合同的立权人(即发行人,卖方)则有义务在买方要求履约时出售或购入该种金融资产。必须在期满时作出选择的期权,是欧洲国家流行的欧式期权;可以在期满之前的任何时候作出选择的期权,则是美国流行的美式期权。

（一）期权合同的基本特征

1. 看涨期权与看跌期权

如果期权合同的买方有权选择买进某种金融资产,这种期权通常称为"看涨期权"(call option),因为行情看涨才对购买有利,所以看涨期权即"购买选择权"(purchase option),简称"买权";如果期权合约的买方有权选择卖出某种金融资产,这种期权通常称为"看跌期权"(put option),因为行情看跌才对卖出有利,所以看跌期权即"销售选择权"(sales option),简称"卖权"。

2. 期权合同的标的物(基础工具)

作为期权合同交易对象的标的物(underlying instruments,基础工具),可能是要求卖方向买方转让或从买方受让的一项金融资产。当买权合同得到执行时,也就构成买方的一项金融资产;当卖权合同得到执行时,也就构成买方的一项金融负债。合同是否执行,则完全由买方决定。期权合同中约定的执行价格,也就是标的物的执行价格。

对买权的买方而言,如果执行日期标的物的市价高于执行价格,买方将行使权利,按执行价格向卖方买进标的物,再将标的物以较高的市价卖出,获取价差利润;对卖权的买方而言,如果执行日期标的物的市价低于执行价格,则买方将行使权利,以较低的市价买进标的物,再按执行价格卖给卖方,获取价差利润。此利润通常称为执行价值(exercise value),也就是期权的"内含价值"(intrinsic value)。[①] 由此可见,"执行价值"与"执行价格"是两个不同的概念。

3. 期权费

然而,在签订期权合同时,买方要向卖方支付一笔"期权费"(premium),

---

① 期权的公允价值包括内含价值和时间价值。时间价值反映期权合同期满前获利机会的价值,就买方而言,时间价值总是正数,距期满日越远,其价值越高,到期满日,期权的时间价值为零。

作为取得这种选择权的代价,期权费一般应低于期权的执行价值。因此,期权费实质上就是期权交易的初始净投资。

4.期权合同的终止确认

期权合同在被执行或不执行时终止确认。在持权过程中所获取的利得或承受的损失,将计入当期损益。

(二)期权交易的会计处理程序——以买权为例

[例2]　设某公司于20×1年2月10日签订的是购入执行价格为$100 000的股票的9个月期美式看涨期权合同,并向立权的经纪公司交付$16 000的期权费。设2月28日,此项股票期权的市价上涨至$118 000,期权的内含价值(略而不计其时间价值),即执行价值为$18 000。在3月20日,该公司决定执行此项期权合同①,设当日的合同市价又上涨至$122 000,相应的其执行价值,即内含价值为$22 000。又设执行时支付了交易费$600。

2月10日　在签约日按执行价格确认期权合同,并作支付期权费的记录。

借:股票期权投资　　　　　　　　　　　　　　　$100 000

　　贷:股票期权投资应付款　　　　　　　　　　　　　　$100 000

借:股票期权投资期权费　　　　　　　　　　　　$16 000

　　贷:银行存款　　　　　　　　　　　　　　　　　　　$16 000

2月28日　确认此项股票期权投资公允价值的变动$18 000($118 000－$100 000)。

借:股票期权投资　　　　　　　　　　　　　　　$18 000

　　贷:股票期权投资损益　　　　　　　　　　　　　　　$18 000

3月20日　执行此项股票期权合同。确认其公允价值变动$4 000($122 000－$118 000),但计入当期的利得应扣除期权费这一投资成本;按执行价格买入股票,同时按市价售出股票。

---

① 期权合同的执行日期,一般为9个月后的特定日期;不同种类的期权合同或不同的交易所,定会有不同的"单位合同数量"(contract size),如芝加哥期货交易所(CBOE)的股票期权单位为100股;同一种标的物的期权合同,可以有几种不同的执行价格,如果股票市价高过合同的最高执行价格或低于最低执行价格,交易所会推出执行价格更高或更低的期权合同,以填补市场需求,维持交易的活跃。通常,每隔3个月就会有1种期权合同推出。本例中假设3月份(距购买日不过1个月)就决定执行合同,故尚无新的同类期权合同的推出。

关于期权交易的详细阐述,读者可参阅谢剑平:《期货与期权——金融工程入门》,中国人民大学出版社2004年版。

借:股票期权投资　　　　　　　　　　　　　$ 4 000

　股票期权投资损益　　　　　　　　　　　$ 12 000

　　贷:股票期权投资期权费　　　　　　　　　　　　　$ 16 000

借:股票期权投资应付款　　　　　　　　　$ 100 000

　财务费用(交易费)　　　　　　　　　　　$ 600

　银行存款　　　　　　　　　　　　　　　$ 21 400

　　贷:股票期权投资　　　　　　　　　　　　　　　$ 122 000

在此项股票买权的投机活动中,该公司赚取了 $ 6 000($ 18 000 ＋ $ 4 000 － $ 16 000)的利得,扣除交易费 $ 600 后,实际赚得 $ 5 400。

从以上的例题中也可以看出,要在期权中获取利润,其执行价值(市价－执行价格)必须超过期权费。但判断期权是否执行,则决定于执行价值是否是正值,即市价是否超过执行价格。例如,改设 3 月 20 日的市价为 $ 102 000,则执行价值为 $ 2 000,扣除期权费 $ 16 000 后,仍将亏损 $ 14 000;但如果不执行,则将损失 $ 16 000 的期权费,期权的买方仍可能选择执行;但如果 3 月 20 日的市价为 $ 98 000,其执行价值为－ $ 2 000,则执行时将损失 $ 18 000,而选择不执行,只要损失期权费 $ 16 000。由此可见,执行价值是判断期权是否可能执行的标尺。

四、金融互换(掉期)交易的会计处理——以利率互换为例

我们已经指出,互换交易或掉期交易①即交易双方关于以特定方式交换未来一系列现金流量的协议,互换或掉期合同实际上是远期合同的一种组合。利率互换(掉期)和货币互换(掉期)是互换(掉期)交易的两种基本类别。② 以

---

① "掉期"和"互换"都是从"swap"翻译过来的,其实两者也有区别。互换是掉期的进一步发展,在还没有互换的标准化合同和市场之前,就其来踪去迹而言,互换就是掉期,即两个当事企业之间或是通过银行作为中介人交换未来现金流量。"掉期"原指外汇市场上对不同期限、金额相等的同种外汇两笔逆向的交易,以调动头寸,所以它一般在外汇市场进行。而当"互换"具有专门的交易市场和出现标准化合同后,"互换"和"掉期"就有区别了。此外,"互换"常属中、长期交易(1 年以上,大都为 5 年左右,甚至长达 10 年),而"掉期"则是一种短期交易(其期限大都在 1 年之内)。

② 随着金融工具创新,互换(掉期)的形式日新月异,在利率互换(掉期)和货币互换(掉期)的基础上出现了涉及不同货币、不同利率的交叉货币利率互换(掉期)(cross-currency interest rate swap),以后又出现期权互换(掉期)、指数互换(掉期)、多边互换(掉期)等等。

Accounting

下只是举简例说明利率互换的会计处理程序。

利率互换(掉期)(interest rate swap)是指同一货币的债务以不同的利率进行调换的金融交易,如固定利率债券(或借款)与浮动利率债券(或借款)间的互换(掉期)合同。我们举一个通过银行中介进行利率互换交易的简例①来说明其基本的会计处理程序。在利率互换(掉期)交易中,当支付互换的利息时,应付利息额较小的一方要向另一方支付的利息差额,称为"互换(掉期)交易费",性质上应属于财务费用。

[例3] A公司于20×1年1月1日按面值发行6年期、年利率5%的公司债$200 000,同时与B银行进行利率互换交易,将5%固定利率调换为与6个月期伦敦银行同业拆借利率(London Inter-Bank Offered Rate,缩写为LIBOR)相关的浮动利率。假定每6个月计提应付债券利息和互换交易费,20×1年1—6月的LIBOR为5.5%,7—12月的LIBOR为4.8%;每年年终支付债券利息和互换交易费。A公司应作的会计分录如下:

1. 发行$200 000公司债券

1月1日　借:银行存款　　　　　　　　　　　$200 000
　　　　　　贷:应付债券　　　　　　　　　　　　　　　$200 000

2. 计提1—6月份债券利息($200 000×5%×6/12)和互换交易费[$200 000×(5.5%−5%)×6/12]

6月30日　借:债券利息费用　　　　　　　　　$5 000
　　　　　　　贷:应付债券利息　　　　　　　　　　　　$5 000
　　　　　　借:互换交易费　　　　　　　　　　$500
　　　　　　　贷:应计费用　　　　　　　　　　　　　　$500

3. 计提7—12月份债券利息(同上)和互换交易费[$200 000×(4.8%−5%)×6/12]

12月31日　借:债券利息费用　　　　　　　　$5 000
　　　　　　　贷:应付债券利息　　　　　　　　　　　$5 000
　　　　　　借:应计费用　　　　　　　　　　$200
　　　　　　　贷:互换交易费　　　　　　　　　　　　$200

4. 支付20×1年债券利息和互换交易费

① 如果是在专门交易市场上按标准协议文本进行利率互换(掉期)交易,其会计处理则与金融期货的会计处理相似。

Accounting

```
12月31日　借：应付债券利息              $ 10 000
               应计费用                      $ 300
          贷：银行存款                                $ 10 300
```
以后各年以此类推。

▲ 第三节　套期活动会计

从会计角度而言,套期(hedging)是指:指定一项衍生工具或非衍生工具(只是在少数情况下),作为对被套期项目的公允价值或现金流量变动的全部或部分抵消。套期具有"互抵"、"对冲"的意义。

上述定义中关于非衍生工具只是在少数情况下作为套期工具,是指非衍生金融资产或负债只有在对外汇风险进行套期时,才能在套期活动会计中被指定为套期工具。例如,举借一笔固定利率外币贷款为应收外币账款避险;或是,购买一笔外币存单为应付外币账款避险。

企业本身的权益性证券,不是企业的金融资产或金融负债,因而不能是套期工具。公允价值不能可靠计量的金融资产或金融负债,则不能用作套期工具。

被套期项目可以是资产、负债、确定承诺或是承受价值变动或未来现金流量变动风险的预期未来交易。在套期活动会计中,它们被指定为套期活动的对象。

在套期活动会计中,要对应地确认套期工具和相关的被套期项目的公允价值变动形成的对损益的影响。

如前述,国际会计准则委员会和美国财务会计准则委员会都主张,所有的衍生金融工具都应以公允价值计量。衍生工具总是被认为属于为交易而持有的金融工具,但如果它们是套期关系的一部分,则属例外。套期活动会计是为了在会计记录中反映套期的对冲效应而采用的有悖于常规处理的特殊程序[①],因此,无论是国际会计准则或是美国财务会计准则,都规定只是在特定

---

①　套期活动会计的创导者认为,应该使套期工具和被套期项目的确认和计量互相关联,才能在会计记录中反映套期效应,这就必须采用有悖于常规程序的特殊处理程序;对此持批评态度的学者则认为,对套期交易的特殊处理破坏了财务报表编报基础的一致性。本书只是着重阐明套期活动会计的处理程序,对其概念依据之争,不拟深入探讨,有兴趣的读者可参阅:常勋:《套期活动会计与公允价值计量》,载《财会通讯》2004年第2期;常勋:《财务会计四大难题》第三版第一篇第四章,立信会计出版社2006年版。

情况下才允许采用套期活动会计,其前提是这种套期关系要明确、预先指定、可靠计量并确实有效。

(一)三类套期关系

第 39 号国际会计准则中指出,套期关系有以下三类:

1.公允价值套期

指对已确认资产或负债或这些资产或负债中可辨认部分的公允价值变动风险的套期。它可以归属于特定的风险并影响所报告的净收益(例如:因利率变动而引起的对固定利率债券公允价值变动的套期避险)。

2.现金流量套期

指对现金流量变动风险的套期。它具有如下特征:

(1)可以归属于与已确认资产或负债相联系(例如浮动利率债券的全部或部分未来利息支出)或与预期交易(例如预期的购买或销售)相联系的特定风险;

(2)将影响所报告的净收益。

3.对境外经营净投资的套期

指对报告企业在国外实体净资产中所享份额的外汇风险的套期。

修订前 IAS 39 还规定,以企业报告货币表示的以固定价格买、卖资产的一项未确认的确定承诺,虽然承受的是公允价值风险,也要作为现金流量套期处理,其目的是为了避免把现行实务中不作为资产或负债确认的"确定承诺"确认为资产或负债。但美国 FASB 则在 FAS 133 规定,对确定承诺应根据其性质按公允价值套期处理,即在会计处理中应确认这类确定承诺。IASB 在修订后 IAS 39 中,也改变了原规定,要求对确定承诺的套期应按公允价值套期处理,这样,就与 FAS 133 一致了。①

(二)三类套期的会计处理

1.公允价值套期的会计处理原则

(1)以公允价值重新计量套期工具形成的利得或损失(未实现),立即在当期损益中确认(不论套期有效与否)。

(2)归属于被套期项目的利得或损失,应调整被套期项目的账面金额,并立即在当期损益中确认,无论被套期项目是以公允价值还是以历史成本计

---

① 但对于确定承诺的外汇风险套期,则规定既可以作为公允价值套期处理,也可以仍然作为现金流量套期处理。可参阅第十二章第三节中的论述。

量①,以凸显套期的对冲效应。

这是有悖于常规程序的特殊处理,与常规程序对比,它提前确认了被套期项目未实现的公允价值变动。

(3)如套期工具逾期、被出售、被终止或被执行,或是,这项套期不再满足运用套期活动会计的条件,则应停止采用套期活动会计。

[例4] 设A公司于200×年7月1日购买了债券$20 000。同时,对其中的$10 000套期保值,签订了承诺售出债券$10 000的6个月期远期合同,至12月31日,债券投资的公允价值上涨了$1 000,套期工具的公允价值也上涨了$1 000,从而损失$1 000。

①购入债券的记录

7月1日 借:债券投资　　　　　　　　　　　　　$20 000

　　　　　贷:银行存款　　　　　　　　　　　　　　　　　$20 000

②签订套期保值远期合同的记录(采用交易日合计)

7月1日 借:出售债券远期合同应收款　　　　　$10 000

　　　　　贷:出售债券远期合同　　　　　　　　　　　　$10 000

③年末的会计记录

A.反映被套期项目公允价值的增加

12月31日 借:债券投资　　　　　　　　　　　　$1 000

　　　　　　贷:债券投资损益(计入当期收益)　　　　　$1 000

B.反映套期工具公允价值的增加

12月31日 借:套期损益(计入当期收益)　　　　$1 000

　　　　　　贷:出售债券远期合同　　　　　　　　　　　$1 000

从A、B两笔分录中,凸显地反映了套期活动的对冲效应。

2.现金流量套期的会计处理原则

(1)被确定是有效套期的那部分套期工具的利得或损失(未实现),应通过权益变动表直接在权益中确认。

(2)无效部分应按如下原则处理:①套期工具是衍生工具的,立即计入净损益;②套期工具不是衍生工具的(这种情况很少),则应视为不构成套期关系的金融资产或金融负债的公允价值变动所形成的已确认利得或损失处理。

(3)如果被套期的预期交易发生,并导致资产或负债的确认,应将在权益

---

① 如前所述,在不适用套期活动会计的情况下,当以公允价值计量时,因公允价值变动形成的利得或损失,通常应计入权益。

中递延的套期工具未实现损益,转入所形成的资产或负债。

(4)如果被套期的预期交易发生,并未导致资产或负债的确认,对在权益中递延的未实现损益,应在预期交易影响报告收益的期间(例如预期销售或购买发生的期间),计入当期收益。

从以上四点的论述可见,在现金流量套期中,其会计处理有悖于常规程序的特征是:递延套期工具的未实现损益,直至预期交易发生之时。也就是说,把未确认的各期现金流量的公允价值变动中的对冲效应,在会计记录中予以递延。

(5)套期工具逾期、被出售、被中止或被执行,或是这项套期不再满足运用套期活动会计的条件,则应停止采用套期活动会计。在这种情况下:①递延在权益中的套期工具累计损益,仍应保留在权益中,直至预期交易发生;②如果预期交易不会发生,则递延在权益中的套期工具累计损益应计入当期收益。

[例5] 20×1年10月6日,B公司预期将在4个月后购买现价为$100 000的生产设备。同时,为了套期保值,签订了承诺出售等值的同类设备的4个月期的远期合同,设此项远期合同未发生成本。20×1年12月31日,该项设备涨价$5 000,远期合同则升值$6 000。

(1)假设在20×2年1月28日,B公司决定放弃这一购买计划,预期交易不会发生;

(2)在20×2年2月6日,预期交易发生,该项设备再涨价$1 000,远期合同再升值$1 200。

又设该项设备使用年限为4年,不预计残值,用直线法折旧。

①签订远期合同。

20×1年10月6日 未发生成本,采用结算日会计,故不作记录。

②年末,将套期工具的套期有效部分的公允价值变动导致的未实现损益递延,并调整套期工具的账面价值;套期无效部分的公允价值变动损益应计入当期收益。

20×1年12月31日 借:出售固定资产远期合同 $6 000
　　　　　　　　　　　贷:递延套期损益(计入权益) $5 000
　　　　　　　　　　　　　远期合同损益(计入当期收益) $1 000

③假设情况(1)发生。

A. 应停止采用套期活动会计,套期工具的递延损益应从权益转入当期收益。

20×2年1月28日　借:递延套期损益　　　　　　　　$5 000

　　　　　　　　贷:套期损益(计入当期收益)　　　　　　$5 000

　　B. 与此同时,B公司必然会选择时机,转手这一承诺出售设备的远期合同。①

　　假设在2002年1月30日,此项远期合同转手平仓,其价格为$6 500。

20×2年1月30日　借:银行存款　　　　　　　　　$6 500

　　　　　　　　贷:出售固定资产远期合同　　　　　$6 000

　　　　　　　　　　远期合同损益(计入当期收益)　　　$500

④假设情况(2)发生。

修订前IAS 39与FAS 133规定的处理程序略有不同:

A. 按照IAS 39的原规定,递延套期损益将用以调整被套期项目的初始价值,即资产的初始价值应按锁定的价格入账,以凸显套期效应。

20×2年2月6日　借:出售固定资产远期合同　　　$1 200

　　　　　　　　贷:递延套期损益(计入权益)　　　　$1 000

　　　　　　　　　　远期合同损益(计入当期收益)　　　$200

　　　　　　　借:固定资产　　　　　　　　$100 000

　　　　　　　　　递延套期损益　　　　　　$6 000

　　　　　　　　贷:出售固定资产远期合同　　　　　$7 200

　　　　　　　　　　银行存款　　　　　　　　　　$98 800

计提20×2全年折旧费:

20×2年12月31日　借:折旧费　　　　　　　　$25 000

　　　　　　　　　贷:固定资产累计折旧　　　　　　$25 000

　　B. 按照FAS 133,递延套期损益不用以调整被套期项目的初始价值,即所购资产应按公允价值(现时市价)入账,以凸显公允价值计量基础。

20×2年　　借:出售固定资产远期合同　　　　$1 200

　　　　　　贷:递延套期损益(计入权益)　　　　$1 000

　　　　　　　　远期合同损益(计入当期收益)　　　$200

　　　　　借:固定资产　　　　　　　　$106 000

　　　　　　贷:出售固定资产远期合同　　　　　$7 200

　　　　　　　　银行存款　　　　　　　　　$98 800

---

　　①　这时,这一承诺出售设备的远期合同,其性质已转变为"为交易而持有的金融资产",持有的目的已从套期保值转变为投机牟利。

计提 20×2 年全年折旧时,同时摊销递延套期损益。

20×2 年 12 月 31 日	借:折旧费	$ 26 500
	贷:固定资产累计折旧	$ 26 500
	借:递延套期损益	$ 1 500
	贷:折旧费	$ 1 500

从以上的处理程序中可以看出,FAS 133 与修订前 IAS 39 原规定的差别在于:递延套期损益将随着被套期项目影响收益的期间分期摊销,调整各期的折旧费。当然,两者对各期净收益的影响并无不同。

IASB 在 2003 年 12 月发布的修订后 IAS 39 中,已改变了原规定,规定各主体可以对预期交易选择"(计价)基础调整法",将被套期项目的计价基础,从在套期日锁定的价格基础调整为公允价值基础。这样,也就与 FAS 133 规定的处理程序相同了。

3. 对境外经营净投资额套期的会计处理原则

对国外实体投资净额套期,应比照类似于现金流量套期的会计处理原则进行处理。需要指出的只是,与套期的有效部分相关的套期工具的利得或损失,应按外汇折算损益的归类方式进行归类。我们将在第十二章第四节详加阐述。

前已述及的金融工具项目国际联合工作组制定发布的《准则草案和结论依据——金融工具及类似项目的会计处理》征求意见稿(2000 年 12 月)中主张,对所有的金融工具(包括基本工具和衍生工具)全面采用公允价值计量(以取代当前的混合计量模式),在这种情况下,有悖于常规程序的套期活动会计将被废止。

▲ 第四节　金融工具在财务报表中的披露

虽然,衍生金融工具已经在表内确认了,我们仍需十分重视金融工具(衍生工具和基本工具)在财务报表外的披露问题。因为这些更翔实的信息不仅是对表内列报的补充,而且还包括一些具有独立价值的战略性和政策性的重要资料。IFRS 7《金融工具:披露》的发布并于 2006 年 1 月 1 日起生效,取代了修订后 IAS 32《披露和列报》的披露部分和 IAS 30《银行和类似金融机构财务报表中的披露》。

IFRS 7 与被取代的修订后 IAS 32 的披露部分和 IAS 30 对比,其显著的特征,一是把 IAS 32 和 IAS 30 相结合,不再为银行及类似金融机构另作专门规定;二是分别就金融资产和金融负债的不同类别分别提出披露要求,从而更为翔实和具体。从总体上看,并没有对 IAS 32 披露部分和 IAS 30 作出根本性的修订。

以下只是参照 IFRS 7 的主要内容作一简括的说明,IFRS 7 对披露应采取的形式则未加限定。

一、金融风险的分类

金融工具交易可能导致企业承担或向另一方转移一种或多种金融风险。披露这些风险将有助于财务报表使用者评价与已确认和未确认的金融工具相关的风险程度的信息。

金融风险包括:

1.市场风险①

市场风险被定义为:由于市场价格变动而导致的金融工具的公允价值或未来现金流量变动的风险。市场风险包括:

(1)货币风险,是指金融工具的价值因外汇汇率变化而波动的风险。

(2)利率风险,是指金融工具的价值因市场利率变化而波动的风险。

(3)其他价格风险,是指金融工具的价值因货币风险和利率风险以外的市场价格变化而波动的风险,不论这种价格变化是由于与某特定工具或其发行者有关的因素所引起,还是由于影响市场内交易的所有工具有关的因素所引起。

"市场风险"一词体现的不仅是潜在的损失,也包括潜在的利得。

2.信用风险

信用风险是金融工具的一方不能履行义务从而导致另一方发生金融损失的风险。

3.流动性风险

流动性风险亦称筹资风险,是主体难以筹集到相应的资金以履行与金融工具相关的承诺的风险。流动性风险可能由于不能尽快以接近其公允价值的价格出售金融资产而发生。

IFRS 7 要求,除了从定量上披露各种金融风险程度外,还应该从定性上披露风险管理的目标和政策。

---

① 参照《国际会计准则 2002》,因而在本书第四版中的提法则是,在价格风险中包括货币风险、利率风险和市场风险。《国际财务报告 2004》所载修订后 IAS 32 中已改为市场风险中包括货币风险、利率风险和其他价格风险,因而本书第五版作了同样的更改。

二、对三类金融风险的披露要求

对市场风险、信用风险和流动性风险的披露要求分为定性和定量披露两个方面,现说明如下:

（一）市场风险

IFRS 7 要求披露对市场风险的敏感度分析,包括假如把资产负债表日存在的风险变量的"合理的可能变动"应用到同日存在的所有风险所导致的影响;并且披露在敏感度分析中使用的假设和方法及其目标,如果与上期使用的假设和方法有所改变,应披露变动情况;对于源自有显著差别的经济环境的风险敞口,不应合并披露;例如,从事金融工具交易的企业,应分开披露对为交易而持有的与不用于交易的金融工具的敏感度信息。

IFRS 7 的"应用指南"对什么是"合理的可能变动"提供了一些指南。包括:

（1）考虑企业经营所处的经济环境（远期的、最坏的或不存在压力等经济环境）;

（2）考虑下一报告期内哪些变动可能是合理的;

（3）如果基础风险变量的变动率是稳定的,可以不必对风险变量的"合理的可能变动"再次评估。

（二）信用风险

IFRS 7 要求披露在考虑收到的担保品和其他信用增强手段之前的每一类金融工具扣抵任何减值损失后的最大风险敞口,并对可能获得的担保品和其他信用增强手段作出描述。对已授予的贷款和应收款及已提存的存款按其账面金额,对衍生工具按现时公允价值。

IFRS 7 对信用风险披露的新要求包括:

（1）与未逾期的也未减值的金融资产的信用质量有关的信息（例如信用等级分析）;

（2）对可能获得的作为担保的担保品和其他信用增强手段的描述及其公允价值;

（3）企业已控制的担保品。

（三）流动性风险

IFRS 7 扩大了对流动性披露的要求,规定应披露如何管理流动性风险;同时修订了 IAS 30 要求银行披露金融资产和金融负债的约定到期日信息的规定,只要求按未折现现金流量披露金融负债的约定到期日的信息。进行到期日分析的困难之一是对衍生工具的处理。因为它涉及一系列的现金流量。IFRS 7在

"应用指南"中提供了在金融负债的约定到期日分析中可以应用的时间框架。

三、资产负债表的披露要求

IFRS 7要求，企业应按适合于所披露的信息性质和金融工具特征的要求对金融工具进行分类（如以公允价值计量且其变动计入损益的金融资产和可供出售的金融资产），而IAS 32原先只是要求对以公允价值计量且其变动计入损益的金融资产进行披露。对于披露的要求，两者则是类似的，即既包括账面金额，也包括相关联的公允价值；同时还要披露任何重新分类的金额和理由。其中，具体的披露要求主要有：

（1）IFRS 7中包括从IAS 32中引入的对按公允价值计量且其变动计入损益的贷款和应收款项的披露要求（这是由于修订后IAS 39提出了"公允价值选择权"）。要求披露的具体项目有：最大信用风险敞口；信用衍生工具对信用风险敞口的影响；贷款和应收款（可以按类）的公允价值变动；由于当期的和指定期限的累计的信用风险变动而运用的任何信用衍生工具等。

（2）IFRS 7要求，也是作为修订后IAS 39提出的"公允价值选择权"的一部分，如同IAS 32的原规定，应披露由于信用风险导致的金融负债公允价值变动，并提供作出记录的基本方法。

其他的披露要求还包括：

（3）当被转让金融资产的全部或一部分还不符合终止确认的条件，或是仍有继续的牵连时，应披露必要的信息。

（4）对作为担保品的金融资产，除披露其条件和情况外，还应披露其账面金额。

（5）应披露在未订明违约的条件下作为担保品收到的并具有可出售或再担保权利的资产的公允价值及其条件和情况。

（6）IFRS 7要求披露所有金融资产的信用损失备抵的调节情况，而原IAS 30则只要求披露贷款和预付款的调节情况。

（7）对于具有多种嵌入衍生工具的复合金融工具，必须披露其价值互相关联的多种衍生工具的存在（例如可抵押可转换债务）。

（8）对于违约和未履约的负债，应披露这些违约负债的明细情况和账面金额。

四、收益表的披露要求

IFRS 7对收益表的披露要求，不像IAS 32那样根据惯例，也不像IAS 30那样详细。以下列示的第（1）至（3）条是对IAS 32原规定的保留，第（4）至（7）

条是新的要求。

（1）来自不以公允价值计量并将其变动计入损益的金融资产和金融负债的利息收益总额和利息费用总额；

（2）在从权益中重新归入损益中的那些金额之外，在权益中确认的对可供出售金融资产的利得或损失；

（3）在减值的金融资产上的应计利息；

（4）每一类金融资产或金融负债的利得净额或损失净额；

（5）每一类金融资产的减值损失；

（6）对不按公允价值计量且将其变动计入损益的金融资产和金融负债，其作为收益和费用的"费"（fee）（不包括确定实际利息率的金额）；

（7）来自信托或其他受托业务的作为收益和费用的"费"（fee）。

五、其他披露要求

1. 会计政策

IAS 32 规定，企业应披露会计政策和会计方法，包括应用的确认标准和计量基础，以及对每类金融资产的常规购买或出售是在交易日还是在结算日进行会计处理。IFRS 7 及其"应用指南"在这方面增添了更多的具体要求，主要有：

（1）指定金融资产和金融负债以公允价值计量并将其变动计入损益所应用的标准；

（2）指定金融资产为可供出售的金融资产所应用的标准；

（3）备抵账户（如坏账准备）的使用，包括从这些账户中注销所记金额的标准。

2. 套期活动会计

IFRS 7 对套期活动会计的披露要求可总括如表 10-3。

表 10-3　套期活动会计的披露要求

披露要求	公允价值套期	现金流量套期	投资净额套期
套期风险的描述和套期工具及其公允价值	√	√	√
被套期的现金流量预期将发生		√	
预期交易预料不会发生		√	
利得或损失在权益中发生和再归类至损益		√	
套期工具损益和套期风险	√		
在损益中确认无效套期		√	√

IFRS 7 对 IAS 32 的要求的扩展主要是：

(1)在现金流量套期中，必须按收益表中的标题来分析从权益转入损益的套期工具损益；

(2)在现金流量套期和境外经营净投资套期中，增添了披露在损益中确认的无效套期金额以及套期工具和被套期项目上的损益。

3.公允价值

IFRS 7 保留了有关确定不同类别的金融资产和金融负债的公允价值的方法和重要假设的披露要求。包括：

(1)公允价值是根据市场报价还是计价技术；

(2)作为公允价值基础的计价技术是否包含缺乏市场价格和比率证明的技术方法；

(3)在计价技术中应用的"合理的可能选择"假设的影响。

虽然，"是否"的问题可以通过雄辩的定性分析来回答，但对各类金融工具的价值，则要求作出定量分析。

IAS 32 要求披露其公允价值不能可靠计量的金融工具的性质和账面价值，并解释为什么这样做；IFRS 7 将前述要求扩展，还要求披露企业处置这些金融工具的意向。

4."第 1 日"损益

IAS 39 不允许确认金融工具在初始确认时的损益(称为"第 1 日"损益)，除非作为该工具公允价值的基础是依据显著的市场变量的计价技术。对于这种未确认的金融工具的"第 1 日"损益，IFRS 7 要求予以披露，并要求披露其先前递延的金额的变动以及企业关于决定在损益中确认递延金额的政策。

六、我国金融工具会计的发展过程

(一)我国金融工具创新的发展过程

我国衍生金融工具于 1991 年正式推出。现在，保持公开交易的境内衍生工具主要有：可转换债券、外币期货、外币远期、外币互换、股票指数期货、认股权证、国债期货等，但规模都很小，只有国债期货较大，而公司债券的发行上市则尚在启动。直至近年来，由于证券市场的发展和监管制度的不断改进(比如，鼓励机构投资者的进入)，大型、中型企业对运用衍生工具的意愿的加强和在融资和避险中运用衍生工具的经验积累(比如，对运用外币远期合同进行套期保值，为避险进行外币远期合同互换)，以及政府宏观政策的引导(比如，中国人民银行在 1997 年就批准中国银行试办人民币远期结、售汇业务，加强了

Accounting

宣传推广力度),上述情况才有所改观。可以预期,我国衍生金融产品市场将迈入跨越式发展的阶段。

正是在这样的背景下,银监会于 2004 年 2 月 5 日出台了《金融机构衍生产品交易业务管理办法》,在此之前刚发布的《国务院关于推进资本市场改革开放和稳定发展的若干意见》也指出,要"研究开发与股票和债券相关的新品种及其衍生产品"。

(二)我国金融工具会计的发展过程

财政部会计准则委员会为此加快了会计准则的制定工作[①],适时地研究开发把衍生金融工具纳入表内列报的准则,以防范资产负债表外融资所蕴含的巨大风险。而在此之前,财政部在 2001 年末发布的《金融会计制度》则规定对衍生金融工具交易"作为表外业务进行核算"。由此可见,我国金融工具会计的发展从表外披露走向了表内确认。

2006 年 2 月 15 日,财政部一次通过了包括 1 个基本准则和 38 个项目的会计准则,自 2007 年 1 月 1 日起施行。其中包括了企业会计准则第 22 号《金融工具确认和计量》,第 23 号《金融资产转移》,第 24 号《套期保值》(以上 3 个准则相当于 IAS 39),第 37 号《金融工具列报》(分为"列示"和"披露","列示"相当于 IAS 32 保留的列报部分,"披露"相当于 IFRS 7),第 25 号《原保险合同》,第 26 号《再保险合同》(这 2 个准则相当于 IFRS 4《保险合同》),第 11 号《股份支付》(相当于 IFRS 2《以股份为基础的支付》),第 12 号《债务重组》,第 17 号《借款费用》等。其相应内容基本上都是参照了 IAS/IFRS,故不再另作介绍。

对金融创新和企业直接融资活动还不够发达的国家来说,仍然把衍生金融工具作为表外业务处理,是可以理解的。在这种情况下,更应该对表外披露的要求作出明确规范;同时,要随着金融市场的发展,金融工具创新的加快,企业投、融资活动在经营活动中的重要性的凸显,及时地转向混合计量模式。

研 讨 题

10-1 说明远期合同和期货合同的共性和特性,它们与期权合同又有什么不同?互换(掉期)合同的性质又是什么?

---

① 先是,财政部在 2005 年 8 月发布了《金融工具确认和计量暂行规定(试行)》,自 2006 年 1 月 1 日起在上市和拟上市的商业银行范围内试行。

10-2　你对金融工具的定义是怎样体会的?

10-3　从衍生金融工具的定义可以归纳出哪些特征?

10-4　为什么衍生金融工具交易长期作为表外业务处理? 这带来什么严重的后果?

10-5　衍生金融工具代表的权利、义务是否符合资产、负债的定义?

10-6　如果认为衍生金融工具代表的权利、义务符合资产、负债的定义,那要解决什么问题,才能在资产负债表内确认衍生金融工具呢? IASC 的见解如何?

10-7　你对 IASC 的见解有何评论? 是基本赞同还是不赞同? 你个人又有什么见解?

10-8　你对 IASC 和 FASB 的主张,即对所有金融工具,包括基本的和衍生的金融工具都应以公允价值计量的观点有何评论? 你认为不去触动基本金融工具的以历史成本(摊余成本)为计量基础的传统习惯,而只要求以公允价值计量衍生工具是否合适? 说明其理由。

10-9　把计量基础的确定和确认时点的选择建立在对金融资产分类的基础上,合适吗? 有什么利弊得失?

10-10　IASB 在修订后 IAS 39(2003 年 12 月)中将"为交易而持有的金融资产或金融负债"类别扩展为"以公允价值计量且其变动计入损益的余额资产或金融负债",并将公允价值选择权赋予企业,其用意何在? 针对国际的反响,又如何应对? 就这一过程,你对国际会计协调趋同的前景,有何体会?

10-11　你怎样理解公允价值? 公允价值是一种计量观念还是计量基础? 对金融工具而言,在哪些情况下能可靠地以公允价值计量?

10-12　你怎样理解对套期活动的会计处理? 为什么 IASC 和 FASB 都主张只是在特定条件下才能运用套期活动会计?

10-13　你怎样区别公允价值套期和现金流量套期? 对国外经营净投资套期的会计处理有什么特点?

10-14　金融工具在财务报告中披露的要领有哪些?

作　业　题

10-1　设 A 公司于 20×1 年 8 月 14 日与期货经纪人签订承诺购入债券期货 $100 000(当日市价)的 3 个月期货合同,按期货价格的 10%交纳初始保证金 $10 000,并在每月月末按照期货价格的涨(跌)补交(退回)相应的金额。

设 8 月 30 日该项债券期货的市价涨至 ＄104 000。9 月 15 日，A 公司预测其市价将转趋疲软，因而按 ＄102 000 转手平仓，并支付交易费 ＄600，通过保证金进行差额结算。

要求采用(1)交易日会计和(2)结算日会计，分别作出交易日、8 月末和结算日应作的分录。

10-2 设 B 公司于 20×1 年 6 月 16 日签订了卖出执行价格为 ＄40 000 的股票的 9 个月期美式看跌期权合同，并向立权的经纪公司交付了 ＄2 000 的期权费。设 6 月 30 日此项股票期权的市价下跌至 ＄36 000，期权的内含价值（略而不计其时间价值）、即执行价值为 ＄4 000。7 月 18 日，B 公司决定执行此项期权合同，设当日合同市价又下跌至 ＄34 000，相应的其执行价值为 ＄6 000。又设执行时交付了 ＄300 的交易费。

要求分别作出交易日、6 月末和结算日应作的分录。并问：

(1)在此项期权交易中，B 公司获利或亏损了多少？

(2)在什么情况下，B 公司将招致亏损？

(3)在什么情况下，B 公司将选择不执行期权合同？

10-3 C 公司于 20×1 年 1 月 1 日按面值发行 5 年期、年利率为 5.5% 的浮动利率债券 ＄100 000，利率每 6 个月浮动一次。同时与某银行进行利率互换交易，将浮动利率调换为 5% 的固定利率。设下半年的浮动利率为 4.8%，每年年终支付债券利息和互换交易费。

要求作出各项分录：

(1)发行债券；

(2)分别计提 20×1 年 1—6 月份和 7—12 月份的债券利息和互换交易费；

(3)20×1 年末支付债券利息和互换交易费。

10-4 设 D 公司于 20×1 年 1 月 1 日购买了债券 ＄20 000，20×1 年末债券的公允价值（现行市价）为 ＄22 000；20×2 年 1 月 1 日，为了对此项价值为 ＄22 000 的债券投资套期保值，签订了承诺出售债券 ＄22 000 的远期合同（采用交易日会计），到 20×2 年末，此项套期工具跌价 ＄1 000，而债券投资的公允价值则降至 ＄21 000。

要求分别作出应作的分录，并通过前后两年所作分录的对比，说明公允价值套期保值的会计效应。

10-5 20×1 年 10 月 17 日，E 公司预期将在 3 个月后售出现价为 ＄50 000 的存货，同时为了套期保值，签订了承诺购入等值的同类存货的 3 个月期远期合同，设此项远期合同未发生成本。20×1 年 12 月 31 日，该项存货跌价＄500,远期合同则跌价＄600。

　　Ⅰ.假设在 20×2 年 1 月 4 日,E 公司决定放弃此项销售计划;

　　Ⅱ.假设在 20×2 年 1 月 17 日,预期交易发生,该项存货较 20×1 年末涨价了＄100,远期合同则升值了＄80。

　　要求分别作出:

　　(1)20×1 年 10 月 17 日和 12 月 31 日的分录;

　　(2)为情况Ⅰ在 20×2 年 1 月 4 日所作的分录;

　　(3)为情况Ⅱ在 20×2 年 1 月 17 日所作的分录。

Accounting

第 十 一 章

外币交易折算

　　国际贸易和经济合作会给本国企业(domestic enterprises)带来外币交易。诸如商品和劳务的进口或出口、设备和技术的国际引进或让售,国际借款或贷款和其他融资活动,以及通过国际证券市场的筹资和投资活动等等,都可能在会计计量上导入外国货币单位。亦即,这些交易的原始计价单位不是本国货币而是外币。但是,会计计量和反映需要使用一种单一的货币计量单位,这往往就是企业所在国的本国货币。因此,在对外币交易进行会计处理时,就要解决把外币折算为本国货币的问题。本章将阐述外币交易会计的基本程序。在第十二章,将阐述期汇交易的会计处理程序。

　　国际投资的扩展,跨国公司的兴起,又标志着企业的国外经营机构的建立,无论是所属的分支机构,还是它控股或共同控股的子公司或合营公司,由于在各自的东道国从事经营活动,它们的日常会计记录和据以编制的财务报表,往往是以当地货币(对总公司或母公司来说是外币)计量和反映的。总公司在汇总分支机构的报表以及母公司或合营者在合并子公司和(或)合营公司的报表时,首先要把这些外币报表折算为它的报告货币(在一般情况下,报告货币也就是其所在国的本国货币)。有关外币报表的折算,将在第十三章中阐述。

▲ 第一节　外汇市场与汇率

　　本章在论述外币交易的会计处理之前,首先要介绍外汇市场及有关的汇率概念。

一、外币兑换与外汇市场

　　外币兑换(conversion of foreign currency)是指把外币换成本国货币、把本国货币换成外币、或是不同外币之间的互换。两种货币之间的兑换比率就是汇率(exchange rate)。

经营不同货币兑换的外汇市场(foreign exchange market)主要是商业银行,也可能是专门进行外汇交易的经纪人市场。外汇市场的汇率,由于受到非常复杂的供求和政治、经济因素的影响,处于经常不断的变动之中。

第二次世界大战之后,世界经历过汇率在某种程度上得到控制的时期。在战争即将胜利的前夕,盟国在美国的布雷顿森林开会讨论战争胜利后的世界经济问题。根据布雷顿森林协议体制,凡参加国际货币基金协议的各国通货,都固定在一个共同的价值标准上,即固定在黄金和某种可随时兑换为黄金的"储备通货"上,美元在当时是强劲的储备通货。国际货币基金成员国的政府则承担义务,把它们的通货的汇率波动限制在预定的限度内。如果出现这个限度很可能被突破的迹象时,有关国家的中央银行和货币当局(例如美国的联邦储备委员会)应通过多种方式的干预,来稳定汇率。如果无法控制,有关国家就要贬低或提高它的通货对其他成员国通货的比值,即对其通货进行贬值(devaluation)或升值(revaluation)。

这段时期的世界外汇体制称为"固定汇率制"。由于有关国家政府对外汇市场的干预和相互作用,汇率的变动相对地受到控制,并且可能适当地对其进行预测。

1971年下半年以后,固定汇率制度废止了,先是英镑后是美元的相继贬值,大大地动摇了美元作为"储备通货"的地位。从此,各发达国家政府对国际外汇市场很少干预,让它们的通货在供求关系内寻求彼此的比值,汇率的波动趋向于变幻莫测,世界外汇市场处于"浮动汇率"体制的作用之下。由于汇率的经常或大幅度变动在会计上导致的巨额汇兑损益,严重地影响对企业、特别是跨国公司的经营业绩的计量和评价。

二、汇率的买入价与卖出价

外币兑换时应用的汇率,有买入价(bid)和卖出价(offer)之别。企业(其他组织或个人)兑出外汇时,在外汇经纪银行为买入外汇,要按买入价计价;反之,如果企业兑入外汇,在银行为卖出外汇,要按卖出价计价。卖出价当然高于买入价,其间的差额即银行经营外汇兑换的赚头,比如,英镑对美元的汇率(以美元为本国货币),买入价为 US＄1.8366/£1;卖出价为 US＄1.8376/£1;其间的差额为每英镑 0.0010 美元,通常称为卖出价高于买入价10点

（points）。这里，一"点"为百分之一的百分之一。①

不同外币间的互换，可以直接根据这两种货币间的汇率，也可以根据这两种外币对本国货币的汇率进行套算。例如，我国只公布各种外币对人民币的汇率，如果某企业要把美元兑换为港元，设当日的外汇牌价如下：②

	买入价	卖出价
US ＄100	RMB￥697.33	RMB￥697.48
HK ＄100	RMB￥92.12	RMB￥92.18

则 US ＄100 可兑换的港元金额为：

US ＄100×RMB￥697.33/US ＄100÷RMB￥92.18/HK ＄100

＝HK ＄661.02/US ＄100

也就是假想为：先将 US ＄100 按美元对人民币的买入价（银行买入美元）兑换为人民币，再将这笔人民币按港元对人民币的卖出价（银行卖出港元）兑换为港元。

我国公布的各种外币汇率，大都以 100 元为单位，当然也可以以 1 元为单位，则上述汇率可表述为：

	买入价	卖出价
US ＄1	RMB￥6.9733	RMB￥6.9748
HK ＄1	RMB￥0.9212	RMB￥0.9218

套算得出的美元对港元的汇率为 HK ＄6.6102/US ＄1。

三、外币折算

外币折算（translation of foreign currency）是指把不同的外币金额换算为本国货币的等值（equivalent）或同一特定外币等值的程序，它只是在会计上对原来的外币金额的重新表述。

把不同的外币金额换算为同一货币的等值，是因为会计计量需要有一个单一的计量尺度。在外币交易中，原始的计量单位是不同的外币。例如，企业

---

① "points"一词，在这里以及用于表示债券、票据的利率变动时，也称为"基点"（basis points），指百分之一的百分之一。但它也常常用来表示股票价格的变动，这时称为"百分点"，则是指一定单位的百分之一。如在美国为 100 美元的 1%（即 1 美元）。

② 书中的汇率是任意假设的，各章节设定的汇率也没有联系。主要是由于在不同时间进行修订时避免改动的工作量。只有这里是这次修订时参照当前汇率修订了的。

的出口或进口商品是按照不同的外币标价的,有美元、英镑、欧元①、日元等等。在按原来使用的货币(原币)计量和记录的同时,必须把以不同外币表述的金额,都折算为本国货币等值,否则是不可能根据以不同货币单位表述的账目来总括和编制财务报表的。由此可见,对所有的外币交易,既要按不同的原币计量和记录,同时,又要按折合的本国货币等值计量和记录。也就是说,对外币交易要进行双重的计量和记录。

折算和兑换虽然不同义,却是密切相关的。简单地说,外币应该按照它们潜在的兑换能力折算为本国货币等值。在折算时使用的汇率,应该是买入价还是卖出价呢? 从折合的本国货币等值应该反映各该外币的潜在兑换能力来说,对收入的外汇按照买入价折算是合理的,但这样的话,当这些外汇存款支出时,如果按照卖出价折算,就会出现差价。因此,在实务中往往采取对外币收入和支出都按中间价折算的折中做法。所谓中间价,也就是买入价和卖出价的平均数。例如,按照前述的美元和港元对人民币的汇率,美元汇率的中间价是 RMB￥6.97405;港元汇率的中间价是 RMB￥0.9215。

四、汇率的直接标价与间接标价

就汇率表述方式而言,直接标价(direct quote)是指每单位外币可兑换的本国货币金额,间接标价(indirect quote)则是指每单位本国货币可兑换的外币金额。例如,以美元为本国货币,以买入价为例,US＄1.8376/￡1 为直接标价,￡0.5442/US＄1 为间接标价。显然,直接标价和间接标价互为倒数。美国纽约外汇市场的美元对西方主要货币汇率报价中,对英镑(GBP 或￡)、欧元(EU＄)和澳元(AU＄)等采用直接标价,对日元(JP￥)、瑞士法郎(SWF)、加元(CA＄)等都采用间接标价。

直接标价法是国际通行的惯例,我国公布的外汇牌价也采用直接标价法。但在表述本国货币的汇率涨落幅度时,则要通过不同时日的间接标价才能对比。

---

① 自 2002 年 3 月 1 日起,欧元已成为欧元区的唯一法定货币。欧元区的 12 国(德、法、荷、比、卢、意、西、葡、爱、希、奥、芬)的原本国货币(如德国马克、法国法郎、荷兰盾等等)均停止流通,而被废止。欧盟 15 个老成员国中,英国、丹麦、瑞典 3 国尚未加入欧元区。2004 年 5 月 1 日入盟的 10 个新成员国(爱沙尼亚、拉脱维亚、立陶宛、波兰、捷克、斯洛伐克、匈牙利、斯洛文尼亚、马耳他、塞浦路斯)预定将在 2010 年加入欧元区,但斯洛文尼亚与塞浦路斯已被批准于 2008 年加入欧元区。

Accounting

五、市场汇率与法定汇率

即使是在通货可以自由兑换的国家,外汇市场上不断变动的市场汇率(market rate)与政府宣布的在一定时期内保持相对稳定的法定汇率(official rate)之间,也存在着差异。但法定汇率将依据市场汇率的变动幅度不时地作相应的调整,所以,这里的差异不会是十分突出的问题。在会计处理上,经由外汇市场进行的外币兑换,当然是采用市场汇率;企业在处理外币交易(和折算外币报表)时,采用的也是市场汇率。

在对外汇进行管制的国家,法定汇率往往会背离本国货币与外国货币的实际购买力的比值(这是汇率的基础)。如果完全禁止外汇市场,出现黑市通常是不可避免的。会计上当然不能采用非法的黑市汇率,而必须采用法定汇率,这不可避免地会导致会计信息的扭曲。在有限度开放外汇市场的情况下,由于法定汇率与市场汇率间的重大差异,从会计计量的要求来说,当然宜于以市场汇率为"基准",但政府为了保持法定汇率的"法定"形象,往往又不准许以市场汇率为基准汇率,从而使其成为一个颇有争议的两难问题。

本书在以后的阐述中撇开这个问题,所应用的汇率都假设为可以自由兑换的通货的市场汇率。

六、现行汇率、历史汇率和平均汇率

"现行"汇率和"历史"汇率只是相对的术语。在记录原始交易之时日,应用的折算汇率是现行汇率,只要时过一日,它就成为历史汇率了。所以,现行汇率(current rate)和历史汇率(historical rate),一般是相对于财务报表日期而言的。现行汇率是指财务报表日期的汇率,而历史汇率则是指最初取得外币资产或承担外币负债时日的汇率。至于平均汇率(average rate),那不过是现行汇率或历史汇率的简单或加权平均数。

这些概念都只是会计上的用语。

▲ 第二节 外币交易会计的基本程序

在阐述外币交易会计的基本程序之前,还要对"外汇"、"外币交易"和"功能货币"这些概念作出界定。

一、外汇、外币交易与功能货币

我们在第一节只是提到外币(外国通货),还没有对"外汇"给出定义。

(一)外汇

"外汇"(foreign exchange)具有比外币更广的含义,它包括:

1.银行外币存款和库存外国货币;

2.外币支付凭证,如外币汇票或本票等;

3.外币有价证券,如以外币标示的公司债券及其息票、其他公司的股票、政府公债、国库券等;

4.其他外币资金。

在会计上,第1项是现付手段;第2项是外币交易在结算过程中采用的支付工具或形成的短期外币债权或债务;第3、4两项则构成其他的外币资产或负债。

(二)外币交易

前已指出,外币交易(foreign currency transactions)是以外币计量的交易。在下述情况下,就会发生外币交易。

1.企业购买或销售以外币标价的商品或劳务;

2.企业借入或出借其应付或应收金额以外币计算的资金;

3.企业作为应履行的期汇合同的当事人;

4.企业基于其他各种原因取得或处理以外币计价的资产,承担或清偿以外币计价的负债。

值得指出的是,不能说本国企业与外国企业之间的交易一定是外币交易。例如,日本出口商销售商品给荷兰进口商,如果规定以日元结算,对日本出口商来说就不是外币交易,对荷兰进口商来说才是外币交易。如果规定以欧元结算,对荷兰进口商来说就不是外币交易,对日本出口商则是外币交易。此外,即使是本国企业之间的交易,如果双方规定以某一外国货币结算,那也是外币交易。

(三)功能货币

前一节已提到,对外币交易要进行双重计量和记录,即除了按交易中实际使用的外币(原币)计量和记录外,还要折算出各该外币的本国货币等值,作为会计上的单一计量尺度。我国《企业会计准则》和会计制度中就这个意义把它称为"记账本位币"。但"记账本位币"这个词只说明了它是单一的计

Accounting

量尺度,并没有明确地表达这个单一计量尺度所起的作用。西方会计界把它称为"功能货币"(functional currency),也许更为恰切。① 功能货币应该是企业在从事经营活动的环境中主要使用的货币,以它作为单一计量尺度才是恰当的。在一般情况下,它是企业所在国的本国货币。功能货币是企业计量其现金流量和经营成果的统一尺度。功能货币一经择定,企业的现金流量和经营成果就以它来计量,而不是以非功能货币的外币来计量。企业盈利并扩大了它的现金流量,只是就作为功能货币的本国货币而言的。作为非功能货币的外币,则承受着汇率变动的风险。如果汇率变动的不利影响如此之大,有可能出现按本国货币计量的盈利抵不了汇率变动在投资额上导致损失的情况。

在提出"功能货币"这个概念后,甚至可以说,外币交易就是非功能货币交易。在某些情况下,功能货币也可能不是企业所在国的"本国货币"。例如,跨国公司的子公司就可能不以所在东道国的货币为功能货币,而以它在经营活动中主要使用的其母公司所在国或是第三国的货币为功能货币。这时,它在经营活动中使用的所在东道国的货币也就成为非功能货币了。

二、外币购销交易会计的两种观点

对外币购销交易的会计处理,在历史上曾有过"单一交易"(single transaction)的观点。也就是说,对以外币标价的销、购交易,必须在结算账款之日才算完成,销货收入和购货(商品、设备等)成本的本国货币等值,应决定于结算日的汇率。从销、购活动到账款结算,只是单一交易的两个阶段。

单一交易观早已被两项交易观所取代。所谓"两项交易"(two transactions)观,就是把销、购交易和账款结算视为两项独立的交易。销货收入和购货成本的本国货币等值,决定于销、购交易时日的汇率。如果在结算日汇率发生变动,那是汇率变动风险,将形成"汇兑损益"(exchange gains and losses)。

根据美国会计学家菲茨杰托拉德、斯蒂克勒、瓦茨早在 1979 年发表的《会计原则和惯例的国际调查》中的资料,在他们考察的 64 个国家中,两项交易观已经是绝大多数国家规定的会计准则或占压倒优势的惯例。

---

① "记账本位币"在上世纪 80 年代译为"bookkeeping-base currency",以后就改译为"functional currency"。2006 年 2 月发布的第 19 号企业会计准则《外币折算》中,对"记账本位币"下了定义,这个定义就是西方文献中对"功能货币"下的定义。

（一）按单一交易观处理外币购销交易的程序

按照单一交易观,在销、购阶段所作的记录中,只把按交易日汇率折算的销货收入或购货(商品、设备等)成本的本国货币等值,视为暂记数;对结算日的汇率变动影响,则处理为对暂记数的调整。经过调整后的销货收入或购货成本的本国货币等值,就是按结算日的汇率折算的了。以下举例分别说明。例中设交易日期与结算日期是跨越两个会计期间的。

[例1] 20×4年12月1日,美国某出口商赊销商品给德国某进口商。账款规定按欧元结算,计EU＄60 000。假设当日汇率为US＄1.1650/EU＄1,账款期限为60天。年终(20×4年12月31日)汇率为US＄1.1680/EU＄1(欧元升值)。至20×5年1月30日结算时,汇率为US＄1.1620/EU＄1(欧元跌价)。

1.20×4年12月1日赊销出口商品时,只是按当日汇率US＄1.1650/EU＄1暂计其美元等值入账。

借:应收账款（EU＄60 000）　　　　　　　　　US＄69 900
　　贷:出口销售　　　　　　　　　　　　　　　　　　US＄69 900

2.20×4年12月31日应按年末汇率调整原先暂记的销货收入美元等值:EU＄60 000×US＄1.1680/EU＄1＝US＄70 080,故调整额为US＄70 080－US＄69 900＝US＄180,对应收欧元账款也要作相应调整。

借:应收账款（EU＄）　　　　　　　　　　　US＄180
　　贷:出口销售　　　　　　　　　　　　　　　　　US＄180

3.20×5年1月30日结算时,先要按当日汇率调整销货收入和应收欧元账款的美元等值:EU＄60 000×US＄1.1620/EU＄1＝US＄69 720,故调整额为:US＄68 720－US＄70 080＝－US＄360。由于这笔上年度的销货收入已结转上年度收益并最终转入留存收益,故应调整本年初即上年末的留存收益。

借:留存收益　　　　　　　　　　　　　　US＄360
　　贷:应收账款（EU＄）　　　　　　　　　　　US＄360

将结算所得EU＄60 000存入银行,其美元等值即US＄69 720,作分录如下:

借:银行存款（EU＄60 000）　　　　　　　　US＄69 720
　　贷:应收账款（EU＄60 000）　　　　　　　　US＄69 720

[例2] 前例改为账款按美元结算,计US＄69 900。故德国进口商将处理外币交易。

Accounting

1.20×4 年 12 月 1 日赊购进口商品时,只是按当日汇率 US＄1.1650/EU＄1 暂计其欧元等值入账。

借:在途商品　　　　　　　　　　　　　　　EU＄60 000
　　贷:应付账款(US＄69 900)　　　　　　　　　　　　EU＄60 000

2.20×4 年 12 月 31 日应按年末汇率调整原先暂记的购货成本的欧元等值:US＄69 900÷US＄1.1680/EU＄1＝EU＄59 846,故调整额为 EU＄59 846－EU＄60 000＝－EU＄154,对应付美元账款也要作相应调整。

借:应付账款(US＄)　　　　　　　　　　　　EU＄154
　　贷:在途商品　　　　　　　　　　　　　　　　　EU＄154

3.20×5 年 1 月 30 日结算时,先要按当日汇率调整购货成本和应付美元账款的欧元等值:US＄69 900÷EU＄1.1620/US＄1＝EU＄60 155,故调整额为 EU＄60 155－EU＄59 846＝EU＄309。由于这笔购货已到达并包括在的存货中,故应调整存货成本。

借:存货　　　　　　　　　　　　　　　　　EU＄309
　　贷:应付账款(US＄)　　　　　　　　　　　　　　EU＄309

设结算所需支付的美元,系从美元存款账户中支付,其欧元等值当然也要按当日汇率折算。

借:应付账款(US＄69 900)　　　　　　　　　EU＄60 155
　　贷:银行存款(US＄69 900)　　　　　　　　　　　EU＄60 155

从上述的会计处理程序中可以看出,按照单一交易观,以功能货币(本国货币)计量的销货收入或购货成本,都不是在销售成立之时确认的,这不尽符合确认收入实现的公认会计原则。同时,在会计记录中也不反映外币交易中固有的汇率变动风险。这是它所以被两项交易观取代的主要原因。

(二)按两项交易观处理外币购销交易的程序

按照两项交易观,销、购交易及账款的结算被认为是两项独立但互相关联的交易。在销货或购货交易中形成的应收或应付外币账款,将承受汇率变动的风险;所确认的销货收入或购货成本的功能货币(本国货币)等值则决定于销售成立时日的汇率。这样,在账款结算时日的汇率如发生变动,应将其影响确认为汇兑损益(已实现的已结算交易损益)。如果结算日期在下一会计期间,在本期末就要调整应收或应付账款的本国货币等值,并把这个调整额同样地确认为汇兑损益(未实现的未结算交易损益),到结算日再确认上期末的汇率和结算日的汇率之间的变动影响。

仍应用前面的同一简例,说明按两项交易观的会计处理程序。

[例3] 美国出口商赊销商品给德国进口商,账款按欧元结算。美国出口商应处理外币交易,资料一如前设。

1.20×4年12月1日赊销出口商品时,按当日汇率 US＄1.1650/EU＄1折算应收欧元账款的美元等值。同时确认以美元(功能货币)计量的销货收入。

借:应收账款(EU＄60 000)   US＄69 900

  贷:出口销售   US＄69 900

2.20×4年12月31日应按年末汇率调整应收欧元账款的美元等值:EU＄60 000×US＄1.1680/EU＄1＝US＄70 080,故调整额为 US＄70 080－US＄69 900＝US＄180(应收账款的美元等值增加),将此项调整额确认为汇兑利得(未实现)。

借:应收账款(EU＄)   US＄180

  贷:汇兑损益   US＄180

3.20×5年1月30日结算时,先要按当日汇率调整应收欧元账款的美元等值:EU＄60 000×US＄1.1620/EU＄1＝US＄69 720,故调整额为 US＄69 720－US＄70 080＝－US＄360(应收账款的美元等值减少),将此项调整额确认为汇兑损失(已实现)。

借:汇兑损益   US＄360

  贷:应收账款(EU＄)   US＄360

经过调整后,应收欧元账款的美元等值就等于 US＄69 720。如将结算所得的 EU＄60 000 存入银行,其美元等值也是 US＄69 720。

借:银行存款(EU＄60 000)   US＄69 720

  贷:应收账款(EU＄60 000)   US＄69 720

在实务中,则常将上述两笔分录合做一笔复合分录:

借:银行存款(EU＄60 000)   US＄69 720

   汇兑损益   US＄360

  贷:应收账款(EU＄60 000)   US＄70 080

[例4] 前例改为账款按美元结算,德国进口商将处理外币交易。资料一如前设。

1.20×4年12月1日赊购进口商品时,按当日汇率 US＄1.1650/EU＄1折算应付美元账款的欧元等值。同时确认以欧元(功能货币)计量的购货成本。

借:在途商品   EU＄60 000

  贷:应付账款(US＄69 900)   EU＄60 000

Accounting

2. 20×4 年 12 月 31 日应按年末汇率调整应付美元账款的欧元等值：US＄69 900÷US＄1.1680/US＄1＝EU＄59 846,故调整额为 EU＄59 846－EU＄60 000＝－EU＄154(应付账款的美元等值减少),将此项调整额确认为汇兑利得(未实现)。

借：应付账款（US＄）　　　　　　　　　　　　　　EU＄154
　　贷：汇兑损益　　　　　　　　　　　　　　　　　　　　EU＄154

3. 20×5 年 1 月 30 日结算时,先要按当日汇率调整应付美元账款的欧元等值：US＄69 900÷EU＄1.1620/US＄1＝EU＄60 155,故调整额为 EU＄60 155－EU＄59 846＝EU＄309(应付账款的美元等值增加),将此项调整额确认为汇兑损失(已实现)。

借：汇兑损益　　　　　　　　　　　　　　　　　　EU＄309
　　贷：应付账款（US＄）　　　　　　　　　　　　　　　　EU＄309

经过调整后,应付美元账款的欧元等值就等于 EU＄60 155 了。设结算所需支付的美元,系从美元存款账户中支出,其欧元等值当然也是按当日汇率折算。

借：应付账款（US＄69 900）　　　　　　　　　　　　EU＄60 155
　　贷：银行存款（US＄69 900）　　　　　　　　　　　　EU＄60 155

在实务中,常将上述两笔分录合做一笔复合分录：

借：应付账款（US＄69 900）　　　　　　　　　　　　EU＄59 846
　　汇兑损益　　　　　　　　　　　　　　　　　　　EU＄309
　　贷：银行存款（US＄69 900）　　　　　　　　　　　　EU＄60 155

两项交易观符合在销售成立时确认收入实现的公认会计原则。同时把汇率变动的会计影响确认为汇兑损益。它说明,诸如外币存款和外币应收账款、应付账款等货币性项目,是暴露在汇率变动的风险之下的,这正标志着它们的潜在兑换能力的变动。

▲ 第三节　应否确认未实现的汇兑损益

在第二节的例子中,我们把每一会计期末因按期末汇率调整货币性外币项目的余额而导致未实现的未结算交易损益,同样地确认为汇兑损益,与已实现的已结算交易损益不加区分。对于应否确认未实现汇兑损益的问题,西方会计界早有争议。

Accounting

一、确认与递延未实现汇兑损益的论争

主张确认未实现汇兑损益、并与已实现汇兑损益一起计入当期报告收益的论据是：根据分期确定报告损益的概念，在每一会计期末应确认交易日期至期末的汇率变动影响；在结算日再去确认上一会计期末和结算日期之间的汇率变动影响，这样反映的才是跨越两个会计分期的汇率变动的实际过程。

这样的论证在汇率单向变动的情况下并未引起异议。因为，在期末确认的未实现汇兑损益，在结算时就实现了，只是把最终形成的已实现汇兑损益，分别归属于前、后两个会计期间罢了。假设在第二节所举的[例1]中，20×4年末的汇率仍为 US\$1.1680/EU\$1，与交易日的汇率 US\$1.1650/EU\$1之间的差额，使 EU\$60 000 的应收账款上形成了 US\$180 的汇兑利得。现在改设在 20×5 年 1 月 30 日结算时，欧元继续升值，结算日的汇率为 US\$1.1700/EU\$1，故当日 EU\$60 000 的美元等值将是 US\$70 200，与按上年末的汇率折算的美元等值 US\$70 080 对比，又形成了 US\$120 的汇兑利得。从交易日至结算日，由于汇率变动，最终实现的汇兑利得则为 US\$300（US\$70 200－US\$69 900），它现在分别归属于 20×4 年和 20×5 年这两个会计期间（US\$180＋US\$120＝US\$300）。

然而，汇率变动是很可能逆转的，第二节所举的例子就是如此。反对确认未实现汇兑损益的主要论据正是：在汇率变动逆转的情况下，在上一会计期末确认的汇兑损益就不可能实现，从而导致前后两个会计期间报告损益的扭曲。例如第二节[例1]中，20×4 年末确认的汇兑利得 US\$180，由于欧元由升值转变为跌价，因而未能实现，但它已计入 20×4 年度的报告收益；另一方面，在20×5 年这笔欧元应收账款的结算日确认的已实现汇兑损失 US\$360，反映的则是 20×4 年末和结算日之间汇率变动的影响，它将计入 20×5 年度的报告收益。这笔应收欧元账款因交易日与结算日之间的汇率变动最终实现的汇兑损失 US\$180（US\$69 720－US\$69 900），却由于汇率变动在两个会计分期之间的逆转，使 20×4 年度报告收益增加的 US\$180 最终并未实现，反而使 20×5 年度的报告收益多减少了 US\$180（US\$360－US\$180）。为此，有些会计学者主张，在会计期末按期末汇率调整应收、应付外币账款余额的本国货币等值时，不应该确认当期尚未实现的汇兑损益，而应该把它递延到下一会计期间的结算日。现以第二节[例1]来说明"递延法"的处理程序。

[例 5] 美国出口商赊销商品给德国进口商，账款按欧元结算，资料一如前设。美国出口商现改按递延法处理因年终调整应收欧元账款的美元等值而

形成的未实现汇兑利得。

1.20×4年12月1日赊销出口商品时,按当日汇率EU＄1.1650/US＄1折算应收欧元账款的美元等值。同时确认以美元(功能货币)计量的销售收入。

借:应收账款(EU＄60 000)　　　　　　　　　　　　US＄69 900

　贷:出口销售　　　　　　　　　　　　　　　　　　US＄69 900

2.20×4年12月31日应按年末汇率US＄1.1680/EU＄1调整应收欧元账款的美元等值,将调整额US＄180确认为递延汇兑利得。

借:应收账款(EU＄)　　　　　　　　　　　　　　　US＄180

　贷:递延汇兑损益　　　　　　　　　　　　　　　　US＄180

3.20×5年1月30日结算时,先要按当日汇率US＄1.1620/EU＄1把应收欧元账款的美元等值调整为US＄69 720。并把调整额US＄360区分为两部分,即先抵消20×4年末确认的递延汇兑利得US＄180,然后把其余的US＄180确认为20×5年度的汇兑损失。

借:递延汇兑损益　　　　　　　　　　　　　　　　　US＄180

　汇兑损益　　　　　　　　　　　　　　　　　　　US＄180

　贷:应收账款(EU＄)　　　　　　　　　　　　　　US＄360

将结算所得的EU＄60 000存入银行,作分录:

借:银行存款(EU＄60 000)　　　　　　　　　　　　US＄69 720

　贷:应收账款(EU＄60 000)　　　　　　　　　　　US＄69 720

也可将上述两笔分录合做一笔复合分录:

借:银行存款(EU＄60 000)　　　　　　　　　　　　US＄69 720

　递延汇兑损益　　　　　　　　　　　　　　　　　US＄180

　汇兑损益　　　　　　　　　　　　　　　　　　　US＄180

　贷:应收账款(EU＄60 000)　　　　　　　　　　　US＄70 080

这样,这笔应收欧元账款最终形成的汇兑损失US＄180,就只反映在20×5年的报告收益中。

然而,也可以用收益确定的会计分期基础来给以反驳,正如前面已指出的,根据分期确定收益的概念,一笔外币销、购交易的账款结算日如果在下一会计期间,其汇率变动的影响就应该按前、后两个会计期间划分。这在汇率单向变动的情况下是如此,在汇率变动方向逆转的情况下也是如此。会计分期并不是按每项交易的日期与其账款结算日期之间的间隔来划分的。如果说每项交易最终形成的汇兑损益可以作为分析用的备考数据,但它与按会计分期确定收益的概念是不相关的。

Accounting

对于在相当短的期限内即将结算的账款来说,在其跨越两个会计年度的如此短暂的期间,汇率走向较大幅度地逆转的可能性是比较小的。在整个会计年度内,年末的未结算交易相对于年内已结算交易的比重,更是较小的。因此,从总的会计影响看,递延还是确认年末未结算交易上的未实现汇兑损益,其会计影响的差别不是重大的。

关于递延未实现的汇兑损益问题,还有人主张,基于稳健原则,未实现汇兑损失不予以递延,未实现汇兑利得则予以递延。但又有人反驳说,如果以汇率可能逆转为理由来主张递延,而又只递延汇兑利得,那是不合乎逻辑的。

因而,在当时的论争中,基本以不递延的主张胜出而结束。

二、在长期外币债权、债务上的未实现汇兑损益应否递延摊销

对于企业长期外币债权(如银行贷给企业的长期外币贷款)和长期外币债务(如企业向银行借入的长期外币借款或发行的应付外币债券)来说,则由于借贷期限常跨越若干会计年度,在当今的浮动汇率体制下,汇率变动较大幅度地逆转对其产生重大的影响,在如此久长的期间是很可能的。为了适当地缓和汇率变动对分期报告收益的影响,有些会计学者提出:企业在每一会计期末按期末汇率调整长期货币性项目(主要是长期货币性负债)的余额时,所形成的未实现汇兑损益应予递延摊销。

[例6] 美国某企业于 20×6 年 12 月 31 日向银行借入 3 年期英镑借款 £200 000,设当日汇率为 US＄1.7820/£1;20×7 年 12 月 31 日的汇率为 US＄1.8660/£1(英镑升值),20×8 年 12 月 31 日的汇率为US＄1.8080/£1(英镑跌价);20×9 年 12 月 31 日归还这笔英镑借款时汇率为 US＄1.8760/£1(英镑升值)。现分别按分期确认未实现汇兑损益法(不递延摊销)和递延摊销法列示其所作会计分录如表 11-1。

从上述例题的两种会计处理方法的对比中,可以看到,在汇率变动逆转的情况下,递延摊销法在缓和汇率变动对分期报告收益的会计影响方面,成效是显著的。所以它得到赞同"收益平稳化"(income smoothing)的会计界人士的推崇;同时,又受到反对利用会计方法实现"收益平稳化"的会计界人士的批评。

如果汇率变动是单向的,递延摊销法就起不了缓和汇率变动对分期报告收益的会计影响的作用,而只是减轻对借款早期的影响,相应的却加重了对借款后期的影响;如果递延的是未实现汇率利得,企业可以从中获得纳税(所得税)利益;如果递延的是未实现汇兑损失,就会在纳税方面带来不利影响。

表 11-1　长期外币负债上的未实现汇兑损益的会计处理

分期确认汇兑损益法	递延摊销法
1.20×6 年 12 月 31 日借入长期英镑借款	
借:银行存款(£200 000)　US$356 400	借:银行存款(£200 000)　US$356 400
贷:长期银行借款(£200 000)　US$356 400	贷:长期银行借款(£200 000)　US$356 400
2.20×7 年 12 月 31 日按年末汇率调整长期英镑借款的美元等值	
借:汇兑损益　US$16 800	借:递延汇兑损益　US$16 800
贷:长期银行借款(£)　US$16 800	贷:长期银行借款(£)①　US$16 800
	借:汇兑损益②　US$5 600
	贷:递延汇兑损益　US$5 600
3.20×8 年 12 月 31 日按年末汇率调整长期英镑借款的美元等值	
借:长期银行借款(£)　US$11 600	借:长期银行借款(£)　US$11 600
贷:汇兑损益　US$11 600	贷:递延汇兑损益　US$11 600
	借:递延汇兑损益　US$200
	贷:汇兑损益②　US$200

Accounting

续表

4.20×9 年 12 月 31 日按年末汇率调整长期英镑借款的美元等值

借:汇兑损益 US$13 600　　借:递延汇兑损益 US$13 600
　贷:长期银行借款(£) US$13 600　　　贷:长期银行借款(£)① US$13 600

借:汇兑损益② US$13 400
　贷:递延汇兑损益 US$13 400

5.20×9 年 12 月 31 日(到期日)归还这笔长期英镑借款

借:长期银行借款(£200 000) US$375 200　　借:长期银行借款(£200 000) US$375 200
　贷:银行存款(£200 000) US$375 200　　　贷:银行存款(£200 000) US$375 200

注:①递延汇兑损益 US$16 800 分三年摊销。
②递延汇兑损益利得净额 US$400（本年递延汇兑利得 US$11 600—未摊销递延汇兑损失 US$11 200）分二年摊销。
③递延汇兑损失净额 US$13 400（本年递延汇兑损失 US$13 600—未摊销递延汇兑利得 US$200）在当年转销。
为简略计，本例题不涉及借款利息的计提和支付。

▲ 第四节 外币交易会计的国际惯例与准则

本节介绍主要西方国家有关外币交易会计的准则、惯例以及国际会计准则。

一、美国的会计准则

美国财务会计准则委员会(FASB)在 1975 年发布的第 8 号财务会计准则公告《外币交易会计与外币财务报表折算》中,明确地要求对外币交易会计采用两项交易观。在 1981 年发布的用以替代第 8 号财务会计准则公告的第 52 号财务会计准则公告《外币折算》中,同样肯定两项交易观。同时,这两个财务会计准则公告都明确规定不区分已实现和未实现的汇兑损益,而把在每一期间确认的已实现汇兑损益和期末因对货币性外币项目账面余额的本国货币等值进行调整而确认的未实现汇兑损益,都记入当期收益。

第 52 号和第 8 号财务会计准则公告同样地反对用递延摊销法处理长期货币性外币项目(主要是长期货币性债务)上的未实现汇兑损益。它们指出,如果递延未实现汇兑损益,又采用在债务期限所经历的各会计期间系统地摊销的程序,以抵消汇率变动方向逆转的会计影响,将予人以汇率变动幅度不大或相对稳定的错觉。第 8 号财务会计准则公告中就写道:"汇率总是在变动,会计上不应给予人们汇率稳定的印象。"

二、英国及其他国家的会计准则和惯例

英国会计标准委员会(ASC)于 1983 年发布的第 20 号标准会计惯例公告《外币折算》,在外币交易会计方面十分类似美国的第 52 号财务会计准则公告,即肯定两项交易观和规定不区分已实现和未实现的汇兑损益。对于长期货币性外币项目上的未实现汇兑损益,也主张不予递延摊销,而将其计入收益;只有在对该外币项目能否兑换存在疑问的情况下,才可以基于稳健原则,不把未实现汇兑利得或其超过以往的未实现汇兑损失的部分计入当期收益。

加拿大特许会计师协会于 1983 年发布的第 1650 节会计建议书《外币折算》,也与上述美、英两国的准则相类似。但加拿大的会计准则允许对长期货币性外币项目上的未实现汇兑损益采用递延摊销程序。

此外,允许在递延和不递延之间进行选择的,有德国、法国、瑞典、日本、澳大利亚等国;瑞士的会计惯例是递延;荷兰的会计惯例则比较独特,它把汇兑损益列为准备(reserve),直接包括在股东权益内。

三、第 21 号国际会计准则

国际会计准则委员会于 1983 年发布的第 21 号国际会计准则《汇率变动影响的会计处理》(1993 年已修订,并改名为《汇率变动的影响》),同样要求按照两项交易观点处理外币交易,并且也主在张绝大多数情况下应立即确认汇兑损益而不予递延。但该准则比美国和英国的会计准则提出了较多的选择余地,主要表现在:

1. 对于长期货币性项目(主要是长期货币性负债),因汇率变动而形成的未实现汇兑损益,可予递延,并在这一项目的有效寿命期限内系统地摊销。

2. 由于货币(本国货币或外币)的严重贬值而导致汇兑损益因而影响到为购置资产而承担的外币债务的本国货币等值,可以用来调整有关资产的账面价值,并在这一资产的有效寿命期限内摊销,只要调整的金额不超过其重置价值或可变现净值(视何者较低)。

这是一种出于务实主义的考虑,它是发展中国家的企业通过举借外币债务从国外购入大量资产设备而遇到本国货币严重贬值时乐于采用将汇兑损失资本化的处理方法,但它不可避免地受到非议。有人认为,调整有关资产的账面价值的做法,实质上又回到单一交易观点,与两项交易观点相背离;而且,去确认非货币性资产项目的本国货币价值的变动,是与汇率变动会计影响的基本论据相矛盾的。汇率变动只影响货币性项目的本国货币等值,按历史成本计量的非货币性资产,在按取得日的汇率折算为以本国货币(功能货币)计量的价值后,就应该与今后的汇率变动脱钩了。

1993 年修订后重新发布的第 21 号国际会计准则《外汇汇率变动的影响》改变了这一规定:

1. 取消了关于长期货币性项目上的未实现汇兑损益可予递延摊销的规定;

2. 调整有关资产的账面价值,只是作为基准方法之外的允许选用的方法,而且,除上述的前提条件外,又增加了"没有切实可行的套期方法"和在"严重贬值之前不能结算该项负债"的两条限制条件。

国际会计准则理事会(IASB)在《改进国际会计准则》项目(2003 年 12 月)中发布了改进后的 IAS 21,才取消了上述的在限制条件下将汇兑损失资本化的做法,因为它首先不符合《编报财务报表的框架》中资产的定义,汇兑损失不可能给该主体带来经济利益;其次,IASB 的联系国的会计准则都不允许将汇兑损失确认为资产,取消这一方法将增加与各国会计准则的一致性;而且,在大多数情况下,这里可以适用 IAS 29《恶性通货膨胀经济中的财务报告》对功能货币是恶性通货膨胀经济中的货币时的处理规定。[①] 我们将在第十三章第六节第二分节中作进一步论述。

研 讨 题

11-1　你对"外币兑换"和"外币折算"这两个概念是否等同有何看法? 如不同,两者间的关系如何?

11-2　评价"功能货币"、"记账本位币"这两个概念。

11-3　为什么"两项交易观"会取代"单一交易观"?

11-4　你对应否确认未实现的汇兑损益有何评价?

11-5　赞成与反对递延长期货币性债务上的未实现汇兑损益而后系统地摊销,代表了收益确定上的什么观点?

11-6　评论 IAS 21《汇率变动的影响》的几次修订过程。

作 业 题

11-1　20×4 年 12 月 11 日,英国进口商向美国出口商赊销商品。账款约定按英镑结算,计￡8 000。假设当日汇率为 US＄1.8220/￡1(中间价),账款清偿期为 60 天,年末(20×4 年 12 月 31 日)汇率为 US＄1.8140/￡1,至 20×5 年 2 月 9 日结算时,汇率为 US＄1.8250/￡1。美国出口商将收到的英镑存入银行。

要求为美国出口商作出赊销、年末调整和结算的各项分录:

1. 按单一交易观;

2. 按两项交易观。

分别将未实现汇兑损益(1)计入当年净收益;(2)予以递延。

11-2　改设账款约定按美元结算,计 US＄12 176。汇率一如题 11-1 所设,英国进口商从其美元存款中支付货款。

要求同题 11-1。

---

①　相应的,也就取消了与改进前 IAS 21 相关的解释公告第 11 号《外汇:严重的货币贬值导致的损失的资本化》(可参阅第五章第三节列示的解释公告目录中的标示)。

11-3 某法国公司于 20×2 年 7 月 1 日向银行借入三年期美元借款 US$50 000,当日汇率 US$1.2680/EU$1。20×2 年 12 月 31 日汇率为 US$1.2722/EU$1;20×3 年 12 月 31 日汇率为 US$1.2650/$1;20×4 年 12 月 31 日汇率为 US$1.2706/EU$1;20×5 年 6 月 30 日偿还这笔美元借款时,汇率为 US$1.2672/EU$1。

要求作出必要的分录(略去有关利息的支付):

1.按分期确认未实现汇兑损益法;

2.按递延摊销法。

Accounting

第 十 二 章

期汇交易的会计处理

期汇交易是一种重要的衍生金融工具交易。期汇合同是外汇经纪银行与客户签订的将由银行按照双方约定的远期汇率在未来日期把一种货币兑换为另一种货币的契约。因此,在阐述期汇交易的会计处理之前,有必要先介绍期汇市场与远期汇率,以及在期汇市场上交易的衍生金融工具。

▲ 第一节　期汇市场与远期汇率

一、远期汇率与即期汇率

外汇市场既进行现汇交易,也进行期汇交易。大部分外汇交易发生在现汇市场,也就是即期交割的外汇市场,通常可在两个营业日之内交割。将在远期交割的外汇交易则在期汇市场进行。即期交割的汇率称为即期汇率(spot rate),约定在远期交割的汇率就是远期汇率(forward rate)。我们在第十一章阐述外币交易会计处理的基本程序时,都假设这些交易是在现汇市场上进行的,应用的都是即期汇率。

以下先说明远期汇率与即期汇率之间的关系。

如前所述,远期汇率是指由外汇经纪人与客户事先约定将在未来一定时日据以交割的外汇汇率,它是相对于即期交割的即期汇率而言的。相隔的期限可以是 30 天、60 天、90 天或 180 天,但也可约定其他的到期日。在即期汇率的基础上,根据两种通货间的无风险利率的差别,就能决定它们之间的远期汇率。

(一)决定远期汇率的因素

如前述,决定远期汇率的因素是不同通货间的无风险利率差别。可举例说明如下。

[例1] 设美元为本国货币,英镑对美元的即期汇率为US\$ 1.5580/£1。60天期的远期汇率将决定于美元和英镑之间的利率差别。现假设60天期无风险的美元的利率(例如美国国库券的利率)为8%,类似的英镑债券的利率为7.2%。

以US\$1按即期汇率兑换为英镑,可得:

US\$ 1÷US\$ 1.5580/£1=£0.641848

£0.641848在60天到期时可得本息:

£0.641848(1+7.2%×60/360)=£0.64955

US\$1在60天到期时可得本息:

US\$ 1(1+8%×60/360)=US\$ 1.013333

现在确定的远期汇率,应该是恰好能使英镑投资和美元投资获得同等利益(到期日的本息和相等)的汇率。例中是:

US\$ 1.013333÷£0.64955=US\$ 1.5601/£1

这样预期的远期汇率,恰好体现了美元和英镑之间利率差别的影响。以公式表示如下。

例中设:$r_{US\$}=8\%$,$r_{£}=7.2\%$,$n=60$天,$S_0=US\$ 1.5580/£1$,求 F_0。

$$r_{US\$}-r_{£}=\frac{F_0-S_0}{S_0}\times\frac{360}{n}$$

$$\begin{aligned}F_0&=S_0(r_{US\$}-r_{£})\times n/360+S_0\\&=US\$ 1.5580/£1\times(8\%-7.2\%)\times 60/360+US\$ 1.5580/£1\\&=US\$ 0.0021/£1+US\$ 1.5580/£1\\&=US\$ 1.5601/£1\end{aligned}$$

(二)升水与贴水

例中,美元(本国货币)利率高于英镑(外币)利率,故当日的即期汇率为US\$ 1.5580/£1,60天期的远期汇率则为US\$ 1.5601/£1,高出即期汇率US\$ 0.0021/£1或21点。远期汇率高于即期汇率的差额称为"升水"(溢价premium),它表述的正是不同货币利率差别的影响。验算如下:

$$\begin{aligned}P(升水)&=S_0(r_{US\$}-r_{£})\times n/360\\&=US\$ 1.5580(8\%-7.2\%)\times 60/360=US\$ 0.0021/£1\end{aligned}$$

也可以用百分比表示:

$$P=\frac{F_0-S_0}{S_0}\times\frac{360}{n}\times 100\%$$

$$=\frac{US\$ 1.5601/£1-US\$ 1.5580/£1}{US\$ 1.5580/£1}\times\frac{360}{60}\times 100\%$$

$$= \frac{\text{US\$}0.0021/\pounds1}{\text{US\$}1.5580/\pounds1} \times \frac{360}{60} \times 100\%$$

$$= 0.8\% (\text{即 } r_{\text{US\$}} - r_{\pounds} = 8\% - 7.2\%)$$

如果外币的利率高于本国货币的利率,远期汇率将低于即期汇率。

[例2] 仍应用前例数据,现改设英镑为本国货币,美元为外币,即期汇率(S_0)为$\pounds0.641848/\text{US\$}1$,则:

$$
\begin{aligned}
F_0(\text{远期汇率}) &= S_0(r_{\pounds} - r_{\text{US\$}}) \times n/360 + S_0 \\
&= \pounds0.641848/\text{US\$}1 \times (7.2\% - 8\%) \times 60/360 + \pounds0.641848/\text{US\$}1 \\
&= -\pounds0.000856/\text{US\$}1 + \pounds0.641848/\text{US\$}1 \\
&= \pounds0.640992/\text{US\$}1
\end{aligned}
$$

远期汇率低于即期汇率的差额称"贴水"(折价 discount)。例中为$-\pounds0.000856/\text{US\$}1$或$8.56$点。如以百分比表示则为$-0.8\%$。

验算如下:

$$
\begin{aligned}
D(\text{贴水}) &= S_0(r_{\pounds} - r_{\text{US\$}}) \times n/360 \\
&= \pounds0.641848(7.2\% - 8\%) \times 60/360 = -\pounds0.000856
\end{aligned}
$$

也可以用百分比表示:

$$
\begin{aligned}
D &= \frac{F_0 - S_0}{S_0} \times \frac{360}{n} \times 100\% \\
&= \frac{\pounds0.640992/\text{US\$}1 - \pounds0.641848/\text{US\$}1}{\pounds0.641848/\text{US\$}1} \times \frac{360}{60} \times 100\% \\
&= \frac{-\pounds0.000856/\text{US\$}1}{\pounds0.641848/\text{US\$}1} \times \frac{360}{60} \times 100\% \\
&= -0.8\% (\text{即 } r_{\pounds} - r_{\text{US\$}} = 7.2\% - 8\%)
\end{aligned}
$$

期汇交易通常只是在主要的西方通货之间进行。如美国《华尔街日报》仅发表美元与英镑、欧元、日元、瑞士法郎、加元的期汇汇率。如果有其他通货的期汇交易,将由各该国家的中央银行标价,而不是由商业银行标价。

二、套期保值与投机牟利

汇率变动风险是外币交易中固有的。在第十一章的阐述中,我们假设进行外币交易的出口商或进口商在交易后承担其应收或应付的外币账款上的汇率变动风险,直到账款结算之日,才按结算日外汇市场的即期汇率进行折算,以确定其按报告货币(功能货币)计量的损益(汇兑损益)。如果该出口商或进口商希望规避这笔外币交易的汇率变动风险,他可以在交易日根据外汇市场上的远期汇率,与外汇经纪银行签订一项应付或应收该外币的期汇合同,来对冲外币交易中形成的应收或应付该外币账款将导致的汇率变动风险,进行套期保值

(hedge)。阐述用于套期保值的期汇交易的会计处理,是本章的主要内容。

然而,期汇合同既可用于避险(套期保值),也可以凭借交易人对远期汇率变动趋势的预测,来投机牟利,当然牟利只是投机的目的,投机也蕴含着很大的风险。

三、期汇市场上的主要衍生金融工具

前已述及,期汇交易是指客户与外汇经纪银行签订合同,在双方预定的未来日期按约定的远期汇率将一种货币兑换为另一种货币的交易行为。期汇合同是一种约定在远期履约的合同,它通过按预定汇率来购、售远期外汇。

（一）外汇远期合同（forward contract）

外汇远期合同适用于对外币交易形成的特定债权、债务进行套期保值。一般将持有至到期日进行柜台交割,不便于用来进行投机牟利。

期汇市场上的互换(掉期)交易,是两种远期合同的组合。

（二）外汇期货合同（futures contract）

外汇期货交易的出现,始于 1972 年芝加哥国际货币市场的成立。如第十章所述,外汇期货合同实质上是一种标准化的外汇远期合同,具有高度的流动性;有一套完整的交易、结算体系,通过期货交易所和结算所,购、售者可以不受限制,竞价买卖这种标准化的期汇合同;这就非常方便进行投机牟利,这才是签订期货合同的主要目的。[①]

（三）外汇期权合同（option contract）

外汇期权合同是从外汇远期合同和期货合同中又派生出来的衍生金融工具,如前述,"期权"（option）是一种选择权。期权合同的买方(即持权人)享有在合同期满或之前选择执行或不执行按规定价格购入或售出一定数额的某种金融资产(如外汇、股票或计息工具等)的权利;而期权合同的卖方(即发行方、立权人)则有义务在买方要求履约时出售或买进买方所购入或售出的该项金融资产。外汇期权合同既可用于投机牟利,也可用于对汇率风险的套期保值;既可以是期货期权合同,也可以是远期期权合同。

---

① 在对小额的外币交易套期保值时,在商业习惯上往往使用外汇期货合同,这是为了避免为逐项交易签订外汇远期合同的麻烦。事实上,这时的外汇期货合同,其作用也就成了外汇远期合同了。

Accounting

▲ 第二节　对外币交易套期保值

本节先通过例题说明利用外汇远期合同对外币交易进行套期保值的会计处理程序。

一、出口商对外币交易进行套期保值的会计处理程序

[例3]　美国出口商于20×1年5月31日向英国进口商销售商品,货款按英镑结算,计￡8 000,偿付期为60天。当日即期汇率为US＄1.5582/￡1。美国出口商为了规避汇率变动风险,于同日与外汇经纪银行签订了一项按60天期远期汇率US＄1.5607/￡1把￡8 000锁定为兑换US＄12 486(即￡8 000×US＄1.5607/￡1)的外汇远期合同。设会计年度终结于每年6月30日,20×1年6月30日(年末)的即期汇率为US＄1.5675/￡1,20×1年7月30日(结算日)的即期汇率为US＄1.5735/￡1。

例中,5月31日的60天期的远期汇率高于同日的即期汇率,升水为US＄0.0025/￡1,故上述外汇远期合同的升水金额为US＄20(即￡8 000×US＄0.0025/￡1),升水(或贴水)应予递延,在合同有效期限跨越的两个会计期间摊销。

表12-1中列示了所作的会计分录以及根据衍生金融工具的确认、计量和套期活动会计处理的相关规定所作的说明。

二、进口商对外币交易进行套期保值的会计处理程序

以下阐述进口商对外币交易进行套期保值的会计处理程序。

[例4]　前例改为英国进口商处理外币交易和签订外汇远期合同。货款金额为US＄12 466。交易日期(20×1年5月31日)的即期汇率为￡0.641766/US＄1;60天期远期汇率为￡0.640783/US＄1,当年末(6月30日)的即期汇率为￡0.637958/US＄1;结算日(7月30日)的即期汇率为￡0.635526/US＄1。

例中,5月31日的60天远期汇率低于同日的即期汇率,贴水为￡0.001028/US＄1,故外汇远期合同的贴水金额为￡12(US＄12 466×￡0.001028/US＄1)。

在表12-2中,同样地列示了所作的会计分录及有关说明。

表 12-1　外汇远期合同用于对外币交易套期保值的会计记录

日期	分录号	说　明	会　计　分　录			
5.31	1	确认外币交易。	应收账款（£8 000） 出口销售	US$12 466	US$12 466	
	2	在签约日（衍生金融工具交易日）对用以为上述外币交易套期保值的远期合同进行初始确认，递延英镑远期合同的升水损益。	应收美元远期远期合同款① 应付英镑远期合同款（£8 000） 递延升水损益	US$12 486	US$12 466 US$20	
6.30	3	把应收外币账款重新计量至公允价值，确认汇率变动影响。	应收账款（£）② 汇兑损益	US$74	US$74	
	4	把应付外币远期合同重新计量至公允价值，确认汇率变动的对冲影响。（有悖于常规程序的特殊处理）	汇兑损益 应付英镑远期合同款②	US$74	US$74	
	5	摊销本年度已实现的升水利得，计入当年净损益；递延升水价值在年末资产负债表中计入人权益。	递延升水损益 应收美元远期合同	US$10	US$10	
7.30	6	在应收外币账款结算日确认账款的收回以及本会计年度汇率变动的影响。	银行存款（£8 000）③ 应收账款（£8 000） 汇兑损益	US$12 588	US$12 540 US$48	
	7	在应付外币远期合同结算日确认合同的履行以及本会计年度汇率变动的对冲影响。	应付英镑远期合同款（£8 000） 汇兑损益 银行存款（£8 000）③	US$12 540 US$48	US$12 588	
	8	按预先锁定的远期汇率兑换为本国货币（套期保值）。	银行存款 应收美元远期合同款	US$12 486	US$12 486	
	9	摊销本年度实现的升水利得，计入当年净损益。	递延升水损益 升水损益	US$10	US$10	

说明：
①应收本国货币（美元）远期合同，按当日即期汇率（US$1.5607/£1）锁定，应付外币（英镑）远期合同按当日即期汇率折算，其本国货币（美元）折价计价的公允价值将承受汇率变动风险。
②应收外币账款和应付外币远期合同款的本国货币等值均应重新计量至其公允价值 US$12 540（£8 000×US$1.5675/£1）。
③均按结算日的即期汇率 US$1.5735/£1 折算。

理念计念的易交汇汇期　第十二章

表12-2　外汇远期合同用于对外币交易套期保值的会计记录

日期	分录号	说明	会计分录	借方	贷方
5.31	1	确认外币交易。	在途商品 　应付账款(US$12 466)	£8 000	£8 000
	2	在签约日(衍生金融工具交易日)对用以为上述外币交易套期保值的远期合同进行初始确认。递延高未实现的贴水损益。	应收美元远期合同款①(US$12 466) 递延贴水损益 　应付英镑远期合同款①	£7 988 £12	 £8 000
6.30	3	把应付收外币账款重新计量至公允价值,确认汇率变动的影响。	应付账款(US$)② 　汇兑损益	£47	£47
	4	把应收外币远期合同重新计量至公允价值,确认汇率变动的对冲影响。(有悖于正常规程序的特殊处理)	汇兑损益 　应收美元远期合同款②	£47	£47
	5	摊销本年度已实现的贴水利得,计入当年净损益;递延贴水损益的摊余价值在年末资产负债表中计入权益。	递延贴水损益 　贴水损益	£6	£6
7.30	6	按预先锁定的远期汇率付出本国货币(套期保值),履行合同。	应付英镑远期合同款 　银行存款	£7 988	£7 988
	7	根据履行合同兑得外币,并确认本年度汇率变动的对冲影响。	银行存款(US$12 466)③ 汇兑损益 　应收美元远期合同款(US$12 466)	£7 922 £31	 £7 953
	8	以兑得的外币,清偿应付外币账款,并确认本年度汇率变动的影响。	应付账款(US$12 466)② 　银行存款(US$12 466)③ 　汇兑损益	£7 953	 £7 922 £31
	9	摊销本年度实现的贴水利得,计入当年净损益。	递延贴水损益 　贴水损益	£6	£6

说明:
①应收本国货币(英镑)远期合同,按当日远期汇率(£0.640783/US$1)锁定,应收外币(美元)远期合同按当日即期汇率(£0.641766/US$1)折算,其本国货币的本国货币远期合同等值将承受汇率变动风险。
②应付外币账款和应收外币远期合同的本国货币等值均应重新计量至其公允价值£7 953(US$12 466×0.637958/US$1)。
③均按结算日的即期汇率£0.635526/US$1折算。

三、怎样理解升水或贴水损益

前已阐明,"升水"和"贴水"这两个术语指的是同一时日的远期汇率与即期汇率之间的差价。所以,升水或贴水损益在性质上是与汇兑损益类似的,但并不相同,因为汇兑损益是指不同时日的即期汇率之间的差价。

前面也曾论及,所谓套期保值,是就在签订外汇远期合同时经约定的远期汇率而言的。在外币交易发生的时日,有待在一定期限后进行结算,结算时日的即期汇率是一个未知数,这就是我们所说的外币交易固有的汇率变动风险。而在这一间隔期满时进行交割的远期汇率则是已知的,可以在外币交易发生时日就把将隔一定期限收到的一笔外币金额或将隔一定期限支付的一笔外币金额的本国货币(功能货币)等值锁定,不再去考虑今后汇率变动的会计影响。至于是从套期保值中最终获益,还是不进行套期保值而到结算日才按当时的即期汇率结算有利,要看今后汇率的实际变动情况而定。这与套期保值的意图是两回事。

(一)套期保值最终是否有利

利用例3和例4的数据来加以说明(见表12-3),在例3中,由于进行套期保值,美国出口商在60天期的应收英镑账款上,只获得US＄20的升水利得;如果不进行套期保值,到结算日按即期汇率结算,则可获得 US＄122[即£8 000×(US＄1.5735/£1－US＄1.5582/£1)]的汇兑利得,所以进行套期保值对美国出口商不利。在例4中,英国进口商对60天期的应付美元账款US＄12 466进行套期保值后,只获得£12的贴水利得;如果不进行套期保值,等到结算日才按即期汇率结算,就可以获得£78[即 US＄12 466×(£0.635526/US＄1－£0.641766/US＄1)]的汇兑利得,所以套期保值对英国进口商不利。但假如汇率的实际变动情况不是这样,比如,在例3中,假设7月30日的即期汇率不是US＄1.5735/£1而是US＄1.5595/£1,则在结算日按即期汇率结算只能获得US＄10[即£8 000×(US＄1.5595/£1－US＄1.5582/£1)]的汇兑利得,进行套期保值对美国出口商就有利了。又如,在例4中,假如7月30日的即期汇率不是£0.635526/US＄1而是£0.641279/US＄1,则在结算日按即期汇率结算只能获得£6[即US＄12 466×(£0.641279/US＄1－£0.641766/US＄1)]的汇兑利得,进行套期保值对英国进口商就有利了。

由此可见,套期保值最终是否有利,取决于经预先锁定的结算日远期汇率与结算日实际的即期汇率之间的差额。对以上列举的四种情况,可以总括如表12-3。

表 12-3　套期保值最终是否有利

情　　况	预定结算日远期汇率与实际即期汇率间的差别	是否有利
应收外币账款		
［例 3］(1)	£8 000×(US＄1.5607/£1−US＄1.5735/£1)＝−US＄102	不利
	（即 US＄20−US＄122）	
［例 4］(2)	£8 000×(US＄1.5607/£1−US＄1.5595/£1)＝US＄10	有利
	（即 US＄20−US＄10）	
应付外币账款		
［例 3］(1)	US＄12 466×(£0.640783/US＄1−£0.635526/US＄1)	不利
	＝£66［即−£12−(−£78)］	
［例 4］(2)	US＄12 466×(£0.640783/US＄1−£0.641279/US＄1)'	有利
	＝−£6［即−£12−(−£6)］	

说明：当远期汇率高于即期汇率时,所得结果为正数,对应收外币账款来说表示其本国货币等值多收数,故套期保值有利;但对应付外币账款来说则表示其本国货币等值多付数,故套期保值不利。

当远期汇率低于即期汇率时,所得结果为负数,对应收外币账款来说表示其本国货币等值少收数,故套期保值不利;但对应付外币账款来说则表示其本国货币等值少付数,故套期保值有利。

（二）升水损益与贴水损益的确定

在例 3 中,在外币交易日,应收英镑（外币）的 60 天期远期汇率US＄1.5607/£1 高于即期汇率US＄1.5582/£1,形成升水利得;反之,如果远期汇率低于即期汇率,则会形成贴水损失。比如,假设例 3 中英镑在交易日（5 月 31 日）的远期汇率不是US＄1.5607/£1而是US＄1.5547/£1,那就会形成US＄28［即£8 000×(US＄1.5547/£1−US＄1.5582/£1)］的贴水损失。而在例 4 中,在外币交易日,应付美元（外币）的 60 天期远期汇率£0.640783/US＄1 低于即期汇率£0.641766/US＄1,形成贴水利得;反之,如果远期汇率高于即期汇率,则会形成升水损失。比如,假设例 4 中美元在交易日的远期汇率不是£0.640783/US＄1,而是£0.643229/US＄1,那就会形成£18［即US＄12 466×(£0.643229/US＄1−£0.641766/US＄1)］的升水损失。我们在第一节已经说明,远期汇率之所以高于或低于即期汇率,是由这一外国通货的利率低于或高于本国货币的利率所决定的。

对以上四种情况,可以综述如表 12-4。

表 12-4　套期保值的升水或贴水损益

应收外币账款	远期汇率＞即期汇率	升水利得
	远期汇率＜即期汇率	贴水损失
应付外币账款	远期汇率＞即期汇率	升水损失
	远期汇率＜即期汇率	贴水利得

说明：如外币交易日（签订期汇合同日）与结算日跨越两个会计期间,升水损益或贴水损益要进行递延摊销。

四、对外汇远期合同采用公允价值计量,取消套期活动会计

即在初始计量时就按外汇远期合同订明的远期汇率折算,作为锁定的兑换金额的公允价值;从而,外汇远期合同导致的损益将按这项期汇在每一会计期末的公允价值变动来确定,并计入当期净收益,而不再采用递延升水或贴水损益并在合同期限内分期摊销的程序。我们再根据以上所举美国出口商对外币交易套期保值的例3,来说明按照这一构想所作的会计处理。现假设会计年度终结时(20×1年6月30日)的30天期远期汇率为US$1.5722/£1。

(一)在交易日(20×1年5月31日)确认出口销售的同时,确认外汇远期合同(按预定兑换金额对外汇远期合同进行初始计量)

1.按交易日即期汇率 US$1.5582/£1 折算应收英镑账款。

应收账款(£8 000)	US$12 466	
出口销售		US$12 466

2.按60天远期汇率 US$1.5607/£1 折算外汇远期合同。

应收美元远期合同款	US$12 486	
应付英镑远期合同款(£8 000)		US$12 486

(二)年终(20×1年6月30日)进行后续计量,按年终即期汇率调整应收英镑账款,按30天期远期汇率调整应付英镑期汇款

1.按年终即期汇率 US$1.5675/£1 调整应收英镑账款的美元等值,确认汇兑利得。

应收账款(£)	US$74	
汇兑损益		US$74

2.按30天期远期汇率 US$1.5722/£1 调整应付英镑远期合同款的美元等值,确认外汇远期合同损失。

外汇远期合同损益	US$92	
应付英镑远期合同款		US$92

（£8 000×US$1.5722/£1−US$12 486）

(三)结算日(20×1年7月30日)记录收汇和终止确认已执行的外汇远期合同

1.按结算日的即期汇率 US$1.5735/£1 折算收到的英镑账款,确认汇兑利得

银行存款(£8 000)	US$12 588	
应收账款(£8 000)		US$12 540
汇兑损益		US$48

2.按结算日的即期汇率 US$1.5735/£1 折算因执行外汇远期合同付出

Accounting

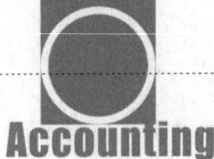

的英镑,确认外汇远期合同损失

应付英镑远期合同款(£8 000)	US＄12 578	
外汇远期合同损益	US＄10	
银行英镑存款		US＄12 588

3.执行外汇远期合同,按交易日锁定的60天远期汇率收到兑得的美元

银行存款	US＄12 486
应收美元远期合同款	US＄12 486

按照以上的会计处理程序,外币交易带来的汇率变动影响为汇兑利得 US＄122(US＄74＋US＄48),签订套期保值的外汇远期合同带来的汇率变动影响为汇兑损失 US＄102(US＄92＋US＄10)。两者相抵,由于汇率的实际变动与签订外汇远期合同时的预期变动间的差额,即进行套期保值与如果外币交易者自己承担汇率变动风险相比,最终导致的利得净额为 US＄20 (US＄122－US＄102),也就是在采用套期活动会计程序时,这项外汇远期合同的递延升水利得。

两种不同的会计处理程序得出了同样的结果。这是因为,外汇远期合同中本国货币的应收或应付期汇款,不管汇率怎样变动,总是按远期汇率锁定的。这也说明按照 IAS 39 采用的套期活动会计程序[①]和金融工具项目联合工作组在《准则草案和理论依据——金融工具及类似项目的会计处理》中关于在全面采用公允价值计量后取消套期活动会计的构想,将得出同样的结果,只是不能在会计记录中凸显地反映套期会计中的风险对冲效应罢了。

上述的按外汇远期合同的公允价值变动确定套期活动导致的损益的程序,同样可以运用于本节进口商对外币交易套期保值的例题,以及第三节中对外币承诺套期保值的例题和第五节对外币投资净额套期保值的例题,读者可以自行演习,书中就不再赘述了。

▲ 第三节　对外币承诺套期保值

在第三节论述的是对外币交易进行套期保值。进口商也可能向经营出口的制造商订购其生产的产品,而约定在未来的一定时日制成交货。这样,在出口商和进口商之间,就不是即时进行销货和购货交易,而只是签订一项将在远

---

① 可参阅第十章第三节中的相关论述。

期成交的以外币结算的购销合同。对于这样的"外币承诺"(foreign currency commitment),也可以与外汇经纪银行签订在远期交割的外汇远期合同,以规避等到购销交易成立时才按即期汇率结算可能导致的汇率变动风险。

正如我们已在第十章第三节指出的,为外币承诺套期避险,性质上也属于公允价值避险,但根据 IAS 39 的原规定,为了避免确认"确定承诺",将其作为现金流量套期处理;IASB 在修订后的 IAS 39(2003 年 12 月)中已改变了这一规定,对确定承诺应按公允价值套期处理;但对外币承诺套期保值,则可以按公允价值套期也可以按现金流量套期处理。现举一简例对比改变前后的会计处理程序如下:

一、对外币承诺套期保值的会计处理——以出口商为例

假设美国出口商与瑞士进口商之间签订了一项将在远期交货的按外币结算的购销合同 。

[例 5] 设美国出口商于 20×1 年 5 月 16 日与瑞士进口商签订一项在远期交货的购销合同,货款将按瑞士法郎结算,计 SWF 6 000。美国出口商将在 8 月 15 日发货收款。5 月 16 日双方签订这项远期交货的外币购销合同时的即期汇率为 US＄0.74/SWF 1;6 月 30 日(年末)的即期汇率为 US＄0.73/SWF 1;8 月 15 日(销货并结算货款时)的即期汇率为 US＄0.714/SWF 1。美国出口商为了规避汇率变动风险,于 5 月 16 日就这项外币承诺与外汇经纪银行签订了按 90 天期远期汇率 US＄0.725/SWF 1 把应收的瑞士法郎 SWF 6 000 兑换为 US＄4 350 的远期合同。这项远期合同的贴水金额为 US＄90〔即 SWF 6 000×(US＄0.725/SWF 1－US＄0.74/SWF 1)〕。

以下根据修订后 IAS 39 的规定,分别按现金流量套期和公允价值套期说明对这项外币承诺进行套期保值和履行外汇远期合同的全部会计处理程序(表 12-5)。

二、现金流量套期的会计效应

从以上的例示中可见,现金流量套期会计程序的特征,反映在:

1. 在衍生金融工具交易日(远期合同签约日)不确认外币承诺,由此反映在套期工具和被套期项目各期现金流量中的公允价值变动的对冲效应,不能反映在账面记录中,在会计记录中只能将套期效应(例中的贴水损失和年终套期工具上的汇兑利得)递延;

2. 在销售交易成立之日,亦即衍生金融工具的结算日,才能将递延的套期效应结转,调整销售收入。

Accounting

会计系列

表 12-5 视作现金流量套期和按公允价值套期处理对外币承诺套期保值的会计程序对比

日 期	视 作 现 金 流 量 套 期	按 公 允 价 值 套 期
20×1 5.16 (交易日)	(1) 不确认外币承诺 不作记录 (2) 确认为套期保值签订的外汇远期合同 借:应收美元远期合同款 US$4 350① 递延贴水损益(损失) US$90 贷:应付瑞士法郎远期合同款(SWF 6 000) US$4 440②	(1) 确认外币承诺 借:应收订货款(SWF 6 000) 贷:出口订货 US$4 440② (2) 确认为套期保值签订的外汇远期合同 借:应收美元远期合同款 US$4 350① 递延贴水损益(损失) US$90 贷:应付瑞士法郎远期合同款(SWF 6 000) US$4 440②
6.30 (年终)	(1) 无记录 (2) 递延远期合同(套期工具)上的汇兑损益 借:应付瑞士法郎远期合同款 US$60③ 贷:递延汇兑损益(利得) US$60	(1) 确认应收订货款的汇兑损益 借:汇兑损益(损失) US$60 贷:应收订货款(SWF) US$60④ (2) 确认远期合同(套期工具)上的汇兑损益的对冲效应,显示套期活动合计 借:应付瑞士法郎远期合同款 US$60③ 贷:汇兑损益(利得) US$60

续表

日期	视作现金流量套期	按公允价值套期
8.15（结算日）	（1）发货收款，确认出口销售收入（按当日即期汇率） 借：银行存款（SWF 6 000） US\$ 4 284④ 　贷：出口销售 US\$ 4 284 （2）履行远期合同，确认汇兑损益（上年末至结算日） 借：应付瑞士法郎远期合同款（SWF 6 000） 　　 US\$ 4 380⑤ 　贷：银行存款（SWF 6 000） US\$ 4 284 　　汇兑损益 US\$ 96 （3）根据已履行的远期合同，收到按签约日锁定的远期汇率折算的本国货币金额 借：银行存款 US\$ 4 350 　贷：应收美元远期合同款 US\$ 4 350⑩ （4）结转递延贴水损益与递延汇兑损益，将销售收入调整为按交易当日（签约日）锁定的远期汇率折算的金额，显示套期效应。 借：递延汇兑损益 US\$ 60 　贷：递延贴水损益 US\$ 90 　　出口销售 US\$ 66	（1）结转递延贴水损益 借：出口订货 　贷：递延贴水损益 US\$ 90 　　 US\$ 90 （2）确认出口销售收入 借：出口订货 US\$ 4 350⑦ 　贷：出口销售 US\$ 4 350 （3）确认应收收订货款上的汇兑损益，并收回账款 借：银行存款（SWF 6 000） US\$ 4 284④ 　汇兑损益 US\$ 96 　贷：应收订货款 US\$ 4 380⑤ （4）确认远期合同上的汇兑损益，显示套期活动会计的对冲效应 借：应付瑞士法郎远期合同款（SWF 6 000） US\$ 4 380 　贷：银行存款（SWF 6 000） US\$ 4 284 　　汇兑损益 US\$ 96⑥ （5）根据已履行的远期合同，收到按签约日锁定的远期汇率折算的本国货币金额 借：银行存款 US\$ 4 350 　贷：应收美元远期合同款 US\$ 4 350⑩

说明：①US\$ 4 440＝SWF 6 000×US\$ 0.725/SWF1。

②US\$ 4 440＝SWF 6 000×US\$ 0.74/SWF1。

③US\$ 60＝SWF 6 000×（US\$ 0.73/SWF1－US\$ 0.74/SWF1）。

④US\$ 4 284＝SWF 6 000×US\$ 0.714/SWF1。

⑤US\$ 4 380＝SWF 6 000×US\$ 0.73/SWF1 或 US\$ 4 440－US\$ 0.73/SWF1）。

⑥US\$ 96＝SWF 6 000×（US\$ 0.714/SWF1－US\$ 0.73/SWF1）。

⑦US\$ 4 350＝US\$ 4 440－US\$ 90。

例中,因对此项外币承诺进行套期保值而形成的递延贴水损失US$ 90,按上年末即期汇率调整应付瑞士法郎远期合同而形成的递延汇兑收益US$ 60,以及在当日履行远期合同付出瑞士法郎而形成的汇兑收益US$ 96,都用以调整以美元计量的出口销售收入(US$ 4 284)。调整后的出口销售收入US$ 4 350(US$ 4 284−US$ 90+US$ 60+US$ 96)也就是已在5月13日按60天期远期汇率US$ 0.725/SWF 1锁定的美元等值。

由此可见,对外币承诺进行套期保值的效应是:

$$
\begin{array}{l}
\text{以本国货币} \\
\text{计\quad 量} \\
\text{销 售 收 入}
\end{array}
=
\begin{array}{l}
\text{按结算日①的} \\
\text{即期汇率折算} \\
\text{的销售收入}
\end{array}
\pm
\begin{array}{l}
\text{递延至结算日} \\
\text{以 及 在 结 算 日} \\
\text{确认的汇兑损益}
\end{array}
\pm
\begin{array}{l}
\text{递延至结算日} \\
\text{的 贴 水 损 益} \\
\text{或 升 水 损 益}
\end{array}
$$

例中:

$$
US\$ 4\ 350 = US\$ 4\ 284 + \left\{\begin{array}{l}\text{递延汇兑收益} US\$ 60 \\ \text{汇兑收益} US\$ 96\end{array}\right\} - \text{递延贴水损失} US\$ 90
$$

在结算日所作的分录(4)就反映了现金流量套期的会计效应(参见表12-5)。

当然,这种会计效应在账面上的反映不如公允价值套期那么直接,表12-5内两种程序的对比,使我们更能理解公允价值套期和现金流量套期在会计处理上的差别。

▲ 第四节　对外币投资净额套期保值

以上介绍了运用外汇远期合同对外币交易和外币承诺进行套期保值的会计处理程序。跨国公司还利用外汇远期合同对其在国外的外币投资净额进行套期保值,也就是对其国外子公司和(或)分支机构的外币净资产额或净负债额进行套期保值。通常,这是就某一外币在全球范围内的净资产额或净负债额进行的,因为某些国外子公司和(或)分支机构的外币净资产额可能与其他国外子公司和(或)分支机构的同一外币的净负债额对抵。以下举简例说明。

一、为外币投资的净资产额套期保值

[例6]　设美国某母公司拟为其法国子公司在20×1年12月31日的预

---

①　金融工具的结算日,也就是销货交易日。

期年末欧元净资产额 EU＄200 000 进行套期保值,因而在 11 月 1 日与某外汇经纪银行按 60 天期的远期汇率 US＄1.21632/EU＄1 签订一项应付EU＄200 000 的外汇远期合同,设当日的即期汇率为 US＄1.21654/EU＄1,12 月 1 日的 30 天期远期汇率为 US＄1.21903/EU＄1,12 月 31 日的即期汇率为 US＄1.21710/EU＄1,并假设这家美国公司在欧元区仅设有这一家子公司。法国子公司 20×1 年 12 月 31 日资产负债表上的实际净资产额则为 EU＄210 000。

(一)在签约日确认外汇远期合同的记录

在 11 月 1 日签约时,应付欧元远期合同 EU＄200 000 是按当日的即期汇率 US＄1.21654/EU＄1 折算的,应收美元(母公司报告货币)远期合同则按当日的 60 天期远期汇率 US＄1.21632/EU＄1 锁定保值。由此形成的未实现贴水损失为 US＄44。作会计分录如下:

借:应收美元远期合同款　　　　　　　　　　US＄213 264
　递延贴水损益　　　　　　　　　　　　　　US＄44
　贷:应付欧元远期合同款(EU＄200 000)　　　　　　　US＄213 308

(二)在年终履行外汇远期合同对净资产额套期保值的记录

1.在 12 月 31 日,首先应从银行存款中支付EU＄200 000,以履行合同,其按当日即期汇率US＄1.21710/EU＄1 折算的美元等值US＄213 420,与签约日的美元等值US＄213 308 之间,形成了汇兑损失US＄112。作会计分录如下:

借:应付欧元远期合同款(EU＄200 000)　　　US＄213 308
　递延汇兑损益　　　　　　　　　　　　　　US＄112
　贷:银行欧元存款(EU＄200 000)　　　　　　　　　US＄213 420

2.根据已履行的外汇远期合同,收到的美元为US＄213 264。作会计分录如下:

借:银行美元存款　　　　　　　　　　　　　US＄213 264
　贷:应收美元远期合同款　　　　　　　　　　　　　US＄213 264

3.结转递延贴水损失US＄44 和递延汇兑损失US＄112 之和US＄156,应借记"折算调整额"账户,因为它是由于对外币净资产(或净负债)额进行套期保值而形成的,应该包括在股东权益之中而不是计入当期损益。作会计分录如下:

借:折算调整额　　　　　　　　　　　　　　US＄156
　贷:递延贴水损益　　　　　　　　　　　　　　　　US＄44
　　递延汇兑损益　　　　　　　　　　　　　　　　US＄112

二、为外币投资的净负债额套期保值

[例7] 设某美国母公司拟为其所有加拿大子公司在20×1年12月31日互抵后的预期年末净负债CA＄100 000进行套期保值,因而在12月1日与某外汇经纪银行按30天期的远期汇率US＄0.6981/CA＄1签订一项应收CA＄100 000的远期合同。设当日的即期汇率为US＄0.6995/CA＄1,12月31日的即期汇率为US＄0.6920/CA＄1,所有加拿大子公司20×1年12月31日资产负债表互抵后的实际净负债额为CA＄110 000。

(一)在签约日确认外汇远期合同的记录

在12月1日所作的确认外汇远期合同的分录中,应收加元期汇CA＄100 000是按照当日即期汇率US＄0.6995/CA＄1折算的,应付美元(母公司报告货币)远期合同则按当日的30天期远期汇率(US＄0.6981/CA＄1)锁定保值。由此形成的未实现贴水利得为US＄140。作会计分录如下:

借:应收加元远期合同款(CA＄100 000)　　　　　US＄69 950
　　贷:应付美元远期合同款　　　　　　　　　　　　　　US＄69 810
　　　　递延贴水损益　　　　　　　　　　　　　　　　　US＄140

(二)在年终履行外汇远期合同时的记录

1.在12月31日,首先从银行存款中支付US＄69 810,以履行合同。作会计分录如下:

借:应付美元远期合同款　　　　　　　　　　　　US＄69 810
　　贷:银行美元存款　　　　　　　　　　　　　　　　　US＄69 810

2.根据已履行的合同收到CA＄100 000,其美元等值按年末即期汇率US＄0.6920/CA＄1折算为US＄69 200,与签约日的美元等值US＄69 950之间,形成了US＄750的汇兑损失。作会计分录如下:

借:银行加元存款(CA＄100 000)　　　　　　　　US＄69 200
　　递延汇兑损益　　　　　　　　　　　　　　　　US＄750
　　贷:应收加元远期合同款(CA＄100 000)　　　　　　US＄69 950

3.结转递延汇兑损失US＄750和递延贴水利得US＄140间的差额US＄610,应借记"折算调整额"账户。作会计分录如下:

借:折算调整额　　　　　　　　　　　　　　　　US＄610
　　递延贴水损益　　　　　　　　　　　　　　　　US＄140
　　贷:递延汇兑损益　　　　　　　　　　　　　　　　US＄750

三、对外币投资净额套期保值的实际效应

上述的折算调整额,即签订外汇远期合同时日的远期汇率与年末即期汇率之间的差价,所反映的就是对外币投资净额套期保值的实际效应。

在上述的两个例题中,例 6 的年末实际净资产 EU＄210 000 和例 7 的年末实际净负债 CA＄110 000 都超过套期时预计的净资产额和净负债额,故套期保值的效应都按预期的净资产 EU＄200 000 和预期的净负债 CA＄100 000上的折算调整额反映,套期保值全部有效。但如果实际的净资产额或净负债额低于预期的净资产额或净负债额,则只能把实际净资产额或净负债额上的折算调整额包括在权益中,也就是说,套期保值的有效范围不能超出实际的外币投资净额,其余的无效部分应计入当期净损益。

例如,例 6 中的实际净资产额不是EU＄210 000 而是EU＄180 000,则计入折算调整额的只是US＄140(US＄156×EU＄180 000/EU＄200 000),其余的US＄16(US＄156×EU＄20 000/EU＄200 000)应计作当期的汇兑损失。又如,例 7 中的实际净负债额不是 CA＄110 000 而是 CA＄92 000,则计入折算调整额的只是US＄561(US＄610×CA＄92 000/CA＄100 000),其余的US＄49(US＄610×CA＄8 000/CA＄100 000)应计作当期的汇兑损失。

正因为如此,我们在以上阐述的会计程序中,都先把汇率差反映为递延升水或贴水损益和递延汇兑损益,如果实际投资净额超过签约日的预期投资净额,已确认的损益将全部结转为"折算调整额",超过预期投资净额的部分不属于保值效应覆盖的范围;反之,如果实际投资净额低于预期投资净额,则只能将实际投资净额上的保值效应结转为折算调整额,预期投资净额上余下的递延升水或贴水损益和汇兑损益金额则属于无效部分,应计入当期净损益。

可列示在这种情况下所作结转递延贴水损益和递延汇兑损益的分录如下:

[例 6]　3.借:折算调整额	US＄140
汇兑损益	US＄16
贷:递延贴水损益	US＄44
递延汇兑损益	US＄112
[例 7]　3.借:折算调整额	US＄561
汇兑损益	US＄49
递延贴水损益	US＄140
贷:递延汇兑损益	US＄750

Accounting

最后,还需指出的是:无论对外币净资产额或外币净负债额套期保值,也可以通过借入外币贷款或购存外币来进行(我们在第十章第三节已经指出)。

▲ 第五节　外汇期货合同用于投机牟利

我们在第一节已经说明,外汇期货实质上是一种标准化的外汇远期合同。具有完整的交易与结算体系的外汇期货市场,不同于属于柜台交易性质的远期外汇市场,它便于通过"买空卖空"的方式进行投机牟利,只需交纳 5% 至 10% 的保证金,就可以"以小博大",运作高至 20 倍、低至 10 倍的交易标的。外汇期货这类衍生金融工具的高风险性,正体现在这里。

本节将阐述用以投机牟利的外汇期货的会计处理。应该指出,在投机活动的会计处理中,应用的是常规程序。这也适用于用以投机牟利的外汇期权的会计处理。

一、外汇期货交易会计处理的要领

由于期货交易是在期货交易所中进行的,它为交易的参与者建立头寸("多头"或"空头")和结算头寸提供了极大的方便和灵活性,交易的参与者可根据行情随时转手平仓,通过保证金存款办理结算,这种按"差额结算"的原则,事实上无需进行期货合同中的标的物的交割,对外汇期货合同来说,即无需进行买入或卖出的两种远期货币间的兑换。这与外汇远期合同将被持有至到期日进行交割的情况是完全不同的。因此,对外汇期货合同的会计处理,当然不同于以套期保值(避险)为目的的外汇远期合同的会计处理。也就是说,用以投机牟利的外汇期货合同,其会计处理使用的是常规程序,而无需使用套期活动会计的特殊处理程序。这也适用于用以投机牟利的外汇期权的会计处理。

(一)对外汇期货合同进行初始确认

外汇期货合同是交易的标的物,而且往往不会进行实际交割,但根据第39号国际会计准则规定,当企业成为金融工具合同条款的一方时,应该在资产负债表内确认金融资产(合同权利)或/和金融负债(合同义务),从而应在交易日初始确认,可以采用交易日会计。但由于期货合同很少到期实际交割,而是在到期前侯机转手平仓,因此也可以采用结算日会计。

(二)对初始保证金的调整与外汇期货合同公允价值变动的确认

在签订外汇期货合同时交纳的保证金,可称为初始保证金(initial margin deposit),它属于应收款的性质。期货合同公允价值(市价)的变动及其导致的盈亏,在会计中应予确认。从原则上说,此项盈亏额可以逐日计算并调整初始保证金的金额,使之达到应占交易标的物的约定百分比。但交易所往往是对保证金的余额规定一条保持线,当保证金存款降低到保持线以下时,将要求交易者追加,超过保持线时,可予退回超额部分,这是保持保证金(maintenance margin deposit)。保证金的追交或退回,也是在期货合同期间应作的会计处理。

(三)转手平仓的差额结算或到期实际交割

期货合同既然用于投机牟利,合同持有者主要是根据行情变化在合同期间转手平仓,通过保证金存款进行"差额结算",只有在到期实际交割时,才要作出实际交割的会计记录。

二、运用期汇合同投机的会计处理程序

[例8] 设某企业为投机目的与外汇经纪银行签订了一项以美元兑换英镑£20 000的90天期期货合同,并交纳10%的初始保证金。假设在这一合同到期期限内的有关汇率资料如下:

日期	即期汇率	90天期远期汇率	60天期远期汇率	30天期远期汇率
4月1日	US$1.5244/£1	US$1.5298/£1		
4月30日	US$1.5366/£1		US$1.5378/£1	
5月30日	US$1.5536/£1			US$1.5428/£1
6月29日	US$1.5252/£1			

(一)4月1日签订外汇期货合同,交纳初始保证金

1. 在签订90天期应收英镑期货合同时,应收的英镑期货合同应按当天的90天期远期汇率US$1.5298/£1折算,以确定应付美元期货合同的金额。

借:应收英镑期货合同款(£20 000)　　　　US$30 596

　　贷:应付美元期货合同款　　　　　　　　　　US$30 596

2. 同时交纳期货合同初始保证金10%。

借:外汇期货合同保证金　　　　　　　　US$3 060

　　贷:银行美元存款　　　　　　　　　　　　　US$3 060

(二)4月30日调整初始保证金,补交低于保持线的金额,并确认外汇期货合同公允价值的变动

假设交易所每隔30天对初始保证金进行调整,其保持线为外汇期货当日市价的10%。4月30日,60天期的英镑期货£20 000的市价为US$30 756(£20 000×US$1.5378/£1),保持保证金应为US$3 076,又设差额

US＄16已由企业补交。英镑期货公允价值的变动 US＄160(US＄30 756－US＄30 596)应确认为外汇期货合同利得。作会计分录如下：

借：外汇期货合同保证金　　　　　　　　　　　US＄16
　贷：银行美元存款　　　　　　　　　　　　　　　　US＄16
借：应收英镑期货合同款　　　　　　　　　　　US＄160
　贷：外汇期货合同损益　　　　　　　　　　　　　　US＄160

(三)5 月 8 日转手平仓的差额结算

假设该企业于 5 月 8 日预测英镑期货的坚挺已接近极限,决定转手平仓。设这项至 6 月 29 日到期的英镑期货当日市价为 US＄30 926,与 4 月 30 日这项英镑期货的市价 US＄30 756 之间的差额 US＄170,应确认为外汇期货合同利得,同时确认应收英镑期货合同公允价值的变动。

借：应收英镑期货合同款　　　　　　　　　　　US＄170
　贷：外汇期货合同损益　　　　　　　　　　　　　　US＄170

转手平仓时,按差额结算,即按此项应收英镑期货合同的公允价值变动额US＄330(US＄160＋ US＄170)结算,同时,收回所交保证金 US＄3 076(US＄3 060＋ US＄16)。

借：银行美元存款　　　　　　　　　　　　　　US＄3 406
　贷：应收英镑期货合同款　　　　　　　　　　　　　US＄330
　　外汇期货合同保证金　　　　　　　　　　　　　US＄3 076

外汇期货合同公允价值的变动额 US＄330 即买入英镑期货这一投机活动赚得的收益。[①]

同时,终止确认所签订的买入英镑期货合同：

借：应付美元期货合同款　　　　　　　　　　　US＄30 596
　贷：应收英镑期货合同款(£20 000)　　　　　　　　US＄30 596

假如该企业因预测英镑期货将继续坚挺,仍持有该项英镑期货合同,即上述 5 月 8 日的转手平仓交易并未发生。则应：

(四)5 月 30 日再次调整保持保证金,补交低于保持线的金额,并确认外汇期货合同公允价值的变动

5 月 30 日,30 天期的英镑期货市价为 US＄30 856 (£20 000× US＄1.5428/£1),保持保证金应为 US＄3 086,又设应补交的差额 US＄10 已交纳。英镑期货公允价值的变动 US＄100(US＄30 856－ US＄30 756)应确认

---

① 在例中略去了税款、手续费等交易费,下同。

为外汇期货合同利得。作会计分录如下：

借：外汇期货保证金　　　　　　　　　　　　　　US＄10
　　贷：银行美元存款　　　　　　　　　　　　　　　　　US＄10
借：应收英镑期货合同款　　　　　　　　　　　　US＄100
　　贷：外汇期货合同损益　　　　　　　　　　　　　　　US＄100

（五）6月12日转手平仓的差额结算

假设6月份汇率走向逆转，英镑连续下跌，6月12日，该企业决定转手平仓，这项英镑期货当日的市价已降至US＄30 480。

5月30日市价US＄30 856与6月12日市价US＄30 480之间的差额为下降US＄376，应确认为期货合同损失，同时确认应收英镑期货合同公允价值的变动。这时，外汇期货保证金的余额则为US＄3 086（US＄3 060＋US＄16＋US＄10）。转手平仓时按差额结算，英镑期货合同的公允价值变动额为－US＄116（US＄160＋US＄100－US＄376），可从应收回的保证金中扣除，作各笔会计分录如下：

借：外汇期货合同损益　　　　　　　　　　　　　US＄376
　　贷：应收英镑期货合同款　　　　　　　　　　　　　　US＄376
借：银行美元存款　　　　　　　　　　　　　　　US＄2 970
　　应收英镑期货合同款　　　　　　　　　　　　　US＄116
　　贷：外汇期货合同保证金　　　　　　　　　　　　　　US＄3 086

英镑期货合同公允价值的变动－US＄116即买入应收英镑期货这一投机活动招致的损失。该企业已错过获利的机会，由于英镑汇率变动的走势逆转，因而投机失利。

同时，应终止确认所签订的买入应收英镑期货合同：

借：应付美元期货合同款　　　　　　　　　　　　US＄30 596
　　贷：应收英镑期货合同款（£200 000）　　　　　　　　US＄30 596

（六）6月29日到期实际交割

假如该公司由于因循观望，持有此项应收英镑期货合同，直至到期日进行交割。

至6月29日，外汇期货保证金的余额为US＄3 086（5月30日调整额）；应收英镑期货合同公允价值的变动净额为US＄260（US＄160＋US＄100），也就是买入应收英镑期货这一投机牟利活动截至5月30日的收益额。6月29日，此项到期应收英镑期货£20 000需按原来锁定的90天期远期汇率用US＄30 596（£20 000×US＄1.5298/£1）买入，买入的£20 000按当日的即期汇率只值 US＄30 504(￡20 000× US＄1.5252/￡1)。应收英镑期货合同加上截至 5 月 30 日的该期货合同公允价值变动净额(贷方余额)后,因合同交割而注销的金额为 US＄30 856(US＄30 596＋ US＄260)。作会计分录如下:

1.借:银行英镑存款(￡20 000)　　　　　　　US＄30 504
　　外汇期货合同损益　　　　　　　　　　　US＄352
　　贷:应收英镑期货合同款(￡20 000)　　　　　　US＄30 856
2.借:应付美元期货合同款　　　　　　　　　US＄30 596
　　贷:外汇期货合同保证金　　　　　　　　　　US＄3 086
　　　银行美元存款　　　　　　　　　　　　US＄27 510

此项投机活动最终遭致的净损失为－US＄92(US＄260－ US＄352),与假如在 6 月 12 日转手平仓相比,由于 6 月 29 日英镑略有回升,损失额较少。在分录 2 中,在履行应付美元期货合同时,扣抵了可退还的外汇期货保证金。

研 讨 题

12-1　套期活动是否意味着消除汇率变动风险,因而总能获利?

12-2　为什么说,套期活动会计是一种特殊处理程序?你认为,现行会计准则中对运用套期活动会计的诸多限制合理吗?

12-3　应该怎样理解采用单一的公允价值计量模式后套期活动会计将被取消的问题?

12-4　确定承诺应按公允价值套期还是按现行流量套期处理?2003 年 12 月修订前和修订后 IAS 39 对此有何不同要求?对外币承诺又作了什么规定?

12-5　怎样判断对外币投资净额套期保值中的有效和无效部分?在会计处理上有什么不同?

12-6　为什么说,对外汇期货合同用于投机牟利的会计处理,遵循的是常规程序?

作 业 题

12-1　设欧元为本国货币。20×4 年 7 月 4 日美元对欧元的即期汇率为EU＄1.18910/US＄1(买入价),试求 90 天的远期汇率。设欧元 90 天期的无风险利率为 8%,美元 90 天期的无风险利率为6.2%,并计算用绝对值和百分比表示的升水或贴水。

12-2　改设美元为本国货币。其余数据一如题12-1所设。试求欧元对美元的 90 天期远期汇率,并计算用绝对值和百分比表示的升水或贴水。

12-3　设日本进口商于 20×4 年 5 月 31 日向美国进口商赊购价值US＄8 000的商品,账款清偿期为 60 天。当日即期汇率为JP￥120.50/US＄1。为了规避汇率变动风险,日本进口商于同日与外汇经纪银行签订一项按 60 天远期汇率 JP￥115.60/US＄1 把日元兑换为美元的期汇合同。又设会计年度结束于 6 月 30 日,年末的即期汇率为 JP￥122.40/US＄1,20×4 年 7 月 30 日结算时的即期汇率为 JP￥116.20/US＄1。

要求按照 2003 年 12 月修订前和修订后 IAS 39 的规定,回答此项外币承诺交易应怎样处理。然后将此项外币承诺的套期保值视作现金流量套期,为日本进口商作出为此项外币赊购交易进行套期保值而签订并履行外汇远期合同及偿付美元账款的全部分录。

12-4　题 12-3 改为美国出口商处理外币交易,货款约定按日元结算,计JP￥932 000,其余条件一如前设。

要求为美国出口商作出为这一外币赊销交易进行套期保值而签订并履行期汇合同及收回日元账款的全部分录(折算的美元金额取舍到元)。

12-5　题 12-3 改为日本进口商于 20×4 年 5 月 31 日与美国进口商签订一项在 7 月 30 日交货的订货合同。货价为US＄8 000。为了规避汇率变动风险,日本进口商于同日与外汇经纪银行签订一项为这一外币承诺套期保值的期汇合同。当天的即期汇率、60 天远期汇率、6 月 30 日的年末即期汇率、7 月 30 日付款赎单时的即期汇率一如题 12-3 所设。

要求按照修订前和修订后 IAS 39 的规定,回答此项外币承诺交易应怎样处理。然后将此项外币承诺的套期保值视作现金流量套期,为日本进口商作出签订并履行期汇合同及支付货款的全部分录。

12-6　设美国某母公司拟为其法国和德国子公司 20×5 年 12 月 31 日的预期年末欧元负债净额 EU＄ 100 000 进行套期保值,因而在 12 月 1 日与某外汇经纪银行按 30 天期的远期汇率 US＄ 1.19632/EU＄ 1 签订一项应收EU＄ 100 000 的外汇远期合同,设当日的即期汇率为 US＄ 1.19903/EU＄ 1,12 月 31 日的即期汇率为 US＄ 1.19510/EU＄ 1。又设 20×5 年 12 月 31 日法国子公司资产负债表的实际净负债额为 EU＄ 146 000,德国子公司的实际净资产额为 EU＄ 56 000。

要求作出美国母公司对欧元投资净额进行套期保值的全部会计分录。

12-7　设某企业为进行投机与外汇经纪银行于 20×4 年 7 月 1 日签订了

Accounting

一项以美元兑换瑞士法郎 SWF 10 000 的 60 天期期货合同,交纳的保证金为 10%。假设在这一合同期限内的有关汇率资料如下:

日期	即期汇率	60 天期远期汇率	30 天期远期汇率
7月1日	US$ 0.74/SWF1	US$ 0.72/SWF1	
7月30日	US$ 0.73/SWF1		US$ 0.712/SWF1
8月29日	US$ 0.714/SWF1		

为此项外汇期货套期投机作出全部分录。设(1)在 7 月 30 日转手平仓; (2)在到期日进行实际交割。并分析是获利还是亏损。

Accounting

第 十 三 章

外币报表折算

用一种货币表述的财务报表,往往为了特定目的而需要用另一种货币表述。例如,为了向外国股东或其他使用者提供本企业的财务报告,在把财务报告的本国文字翻译为外国文字的同时,把本国货币单位折算为相应的外国货币单位,以便于所在国股东或其他使用者阅读。这里,折算的目的不过是改变表述的货币单位,就像文字的翻译那样。所以,只要按照报表日期的汇率进行简单的换算就行了。

再如,在外国的证券市场发行债券或股票而提供的财务报告,基本上与上述目的的要求相同。亦即,在进行文字翻译的同时,按照报表日期的汇率把本国货币单位换算为相应的外国货币单位。但为了向可能的投资者提供更多更恰切的信息,往往还需披露本国会计准则与该外国的会计准则或国际会计准则之间的重大差别及其会计影响,作为重要的补充资料。甚或,除了翻译和换算之外,还提供另一套按该外国的会计准则或国际会计准则调整后重编的财务报告。

然而,外币报表折算最主要的目的是跨国公司合并其遍布世界各地的子公司(和分支机构)的报表,这需要先把按不同外币(往往是当地货币)表述的报表折算为以母公司报告货币(往往是本国货币)表述的报表。本章所论述的,正是为这一特定目的而对外币报表进行的折算。

在西方国家,对外币报表的折算方法,迄今尚未形成一致的国际惯例,以下将先从历史的演变过程介绍各种折算方法。

▲ 第一节 区分流动与非流动项目法

把资产负债表项目区分为流动与非流动项目,是一种传统的分类方法。

Accounting

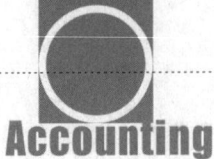

一、区分流动与非流动项目法的折算程序

把区分流动与非流动项目法(current-noncurrent method)应用于外币报表的折算,其程序是:对国外子公司资产负债表中的流动资产和流动负债项目的外币金额(子公司所在东道国的当地货币金额),应按报表日期(年末)的现行汇率折算;非流动资产和非流动负债项目的外币金额则按取得各该资产或承担各该负债时日的历史汇率折算;公司实收资本的外币金额,应按股份发行时日的历史汇率折算;留存收益则可利用资产负债表的平衡原理轧算而得。对收益表项目,除固定资产折旧费和无形资产摊销费应按取得有关资产时日的历史汇率折算外,对其他所有费用项目和收入项目,则由于形成费用和收入的交易是经常而且大量地发生的,可以按整个报告期(年度)的平均汇率(简单平均或加权平均)折算。销货成本则需根据"期初存货+本期购货-期末存货"的关系式对存货和购货分别折算后确定,因为期初期末存货是分别按上期末和本期末的汇率折算的,而购货则是按本期的平均汇率折算的。

从外币报表折算方法的历史演变过程来看,区分流动与非流动项目法是早期普遍采用过的方法。例如,美国注册会计师协会会计程序委员会在1939年发布的第4号会计研究公报《国外经营活动与外汇》中,推荐的就是区分流动与非流动项目法。第4号会计研究公报在1953年又作为第43号会计研究公报《对第1至42号会计研究公报的重述和修订》的第12章重新发表。其中规定,基于稳健原则对于折算净损失,应计入以母公司报告货币表述的合并收益;对于折算净利得,则予递延,作为暂记性项目列入以母公司报告货币表述的合并资产负债表,用来抵消未来会计期间可能发生的折算损失。对这种程序持批评意见的人认为,对折算损益如此处理,将掩盖汇率波动的真相。例如,一家企业将某一年度的折算利得递延,如果下一年度出现折算损失,由于相互抵消的结果,将使这两个年度的合并收益出现比较稳定的假象。

二、区分流动与非流动项目法的例解

以下举一简例说明区分流动与非流动项目法下外币报表的折算程序。

[例1] 新宇宙国际公司100%控股的国外子公司亚达公司以当地货币(LC,local currency)表述的20×4年12月31日的结账前试算表列在表13-2第一栏。其20×3年12月31日的已折算资产负债表则如表13-1所示。

20×4年度购货假设为LC 61 500。有关的折算汇率假设如下:

表 13-1 亚达公司已折算资产负债表

20×3 年 12 月 31 日

	当地货币	折算汇率	美 元
流动资产			
现金	LC 7 000	US$ 0.50	US$ 3 500
应收款	10 000	0.50	5 000
存货	9 000	0.50	4 500
流动资产合计	LC 26 000		US$ 13 000
固定资产(净值)	101 000	0.66	66 660
资产总计	LC 127 000		US$ 79 660
负债			
应付款	LC 23 000	0.50	US$ 11 500
长期银行借款	40 000	0.64	25 600
负债合计	LC 63 000		US$ 37 100
股东权益			
实收资本	LC 50 000	0.60	US$ 30 000
留存收益	14 000		12 560
股东权益合计	64 000		42 560
负债及股东权益总计	LC 127 000		US$ 79 660

20×4 年 12 月 31 日汇率	US$ 0.54/LC 1
20×3 年 12 月 31 日汇率	US$ 0.50/LC 1
20×4 年度平均汇率	US$ 0.52/LC 1
当年股利支付时日汇率	US$ 0.53/LC 1
股份发行时日汇率①	US$ 0.60/LC 1
固定资产取得时日汇率①	US$ 0.66/LC 1
长期银行借款借入时日汇率①	US$ 0.64/LC 1

折算程序如表 13-2 所示。据以编制的已折算收益及留存收益表为 13-3，已折算资产负债表为表 13-4。

---

① 为简化起见,假设股份是在亚达公司开业时一次发行的,固定资产是在某一时日一次购置的,长期银行借款是在某一时日一次借入的。如果有分次发行股份、分次购置固定资产或分次借入长期银行借款的情况,那就要按不同发行时日、购置时日或借入时日的汇率分别折算,而后将几个折算金额加总。

Accounting

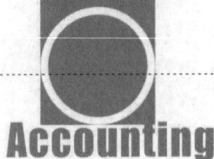

表 13-2　亚达公司报表的折算程序

项　　目	当地货币		折算汇率	美　元	
现金	LC 9 000		US $ 0.54	US $ 4 860	
应收款	7 000		0.54	3 780	
存货	11 000		0.54	5 940	
固定资产(净额)	91 000		0.66	60 060	
应付款		LC 24 000	0.54		US $ 12 960
长期银行借款		30 000	0.64		19 200
实收资本		50 000	0.60		30 000
留存收益,12/31/1993		14 000	(表13-1)		12 560
销货		100 000	0.52		52 000
销货成本	59 500		(计算如下)	30 540	
折旧费	10 000		0.66	6 600	
其他营业费用	13 800		0.52	7 176	
所得税	3 700		0.52	1 924	
已付股利	13 000		0.53	6 890	
递延折算利得					1 050
合　　计	LC 218 000	LC 218 000		US $ 127 770	US $ 127 770

销货成本的折算金额计算如下:

存货,12/31/20×3	LC　9 000×US $ 0.50/LC 1=	US $ 4 500
购货,20×4 年度	61 500×US $ 0.52/LC 1=	31 980
合　　计	LC 70 500	US $ 36 480
减:存货,12/31/20×4	11 000×US $ 0.54/LC 1=	5 940
销货成本,20×4 年度	LC 59 500	US $ 30 540

表 13-3　亚达公司已折算收益及留存收益表

20×4 年度(12 月 31 日止)

	当地货币	折算汇率	美　元
销货	LC 100 000	US$ 0.52	US$ 52 000
成本及费用			
销货成本	LC 59 500	(表 13-2)	US$ 30 540
折旧费	10 000	0.66	6 600
其他营业费用	13 800	0.52	7 176
合　计	83 300		44 316
税前收益	LC 16 700		US$ 7 684
所得税	3 700	0.52	1 924
净收益,20×4 年度	LC 13 000		US$ 5 760
留存收益,12/31/20×3	14 000	(表 13-1)	12 560
合　计	LC 27 000		US$ 18 320
已付股利	13 000	0.53	6 890
留存收益,12/31/20×4	LC 14 000		US$ 11 430

表 13-4　亚达公司已折算资产负债表

20×4 年 12 月 31 日

	当地货币	折算汇率	美　元
流动资产			
现金	LC 9 000	US$ 0.54	US$ 4 860
应收款	7 000	0.54	3 780
存货	11 000	0.54	5 940
流动资产合计	LC 27 000		US$ 14 580
固定资产(净值)	91 000	0.66	60 060
资产总计	LC 118 000		US$ 74 640
负债			
应付款	LC 24 000	0.54	US$ 12 960
长期银行借款	30 000	0.64	19 200
递延折算利得	—	(表 13-2)	1 050
负债合计	LC 54 000		US$ 33 210
股东权益			
实收资本	LC 50 000	0.60	US$ 30 000
留存收益	14 000	(表 13-3)	11 430
股东权益合计	64 000		41 430
负债及股东权益总计	LC 118 000		US$ 74 640

411

在例1中,我们按照美国第43号会计研究公报的规定,把折算净利得递延。如果不遵循这一程序,而将其计入当年已折算的净收益,则20×4年度的已折算净收益将是 US＄6 810 (US＄5 760＋US＄1 050)。

三、递延折算利得会掩盖汇率变动真相

为了说明这一问题,现假设20×5年度未计入折算损益的已折算净收益也是 US＄5 760,并假设这一年在折算中形成折算净损失 US＄1 120。按照美国第43号会计研究公报的规定,此项折算净损失将与上年结转的递延折算利得 US＄1 050互抵,只把互抵后的余额 US＄70(US＄1 120－US＄1 050)列为 20×5年度的折算损失,计入这一年的已折算净收益,故20×5年度的已折算净收益将为 US＄5 690(US＄5 760－US＄70)。如果不遵循递延折算利得以抵消未来年度可能发生的折算损失的程序,则20×5年度的已折算净收益只是 US＄4 640(US＄5 760－US1 120)。列表对比如表13-5。

表 13-5   递延折算利得掩盖汇率变动真相

会计处理程序	未计入折算损益的已折算净收益		递延折算利得		折算损益利得(＋)损失(－)		已计入折算损益的已折算净收益	
	20×4	20×5	20×4	20×5	20×4	20×5	20×4	20×5
递延抵消	$5 760	$5 760	$1 050	—	—	－$70	$5 760	$5 690
不递延抵消	$5 760	$5 760	×	×	＋$1 050	－$1 120	$6 810	$4 640

表中以"$"代表"US$"。

从表13-5中显然可以看出,在20×4年度递延折算利得以抵消20×5年度折算损失的程序,掩盖了这两个年度汇率变动的真相,予人以汇率相对稳定的错觉。

当然,在采用区分流动与非流动项目的折算方法时,也可以不采用将折算利得递延以抵消未来年度可能发生的折算损失的程序,而将每年的折算损益,不问其为损失或利得,一律计入各该年度的已折算净收益。

四、区分流动与非流动项目法的缺陷

把区分流动与非流动项目的传统概念应用于外币报表折算,其缺陷日益为人们所认识。因为,区分流动与非流动资产和负债的定义不能说明为什么这种分类方案将决定在折算程序中应用什么汇率。按期末现行汇率折算流动

资产意味着现金、应收款和存货都同样承受汇率风险,这对按历史成本计价的存货来说是不恰当的。相反的,存货却和固定资产一样,在按取得日的历史成本用历史汇率折算后,就与今后的汇率变动脱钩了。比如说,子公司所在东道国的当地货币对母公司本国货币的汇率下跌了,但随着当地货币贬值后进口物价的上涨,存货是不会受通货贬值的影响的。反之亦然。只有按当地货币(外币)的固定金额表述的现金和应收款,才会承受汇率变动的影响,因而要按期末现行汇率折算。

此外,按历史汇率折算属于非流动负债的长期银行借款和应付公司债等项目,则由于它们按当地货币表述的金额是固定的,从而抹杀了它们应承受的汇率变动影响。

对此,美国第43号会计研究公报第12章在重述第4号会计研究公报时作了一些修订,认可了在特定情况下存货可以按历史汇率折算;对于在汇率发生重大的很可能不会逆转的变动前夕因取得非流动资产而举借的非流动负债,可以按现行汇率折算;从而形成的账面差额,则处理为对该项资产成本的调整,而不确认为汇兑损益。但这从外币交易折算的观点来看,无异于又回到"单一交易观点"上去了。

到1965年,美国当时的会计准则制定机构美国注册会计师协会会计原则委员会在第6号意见书《会计研究公报的现状》中,进而认可了对所有的外币应收款和应付款(不论其为流动或非流动项目)都可按现行汇率折算。对第43号会计研究公报第12章的这一修订,实际上标志着美国在外币报表的折算程序上,已经离开区分流动与非流动项目法了。

外币报表折算的区分流动与非流动项目法,可以说是正在被淘汰的方法。至20世纪80年代,就只有少数国家和地区如新西兰、巴基斯坦、伊朗、南非、赞比亚、马拉维、萨尔瓦多等还流行此法。

▲ 第二节 区分货币性与非货币性项目法

外币报表折算的区分货币性与非货币性项目法(monetary-non-monetary method),是由美国S. R. 赫普华斯(Hepworth)教授在1957年发表的《对国外经营活动的报告》一文中创议的。

一、区分货币性与非货币性项目法的折算程序

赫普华斯从分析汇率变动对资产和负债项目的不同影响入手,把资产和

负债项目区分为货币性项目和非货币性项目两类。货币性项目的特征是:它们的价值是按外币(一般是子公司所在东道国的当地货币①)的固定金额表述的,汇率一有变动,它们的本国货币(母公司报告货币)等值就会发生变动。除现金本身外,表示将在未来收回或付出一笔固定的外币金额的权利或责任的应收款或应付款,不管其是流动还是非流动项目,都属货币性项目,它们在子公司资产负债表上的外币余额,应该按期末现行汇率折算为本国货币等值。这样,属于非流动负债的长期货币性债务,也就要按现行汇率而不是按历史汇率折算。而属于流动资产的存货,则被排除在货币性资产之外而属于非货币性资产。固定资产、长期投资、无形资产等非流动资产在性质上也属于非货币性资产,当汇率变动时,非货币性资产的当地货币(外币)价值不是固定不变的,它们将随着当地通货贬值或升值后当地进口物价的上涨或下跌而变动。因此,它们的按历史成本计量的价值,应按取得日的历史汇率折算为母公司的报告货币(本国货币)。也就是说,非货币性资产的当地货币价值,在按取得日的汇率折算为本国货币价值后,就与今后的汇率变动脱钩了。从而,国外子公司报表中的非货币性资产项目的按历史成本计量的当地货币余额,也就要按取得日的历史汇率折算。对于所承担的将在未来提供商品或劳务的非货币性负债项目来说,也是如此(但非货币性负债项目在实务中是较少见的)。②

在股东权益部分,公司的实收资本是按股份发行时日的历史汇率折算的,也可以把它归入非货币性项目。留存收益则是利用资产负债表平衡原理轧算的数字。

对于收益表项目,除固定资产折旧费和无形资产摊销费应按取得有关资产时日的历史汇率折算外,所有费用及收入项目都是按报告期的平均汇率(加权平均或简单平均)折算的。对于销货成本,则要按"期初存货＋本期购货－期末存货"的关系式,对存货和购货分别按它们的适用汇率折算后确定。

在所有资产负债表项目和收益表项目的折算过程中形成的折算损益,都计入当年的已折算净收益,包括在合并净收益中。递延折算利得以抵消未来期间可能发生的汇兑损失的程序,已被摒弃。

在实务中,并不区分折算损益与实际发生的外汇兑换损益,而把它们都反映在"汇兑损益"项目中。但在本章的叙述中,为了突出折算损益的性质,仍单独使用"折算损益"这一术语。

---

① 这通常是根据东道国的法令要求。

② 以上阐述的这些概念,与我们在外币交易会计中应用的概念是一致的。

二、区分货币性与非货币性项目法的例解

仍应用例 1 说明区分货币性与非货币性项目法下外币报表的折算程序。

[例 2]　新宇宙国际公司 100％控股的国外子公司亚达公司以当地货币表述的 20×4 年度收益及留存收益表和 20×4 年 12 月 31 日的资产负债表中的数据一如前设。其 20×3 年 12 月 31 日的已折算资产负债表如表 13-6。

表 13-6　亚达公司已折算资产负债表

20×3 年 12 月 31 日

	当地货币	折算汇率	美　元
流动资产			
现金	LC 7 000	US$ 0.50	US$ 3 500
应收款	10 000	0.50	5 000
存货（按成本 LC 6 000，按市价 LC 3 000）	9 000	0.49	4 410
流动资产合计	LC 26 000		US$ 12 910
固定资产（净值）	101 000	0.66	66 660
资产总计	LC 127 000		US$ 79 570
负债			
应付款	LC 23 000	0.50	US$ 11 500
长期银行借款	40 000	0.50	20 000
负债合计	LC 63 000		US$ 31 500
股东权益			
实收资本	LC 50 000	0.60	US$ 30 000
留存收益	14 000		18 070
股东权益合计	64 000		48 070
负债及股东权益总计	LC 127 000		US$ 79 570

20×4 年度购货仍假设为 LC 61 500。适用的汇率也一如前设。在区分货币性和非货币性项目法下,存货将按历史汇率折算,但由于存货品类众多,采购频繁,要逐项追溯其购入时日的历史汇率是难以做到的;而且,存货发出的计价方法也带有假设性,折算时采用的历史汇率,还需与存货发出的计价方法相联系。例如,如果采用的计价方法是加权平均法,那么,采用全年的平均汇率折算期末存货是恰当的;如果采用先进先出法,则可以假设期末存货是在

Accounting

接近年末的若干月份内购入的,可以接近年末的若干月的平均汇率为折算汇率;但如果采用后进先出法①,对期末存货的折算则要选用接近年初的若干月的平均汇率。在本例中,假设对存货发出计价采用先进先出法,并假设年末存货大致上是第 4 季度购入的,故选用第 4 季度的平均汇率为折算汇率。现将需要应用的汇率数据列示如下:

20×4 年 12 月 31 日汇率	US＄0.54/LC 1
20×3 年 12 月 31 日汇率	US＄0.50/LC 1
20×4 年第 4 季度平均汇率	US＄0.525/LC 1
20×3 年第 4 季度平均汇率	US＄0.49/LC 1
20×4 年度平均汇率	US＄0.52/LC 1
当年股利支付时日汇率	US＄0.53/LC 1
股份发行时日汇率	US＄0.60/LC 1
固定资产取得时日汇率	US＄0.66/LC 1

我们当然可以根据结账前试算表进行折算,就像我们在采用区分流动与非流动项目法时所做的那样。但既然折算损益已确定逐年计入合并净收益,我们就可以先折算年末资产负债表,因为年末留存收益可根据资产负债表的平衡原理轧算而得;而后再折算收益及留存收益表,并用倒算法算出折算损益。

20×4 年 12 月 31 日的已折算资产负债表见表 13-7;20×4 年度已折算收益及留存收益表见表 13-8。

表 13-8 中,计入 20×4 年度已折算净收益中的折算损益(例中为折算损失),可从年末留存收益折算金额(取自表 13-7 已折算资产负债表)开始,按以下步骤倒算而得:

US＄15 315＋US＄6 890＝US＄22 205(年初留存收益与本年净收益合计数)

US＄22 205－US＄18 070＝US＄4 135(本年净收益)

US＄4 135＋US＄1 924＝US＄6 059(本年税前收益)

US＄52 000－US＄6 059＝US＄45 941(本年成本及费用合计)

US＄45 941－(US＄30 615＋US＄6 600＋US＄7 176)＝US＄1 550(折算损失)

---

① 在 IASB 于 2003 年 12 月发布的《改进国际会计准则》项目中,改进后 IAS 2《存货》已废止了后进先出法;但美国 FASB 在 2004 年 11 月发布的 FAS 151《存货计价》中则仍保留后进先出法。

表 13-7 亚达公司已折算资产负债表

20×4 年 12 月 31 日

	当地货币	折算汇率	美 元
流动资产			
现金	LC 9 000	US$ 0.54	US$ 4 860
应收款	7 000	0.54	3 780
存货(按成本 LC 8 000, 按市价 LC 3 000)	11 000	0.525	5 775
流动资产合计	LC 27 000		US$ 14 415
固定资产(净值)	91 000	0.66	60 060
资产总计	LC 118 000		US$ 74 475
负债			
应付款	LC 24 000	0.54	US$ 12 960
长期银行借款	30 000	0.54	16 200
负债合计	LC54 000		US$ 29 160
股东权益			
实收资本	LC 50 000	0.60	US$ 30 000
留存收益	14 000		15 315*
股东权益合计	64 000		45 315
负债及股东权益总计	LC 118 000		US$ 74 475

* 留存收益＝资产总计 US$ 74 475－负债合计 US$ 29 160－实收资本US$ 30 000
＝US$ 15 315。

表 13-8　亚达公司已折算收益及留存收益表

20×4 年度(12 月 31 日止)

	当地货币	折算汇率	美　元
销货	LC 100 000	US$0.52	US$52 000
成本及费用			
销货成本	LC 59 500	(折算如下)	US$30 615
折旧费	10 000	0.66	6 600
其他营业费用	13 800	0.52	7 176
折算损失	—	(倒算)	1 550
合　计	83 300	(倒算)	45 941
税前收益	LC 16 700	(倒算)	US$6 059
所得税	3 700	0.52	1 924
净收益,20×4 年度	LC 13 000	(倒算)	US$4 135
留存收益,12/31/20×3	14 000	(表 13-6)	18 070
合　计	LC 27 000	(倒算)	US$22 205
已付股利	13 000	0.53	6 890
留存收益,12/31/20×4	LC 14 000	(表 13-7)	US$15 315
销货成本的折算			
存货,12/31/20×3	LC 9 000×US$0.49＝US$4 410		
购货,20×4 度	61 500×US$0.52＝ 31 980		
合　计	LC 70 500	US$36 390	
存货,12/31/20×4	11 000×US$0.525＝ 5 775		
销货成本,20×4 年度	LC 59 500	US$30 615	

三、区分货币性与非货币性项目法的缺陷

区分货币性与非货币性项目法恰当地分析了汇率变动对资产和负债项目的影响,因此,在外币报表折算方法的演变过程中,它势必取代区分流动与非流动项目法而成为流行的方法。对赫普华斯的这一创议,美国全国会计人员

协会(NAA)在1960年就表示赞同。前已述及的美国会计原则委员会第6号意见书,实质上也已经转向区分货币性与非货币性项目法,因为它已经认可了对长期应收款和应付款(货币性项目)都应按现行汇率折算。

然而,区分货币性与非货币性项目法仍有其缺陷,它仍然没有超越对资产和负债项目进行某种分类组合的框框。它恰当地分析了汇率变动对资产和负债项目的影响,从而提出货币性项目与非货币性项目的分类概念,以此作为选择折算汇率(是现行汇率还是历史汇率)的准绳。但是外币报表折算(和外币交易折算)涉及的是会计计量问题而不是分类问题,区分货币性与非货币性项目法未能触及外币折算问题的实质。

决定资产和负债项目在报表中如何分类的特性,不一定与选用适当的折算汇率相关。在以上的阐述中,所以一直强调对非货币性项目的历史成本计量,其原因就在于此。赫普华斯的分析是以"纯"的历史成本计量模式为前提的,但是当今流行的会计计量模式是"不纯"的历史成本计量模式,非货币性资产项目在按历史成本计价时,选用历史汇率将其外币价值折合为本国货币等值是合适的,但在按现行成本计价时就不合适了。我们在例中假设年末存货余额LC 11 000中,根据"成本与市价孰低"规则,按成本计量的是LC 8 000,按市价计量的是LC 3 000。但区分货币性与非货币性项目法只是把存货归入非货币性项目一类,而无视其计量属性(它们的会计计量基础)的差别。对此,美国财务会计准则委员会在第8号财务会计准则公告《外币交易会计与外币财务报表折算》中,对区分货币性与非货币项目法提出了颇有说服力的批评:

"单单从区分货币性与非货币性项目中,不可能推导出折算的全面原则,在不同的情况下,非货币性资产和负债是根据不同的基础(例如历史价格或现行价格)计量的,都按照历史汇率折算不一定总是合适的。如果该项目是按历史成本表述的,按历史汇率折算非货币性项目能得出合理的结果;然而,如果它是按照外币的现行市价表述的,那就不可能得出合理的结果了。……以致有一些支持区分货币性与非货币性项目法的人论证说,如果像投资和存货这样的非货币性资产是按市价表述的话,它们就变成货币性资产了。"

怎样从会计计量概念上来推导出折算的全面原则呢?我们将在下一节外币报表折算的时态法中加以阐述。

在20世纪80—90年代,对外币报表的折算仍流行区分货币性与非货币性项目法的国家和地区有:瑞典、芬兰、菲律宾、韩国、台湾、尼加拉瓜、危地马拉、洪都拉斯、哥斯达黎加、巴哈马等。

▲ **第三节　时态法**

可以说,时态法(temporal method,或译"时间量度法")正是针对区分货币性与非货币性项目法的上述缺陷,从会计计量概念上进一步推导出外币报表折算的全面原则。这是美国会计学家 L. 洛伦森(Lorensen)作出的贡献。

一、时态法的折算程序

洛伦森在他为美国注册会计师协会进行的专题研究《按美元报告美国公司的国外经营活动》(AICPA 第 12 号会计专题研究报告)中,全面地论述了外币折算的时态原则。

洛伦森明确指出,外币折算只是一种计量变换程序,是对既定价值(按外币计量的)的重新表述。因此,它不应该改变被计量项目的属性(它们的会计基础),而只是改变计量的货币单位(改用本国货币计量)。

根据这一原则对资产和负债项目进行具体分析:无论是在历史成本计量模式下还是在现行成本计量模式下,现金总是按照资产负债表日期持有的金额计量的;应收款和应付款则是按资产负债表日期可望在未来收回或偿付的货币金额计量的,这是货币性资产和负债项目的计量属性。对于非货币性资产和负债项目,在历史成本计量属性下,是按取得或承担时日的货币价格计量的;在现行成本计量属性下,则是按照它们在资产负债表日期的市价(现行重置价格或可变现净值)计量的。

根据洛伦森的见解,保持用以计量外币项目的属性(它们的会计基础)的最好方式,是按照外币计量所属时日的实际汇率来折算它们的外币金额,"时态"(temporal)一词的含义即在于此。他在那份专题研究报告中写道:

"货币和按承诺的金额计量的应收款和应付款,应该按照资产负债表日期的实际汇率折算,按照货币价格计量的资产和负债应该按照货币价格所属时日的实际汇率折算。"

根据上述原则,在时态法下,对外币报表各项目的折算程序,可表述如下:

现金和应收款、应付款,不论在历史成本计量模式下还是在现行成本计量模式下,都要按现行汇率(期末汇率)折算。按历史成本表述的非货币性资产(和负债)要按历史汇率折算,按现行成本表述的非货币性资产(和负债)要按现行汇率折算。对于股东权益,实收资本总是按股份发行时日的历史汇率折算,留存收益则为利用资产负债表平衡原理折算的数字。

收入和费用项目要按交易发生时日的实际汇率折算。但因为导致收入和费用的交易是经常且大量地发生的,可以应用平均汇率(加权平均或简单平均)折算。对固定资产折旧费和无形资产摊销费,则要按取得有关资产时日的历史汇率折算。销货成本需应用"年初存货＋本年购货－期末存货"的关系式,在对存货和购货按不同的适用汇率折算后算出。

所有资产负债表项目和收益表项目在折算过程中形成的折算净损益,应计入当年的合并收益。

二、时态法的例解

仍应用前例说明时态法下外币报表的折算程序。

[例3] 新宇宙国际公司100％控股的国外子公司亚达公司20×3年12月31日的已折算资产负债表如表13-9。20×4年12月31日已折算资产负债表(表13-10)中,以当地货币表述的数据一如前设。20×4年度已折算收益及留存收益表如表13-11所示。

表13-9 亚达公司已折算资产负债表

20×3年12月31日

	当地货币	折算汇率	美　元
流动资产			
现金	LC 7 000	US$ 0.50	US$ 3 500
应收款	10 000	0.50	5 000
存货			
按成本	6 000	0.49	2 940
按市价	3 000	0.50	1 500
流动资产合计	LC 26 000		US$ 12 940
固定资产(净值)	101 000	0.66	66 660
资产总计	LC 127 000		US$ 79 600
负债			
应付款	LC 23 000	0.50	US$ 11 500
长期银行借款	40 000	0.50	20 000
负债合计	LC 63 000		US$ 31 500
股东权益			
实收资本	LC 50 000	0.60	US$ 30 000
留存收益	14 000		18 100
股东权益合计	64 000		48 100
负债及股东权益总计	LC 127 000		US$ 79 600

表 13-10 亚达公司已折算资产负债表

20×4 年 12 月 31 日

	当地货币	折算汇率	美　元
流动资产			
现金	LC 9 000	US＄0.54	US＄4 860
应收款	7 000	0.54	3 780
存货			
按成本	8 000	0.525	4 200
按市价	3 000	0.54	1 620
流动资产合计	LC 27 000		US＄14 460
固定资产(净值)	91 000	0.66	60 060
资产总计	LC 118 000		US＄74 520
负债			
应付款	LC 24 000	0.54	US＄12 960
银行长期借款	30 000	0.54	16 200
负债合计	LC 54 000		US＄29 160
股东权益			
实收资本	LC 50 000	0.60	US＄30 000
留存收益	14 000		15 360*
股东权益合计	64 000		45 360
负债及股东权益总计	LC 118 000		US＄74 520

* 留存收益＝资产总计 US＄74 520－负债合计 US＄29 160－实收资本 US＄30 000
＝US＄15 360。

表 13-11 亚达公司已折算收益及留存收益表

20×4年度(12月31日止)

	当地货币	折算汇率	美　元
销货	LC 100 000	US＄0.52	US＄52 000
成本及费用			
销货成本	LC 59 500	(折算如下)	US＄30 615
折旧费	10 000	0.66	6 600
其他营业费用	13 800	0.52	7 176
折算损失	—	(倒算)	1 535
合　计	83 300	(倒算)	45 926
税前收益	LC 16 700	(倒算)	US＄6 074
所得税	3 700	0.52	1 924
净收益,20×4年度	LC 13 000	(倒算)	US＄4 150
留存收益,12/31/20×3	14 000	(表13-9)	18 100
合　计	LC 27 000	(倒算)	US＄22 250
已付股利	13 000	0.53	6 890
留存收益,12/31/20×4	LC 14 000	(表13-10)	US＄15 360

销货成本的折算：

存货,12/31/20×3	LC　9 000×US＄0.49 ＝	US＄4 410
购货,20×4年度	61 500×US＄0.52 ＝	31 980
合　计	LC 70 500	US＄36 390
存货,12/31/20×4	11 000×US＄0.525＝	5 775
销货成本,20×4年度	LC 59 500	US＄30 615

20×4 年度购货金额仍假设为 LC 61 500。适用的汇率一如区分货币性与非货币性项目法中所设,不再转述。

这里,我们也采用先折算年末资产负债表、而后折算收益及留存收益表的程序,并用倒算法算出折算损益。销货成本的折算仍建立在存货按历史汇率折算的基础上进行,以便揭示按市价计量的那部分存货因按现行汇率折算而带来的影响。

在表 13-11 中,计入 20×4 年度已折算净收益的折算损益(例中为折算损失),可从年末留存收益折算金额(取自表 13-10 已折算资产负债表)开始,按以下步骤倒算而得:

US＄15 360＋US＄6 890＝US＄22 250(年初留存收益与本年净收益合计数)

US＄22 250－US＄18 100＝US＄4 150(本年净收益)

US＄4 150＋US＄1 924＝US＄6 074(本年税前收益)

US＄52 000－US＄6 074＝US＄45 926(本年成本与费用合计)

US＄45 926－(US＄30 615＋US＄6 600＋US＄7 176)＝US＄1 535(折算损失)

三、折算损益的验证程序

在阐述区分流动与非流动项目法和区分货币性与非货币性项目法的例子中,我们对算出的折算损益,都未加以验证。它是可以通过如下的程序验证的。现以时态法为例加以说明。

在时态法下,承受汇率变动影响的,是货币性资产和负债项目以及按现行成本计价的非货币项目。[①] 所承受的影响可从以下三方面来计算:

1.在年初货币性资产(或负债)净额上所承受的汇率变动影响;

2.在本年度净货币性资产(或负债)的增加(或减少)额上所承受的汇率变动影响;

3.在年初、年末存货中按市价计价的部分所承受的汇率变动影响。

对例子中的折算损失 US＄1 535 验证如表 13-12。

---

① 如果要对前两种方法的折算损益验证,在区分流动与非流动项目法下,承受汇率变动影响的是流动资产和负债项目;在区分货币性与非货币性项目法下,则是货币性资产和负债项目。

表 13-12　折算损益的验证

1.净货币性负债额,12/31/20×3		(LC 46 000)①	
汇率,12/31/20×4	US＄0.54		
汇率,12/31/20×3	0.50	×US＄0.04	(US＄1 840)
2.20×4 年度净货币性负债减少额		LC 8 000②	
来自经营活动		LC 21 000③	
汇率,12/31/20×4	US＄0.54		
汇率,20×4 年度平均	0.52	×US＄0.02	US＄420
减:已付股利		(LC 13 000)	
汇率,12/31/20×4	US＄0.54		
汇率,股利支付日	0.53	×US＄0.01	(US＄130)
3.按市价计价的存货,12/31/20×3		(LC 3 000)	
汇率,12/31/20×3	US＄0.50		
汇率,20×3 年第 4 季度	0.49	US＄0.01	(US＄30)
减:按市价计价的存货,12/31/20×4		LC 3 000	
汇率,12/31/20×4	US＄0.54		
汇率,20×4 年第 4 季度	0.525	US＄0.015	US＄45
汇兑损失			(US＄1 535)④

注:

①货币性资产合计 LC 17 000－货币性负债合计 LC 63 000＝(LC 46 000),净负债额用负数表示。

②货币性负债净额,12/31/20×4－货币性负债净额,12/31/20×3＝(LC 38 000)＊－(LC 46 000)＝LC 8 000,负债减少额用正数表示。

　＊货币性资产合计 LC 16 000－货币性负债合计 LC 54 000＝(LC 38 000)

③在经营活动中,影响货币性负债净额减(增)的因素是:销货收入－(购货支出＋其他营业费用支出＋所得税支出)＝LC 100 000－(LC 61 500＋LC 13 800＋LC3 700)＝LC 21 000

　LC 8 000－LC 21 000＝已付股利(LC 13 000)

④负数为损失(正数为利得),即应列入从来自经营活动的销售收入中扣减的成本和费用项目。

四、时态法是区分货币性与非货币性项目法的进一步完善

从前面的叙述中就可看出,时态法是在区分货币性与非货币性项目的基础上,用会计计量概念阐明了外币报表折算的全面原则。时态法不是对区分货币性与非货币性项目法的否定,而是对它的进一步完善。

Accounting

　　显然,在"纯"的历史成本计量模式下,由于非货币性项目都是按历史成本计量的,时态法和区分货币与非货币性项目法的折算程序也就完全相同了。只有在对存货和投资的计价采用成本与市价孰低规则时,这两种方法才会得出不同的折算结果。从另一方面看,假如一旦以现行成本计量模式取代历史成本计量模式,那么,根据时态原则进行的折算程序,也就成为对所有资产和负债项目都按现行汇率折算的现行汇率法了。但是,当今在世界范围内流行的会计计量模式还是历史成本计量模式,只是不很纯粹罢了。在历史成本计量模式下,时态法和我们即将在下一节阐述的现行汇率法,是有根本性的差别的。

　　至今在外币报表折算中流行时态法的国家和地区有:美国、加拿大、英国、奥地利、阿根廷、秘鲁、委内瑞拉、玻利维亚、厄瓜多尔、巴拿马、牙买加、百慕大等。一些在20世纪80年代还流行区分货币性与非货币性项目法的国家,由于它们的历史成本计量模式已不再那么"纯",事实上其折算方法也趋向时态法了。

　　美国财务会计准则委员会在1975年发布的第8号财务会计准则公告《外币交易会计与外币财务报表折算》中,把时态法确立为外币报表折算的唯一公认会计准则,以结束在先前的外币报表折算准则文告中允许采用的多种处理方法。明确规定不再允许递延和抵消折算损益,而规定必须把折算损益计入汇率变动当年的合并净收益。第8号财务会计准则一开始就引起争议。评论者有的称赞这一公告具有鲜明的特征和概念依据,但不少跨国公司则抱怨这一公告使跨国公司的报告收益比单纯从事国内经营活动的公司显得更加多变,只要汇率一波动,跨国公司的报告收益就会出现波动。我们在前面已经指出过外币折算程序中关于"利润平稳化问题的争论"。

　　如前所述,美国财务会计准则委员会已在1981年以第52号财务会计准则公告《外币折算》取代第8号财务会计准则公告。第52号财务会计准则公告并没有对时态法的折算程序进行什么修订,但同时推荐现行汇率法,认为它们是适应不同情况的要求而可以选用其中之一的公认准则(我们将在第五节详细探讨这个问题)。英国则在1983年发布的第20号标准会计惯例公告《外币折算》中,也基于类同的见解而同时推荐现行汇率法和时态法,在此之前,英国的流行惯例则是现行汇率法。基于类同的见解同时推荐时态法和现行汇率法的还有加拿大的第1650节会计建议书《外币折算》。

　　值得特别提出的是日本,日本企业会计评议会在1979年发布的关于外币报表折算的会计准则中,结合了时态法和区分流动与非流动项目法两者的特点。一般地说,外币报表是应用时态法折算的,但长期货币性负债除外,它们可以按历史汇率折算。其目的显然是避免在较巨额的长期外币债务上因汇率的较大幅度波动而可能导致的折算损益,这是比允许递延折算利得以抵消未来可能发生的折算损失更着眼于利润平稳化的做法。而且,日本的这一会计准则还规定,不把折算损益计入当年合并净收益,而是作为"折算调整额"列入合并资产负债表的资产方或负债方,这在概念依据上也是混乱的。此外还规定,对在非常的货币环境下从事经营活动的公司,给予可以采用其他合理的会计和报告方法的灵活性。

▲ 第四节 现行汇率法

现行汇率法(current rate method)或称期末汇率法(closing rate method),是与上述三种外币报表折算方法在概念依据上完全不同的方法。

一、现行汇率法的折算程序

在现行汇率法下,对外币报表中的所有资产和负债项目,都按期末的现行汇率折算。对于收益表内的收入和费用项目,则一律按确认这些项目的现行汇率折算。美国第52号财务会计准则要求按平均汇率,英国的第20号标准会计惯例和第21号国际会计准则都允许在平均汇率或期末汇率之间作出选择。这样,对外币报表的所有项目,实际上都是乘上一个常数,因而它是最简便的折算方法。只有实收资本仍按股份发行时日的汇率折算,以便以此为基准,把折算过程中形成的差额确认为包括在合并股东权益内的"折算调整额",而不是计入各期合并净收益的"折算损益"。折算调整额将逐年累积,并与留存收益分开列示。

当今,在世界范围内通行的会计计量模式仍是历史成本计量模式。如果按照时态法等外币报表折算方法的同样构思,那么,现行汇率法无异于假设以外币表述的所有资产和负债项目都将承受汇率变动的影响,这显然是不合理的。以现行汇率来折算一项历史成本金额,得出的结果既不像历史成本,又不像现行市价。所以,如果就外币计量所属时日按非货币性资产和负债项目的计量属性来评价现行汇率法,在概念依据上简直是荒谬的。应该从另一个角度来理解现行汇率法。即它衡量的是汇率变动对母公司在子公司的投资净值(净资产)的影响。这一折算方法的着眼点,在于保持子公司财务报表原来表述的财务结果和关系(如财务汇率),它不改变外币报表的性质,而只是改变其形式。不同货币单位的折算就像不同语言的翻译那样。

正因为如此,在现行汇率法下,才要在合并资产负债表的股东权益中以独

Accounting

立的项目列示折算调整额。在让售这家子公司或是认为这一投资净值已永久性地减值之前,逐年累积的折算调整都不转入合并留存收益。

二、现行汇率法的例解

仍应用前例说明现行汇率法下外币报表的折算程序。

[例 4] 新宇宙国际公司 100％控股的国外子公司亚达公司以当地货币表述的 20×4 年度收益及留存收益表和 20×4 年 12 月 31 日资产负债表中的数据一如前设。其 20×3 年 12 月 31 日的已折算资产负债表如表 13-13 所示,公司的已折算收益及留存收益表如表 13-14 所示,已折算资产负债表如表 13-15 所示。

表 13-13 亚达公司已折算资产负债表

20×3 年 12 月 31 日

	当地货币	折算汇率	美　元
流动资产			
现金	LC 7 000	US$ 0.50	US$ 3 500
应收款	10 000	0.50	5 000
存货	9 000	0.50	4 500
流动资产合计	LC 26 000		US$ 13 000
固定资产(净值)	101 000	0.50	50 500
资产总计	LC 127 000		US$ 63 500
负债			
应付款	LC 23 000	0.50	US$ 11 500
长期银行借款	40 000	0.50	20 000
负债合计	LC 63 000		US$ 31 500
股东权益			
实收资本	LC 50 000	0.60	US$ 30 000
留存收益	14 000		6 625
累计折算调整额	—		(4 625)
股东权益合计	64 000		32 000
负债及股东权益总计	LC 127 000		US$ 63 500

汇率也一如前设,需要应用的汇率列示如下:

20×4 年 12 月 31 日汇率	US$ 0.54/LC 1
20×3 年 12 月 31 日汇率	US$ 0.50/LC 1
20×4 年平均汇率	US$ 0.52/LC 1
当年股利支付时日汇率	US$ 0.53/LC 1
股份发行时日汇率	US$ 0.60/LC 1

表 13-14　亚达公司已折算收益及留存收益表

20×4 年度(12 月 31 日止)

	当地货币	折算汇率	美　元
销货	LC 100 000	US $ 0.52	US $ 52 000
成本及费用			
销货成本	LC 59 500	0.52	US $ 30 940
折旧费	10 000	0.52	5 200
其他营业费用	13 800	0.52	7 176
合　计	83 300		43 316
税前收益	LC 16 700		US $ 8 684
所得税	3 700	0.52	1 924
净收益,20×4 年度	LC 13 000		US $ 6 760
留存收益,12/31/20×3	14 000		6 625
合　计	LC 27 000		US $ 13 385
已付股利	13 000	0.53	6 890
留存收益,12/31/20×4	LC 14 000		US $ 6 495

表 13-15　亚达公司已折算资产负债表

20×4 年 12 月 31 日

	当地货币	折算汇率	美　元
流动资产			
现金	LC 9 000	US $ 0.54	US $ 4 860
应收款	7 000	0.54	3 780
存货	11 000	0.54	5 940
流动资产合计	LC 27 000		US $ 14 580
固定资产(净值)	91 000	0.54	49 140
资产总计	LC 118 000		US $ 63 720
负债			
应付款	LC 24 000	0.54	US $ 12 960
长期银行借款	30 000	0.54	16 200
负债合计	LC 54 000		US $ 29 160
股东权益			
实收资本	LC 50 000	0.60	US $ 30 000
留存收益	14 000	(表13-14)	6 495
累计折算调整额	—		(1 935)*
股东权益合计	64 000		34 560
负债及股东权益总计	LC 118 000		US $ 63 720

* 累计折算调整额＝资产总计 US $ 63 720－负债合计 US $ 29 160－实收资本 US $ 30 000－留存收益 US $ 6 495＝－US $ 1 935

Accounting

在现行汇率法下,由于把折算调整额列入已折算资产负债表的股东权益,故折算可先从收益及留存收益表开始,而后对资产负债表进行折算,并利用资产负债表的平衡原理轧算出当年末的累计折算调整额。

三、累计折算调整额的验证程序

对利用资产负债表平衡原理折算得出的累计折算调整额,可通过以下程序进行验证。

在现行汇率法的折算程序下,所有构成净资产的资产和负债项目都承受汇率变动的影响。这同样可以从两方面来计算:

1. 在年初净资产(负债)额上所承受的汇率变动影响;

2. 在本年度净资产(负债)增减(减增)额上所承受的汇率变动影响。

以上算得的是本年度的折算调整额。而后,在本年度折算调整额上,再加上年初累计的折算调整额,以计算截至年末的累计折算调整额。详见表 13-16。

表 13-16　累计折算调整额的验证

1.净资产额,12/31/20×3		LC 64 000①	
汇率,12/31/20×4	US $ 0.54		
汇率,12/31/20×3	0.50	×US $ 0.04	US $ 2 560
2.20×4 年度净资产增加额		LC 0②	
来自经营活动		LC 13 000③	
汇率,12/31/20×4	US $ 0.54		
汇率,20×4 年度平均	0.52	×US $ 0.02	US $ 260
减:已付股利		(LC 13 000)	
汇率,12/31/20×4	US $ 0.54		
汇率,股利支付日	0.53	×US $ 0.01	(US $ 130)
本年折算调整额(盈利性)			US $ 2 690④
3.累计折算调整额,12/31/20×3(亏损性)			(US $ 4 625)
累计折算调整额,12/31/20×4(亏损性)			(US $ 1 935)

① 资产总计 LC 127 000－负债合计 LC 63 000＝LC 64 000
② 净资产额,12/31/20×4－净资产额,12/31/20×3＝LC 64 000*－LC 64 000＝LC 0
　*资产总计 LC 118 000－负债合计 LC 54 000＝LC 64 000
③ 在经营活动中,影响净资产额增减的因素是:销货收入－(销货成本＋折旧费＋其他营业费用支出＋所得税支出)＝LC 100 000－(LC 59 500＋LC 10 000＋LC 13 800＋LC 3 700)＝LC 13 000
　LC 0－LC 13 000＝已付股利(LC 13 000)
④ 正数为盈利性调整额(负数为亏损性调整额),表示对股东权益的加计(减计)数。

四、现行汇率法与时态法等折算方法的对比和综述

在依次介绍了区分流动与非流动项目法、区分货币性与非货币性项目法、时态法和现行汇率法这四种基本的外币报表折算方法以后,我们将对它们作一简括的对比和综述。

(一)多种汇率法与单一汇率法

在这四种不同的折算方法下对资产负债表项目选用的折算汇率,可列表综述如表 13-17。

表 13-17　在不同的折算方法下为资产
负债表项目选用的折算汇率

项　　目	区分流动和非流动项目法	区分货币性与非货币性项目法	时态法	现行汇率法
现金	C	C	C	C
应收款	C	C	C	C
存货				
按成本	C	H	H	C
按市价	C	H	C	C
投资				
按成本	H	H	H	C
按市价	H	H	C	C
固定资产	H	H	H	C
无形资产及其他资产	H	H	H	C
应付款	C	C	C	C
长期负债	H	C	C	C
实收资本	H	H	H	H
留存收益	＊	＊	＊	＊＊

注:C 现行汇率。

　　H 历史汇率。

　＊折算的平衡数字。

　＊＊收益和留存收益表折算结果。再通过折算平衡算出累计折算调整额。

从表 13-17 中可以看到,无论是区分流动与非流动项目法,还是区分货币性与非货币性项目法或时态法,都有一个共同的特征,即为资产负债项目的折算选用了现行汇率和历史汇率,尽管它们的选择标准不同,但其所以要选用多种汇率,却是出于如下的共同构思,即:在对国外子公司的外币报表中各资产和负债项目的余额进行折算时,就好像这些项目在原始交易时日的会计记录中已把它们的发生额折算为本国货币等值而后结计出折算的余额那样。正因为如此,才要去为不同的项目选择恰当的折算汇率(年末现行汇率和不同的原始交易日的历史汇率)。这三种折算方法可以统称为多种汇率法(multiple rate method),它与着眼于折算国外子公司的净资产而对所有的资产负债表项目都采用年末现行汇率折算的现行汇率法①,在构思上是完全不同的,在这个意义上,现行汇率法可以称为单一汇率法(single rate method)。

(二)在不同折算方法下折算结果的对比

正因为在不同的折算方法下对特定项目选用的折算汇率不同,因此,得出的折算结果也显然不同。现根据前面例子中反映折算结果的一些主要数据列表对比如表 13-18:

表 13-18　不同折算方法的折算结果

项　　目	区分流动与非流动项目法	区分货币性与非货币性项目法	时态法	现行汇率法
折算损益(损失用括号)	US $ 1 050 *	(US $ 1 550)	(US $ 1 535)	×
折算调整额(同上)	×	×	×	US $ 2 690
已折算净收益	US $ 6 810 *	US $ 4 135	US $ 4 150	US $ 6 760
已折算净资产	US $ 42 480 *	US $ 45 315	US $ 45 360	US $ 34 560
已折算资产总额	US $ 74 640	US $ 74 475	US $ 74 520	US $ 63 720

＊为使对比基础一致,折算利得不予递延。

折算结果的差别如此悬殊,究竟哪一种折算方法最优呢? 鉴于区分流动与非流动项目法不能恰切地反映汇率变动的会计影响已是人们的共识,可以把它撇开。而区分货币性与非货币性项目法基本上可归入时态法,因此,最优选择的论争也就在现行汇率法与时态法之间展开了。

---

①　虽然实收资本是按历史汇率折算的,但只是以此作为基准,以便把累计折算调整额作为单独的项目,反映在股东权益中。所以,已折算的股东权益(实收资本+留存收益+折算调整额)仍然是以现行汇率为基础的。

（三）现行汇率法与时态法的对立

至今,世界范围内流行现行汇率法的国家和地区有:法国、德国、英国、荷兰、丹麦、爱尔兰、瑞士、意大利、比利时、挪威、希腊、美国、加拿大、澳大利亚、新加坡、香港、印度、马来西亚、斐济、哥伦比亚、巴拉圭、象牙海岸、肯尼亚、博茨瓦纳、塞内加尔、津巴布韦等。

如果我们把流行区分货币性与非货币性项目法的国家与地区和流行时态法的国家与地区并为一类,另一方面则以流行现行汇率法的国家与地区作为一类,那么,这两类折算方法的流行程度,在国际对比中是不相上下的。尤其是在 1975 年至 1981 年之间美国以时态法为唯一的外币折算准则,而英国在1983 年之前流行的外币折算惯例为现行汇率法的这段期间,现行汇率法与时态法的对立,突出地表现为西欧国家与北美国家的外币折算准则和惯例的对立。美国的第 52 号财务会计准则、英国第 20 号标准会计惯例和第 21 号国际会计准则都建议视国外子公司经营活动的不同性质分别采用时态法或现行汇率法,[①]这样的权威性见解能否结束现行汇率法与时态法对立的局面,是我们要在第五节深入探讨的问题。

以上对外币报表折算的各种方法的论述,主要着眼于它们的概念依据。但在实务中采用的折算方法,则必然会受到"务实主义"的影响,这是我们在以下要稍加说明的。

（四）实际采用的折算方法往往是上述四种方法的交叉与变形

在当今的浮动汇率体制下,汇率多变,走向互异。各国的经济和政治体制等方面各具特征,各类产品的资本结构又有很大的差别。因此,跨国公司往往会根据它们的特定经营环境和管理思想,采用与上述四种折算方法略有变异或互相交叉的方法。例如,有些公司基本上采用现行汇率法,其特征是对存货和长期负债都按现行汇率折算,但鉴于其所属产业的固定资本构成较高,对固定资产和无形资产则仍按历史汇率折算,以减轻现行汇率波动的影响。有些公司声称采用的是区分货币性与非货币性项目法,但实际上对存货和投资都按历史成本计价,这样,区分货币性项目法就无异于时态法。也有一些公司鉴于其较高的长期负债比率,在采用时态法时却按历史汇率折算长期负债。前面已提到的日本有关外币报表折算的独特准则,即一般地采用时态法但允许对长期负债按历史汇率折算,其背景正是日本企业大都具有很高的负债比率（可高达 80％以上）。

---

① 参阅本章第三节第四分节中的论述。

Accounting

上述这些务实主义的倾向,都是对概念依据的背离。各国的会计准则制定机构是强调恪守概念依据,还是更多地考虑实际利害关系(对外币折算问题,突出地表现在避免汇率波动的急剧会计影响上),其指导思想是颇多差别的,更不用说各个跨国公司在管理思想上的差别了。前曾述及的美国第8号财务会计准则因要求采用典型的时态法而受到美国跨国公司的非议,原因正在于此。

替代第8号财务会计准则的第52号财务会计准则在恪守概念依据上有进无退。原先,按照第8号财务会计准则的规定,对长期负债中的递延所得税贷项,如果它们起源于与按历史成本计价的资产有关的时间差异,可按历史汇率折算。第52号财务会计准则认为这仍有悖于时态原则,因而改变了上述规定,对递延所得税贷项也要求与其他长期负债项目一样,一律按现行汇率折算。加拿大的会计准则大都是与美国类似的,但在这个问题上,第1650节会计建议书则仍然规定递延所得税贷项可以按历史汇率折算。

▲ 第五节　时态法和现行汇率法剖析

前面的论述归结到这样一点,即时态法和现行汇率法分别适用于在经营活动性质上不同的两类国外子公司的外币报表的折算,主要西方国家如美国和英国的会计准则以及国际会计准则对此都持类似的见解。本节将以美国的第52号财务会计准则和第21号国际会计准则为例,来介绍这一见解,并据以进行较深入的探讨。

一、美国第52号财务会计准则及"功能货币"概念

在美国第52号财务会计准则公告《外币折算》(1981年)中,为外币报表的折算规定了应该达到的两项目标:

1. 在合并报表中反映按照每一个被合并的主体从事经营活动的主要通货(它的功能货币)所计量的财务结果和财务关系;

2. 提供一般地说是与汇率变动对企业的现金流量和业主权益的预期经济影响相一致的信息。

无疑地,上述两项目标是以功能货币的择定为前提的。我们在第九章就提出了功能货币的概念。FAS 52对功能货币的定义是,某一主体"从事经营活动和创造现金流量的主要经济环境的通货"。被合并的国外主体的功能货

币的择定,应该反映该主体在经营管理上所持的货币观点。

(一)母公司货币观点

如果某一国外子公司的经营活动不过是美国母公司经营活动的延伸,就像母公司直接从事这种国外经营活动那样,它的功能货币将是母公司的报告货币美元(本国货币)。这样的观点可称为"母公司货币观点"。

举一个最典型的例子。美国公司原先把它的贸易商品直接出口到某外国,通过国际结算收回货款,并赚取利润,现在则在该国建立一家经销其商品并由它100%控股的子公司。美国母公司通过对集团内部销售的结算收回按转让价格计算的货款,又从子公司经营利润中派得股利并如数汇回美国。这样的国外子公司所从事的经营活动,不正像美国公司直接从事的国外经营活动吗?它不过是母公司经营活动的延伸。

再举一个稍稍复杂的例子。美国公司原先从某外国进口原料,在国内设厂制成产品后在本国市场和国际市场销售。原料款需用美元结算,从产品销售中则可收入美元和外汇,并赚取利润。现改在该原料供应国组建一家子公司,通过投资设厂在国外制成产品,而产品则由美国母公司包销,经由集团内部销售按转让价格结算,以美元支付给子公司。母公司一方面从包销中赚取利润,另一方面又从子公司经营利润中派得股利并如数汇回美国。在这种情况下,虽然大部分生产要素(原料、人工、动力和其他费用)将由子公司在其所在东道国取得并付款,然后从母公司包销货款的结算中得到补偿并获利,但母公司通过包销和从子公司派得股利,其现金流动与该子公司的经营活动密切相关,仍可把该国外子公司所从事的经营活动视为母公司经营活动的延伸。

在这类情况下,从编制合并报表的要求来看,母公司的报告货币(本国货币)美元将被认为是这些国外子公司的功能货币,而这一子公司在会计记录中使用的当地货币(外币)则不是功能货币。因而,该子公司按当地货币编制的财务报表应该根据母公司的报告货币观点重新表述。也就是说,通过折算去重新表述子公司财务报表中各个项目以功能货币计量的余额,其要求就像所有的外币交易在发生时就都按母公司的报告货币表述、而后在期末结计出各个项目的余额那样。为此,就要为各别资产和负债项目选择不同的折算汇率(期末现行汇率或不同原始交易时日的历史汇率)。而且,基于折算的重新表述要求,子公司在编制以当地货币表述的财务报表时所遵循的东道国会计准则和惯例,如果与母公司所在国的会计准则和惯例有重大差别,在折算之前还应该进行适当的调整,使之符合于母公司本国的公认会计准则和惯例。

这里适用的正是时态法的折算程序。

国
际
会
计

（二）子公司货币观点

在另一类情况下，如果某一国外子公司的经营活动相对来说是自主的，并在某一外国（其所在东道国）形成一个整体而独立于母公司的经营活动之外，它的功能货币往往就是当地货币（外币），这样的观点可称为"子公司货币观点"。

举一个最典型的例子。美国一家跨行业多种经营的跨国公司在某一外国收购一家公司，控股数略超过50%。这家子公司的生产要素（设备、原料、人工等）都在当地取得，生产的产品自行销售。其与母公司的财务关系仅限于从经营利润中派给股利（仅占其派出股利的50%略多），甚至我们再假设美国母公司又把派得的股利全部或大部分作为对该子公司的再投资，从而对母公司的现金流量没有或甚少影响。

这种极端的实例虽属罕见，但当今国际投资中通过扩大跨行业多地区的多种经营，使之形成一个在营运上互补、在风险上互抵，而以追求利润最优化为主要目标的跨国集团的趋势，正在不断发展。

当国外子公司是相对独立自主地经营的实体时，从编制合并报表的要求来看，母公司的报告货币（本国货币）不再被认为是该子公司的功能货币，为子公司创造现金流量和确定其经营成果的功能货币将是子公司所在东道国的当地货币。折算也不再是按母公司货币观点对子公司外币报表的重新表述，而只是对货币计量单位的换算，折算的结果应保持子公司外币报表原先表述的财务关系和结果不变。采用单一的期末现行汇率折算所有的资产和负债项目将被认为是合适的，由此形成的折算调整额将包含在股东权益内而不是作为折算损益而计入各期合并净收益。这里，母公司所关注的不过是其投资净额（在子公司净资产中所占份额）折算为其报告货币（本国货币）的金额，也就是它在子公司的股东权益中所占份额折算为其报告货币（本国货币）的金额。而且，由于折算只是货币单位的换算，折算后仍将保持子公司报表原先表述的财务结果，因此，尽管子公司所在东道国的公认会计准则和惯例与母公司的准则和惯例不尽相同，在折算前无需对其间的差别进行调整。

这正是我们在前面阐述过的现行汇率法的折算程序。

（三）选择功能货币的标准

综上所述，外币报表折算的时态法的依据是母公司货币观点，而现行汇率法的依据则是子公司货币观点，它们分别适用于国外子公司的经营活动是母公司经营活动的国外延伸、还是相对地独立自主的国外经营实体这样两类不同的情况。这里功能货币的择定[它是母公司的报告货币（本国货币），还是子公司的报告货币（当地货币，对母公司来说是外币）]就成为选用折算方法的关键。

应该根据哪些条件来择定功能货币呢？第52号财务会计准则公告就现金流量、销售价格、销售市场、费用、理财、集团内的公司间交易等六项经济因素提出了选择标准，现简示如表13-19。

表 13-19　选择功能货币的标准

经济因素	宜于以母公司报告货币作为功能货币的条件。	宜于以子公司当地货币作为功能货币的条件。
现金流量	直接影响母公司的现金流量，经常地汇回母公司。	主要是当地货币，不影响母公司的现金流量。
销售价格	对汇率变动有反应，由世界范围内的竞争决定。	对汇率变动基本上没有反应，主要由当地的竞争支配。
销售市场	主要在母公司所在国，以母国通货标价。	主要在子公司所在的东道国，以当地通货标价。
费用	主要与从母国进口的生产要素有关。	主要在当地环境中发生。
理财	财源主要来自母公司，或依靠母公司偿付债务。	主要表现为当地货币，通过当地经营活动来偿付与债务有关的支出。
公司间交易	经常而且是大量的。	既不经常也不是大量的。

资料来源：FASB第52号SFAS附录B。

第52号财务会计准则要求，国外主体的功能货币一经择定，必须一贯使用，除非经济环境的改变显然表明功能货币已经改变。在改变功能货币时，必须在表下注释中充分披露。如果有理由说明这一改变符合会计原则委员会第20号意见书《会计变更》的条件，那就无需对其影响进行追溯计算，即可采用未来适用法。

二、改进前第21号国际会计准则及国外主体的分类

1983年发布的第21号国际会计准则《汇率变动的影响》（1993年修订）与美国第52号财务会计准则所持的见解是十分类似的，但它没有运用功能货币概念，而只是从对国外主体（子公司和分支机构等）在业务经营和财务活动上的特点所进行的分析中，把国外主体区分为两类，并认为：对它们的外币报表所采用的折算方法，应该切合它们的不同特征。这一分类与美国第52号财务会计准则公告根据功能货币的概念对国外主体所作的分类是完全一致的。

（一）相对地独立经营的国外实体

在这一类国外经营单位中，其积聚的现金和货币性项目、发生的成本和费用、实现的收入以及筹措的借款，主要都使用其所在东道国的当地货币。外汇汇率变动时，不论是母公司或子公司，其经营活动及当前或未来的现金流量都很少甚或不会受到直接的影响。汇率变动对母公司的含义，不是以汇率变动时该国外子公司所持有的货币性和非货币性项目的特定构成为依据，而应以母公司在该国外子公司的投资净额为依据。第21号国际会计准则把这类国外经营单位称为"国外实体"，对它们以当地货币（对母公司来说是外币）表述的财务报表的折算，采用时态法是不合适的，而应该采用现行汇率法。

（二）构成母公司经营整体组成部分的"国外经营"

第21号国际会计准则把另一类国外经营单位称为构成母公司（报告企业）经营整体组成部分的国外经营。在这种情况下，汇率变动的影响就不同了。比如，我们在前面所举的例子：国外子公司的经营活动只限于销售母公司的出口商品、汇回货款和向母公司分派股利；或者是，国外子公司的经营活动只限于为母公司生产其包销的产品而从母公司销售收入中收回其继续生产所需的外汇资金并从盈利中向母公司分派股利。当有关的汇率一有变动，就会直接影响母公司的经营活动和现金流量，这种影响就像母公司本身从事这些经营活动一样。因此，汇率变动影响所涉及的，是国外子公司所持有的货币性项目和以当地现行市价计价的非货币性项目，而不是母公司对该国外子公司的投资净额。这类国外子公司在其报表的折算中当然要选用时态法，而现行汇率法则不适用了。

以上的介绍显然表明，第21号国际会计准则与美国第52号会计准则，得出了一致的结论。

（三）六个判断条件

如何判断某一国外经营单位是相对地独立经营的国外实体而不是构成母公司经营整体组成部分的国外经营呢？第21号国际会计准则1993年修订稿列举了六个判断条件：

1.虽然报告企业可以控制国外经营，但国外经营所从事的活动相对于报告企业的活动具有极大的自主性；

2.与报告企业的交易占国外经营业务的比例不高；

3.国外经营活动所需要的资金主要依靠自身经营来提供或在当地借款筹措，而不是向报告企业筹措；

4.国外经营的产品或劳务的人工、材料和其他费用主要以当地货币而不是以报告货币支付或结算；

5.国外经营的销售主要以报告货币以外的货币进行；

6.报告企业的现金流量与国外经营的日常活动相脱离，不直接受国外经营活动的影响。

应该说，IAS 21(改进前)在制定时未使用"功能货币"概念，是一个失误，因为折算是计量问题，应该像 FAS 52 那样，从对国外主体活动性质的分类回到功能货币概念上来。

对照第 21 号国际会计准则和美国第 52 号财务会计准则中的论述，已足以使我们掌握时态法和现行汇率法适用的环境条件及特征。因而就无需再去介绍英国的第 20 号标准会计惯例公告和加拿大的第 1650 号会计建议书中的有关论述了。

三、外币报表折算程序图

就外币报表折算这一领域而言，应该认为，把国外经营单位区分为母公司经营活动的延伸和有机组成部分或相对地独立自主经营的国外实体这两种不同的类型，从功能货币的概念提出母公司货币观点和子公司货币观点这两种不同的观点，从而得出在前一种情况下应采用时态法和在后一种情况下应采用现行汇率法的结论，是有说服力的。这不仅解决了在性质上属于南辕北辙的有关时态法和现行汇率法何取何舍的争论问题，而且还明确地宣告，在会计计量的历史成本模式下，试图找出一种最优的折算方法使之能适合所有情况和所有目标的努力，那是徒劳的。

根据上述结论，我们可以绘制外币报表折算程序图如图 13-1。图中采用"功能货币"这一概念。在前面论述母公司货币观点和子公司货币观点时，我们略去了子公司的功能货币还可能不是当地货币(子公司的报告货币)而是第三国货币的情况，这在图中已加以表述了，即首先要把当地货币重新计量为第三国货币(功能货币)，然后再把第三国货币折算为本国货币；前一步采用时态法，后一步采用现行汇率法。

四、SIC 19 将"报告货币"分开为"计量货币"和"列报货币"两个概念

也许是鉴于 IAS 21 未明确阐明外币折算在性质上是计量问题的缺陷，IASC 常设解释委员会于 2000 年发布解释公告第 19 号(SIC 19)《报告货币：根据国际会计准则 21 号和国际会计准则 29 号财务报表的计量和列报》中，将"报告货币"(其定义为"编制财务报表所采用的货币")所包含的两层含义分

Accounting

国际会计

图 13-1 外币报表折算程序图

外币财务报表
必须折算为本国货币

报表是否按
外币表述?

否 —— 无需折算

是 ——

当地货币是否
功能货币?

否

本国货币是否
功能货币?

是 —— 折算为本国货币
（现行汇率法）

否 —— 从当地货币重新计量为
功能货币(时态法)
然 后
折算为本国货币
（现行汇率法）

是 —— 重新计量为本国货币
（时态法）

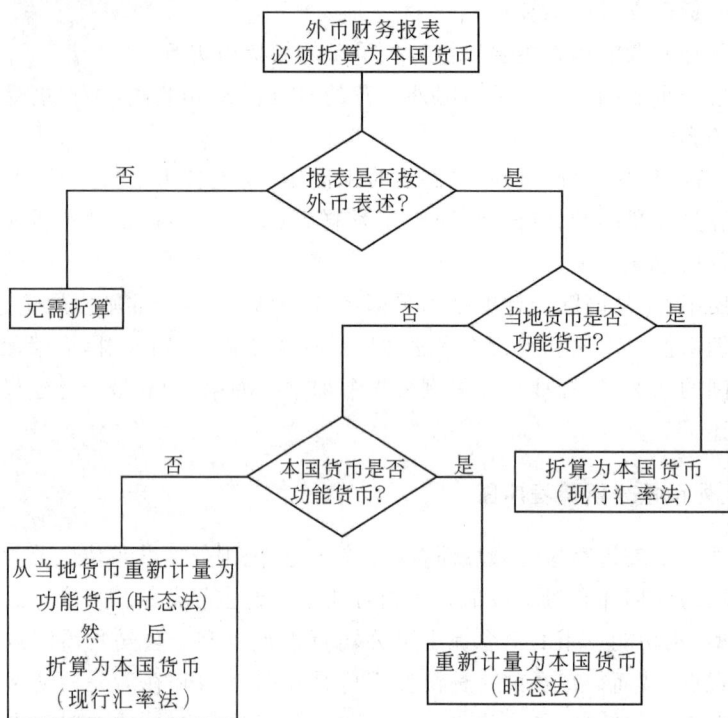

如前所述,"重新计量"这一术语是指,通过折算把计量单位从外币转变为功能货币。

开,一层含义是"计量货币",即该主体计量财务报表项目所采用的货币①;另一层含义是"列报货币",即该主体列报其财务报表所采用的货币。

作出这一解释的意义在于,报告货币不一定总是计量货币,也可能是非计量货币的列报货币。如果说,当企业是一个单一的主体时,"它的报告货币通常既是它的计量货币,也是它的列报货币"的论断是恰当的;但当企业是一个跨国集团时,这种关联就不一定存在了。国外子公司等主体的个别财务报表的计量货币,很可能不同于母公司的单独财务报表和合并财务报表的计量货币;即使是同一主体,例如,国外子公司就可能由于东道国的法令要求,使用当地货币为报告货币,尽管有时(如作为母公司经营活动延伸的子公司)这并不

---

① 实际上正是"功能货币"。

是它的计量货币而只是列报货币;这说明,IASC 已经从计量问题关注到外币折算的性质,2001 年又发布了 SIC 30《报告货币:从计量货币到列报货币的折算》。这两项解释公告都是 IASB 2003 年 12 月发布的《改进国际会计准则》项目中对 IAS 21 改进的先驱(改进后 IAS 21 发布后,这些 SICs 都被取代了)。

五、改进后 IAS 21 对外币报表折算方法的概念依据的重大改进

IASB 在其对 IAS 21 的改进中,决定吸收 SIC 19 的提法,又鉴于"功能货币"这个词在会计文献中的使用较"计量货币"更为普遍,因而采用了将报告货币分开为功能货币和列报货币两个概念。并且也把功能货币定义为:"某一主体经营所处的基本环境的货币",而"经营所处的基本环境"就是指该主体"创造现金和花费现金的地方"。由此可见,改进后 IAS 21 使用的"功能货币"概念与 FAS 52 早就使用的概念是一致的。

改进后的 IAS 21 也提出了确定功能货币应考虑的主要经济因素,它们与 FAS 52 列举的选择标准也是类似的。最主要的因素首先是影响该主体及竞争者提供的商品和劳务销售价格的货币(即销售价格的计价和结算货币),以及制定"确定该主体提供的商品和劳务价格"的主要法规的国家的货币;其次是影响该主体生产要素(劳动力、原材料和其他生产要素)成本的货币;此外,还包括诸如企业融资活动(如发行债券和权益证券)所获资金的货币和其他经营活动收入的货币等。功能货币一旦确定,不能随意变更,除非是确定功能货币的基础交易、事项和状况发生改变;对功能货币的变更,采用未来适用法。

至于列报货币,它可能是也可能不是该主体的功能货币;同一报告主体还可以根据不同的需求(如东道国的法令要求以及在他国的国际证券市场上市)采用几种不同的列报货币,所以列报货币具有自由选择性。只要列报货币与功能货币不同,该主体本身以列报货币报告的经营成果和财务状况,就需要"重新表述"为其功能货币。

改进后 IAS 21 由于采用了功能货币概念,也就相应的取消了改进前关于把国外经营区分为"企业经营整体组成部分"和"国外实体"来选择折算方法(时态法或现行汇率法)的提法。

如上所述,改进后 IAS 21 对外币报表折算方法并没有什么改变,但由于它明确地把报告货币分开为功能货币和列报货币两个概念,在对外币报表折算方法进行剖析时在概念依据上有了重大的改进。

回顾我们在第一、二小节中的阐述:

(1)虽然 FAS 52 运用了报告货币是功能货币和非功能货币的界定,但没有把非功能货币的报告货币清晰地命名为列报货币,以致未能明确地表述,在按母

公司货币观点对作为母公司经营活动延伸的国外子公司的当地货币(外币)报表折算时,实质上是把该子公司的列报货币重新表述为它本身的功能货币,而子公司的功能货币,在这种情况下也就是母公司的功能货币。

(2)由于改进前 IAS 21 没有采用"功能货币"概念,而只是从国外主体的分类的角度,来选择外币(往往是东道国的当地货币)报表的折算方法,以致对选用时态法的概念依据表述得更为混淆。但实际上也正是:作为母公司整体的有机组成单位的国外子公司,把它的列报货币重新表述为它本身的功能货币,而子公司的功能货币在这里也就是母公司的功能货币。在母、子公司之间,根本就不存在功能货币的折算问题。

(3)只有在持子公司货币观点的相对独立经营的国外实体,其功能货币不同于母公司的功能货币,才会出现把子公司的功能货币折算(而不是"重新表述")为母公司的功能货币的情况,从而应选择现行汇率法。

(4)如果母公司为特定目的(如在他国的国际市场上市)而编制的合并报表采用的列报货币非其功能货币,应该理解为,是该母公司把它的功能货币再折算为它的列报货币,而且这种折算往往是把母公司的本币折算为另一种外币(如都是按国际会计准则编制的本国报表和上市要求的报表,但上市报表要按非本国货币列报),可以说这与为编制跨国合并报表而进行的外币折算完全是两回事。

按照以上阐述的概念来重新表述 FAS 52 和改进前 IAS 21 中关于折算方法的剖析,以及解读"外币报表折算程序图(图 13-1)",不是更清晰和恰切了吗?

▲ 第六节 尚未解决的难题

以上的论述已经说明:根据国外子公司经营活动的不同环境条件,运用功能货币的概念,来分别选用时态法和现行汇率法,看来已经解决了外币报表折算方法孰优孰劣的论争。这两种方法在折算程序上形成鲜明的对照,因为它们服务于显然不同的目标。

然而,对国外子公司的外币报表折算的目的,是为了母公司以统一的报告货币编制跨国集团的合并财务报表,兼用时态法和现行汇率法是否切合编制合并财务报表的要求呢? 这是值得探讨的问题,论争仍在继续。

一、兼用时态法和现行汇率法是否切合编制合并报表的要求

我们在第九章中已经论述过,在合并财务报表编制方法的概念依据上,存

在着母公司观与主体观之争。而在世界范围内流行的合并报表编制方法正从母公司观转向主体观。

显然,在外币报表折算中持母公司货币观点的时态法,与以母公司观为依据的合并报表编制方法是协调一致的;而持子公司货币观点的现行汇率法,则宜于与以主体观为依据的合并报表编制方法相配合。这样,根据编制合并财务报表的要求,在对子公司报表的折算中兼用时态法和现行汇率法,就存在着两大矛盾,以下将加以论述。

(一)重返时态法

在上世纪80至90年代,国际范围内流行的合并报表编制方法是以母公司观为依据的,而对外币报表的折算,也就只有持母公司货币观点的时态法才与之相匹配。偏爱时态法的人正是以这一论断来贬低现行汇率法的。国际会计界、特别是美国会计界,当时的确存在过这样一种重返时态法的倾向。但是,就国外子公司的经营性质而言,作为母公司经营活动延伸的有机组成部分渐占少数,多数的国外子公司则是相对地独立自主经营的国外实体。偏爱现行汇率法的人又以此为论据,把时态法贬低为只是适用于特定情况的方法。当时他们提出,难道不能要求改变合并报表编制方法的现行惯例,从母公司观转向主体观吗?

如在第九章中指出,按照美国 FASB 1995 年发布的《合并财务报表:政策与程序》征求意见稿,合并报表的编制方法将从母公司观转向主体观;IASB 也有这种倾向,并且在 2003 年 12 月发布的改进后 IAS 27《合并财务报表和单独财务报表》中创采用主体观之先河。[①] 一旦作为准则正式发布,"重返时态法"的论争,应该会偃旗息鼓了吧!?

(二)不同经营性质的国外子公司的报表能否合并为单一的集团报表

在兼用时态法和现行汇率法的情况下,同一母公司所属的国外子公司,如果它们是母公司经营活动的有机组成部分,其报表将按时态法折算;如果它们是相对地独立自主经营的国外实体,其报表将按现行汇率法折算。最后,又把折算后的所有子公司的报表与母公司的报表合并成单一的集团报表,以致合并报表所表述的,既不都是母公司货币观点,也不都是子公司货币观点,而是把两种不同的货币观点拼合在一起,也可以说"什么都不是"。人们发出了这样的疑问:兼用时态法和现行汇率法,能把不同经营性质的国外子公司的报表合并为单一的集团报表吗?! 还是说,这不是"拼合",而恰恰体现了集团内存在着不同性质的子公司这一现实。

---

① 参阅第九章第三节中的论述。

在我看来,根据改进后 IAS 21 将报告货币分开为功能货币和列报货币两个概念后,对选择外币报表折算方法的剖析,也可以从第五节第五小节中关于合并报表的计量基础的分析来诠释。

二、在恶性通货膨胀环境中经营的国外子公司报表折算中的难题

在根据国外子公司的经营性质和功能货币概念分别选用时态法或现行汇率法时,还有一个难以妥善解决的问题。那就是,作为相对地独立自主经营的国外实体而在一个通货膨胀率很高的东道国内从事经营活动的子公司。照理,其功能货币应是当地货币,要采用现行汇率法折算其当地货币报表,但是,由此得出的非货币性资产成本的本国货币(母公司的)等值,将远低于其原始计量基础,由于折算的折旧费偏低,折算的净收益必然偏高。根据这样的折算报表计算对该子公司投资报酬的各项比率,由于包含了过高的通货膨胀因素在内,很可能导致对未来获利能力的错误预期。应否在折算前对当地通货膨胀的影响先进行调整?还是采用其他的办法呢?

(一)改用时态法折算

美国第 52 号财务会计准则认为:在折算前对当地通货膨胀的影响先进行调整,不符合美国基本财务报表中所采用的历史成本计量基础。作为变通的解决方案,它要求在通货膨胀率过高的环境下从事经营活动的国外子公司改以美元为功能货币。这种环境的数量化标准被具体界定为最近三年的通货膨胀率接近或超过 100％的国家。[①] 这样,这些国外子公司就要采用时态法,按历史汇率折算非货币性资产的当地货币价值,从而使这些外币资产的美元等值保持固定。加拿大的第 1650 节会计建议书的要求也是这样。

姑且不去评论美国财务会计准则委员会在这个问题上背离概念依据而采取的务实主义态度。仅就这一规定的实际效应而言,一旦该子公司所在东道国的通货膨胀率降到限度(100％)以下,那就要转而采用现行汇率法(现在应以当地货币为功能货币)。但由于在这期间汇率必将有大幅度的变动,从而会导致对合并股东权益的巨大折算调整额,对以股东权益为分母的财务比率将

---

① 其他的判定条件还有:(1)利率、工资和物价与物价指数挂钩;(2)公众不是以当地货币、而是以相对稳定的外币为单位,作为衡量货币金额的基础;(3)公众倾向于以非货币性资产或相对稳定的外币来保存自己的财富,持有的当地货币立即用于投资以保持购买力;(4)即使信用期限很短,赊购、赊销交易仍按补偿信用期预计购买力损失的价格成交。这些定性标准当然有参照作用,但数量化指标毕竟是一个硬性规定。

带来巨大的影响。不少跨国公司担心执行第 52 号财务会计准则会影响股东、债权人和信用分级机构在进行投资分析时对公司的评价,不是没有道理的。

(二)对当地通货膨胀影响先进行调整,而后仍用现行汇率法折算

与美国的第 52 号财务会计准则的要求不同,英国第 20 号标准惯例则要求:在高通货膨胀环境下从事经营活动的国外实体,只要可能,其财务报表应在折算为英镑之前按照所在东道国当前的物价水平进行调整,调整后采用现行汇率法折算。这是与英国允许在基本财务报表中对物价变动影响进行调整的惯例相一致的。

在这个问题上,改进前第 21 号国际会计准则(1993 年修订)采取了比较灵活的态度。对在高通货膨胀国家内从事经营活动的国外子公司,其当地货币报表既可以在折算前对当地通货膨胀影响进行调整,调整后采用现行汇率法折算,也可以改用时态法折算。

在 1990 年 1 月 1 日开始生效的第 29 号国际会计准则《恶性通货膨胀经济中的财务报告》(1994 年重编)中,国际会计准则委员会又改变了上述的灵活态度,而明确规定,对这类国外子公司的财务报表,应当根据其所用货币所属国家的一般物价指数进行调整,调整后采用现行汇率法折算。

再,改进后 IAS 21(2003 年 12 月)在关于取消将巨额汇兑损失资本化的处理方法中,明确规定这将适用 IAS 29 对功能货币是恶性通货膨胀经济中的货币时的处理方法,我们已在第十一章第四节第三分节中提到这个问题。在这里需要进一步说明的是,根据改进后 IAS 21 关于功能货币和列报货币的概念,它还作了以下的规定:

1.如果列报货币也属于恶性通货膨胀经济中的货币

无论是当期还是比较期间的财务报表中所有的资产负债和权益项目,以及收益和费用项目,都按最近的资产负债表日期的期末汇率折算。

2.如果列报货币不属于通货膨胀经济中的货币

只有当期财务报表中的项目才按最近的资产负债表日期的期末汇率折算;对比较期间财务报表的项目,仍采用在相关的以前年度财务报表中列报的金额,而不考虑在以前年度列报之后价格水平或汇率发生的后续变化。

这就改变了与改进前 IAS 21 相关的 SIC 30《报告货币:从计量货币到列报货币的折算》中对 1、2 两种情况都按最近的资产负债表日期的期末汇率折算的规定。①

---

① 为此,SIC 30 也被改进后的 IAS 21 所取代。

Accounting

三、国际通货膨胀影响的消除

当今世界各国的通货膨胀情况是大不相同的,而跨国公司集团内的子公司,又往往遍布世界各个地域。把诸多包含大不相同的通货膨胀影响的各子公司当地货币报表折算为母公司本国货币后进行合并,是不是妥当呢? 这是比折算在高通货膨胀环境内从事经营活动的某些国外子公司报表更具有普遍意义的问题。

因此就引起了在折算国外子公司报表时应该考虑消除国际通货膨胀影响的问题。是在折算前先消除呢,还是在折算后才消除呢? 这又是与折算方法的选择相联系的。

(一)先消除、后折算

所谓"先消除、后折算",即先按各子公司所在东道国的通货膨胀影响进行调整,按当地货币(外币)重新表述消除当地通货膨胀影响后的财务信息,而后才折算为母公司的报告货币(本国货币),所以也称为"先重新表述、后折算"。显然,这是与持子公司货币观点的现行汇率法相适应的。在按子公司报告货币(当地货币)所属国家的一般物价指数进行调整后,将采用现行汇率法折算,然后,再与对本国通货膨胀影响进行调整后的母公司报表合并。

赞誉"先消除、后折算"的论据,当然是从子公司货币观点出发的。即认为:这样将使报表的读者既能按照各国外子公司的当地货币来评价其以历史成本为基础的经营成果,又能评价各国通货膨胀对这些子公司各自的经营成果的影响,同时,也使母公司管理当局能更好地判断和评价各别子公司在资本保全的前提下所能达到的经营业绩。

对这一程序提出的批评则是:它导致的计量单位反映了一般购买力的多重标准。例如一家美国母公司合并 32 家国外子公司的经营成果,每一家子公司的当地通货膨胀率都不同,调整后的财务报表将折算为按美元表述。但事实上,这些美元金额反映的是 32 个不同货币的购买力,这显然是不很恰当的。特别对美国(本国)的报表使用者来说是如此,因为他们必然用美元观点(母公司货币观点)来看待合并报表。再者,折算所用的汇率实际上包含了通货膨胀的对比因素在内(但又不全部是),这样,采用"先消除、后折算"的程序,无异于对各子公司当地的通货膨胀影响,作了部分的重复计量。

(二)先折算、后消除

所谓"先折算、后消除",即先把各子公司的当地货币(外币)报表折算为母公司本国货币,然后再消除通货膨胀的影响。显然,这里消除的是母公司本国的通货膨胀影响。母公司报表当然也要作同样的消除,而后进行合并。这种程序也称为"先折算、后重新表述",它是与持母公司货币观点的时态法相适应的。

赞誉"先折算、后消除"的论据是从母公司货币观点出发的。即认为:这种程序不仅显示出外币的汇率变动对各国外子公司财务报表的影响,而且能揭示本国的通货膨胀对母公司股东可望得到的投资报酬的影响。同时,也不会存在"先消除、后折算"程序下对子公司的当地通货膨胀影响重复计算的缺陷。再者,先把所有国外子公司用不同外币表述的报表都折算为本国货币,而后,只要一次地作出有关本国通货膨胀影响的重新表述,而不需要按照每一种外国货币去重新表述子公司的报表,这在手续上要简单得多。

对这一程序的批评意见则是:汇率变动显然包含两种货币购买力的对比影响在内,但不是全部,有时,汇率变动甚至主要受其他政治经济因素的影响。如果说"先消除"导致重复计算,那么,"后消除"实际上是抹杀了各国不同程度的通货膨胀对子公司的经营成果的影响。只去消除母公司本国通货膨胀的影响,也有悖于消除国际通货膨胀影响的本意。

以上提出的种种问题都说明,外币报表折算的目的是为了合并,而折算问题又与计量问题相关。就外币报表折算方法本身而言似已解决的问题,一与编制合并报表的要求相结合,又引出不少棘手的难题。

对此,能否从合并报表的编制方法上采取措施呢?这是我们将继而探讨的问题。

四、能否从合并报表的编制方法上采取措施

这里的前提是在外币报表折算中兼用时态法和现行汇率法,所以不去涉及把合并报表的编制方法转变到以主体观为依据从而在外币报表折算中只采用现行汇率法的问题。应该说,在兼用时态法和现行汇率法的情况下,适当地采取一些措施解决服务于某种目标的办法是可能的,而且也付诸实施了。

(一)分别按不同情况和层次编制几份合并报表

例如,对用时态法折算和用现行汇率法折算的国外子公司报表分别合并。前者(指用时态法时)在消除国际通货膨胀影响上就可以采用"先折算、后消除"的程序;在折算前对国外子公司报表遵循的会计准则不同于母公司本国的会计准则之处,也可以进行适当的调整,这样的一份合并报表完全符合于母公司货币观点的要求。而在采用现行汇率法时,在消除国际通货膨胀影响上就可以采用"先消除、后折算"的程序;在折算前对国外子公司报表遵循的会计准则不同于母公司的会计准则之处,则无需进行调整;这样的一份合并报表也就完全符合于子公司货币观点的要求。又如,可以按通货膨胀程度相当的国家和地区分别合并在各该地区从事经营的子公司的报表。再如,进一步按经营同类或类似业务或按一定控股层次上的子公司分别合并它们的报表,这在多样化经营和多层次控股的集团中是值得考虑的,并同样适用于国内子公司。

这种按不同目标分别不同情况和层次编制几份合并报表,在跨国公司内部管理上是非常有用的,而且也应该要求跨国公司的高级经理人员有驾驭多种合并信息的能力。在荷兰,编制几份合并报表的做法已行之有年。在美国,财务分析家也认为合并报表的信息加总程度过分了,应该进行适当的"分解"。

然而,用于对外目的的合并报表,一般则必须是单一的一份报表,上述设想当然不能解决问题。

(二)把特殊情况的子公司报表排除在合并之外

如前所述,按照编制合并报表的要求,可以把情况特殊的子公司排除在合并之外。根据这一惯例,把在高通货膨胀国家从事经营业务的子公司排除在合并之外,也许是合适的,而且这类国家也不可避免地会实施外汇管制,它的资金往往不能自由地汇回本国。

如果对这些国外子公司的报表不予合并,在表下注释中必须充分披露其理由和必要的财务信息。

当然,上述的这些措施并不能从根本上解决问题。正如 L. 洛伦森在他的专题研究报告《按美元报告美国公司的国外经营活动》中指出的:"只要历史成本会计基础继续使用,任何一种折算方法的进退两难的处境都无法解决。"

根本的解决方案是否在于以现行成本计量模式来取代历史成本计量模式呢?

五、以现行成本计量模式取代历史成本计量模式

如果以现行成本计量模式取代历史成本计量模式,根据时态法原则,所有按现行成本计量的项目,都要按现行汇率折算,时态法就与现行汇率法合二为一了(我们在第三节曾提到过)。而以现行成本(如前所述,可按特定物价指数调整历史成本数据)重新表述的子公司报表也就消除了当地通货膨胀的影响。然后,再按现行汇率法折算,不是都顺理成章了吗?

早在 20 世纪 80 年代末,美国国际会计学家 F. D. S. 崔和 G. G. 缪勒在这方面提出了他们的精辟见解。[①] 他们认为,只有从决策方向上进行论证,才能

---

① F. D. S. 崔和 G. G. 缪勒著,常勋、陆祖汶等译:《国际会计》第五章"通货膨胀会计",立信会计图书用品社 1988 年版,第 201～205 页。

得出允当的结论。其主要论点是:

股东一般都关心企业创造股利的潜在能力,而企业创造股利的潜在能力又直接与企业生产商品和提供劳务的能力有关,除非企业能保持它的生产经营能力,从而保持其盈利能力,否则对股利的考虑就缺乏切实的基础。因此,股东所关注的是按特定物价调整的、而不是按一般物价水平调整的报表。其理由是,特定物价水平调整(现行成本模式)能确定可以作为股利付出而不致降低企业生产经营能力的资源(可处置财富)的最高金额。

根据这样的观点,恰当的国际物价水平调整程序应该是:

1.对所有的国外子公司和国内子公司以及母公司的财务报表,都按现行成本重新表述,以反映特定物价水平的变动;

2.应用各种外币的现行汇率①把所有国外子公司的外币报表折算为本国货币。

总之,崔和缪勒认为,把国外和国内子公司和母公司的报表都重新表述为各自的现行成本价值,就能得出与决策相关的信息,这一信息将能表示股东可能派得的股利的切合实际的最高金额,从而为母公司股东和所有子公司的少数股权股东所接受。它还便于预测未来的现金流量。而且,在对所有国外子公司的现行成本为基础的个别报表进行折算后,就能更好地在国际范围内对比和评价它们的相对经营业绩。

就这方面而言,如果公允价值计量模式(这里公允价值的计量基础就是现行成本)取代了历史成本计量模式,问题不是迎刃而解了吗?

研 讨 题

13-1 为什么外币报表折算的区分流动与非流动项目法会被淘汰?

13-2 区分货币性与非货币项目法的贡献在哪里?有什么缺陷?

13-3 时态法是对区分货币性与非货币性项目法概念上的改进,还是程序上的根本改变?

13-4 多种汇率法与现行汇率法的根本差别何在?

13-5 评述时态法和现行汇率法的适用性。

13-6 从合并财务报表的要求来评论"兼用时态法和现行汇率法"的现行准则规定。

---

① 从理论上说是不变汇率,因此也可以应用基期汇率,但习惯上总是应用现行汇率。

13-7 在合并国际财务报表中,有哪两个必须应对的通货膨胀问题? 你对现行国际会计准则的规定和演变有何评价?

13-8 评论"以现行成本计量模式取代历史成本计量模式,才能解决外币报表折算中的难题"的见解。

作 业 题

13-1 利用本章所举例题表 13-1 亚达公司 20×3 年 12 月 31 日已折算资产负债表、表 13-3 亚达公司 20×4 年度已折算收益及留存收益表及表 13-4 亚达公司 20×4 年 12 月 31 日已折算资产负债表中"当地货币"栏内的资料和其他有关资料,但汇率数据改设如下:

20×4 年 12 月 31 日汇率	US $ 0.62/LC 1
20×3 年 12 月 31 日汇率	US $ 0.58/LC 1
20×4 年平均汇率	US $ 0.60/LC 1
当年股利支付时日汇率	US $ 0.61/LC 1
股份发行时日汇率	US $ 0.68/LC 1
固定资产取得时日汇率	US $ 0.74/LC 1
长期银行借款借入时日汇率	US $ 0.72/LC 1

要求按区分流动与非流动项目法把亚达公司的当地货币报表折算为美元报表,但折算损益不递延。

13-2 利用本章所举例题表 13-6 亚达公司 20×3 年 12 月 31 日已折算资产负债表、表 13-7 亚达公司 20×4 年 12 月 31 日已折算资产负债表及表 13-8 亚达公司 20×4 年度已折算收益及留存收益表中"当地货币"栏内的资料和其他有关资料,但汇率数据改设如下:

20×4 年 12 月 31 日汇率	US $ 0.62/LC 1
20×3 年 12 月 31 日汇率	US $ 0.58/LC 1
20×4 年第 4 季度平均汇率 *	US $ 0.605/LC 1
20×3 年第 4 季度平均汇率 *	US $ 0.57/LC 1
20×4 年度平均汇率	US $ 0.60/LC 1
当年股利支付时日汇率	US $ 0.61/LC 1
股份发行时日汇率	US $ 0.68/LC 1
固定资产取得时日汇率	US $ 0.74/LC 1

* 分别用于年末和年初存货的折算。

要求按区分货币性与非货币性项目法把亚达公司的当地货币报表折算为

美元报表。

13-3 利用本章所举例题表 13-9 亚达公司 20×3 年 12 月 31 日已折算资产负债表、表 13-10 亚达公司 20×4 年 12 月 31 日已折算资产负债表及表 13-11 亚达公司 20×4 年度已折算收益及留存收益表中"当地货币"栏内的资料和有关资料,改设的汇率数据如同题 13-2。

要求按时态法把亚达公司的当地货币报表折算为美元报表,并对折算损益进行验证。

13-4 利用本章所举例题表 13-13 亚达公司 20×3 年 12 月 31 日已折算资产负债表、表 13-14 亚达公司 20×4 年度已折算收益及留存收益及表 13-15 亚达公司 20×4 年 12 月 31 日已折算资产负债表中"当地货币"栏内的资料和有关资料,改设的汇率中需应用的如下:

20×4 年 12 月 31 日汇率	US＄0.62/LC 1
20×3 年 12 月 31 日汇率	US＄0.58/LC 1
20×4 年度平均汇率	US＄0.60/LC 1
当年股利支付时日汇率	US＄0.61/LC 1
股份发行时日汇率	US＄0.68/LC 1

要求按现行汇率法把亚达公司的当地货币报表折算为美元报表,并对折算调整额进行验证。

Accounting

第 十 四 章

国际税务

国际税务与跨国经营的关系非常密切。除了外币交易和外币报表折算之外,可能没有一个因素会像国际税务那样对跨国经营有如此深刻的影响。投资决策、企业组织形式的选择、资金转移、资金融通,乃至采取什么转让价格等跨国经营的重大问题,无不与国际税务密切相关。作为跨国公司的财务执行官或财务经理,在设法谋求税负最小化和税后利润最大化的过程中,必须掌握国际税务方面的理论和实务,以提供对经营决策有用的信息;而作为各国政府,采取什么样的税收政策,不但直接影响其财政收入,而且还影响到其能否在国际经济竞争中,尤其是在吸引和利用国际资本方面处于有利的地位。因此,不论是跨国公司,还是各国政府,从自身的利益出发,无不关心国际税务问题。

▲ 第一节 国际税务概论

一、国际税务的基本原则

目前,跨国公司在世界各国投资,从事经营活动,其承担的税收负担是不同的,这是因为各国所采用的税收原则不同所致。一般地说,从税收公平、税负一致的标准出发,在国际税务中应体现"税额衡平"和"不偏不倚"两个基本原则。

(一)税额衡平原则(equity principle)

税额衡平原则是指处于相同情况下的纳税人应等额纳税。对于这一原则又有两种理解:

1.注重国内的税额衡平

即无论是国外获取的收益还是国内形成的收益都应按本国税章纳税。

2.注重经营环境的税额衡平

即国外赚取的收益应和当地其他企业赚取的收益一样,按东道国的税章缴税。

（三）不偏不倚原则（neutrality principle）

不偏不倚原则又称为中立原则,是指税收条件不应对经营决策产生不同影响,亦即无论是国内经营还是跨国经营,都会作出同样的决策。由于对税额衡平原则的两种不同的理解,导致在看待税收对决策给予不偏不倚的影响原则问题上也存在两种不同观点:

1.注重国内的不偏不倚原则

税款抵免一类的优惠措施会鼓励企业向海外投资,因为国内所缴纳的地方税并不能得到类似的优惠。只有消除对海外经营活动的税收优惠才能实现不偏不倚原则。根据这一观点,A国公司的国外子公司被视为只是在海外经营的一家A国公司。

2.立足于经营环境的不偏不倚

这种观点认为,国外子公司的税务负担必须和当地竞争对手所负担的一样。如果对国外收益课以国内税收,就会使跨国企业处于不利的境地,为了使跨国企业处于平等的竞争地位,应给予国内税收优惠。在这种观点下,A国的国外子公司则被认为是A国居民所拥有的国外公司。

事实上,大多数国家的税收政策都是上述两种观点折衷的产物。

二、国际税务的基本概念

国际税务（international taxation）是指两个或两个以上的国家（和税收管辖区）,在凭借其税收管辖权对同一跨国纳税人的同一项所得征税时,所形成的各国政府和跨国纳税人之间的税收征纳关系,以及国家与国家之间的税收分配关系。

从形式上看,国际税务是一种税收分配活动,它涉及跨国纳税人向有关国家缴纳各种税款,有关国家之间要进行形式不同的税款征收、税收抵免、税收协定等活动。但从本质上看,国际税务反映的是一种税收分配关系。(1)它反映了有关国家与跨国纳税人之间的分配关系;(2)它反映了国家与国家之间的税收权益分配关系。以上所指的"国家"除了指主权国家之外,也包括一些独立的税收管辖区,如我国香港、澳门以及百慕大、维尔京群岛等。

国际税收中所涉及的纳税人是跨国纳税人。跨国纳税人是指从事跨国经营活动、并同时负有两个或两个以上国家双重或多重纳税义务的自然人和法人。跨国自然人包括各种从事跨国经营和劳务活动的个人。跨国法人则是指

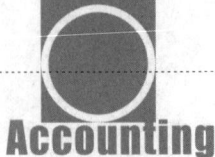

从事跨国经营活动的各种公司、企业组织和团体。

需要指出的是,国际税务所涉及的内容,主要是公司所得税,而不是流转税或其他税种。流转税和关税具有明显的地域特征,一般只限制在一国国境之内,不会对发生于别国的商品流转额和进出口商品征收流转税和关税,不会发生跨国双重征税问题,所以,不会成为国际税务所涉及的主要内容。而所得税则与流转税及关税有明显的区别,它没有严格的地域概念,所得可以随人(或者法人)的流动而转移。这样,有的国家就根据所得的来源地在本国对他征税,而有的国家则根据该人是本国的居民又对他征税,导致了国际双重征税问题,再加上各国税制千差万别,国际逃税、避税问题易于发生,这一切就需要国际的协调和配合。因此,所得税便成为国际税务所涉及的主要内容。

▲ 第二节　各国税制比较

跨国公司为了在复杂的国际税务环境中立于不败之地,就必须了解和熟悉各国税收制度。由于各国的政治、经济、社会和文化的背景不同,各国的税收制度不论是在形式上,还是在内容上都有差别,各具特点。归纳起来,主要表现在税种的设置、收入与费用的确认、税负的大小及税收征管制度等几个方面的差异。下面就这几个方面分别加以论述。

一、税种的设置

世界各国所设税种很多,因而跨国经营企业应向各国政府所缴纳税款的名目也多种多样。按课税对象划分,可分为直接税和间接税两类。直接税是指直接依据收益额征收的税种,主要有公司所得税和资本利得税。间接税是按收益额以外的其他对象所计征的税种。常见的有周转税、增值税、过境税以及货物税等。

(一)公司所得税(corporate income tax)

公司所得税属于直接税,是世界各国应用最多、最广泛的税种之一。世界各国公司所得税的根本差别体现在计税基础和税收征管制度两个方面。公司所得税计税基础,即应税收益(taxable income)的确定,国际差别很大。一般来说,应税收益和会计收益(accounting income)之间存在着某种联系,但在法国和德国等欧洲大陆国家,这种关系要比英国或美国紧密得多。另外,会计收益本身的计量基础在各国之间也存在着很大的不同,体现于各国在收入和费用确认的差异上。在税收征管方面,世界各国也有差异。公司所得税的征管方式主要有三种,即古典制度、税率分割制度和转嫁制度。其差别的主要体现将在本节"三、税收征管制度"中论述。

计税基础和税收征管制度方面的不同构成了各国在公司所得税上的差异,这些差异造成了若干重要的经济影响,诸如对股利政策、投资计划以及筹资方式的影响,同时还影响到国际转让价格的制定和国际双重课税等重要问题。

（二）扣缴税（withholding tax）

严格地讲,扣缴税并不是一个特定的税种,而是一种与公司所得税相联系的特殊的税收形式,它是东道国政府对外国投资者所获得的股利、利息和无形资产特许使用费等计征的税种。例如,购买 A 国某公司债券的外国投资者,在假设扣缴税税率为 15％ 的情况下,只能从其投资的利息报酬中获得 85％,其余 15％ 的利息则以扣缴税的形式在源头（由某公司）代扣代缴给 A 国政府。扣缴税开征的结果往往阻碍长期投资资本的国际流动,对此,东道国政府与外国投资者常在双边税务协定中进行协调。各国所定的扣缴税率差别很大,即使在一国之内,对不同的收入所征收的扣缴税率也不尽相同。

（三）周转税（turnover tax）

周转税属于间接税,它是按生产经营的某个或某几个环节的周转额计征的税种。各国在计征周转税时,计征的方式和对象有所不同。例如,加拿大在生产完成时计征,英国在商品批发时计征,美国在商品零售时计征,而德国则对所有的周转环节都予以计征。

（四）增值税（value added tax,缩写为 VAT）

增值税也是间接税,它是以产品或劳务在生产经营各环节中新增加的价值为对象课征的一种税。

各个国家增值税的税率不尽相同。即使在同一国家,增值税税率也会因商品品种的不同而异。例如:巴西为 15％,智利为 20％,丹麦为 22％,法国为 7％～33％,德国为 6.5％～13％,爱尔兰为 0％～25％,意大利为 2％～35％,中国为 0％～17％,韩国、墨西哥和马来西亚都为 10％,英国为 15％,挪威为 20％。

增值税的课征对象是增值额,计算各个经济单位增值额的一般公式为:

$$\text{销货收入} - \text{外购货物及劳务支出} = \text{折旧} + \text{工资薪金} + \text{利息} + \text{租金} + \text{直接税} + \text{股利} + \text{留存收益}$$

公式的左右方恒等,均表示增值额。根据上述公式,可以得出增值税计算

Accounting

的三种方法。即累加法(additive method)、扣除法(subtractive method)以及扣税法(tax by tax method)。下面以15%的税率为例,说明如何用三种不同的方法计算增值税额(见表14-1)。

国际会计

表14-1　增值税额的计算

项　　目	损益表	累加法	扣除法	扣　税　法
销售收入	31 000		31 000	31 000×15%＝4 650
销售成本				
进货	14 000		14 000	(14 000－2 000)×15%＝1 800
存货变动	2 000		2 000	
销售毛利	19 000			
折旧	1 500	1 500		
工资薪金	13 000	13 000		
利息支出	500	500		
公司所得税	1 000	1 000		
未分配利润	1 800	1 800		
股利	1 200	1 200		
增值额		19 000	19 000	
增值税率		15%	15%	
增值税		2 850	2 850	2 850

从表14-1可以看出,三种方法计算出的增值税额是相同的,但却有繁简之分。其中,扣税法计算较为简便,因此目前大多数国家均采用扣税法。

增值税的优点在于可以避免周转税可能导致的重复计征,因此在国际上越来越多的国家中推行,而且增值税制有逐步取代周转税制的趋势,但对征管制度的要求则更为严格。

(五)过境税(transit duty)

过境税是在国际贸易中为保护国内产品对进口货物的竞争能力而对过境产品征收的关税。增值税常常用来作为计算过境税的基础,对进口货物估征的税额一般要参照本国同样产品所纳的货物税和其他间接税。

二、收入与费用的确认

如前所述,国际税务所涉及的税种主要是所得税,而所得税的计算是以应税收益(应税所得)的确定为前提的,而应税收益的确定又离不开收入和费用的确认。

(一)应税收入的确认

跨国公司的应税收入来源多种多样,但概括起来,不外乎国内收入和来源于国外的收入两个方面,而只有来源于国外的收入与跨国公司的经营决策和国际税务才有紧密的联系,所以这里只就来源于国外的收入确认问题进行讨论。

国外的收入一般有两个来源:国内公司向外出售产品或提供劳务的收入,以及在国外注册的子公司(即国外子公司)和国外分支机构的收入。

按当前的国际惯例,通过产品或劳务出口而获得的收入,一经取得即可予以确认,各国对这类收入征税的差别在于:各国政府为这类收入的纳税制定了各种优惠政策,借以鼓励出口,提高出口产品在国际市场上的竞争能力。例如:美国对国外销售公司和国内的国际销售公司的收入给予纳税的优惠,而中国对出口商品一般在出口环节给予零增值税率的优惠。

对国外子公司或国外分支机构的收入课税存在两种不同做法,体现为不同的税收管辖权原则。

1.“属地原则”与来源地管辖权

属地原则(principle of territorial)认为,只有领土内产生的收益才是应税收益,而对产生于领土之外的收益,不论受益者是谁,都不征税。依据属地原则建立的税收管辖权称为来源地管辖权(source jurisdiction),即指一国有权对来源于本国境内的一切所得征税,而不论取得该项收入的是本国居民还是外国居民。阿根廷、中国香港、巴拿马、瑞士和委内瑞拉等国家和地区采用此法。

2.“属人原则”与居民管辖权

属人原则(principle of person)是以人(包括自然人和法人)的国籍和住所为标准,确定国家行使管辖权范围的原则。一国有权对本国居民或公民(一般是对居民)按照本国法律和政策实行管辖。依据属人原则建立的税收管辖权称为居民管辖权(resident jurisdiction),也可以是公民管辖权。一国在行使居民(或公民)管辖权时,只考虑纳税人在本国的居民身份或本国国籍,不考虑收入发生或存在的地点是在境内或境外。

3.“全球原则”

世界上多数国家的税收管辖权都同时兼用来源地管辖权和居民管辖权,也可以说它们奉行的是税收管辖权的全球原则(world-wide principle),即对居民(母公司)从国内和国外所获取的收益都应课税。其直接后果是双重课税。正因为如此,实行"全球原则"的国家,通常会采用税款抵免和税务协定等方法,来避免双重课税。

还需要指出的是,有些国家在对国外收益课税的规定中,还考虑了国外经营活动的组织形式。跨国公司可以根据国外经营活动的情况及课税的规定,选择有利于自己的组织形式,使企业可以享受抵税及递延税款权利中的好处。

（二）费用的确认

在各国的税收制度中,由于对同一费用采用不同的处理方法,从而造成各国的纳税差异。

一般地说,费用的确认对税负的影响有两个方面:(1)某项支出是否能作为税前费用在计算应税收入时予以扣除,(2)某项支出应在何时确认为费用。后者所涉及的主要是时间问题。一项支出越早确认为费用,对纳税者越有利。因此,必须对确认费用的时间作出明确的规定,否则,就会直接影响到各国的税收收入,也会使法定税率与实际税率之间发生较大差异。

各国政府对费用的确认的不同认识,集中体现在对资产使用寿命的规定上。对于同一项资产,不同国家所规定的摊销期限可能不同,这就造成不同国家的企业税负不同。对企业来说,资产摊销期越短越有利。因此,有的国家政府,为了鼓励和吸引国外投资者向本国投资经营,往往对某些资产作出特殊优惠规定。例如,英国规定,厂房建筑的成本可在获取资产的当年一次转为费用,这种做法称为"第一年抵免"。此外,英国还对资产使用期限规定了有效幅度,各公司有权根据自身经营的具体情况来选择对自己最为有利的资产使用期限。美国也有类似的优惠规定。例如,不动产可以在购置当年按购价的6％到10％给予减税优惠,对某些固定资产可采用加速折旧法且不计残值。另外,美国还允许公司按后进先出法计算销货成本,从而增大销货成本,降低了应税收益①,等等。

在费用确认方面,除确认时间不同对各国企业的税负产生影响外,费用的范围和内容也对各国企业的税负产生很大影响。对费用确认的研究最主要的意义在于了解各国法定税率与实际税率之间的差异,判断各国真实税负的大小。从这个意义上说,通过简单地比较各国法定税率来评判某国税负的大小是不科学的。

---

① 这是美国企业乐于在存货计价中采用后进先出法的主要原因,欧洲大陆国家的税法大都不允许采用后进先出法。

三、税收征管制度

各国在所得税征管制度上也存在着很大的差别。目前各国流行的税收征管制度主要有古典制度、税率分割制度以及转嫁制度等三种。

(一)古典制度(classical system)

在古典制度下,公司所得税按单一的税率征收,分配给股东的股利不能从应税收益的计算中扣减,而且在股东收到这些股利时,还要按全额计纳个人所得税。采用这种制度的国家有:澳大利亚、卢森堡、荷兰、新西兰、西班牙、瑞士和美国。除美国外,其他国家已趋向于采用税率分割制度或转嫁制度。我国也采用古典制度。

以下举一简例,说明古典制度下应纳税款的计算:

[例1]　设某国的某公司当年的收益为 $100 000,公司所得税率为35%,当年向股东分派了60%的股利,假设股东的个人所得税率为30%,则在公司的收益上实际缴纳的所得税款总额为:

公司收益	$100 000
减:公司所得税(35%)	35 000
公司净收益	$65 000
股利(60%)	$39 000
减:个人所得税(30%)	11 700
股东净收益	$27 300

公司收益 $100 000 上缴纳的税款总额为:

公司所得税	$35 000
个人所得税	11 700
税款总额	$46 700

古典制度的应用会产生两个结果:

1.对作为股利分配的公司收益"双重课税",即对已分配的收益既要征收公司所得税,而后又要对股东征收个人所得税。同对非股份公司已分配收益的纳税处理相比,双重课税是不公平的。

2.使股利分配发生偏向。由于收益总额和已分配收益都应纳税,因而股利分配越多,公司和股东负担的税款总额就越大。因此,古典制度必然会对股利分配产生影响,即公司往往会采取多留少分的分配政策。

古典制度的上述两项缺点促成了其他税收征管制度的形成和发展,以减轻古典制度所造成的影响。

（二）税率分割制度（tax-split system）

税率分割制度根据收益是否分配或留存而采用不同的税率来征税。即对已分配收益按低于对留存收益的税率征税。例如在挪威，对已分配收益课税23％，对留存收益则课税50.8％；日本、德国也采用税率分割制度。税率分割制度由于对留存收益和已分配收益采取不同的税率课税，在一定程度上减少了双重课税的影响。

［例2］　沿用以上的数据，但公司所得税率改设为：对已分配收益20％，对留存收益50％。则在公司的收益上实际缴纳的税款总额为：

公司收益	＄100 000
减：公司所得税	
已分配收益＄60 000（20％）	12 000
留存收益＄40 000（50％）	20 000
公司净收益	＄68 000
股利（60％）	＄40 800
减：个人所得税（30％）	12 240
股东净收益	＄28 560

公司收益＄100 000上缴纳的所得税款总额为：

公司所得税	＄32 000
个人所得税	12 240
税款总额	＄44 240

（三）转嫁制度（shift system）

转嫁制度是指对公司收益按同一税率征税，但已纳税款中的一部分可作为股东分得股利应纳个人所得税的抵减数，即个人所得税转嫁给公司，通过公司所得税形式一并交纳。转嫁制度经常用来减轻经济上的双重课税，但它只适用于本国纳税人。由于股东转嫁给公司的个人所得税由公司预缴，这就向政府即时提供了现金流入；它既可以作为公司应缴所得税的抵减额，又可以作为股东派得股利应缴个人所得税的抵减额。比利时、英国、法国等国家都采用这种制度，由于欧盟提倡转嫁制度，德国等欧盟成员国都转向这一制度。

［例3］　沿用以上的数据，但假设给予股东应派得股利以25％的抵减应缴个人所得税额（转嫁数）。则在公司收益上实际缴纳的税款总额为：

公司收益	＄100 000
减：公司所得税（35％）	35 000
公司净收益	＄65 000

股利(60%)	$39 000
抵减额(25%)	$9 750
公司所得税(35%)	$35 000
减:已预缴的抵减额	9 750
需缴纳的所得税额	$25 250
股东派得股利	$39 000
加:抵减额(转嫁给公司预缴的税款)	9 750
派得的实际股利总额	$48 750
个人所得税($48 750×30%)	$14 625
减:抵减额	9 750
实际缴纳的所得税额	$4 875

公司收益$100 000上缴纳的税款总额为:

公司所得税(35%)	$35 000
($9 750+$25 250)	
个人所得税	4 875
税款总额	$39 875

在以上的例题中,假设在三种税收征管制度下,税率基本不变。实际上如果一国从一种征管制度转向另一种征管制度,为了适当保持国家的税收收入,会相应的调整所设计的税率,这属于税收政策问题。

由于税收征管制度对各国实际税负的影响不小,因此税制的协调问题也是国际税务中的一个重大课题。

四、决定税负的主要因素

各国税负上存在着很大的差别,这是一个显而易见的事实。决定各国税负大小的因素主要有税率、计税基础、税收征管制度,以及社会间接成本等。

(一)税率

税率的不同是造成各国实际税负差别的重要原因。例如,美国的公司所得税最高边际税率是46%,印度却高达60%;而在有些地方,如百慕大等"纯避税港",则为零。值得注意的是,对各国政府规定的法定税率,往往不能作简单的比较,由于各国应税基础的不同,使得各国的法定税率和实际税负之间往往存在着较大的差别。因此,不同的税率仅仅是决定税负的因素之一。

(二)计税基础

所谓计税基础即应税收益。首先,世界各国对应税收益的定义存在着很大的分歧。其次,从前面的分析中可以看出,对于决定应税收益的应税收入的确定、费用的确认和分配以及资产的计价等,各国政府的政策也不尽相同。这意味着,即使在税率相同的国家,由于计税基础不同,因而实际税负也就随之不同。

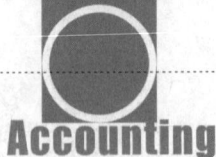

正是由于计税基础是造成法定税率与实际税负相偏离的又一个重要因素,因此,跨国公司在投资时一般更注重各国实际税负,而不是法定税率的高低。

(三)税收征管制度

税收征管制度的差别主要体现在对股利政策的影响上。古典制度在相当程度上把公司和其业主分开处理,因而导致对作为股利分配的公司收益的"双重课税",从而有利于"多留少分"的股利政策。出于公平和效率上的考虑,税率分割制度和转嫁制度试图减缓这种情况。显然,采用不同税收征管制度的国家会对税负产生影响。另一方面,各国税收征管制度的严格程度与执行效率,对实际税负往往有很大的影响。

(四)社会间接成本

所谓社会间接成本是指因社会服务的数量和质量不足给跨国公司带来的额外负担。例如,运输、邮电、通信、能源保障等公用服务方面的数量和质量不足会给跨国公司带来较高的社会间接成本,从而增加公司的额外负担。各国所能提供的社会服务的不同也是造成实际税负差别的一个因素。

除了以上述及的四个因素之外,各国政府避免双重征税的方法和反避税方法的不同,也会对各国的税负产生不同程度的影响。

▲ 第三节　国际双重课税的避免

国际双重课税(international double taxation)是指:两个或两个以上的国家(或地区)基于各自的税收管辖权,对同一纳税人就同一征税对象在同一征税期间课征类似税种。国际双重课税是国家之间税收管辖权冲突的结果。其消极影响主要表现在:加重了跨国纳税人的纳税负担,影响了国际投资的积极性;影响有关国家之间的税收利益和经济利益;影响税负公平原则在国际上的贯彻和实现。因此,不论对发达国家还是发展中国家,避免国际双重征税是各国共同面临的一个问题。

一、避免国际双重课税的基本方法

避免国际双重课税的方法通常包括税款扣除、税款抵免、免税三种。

(一)税款扣除(tax deductions)

税款扣除是指纳税人的居住国允许纳税人把境外收益向外国政府缴纳的税款,从应税收益中扣除,然后按扣除后的余额计算应征税额。据此,所得税税款的计算公式为：

$$\begin{matrix}居住国应征\\所得税税额\end{matrix}=\left(\begin{matrix}公司的境\\内外所得\end{matrix}-国外已纳税款\right)\times 居住国适用税率$$

从以上公式可以看出，在国外的已纳税款不是在一元抵减一元的基础上充抵国内税款，而是直接抵减应税收益，因此，税款扣除是一种减轻而不是完全消除国际双重课税的方法。但是，由于税款扣除在个别国家的运用范围往往不限于所得税，也可以用于其他间接税，因此，税款扣除也具有别的方法所不具有的优点。

（二）税款抵免（tax credit）

税款抵免也直译为税款贷项，是指居住国对本国纳税人来自本国和外国的所得征税时允许将其在国外已缴税款全额或部分地从本国应纳总税款中抵免。此法是直接将已缴外国政府税款作为公司总部本国税款的扣抵数，而不是抵减应税收益，这是与税款扣除法的主要区别。计算税款抵免法下所得税税款的公式为：

$$\begin{matrix}居住国应征\\所得税额\end{matrix}=全球总收益\times\begin{matrix}居住国\\适用税率\end{matrix}-\begin{matrix}已在国外\\缴纳的所得税\end{matrix}$$

通常，居住国为了维护自己的利益，防止外国政府用税率"挖走"本国的财政收入，往往规定税款抵免的数额应以国外所得按照本国税率计算的应纳税额为限，这个限度就是所谓"抵免限额"（limit of tax credit）。也就是说，当本国税率低于外国税率时，按抵免限额抵免本国应纳税款；当本国税率高于或等于外国税率时按在国外已缴纳的税款抵免本国应纳税款。

需要指出的是，税款的直接抵免法，只适用于国外分支机构，而不适用于国外子公司。这是因为，子公司是与母公司分开的实体，子公司仅将股利汇交母公司，而母公司是将其收到已纳过税的股利并入自己的所得后，再向其所在国纳税。因此，纳税抵免额要按收到的股利间接地推算出来，这种方法称为间接抵免法。计算公式如下：

① $\begin{matrix}母公司来自\\子公司所得\end{matrix}=\dfrac{母公司所获股利}{1-子公司所得税税率}$

② $\begin{matrix}母公司应\\承担国外\\子公司税额\end{matrix}=\dfrac{母公司所获股利}{1-子公司所得税税率}\times 子公司所得税税率$

③ 间 接 抵免限额 = 母公司来自 子公司所得 × 母 公 司 所在国税率

例如,某美国公司在国外子公司获利 US＄150 000,当地的税率为 30％,纳税后的净收益为 US＄105 000。子公司将股利 US＄70 000 汇交美国母公司。如美国所得税率为 35％,则已纳税的抵免数为:

$$母公司来自子公司的所得 = \frac{US＄70\ 000}{1-30\％} = US＄100\ 000$$

$$母公司应承担国外子公司税额 = US＄100\ 000 \times 30\％ = US＄30\ 000$$

$$间接抵免限额 = US＄100\ 000 \times 35\％ = US＄35\ 000$$

在本例中,母公司应承担的国外子公司税额未超过抵免限额,因此可按 US＄35 000 全额抵免。如超过抵免限额,则可前溯两年或后延五年以这项差额冲抵计算额不足限额的部分。

税款抵免比税款扣除能更好地消除国际双重课税问题,但税款抵免一般仅限于向国外政府缴纳的所得税(包括扣缴税),而不适用于间接税。

(三)免税(tax exemption)

免税是指居住国政府对其纳税人在国外经营或投资所得的收益,已向外国政府征税的,在本国免予征税,本国政府只对来源于本国的收益征税。尽管免税可完全消除国际双重课税,但这种方法也有不少缺陷。由于居住国对跨国纳税人的国外收益不予征税,甚至不予考虑,这就有可能为跨国纳税人所利用,进行国际逃税避税;同时,采用免税法,也不利于这些国家组织财政收入,损害了居住国的利益;再者,采用免税法的国家实际上放弃了对本国居民境外所得的税收管辖权,使收益来源国独占了税收管辖权,而大多数国家是不愿意放弃这种权利的。因此,目前国际上采用免税法的国家和地区并不多,只是那些实施属地原则的国家和地区。

二、国际税务协定

上述三种方法往往可在各国政府之间签订的税务协定中体现。国际税务协定是指两个或两个以上的主权国家,为协调相互之间一系列税收分配关系,通过谈判而签订的一种书面税务协议或条约。税务协定的主要目的是:协调税收管辖权,避免国际双重课税,减轻纳税人负担;协调各国税制差异,防止国际逃税避税,并在发生税务纠纷或税务诉讼时起到评判标准的作用;协调各国利益关系,使各国在国际经济交往中获得平等地位,促进国际经济的发展。

为了避免国际双重课税,在各国之间所签订的税务协定中,应对有关的内容作明确的规定。税务协定的主要内容通常包括经营所得的确定、税率限制、各国对税款扣除和税款抵免的选择,等等。

国际上的税务条约始见于1843年,当年比利时与法国签订了关于互换税收情报的双边协定。二战以后,西方发达国家政府间的经济联合组织——经济合作与发展组织(OECD)当时的24个成员国于1963年发布了《关于对所得和财产避免双重征税协定范本》(简称《OECD范本》),并于1977年正式通过这个范本。该范本共有29款,包括了对一系列典范税务问题的示范性规定。在1992年、1994年、1995年、1997年、2000年和2002年OECD范本又进行了修订。

《OECD范本》比较强调居民管辖权,而对收入来源地管辖权有所限制,偏重于发达国家的利益,没有反映发展中国家的要求。联合国经济和社会理事会经过十多年努力,终于在1979年通过了《关于发达国家与发展中国家避免双重征税协定范本》(简称《联合国范本》),并于1980年正式公布,并分别于1999年和2001年进行了修订。《OECD范本》和《联合国范本》在总体结构上相似,但二者的重要区别在于:前者旨在促进OECD成员国签订双边税务协定工作;而后者则主要是促进发达国家和发展中国家之间签订双边税务协定,同时也促进了发展中国家相互签订双边税务协定。《联合国范本》在注重收入来源国税收管辖权的基础上,兼顾了缔约国双方的利益,因此该范本为发展中国家广泛接受。目前,国际的税务协定,在很大程度上受《OECD范本》和《联合国范本》的影响及制约。从各国所签订的一系列双边税务协定来看,其结构及体系与两个范本基本上是一致的。

第二次世界大战结束以后,国与国之间缔结税务协定的活动十分活跃,而且日益扩大。据2002年统计,国际上涉及避免双重征税的全面性协定就有2 500多个。从国家看,英国是对外缔结全面性税务协定数目最多的国家,其次是法国、美国和瑞典。相对地说,发展中国家缔约的要比发达国家少得多。

我国在对外缔结税收协定方面发展较快。至2006年,我国已先后同82多个国家正式签订了双边税收协定,其中不仅包括主要的发达国家,也包括众多发展中国家。

目前,各国所签订的税务协定均属双边协定,至今尚未出现多边税务协定。为了解决跨国企业的税务问题,一些国家正谋求其他的税务合作形式。

1979 年,加拿大、法国、前联邦德国、英国和美国的税务当局加入了一项协调对跨国公司纳税考核办法的协议。该协议反映了避免国际双重课税领域的新动向。

▲ 第四节　国际避税与反避税

国际避税(international tax avoidance)是指跨国纳税人利用有关国家税制的差异,采用某些公开而又合法的手段,以减轻或消除某些税款负担的行为。随着各国经济交往和人员交流的扩大,尤其是跨国公司的大量涌现,使国际避税成为一个普遍而突出的问题。各国税制差异的客观存在,使国际避税更加隐蔽、更加复杂。国际避税的大量存在,损害了有关国家的财政利益,导致跨国纳税人之间税负的不公平,妨碍了国际投资的正常进行。所有这一切,都引起了各有关国家对这一问题的极大关注。经济合作和发展组织以及欧共体(欧盟前身)一直在研究国际反避税问题,《OECD 范本》和《联合国范本》也列入了不少反避税的条款。总之,国际避税和反避税是国际税务中的一个越来越突出的问题。

一、"避税港"与国际避税

"避税港"(tax havens)是以免征某些税收或压低税率的办法,为外国投资者提供不纳税或少纳税的国家或地区。根据 1987 年的《经济合作与发展组织报告书》,避税港应具备以下特征:

(一)避税港的特征

1.对所得及全部资本或特定类型的资本完全不课税或只按低税率课税;

2.保持严格、高标准的银行秘密和企业秘密;

3.不存在外汇管制;

4.银行业务在其活动中占有相当重要的地位;

5.具有完备的现代通信设施;

6.在通常情况下,避税港不缔结税务协定,即使缔结,也有很多限制,如不向外国税务当局提供信息等等;

7.法人的设立、经营、管理、改组等,均根据自由商法等的规定办理,而且手续简便;

8.政治和经济比较安定,出入境自由;

9.可以得到有能力的专家(律师、会计师)的建议,英语也较为普及。

根据避税港的定义和特点,避税港具体包括三类:

1.巴哈马群岛、百慕大群岛、开曼群岛、瑙鲁、汤加等,这些地区不征所得税和一般财产税,故常被称为"纯避税港";

2.英属维尔京群岛、所罗门群岛、海曼群岛、列支登斯坦、瑞士、爱尔兰等,这些地区一般以很低的税率征税;

3.中国香港、利比里亚、巴拿马等只对当地形成的收益征税,而对来自海外的收益免税;

4.卢森堡、荷属安第列斯、塞浦路斯等对国内一般公司征收正常的所得税,而对特定公司提供特殊的税收优惠。

还有些国家给予一些特定的优惠,如广大的发展中国家。

(二)利用避税港避税的主要形式

1.通过在避税港设立基地公司进行避税

跨国公司通过在避税港设立投资公司、无形资产保存公司、各种信箱公司以及服务公司等基地公司,利用其中介作用,将收入积聚在基地公司,以达到避税目的。例如,在避税港设立投资公司,而将股票、债券等能带来收益的资产转移到避税港设立的子公司,从而使这些资产带来的收益得以逃避居住国应纳的税金。然后,又将其所得(收益)以子公司的名义进行证券投资或不动产投资,取得利息、股利或资本利得。为避免高税率课税,这些收益不汇寄回居住国而保留在子公司。

2.通过转让价格进行避税

跨国公司可以在避税港设立一个公司,通过这一公司将由低价或平价购买的货物以高价出售给另一关联企业或非关联企业,从中获取一笔额外利润。由于避税港无税或低税,这笔利润将不纳税或者少纳税,从而达到避税的目的。

形成国际避税港的原因很多,有经济、政治、财政上的原因,也有地理、历史上的原因。此外,对跨国公司利用避税港进行避税这种现象,有的国家限制,有的国家放松,有的国家甚至赞同。

二、国际反避税的一般方法

针对跨国纳税人利用国际避税和其他方式的避税活动,各国政府采取了种种反避税措施,用以消除和制止国际避税行为。

各国所采取的反避税措施,从一国范围来看,主要是健全税务立法和加强税收管理;从国际范围看,主要是加强政府间的双边或多边合作。这些反避税

Accounting

措施,归纳起来主要有以下几个方面:

(一)取消递延纳税

由于跨国纳税人利用有些国家关于递延纳税的规定进行避税,所以这些国家为堵塞这方面的漏洞,取消了递延纳税。例如,美国早在 1962 年就规定:凡是美国人控制的外国公司的收益,不论是否以股利的形式汇回美国公司,一律不得递延纳税。如不汇回,美国税务当局可以要求外国公司按股份比例将收益分配给美国公司,并作为当年的所得汇总于所得总额中,向美国政府纳税。英国、德国、加拿大、比利时、日本、澳大利亚等国都作了类似的相应规定。

(二)建立正常交易原则,加强对转让价格的管理

跨国母公司与子公司、总公司与分公司等相关联公司之间利用控制关系,广泛地采用转让定价方式转移利润,已成为国际避税中最严重的问题。为此,反避税的国家无不采取正常交易原则作为有关联的跨国企业之间进行内部交易的准则。例如,美国的税法明文规定,税务当局有权对跨国公司内部交易进行调查,并按正常交易的一些标准对交易进行调整。德国的税法也规定,如果税务当局发现有按低于适当的正常交易价格进行交易而造成纳税人所得(收益)减少的现象,税务当局可以对纳税人的所得向上调整,直至其所得反映出按正常交易价格应达到的水平为止。

(三)规定跨国纳税人负有延伸提供税务资料的义务

由于税收管辖权和国家主权的限制,一国税务当局一般不能直接到另一国去取得本国纳税人的有关税务资料,也不能强制对方国家提供这方面的资料。这就需要加强双边合作,互通情报,或者规定跨国纳税人如实提供有关资料。例如,美国的税法针对本国的跨国纳税人设计了多种表格,并要求纳税人如实填报,其中许多是针对跨国纳税人在国外的活动而设计的。

另外,一些国家为使税务当局在反避税中摆脱被动局面,将刑事诉讼中的举证责任转移给跨国纳税人。当税务当局发现某跨国公司的交易有逃税、避税嫌疑时,该纳税人必须提供充分的证据来证明自己的交易是正常的,否则,就会被认为有逃税、避税行为。举证责任的逆转,是延伸提供税收情报的进一步补充。

(四)加强国际税务管理

在国际反避税中,加强税收立法是一个重要的方面,但同时也要加强国际税务管理。

1.提高涉外税务人员的素质。税务人员应熟悉和掌握各种业务,不仅要熟悉税法,还要熟悉会计、统计、国际金融、国际贸易等有关知识。

2.加强税务检查。提高征税的准确性和防止避税,只凭纳税人提供的情报是不够的,因此需要税务当局进行广泛的调查,掌握第一手资料。

3.签订双边或多边协定,加强各国税收部门的情报交流。例如,美国在1984年与17个国家根据协定交换了情报,收到外国有关纳税人在这些国家的情况文件84万份,送往其他有关国家纳税人在美国的情况的文件50万份,有力地打击了跨国纳税人的国际避税活动。

4.争取外国合作,削弱银行保密制度的屏障作用。大多数国家的政府都支持银行为其客户保密,但这一传统为避税者提供了庇护所。因此,有些国家规定,税务当局出于反逃、避税的需要,可以审查银行账目或必要的资料。例如,瑞士的税收部门在怀疑有逃税行为时,可以接触银行的账簿。美国在瑞士也享有接触银行记录的特权。但各国税收部门在接触银行记录方面仍面临着银行保密传统的壁垒。而在那些避税港国家,外国政府要接触银行记录更是困难重重。

▲ 第五节 国际税务计划

一、国际税务计划概述

企业经营的国际化使其面临的税务环境大大地复杂化了,各跨国公司纷纷聘请高级专门人才制定国际税务计划,因为国际税务计划是一个潜在利益十分丰厚的领域。所谓国际税务计划(international tax planning)是指跨国纳税人为在全球范围通过避税、减税或递延纳税等方式谋求节税或者使纳税负担最小化而编制的税务计划。国际税务计划用图表示如图14-1。

普华国际会计师事务所(Price Waterhouse International)国际税务研究中心主任查理士.T.克劳福德曾把国际税务计划的作用归纳为如下8点:

1.向国外转移资产,以减轻在居住国的税负;

2.利用国外企业开办期的亏损冲减居住国税款;

3.在不同国家采取各自有利的经营方式,从而少缴国外税款;

4.利用税务协定和避税港的优惠,通过关联企业内部的资金流转,减轻国外的和居住国的税负;

5.调整关联企业的收支结构,降低公司集团总的税负;

6.安排关联企业购销活动的内部定价,以减少总税负;

Accounting

```
          ┌─────────────────┐
          │   企业经营计划    │
          └─────────────────┘
            │             │
    ┌───────────┐   ┌───────────┐
    │  收益最大化 │   │  费用最小化 │
    └───────────┘   └───────────┘
                  │
        ┌───────────────────┐
        │  深入了解各国税收制度 │
        └───────────────────┘
                  │
        ┌───────────────────┐
        │   纳税备选方案的选择  │
        └───────────────────┘
            │             │
    ┌───────────┐   ┌───────────┐
    │ 收益金额缩小化│   │ 支出金额扩大化│
    └───────────┘   └───────────┘
                  │
        ┌───────────────────┐
        │    应税所得最小化    │
        └───────────────────┘
                  │
        ┌───────────────────┐
        │    减少国际纳税款    │
        └───────────────────┘
                  │
        ┌───────────────────┐
        │   国际的税后利润最大化 │
        └───────────────────┘
                  │
        ┌───────────────────┐
        │ 确保可能利用的国际流动资金│
        └───────────────────┘
```

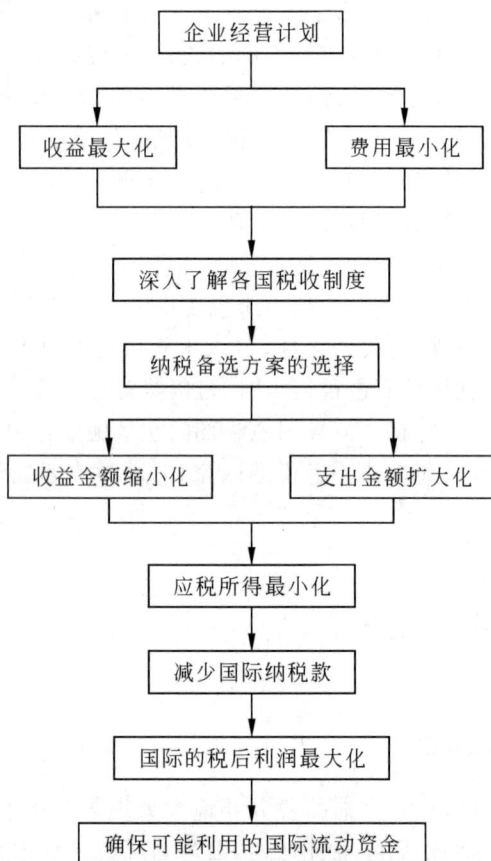

图 14-1 国际税务计划程序图[*]

[*] 引自稻田富士男等著:《国际交易企业会计》,中央经济出版社 1989 年版,第 510 页。

7.利用外国税款抵免,减少在居住国的税负;

8.抽回国外的经营业务,以取得更大的纳税利益。

为了实现国际税务计划的目的,在制定国际税务计划时应主要考虑的问题有两个,一是以什么样的形式开展国外经营活动,二是在哪里开展国外经营活动。下面就这两个问题分别加以论述。

二、国外经营方式的选择

国外经营的方式一般有三种:出口产品或劳务,建立国外分支机构和建立国外子公司。

（一）出口产品或劳务

在向国外出口产品或劳务时，企业应首先决定是由国内输出还是由国外的子公司直接提供。企业通常应选择税务优惠较为丰厚的方案。例如，一家美国企业如果符合国内的国际销售公司的条件，则往往选择从美国本土向外销售的方案，以便利用出口免税的税务优惠。

（二）建立国外分支机构

国外分支机构作为总公司在国外的延伸，其收益一般不予递延，因此，处于亏损状态或在开办初期发生亏损的，可以冲减总公司的利润，从而减少应税收益（所得）。因此，在国外分支机构开办初期，跨国公司都乐意采用这种形式。但是当国外经营转亏为盈后，由于不能享受税收递延的优惠[①]，采用这种方式就不太有利。不过，大多数国家对国外分支机构汇回公司总部所在国的所得都不征扣缴税。

（三）设立国外子公司

由于国外子公司在国外的收益可递延至以股利形式汇回母公司时才纳税，因此，当国外子公司经营状况较好时采用这一方式比较有利。但是，国外子公司的亏损则不能转入母公司去抵减其应税收益。值得指出的是，在设立国外子公司时，是设立独资公司，抑或与当地企业合办合资公司，也是应予以考虑的问题。

三、国外经营地点的选择

跨国公司在选择国外经营地点时，通常考虑的主要是外国的税收优惠、税率和国际税务协定等三个因素。外国税收的减免税、税款扣除以及税款抵免等的优惠待遇，可以促使跨国公司向这些国家和地区投资。税率的高低在一定程度上反映了那个国家的税负轻重。当然，跨国公司在考虑税率高低时，还要与收入和费用的确定结合起来。而国际税务协定规定的双边优惠，可帮助跨国公司选择最为有利的法律上的经营地点。例如，有的国家对支付利息不征扣缴税，在那里融资可以减少企业负担的税务成本。还有的国家对权利收入只按很低的税率征税，如将技术转让收入、版权收入等转移到这些国家，对跨国公司可能更为有利。当然，居住国与收入来源国有无缔结税务协定，优惠待遇是不同的。

---

① 但有的国家，如美国已取消对国外子公司的递延纳税，参见第四节"二、国家反避税的一般方法"中的论述。

▲ 第六节　国际转让价格

国际转让价格是一个与国际税务密切相关的问题。但是,国际转让价格的影响远不只体现在税务方面,它对跨国公司本身,对接受跨国经营的各国政府,以及国际资本的流动等,都有广泛而深刻的影响。因此,国际转让价格的制定,是跨国公司经营战略的重要组成部分。由于当今复杂多变的国际环境,国际转让价格的制定历来被认为是一种颇为神秘且具风险的行为。

一、国际转让价格及其意义

国际转让价格(international transfer pricing)是指跨国公司管理当局从其总体经营战略目标出发,为谋求公司利润的最大化,在跨国关联企业(如母公司与子公司、子公司与子公司)之间购销产品或提供劳务时所确定的内部价格。这种价格通常不受市场供求关系变动的影响。

跨国公司经营活动的多国性质,大大提高了转让价格的重要性,也增加了转让价格制定的复杂性。首先,在跨国经营企业的总产量中,需要在公司内部以转让价格转让的部分大幅度增加。据统计,国际贸易总额中约有 40% 是由跨国公司内部的产品流转构成的。其次,在当前复杂的国际经济环境中,转让价格已从最初作为控制各责任中心或子公司的手段,发展到现在作为跨国经营企业实现其全球战略的重要策略。

国际转让价格制定得适当与否,直接影响到跨国公司以及各国政府的利益。就跨国公司而言,适当地利用转让价格,可以减轻税款支出,包括减轻所得税、扣缴税或者关税等,从而改善公司的资金流动状况。此外,也可以增强母公司和子公司的竞争能力。但是,过分地利用转让价格,也有可能导致东道国政府的报复,或者会损害公司管理人员的责任心和进取心,削弱企业的竞争能力。另一方面,就各国政府而言,对跨国公司的转让价格管理过于松懈,可能严重影响本国的财政收入;但如果控制过严,又会损害这些国家的投资环境,影响国外投资者的投资积极性。

随着国际环境的日趋复杂化,转让价格的制定要受到更多因素的影响和制约。但无论怎样,跨国公司仍然能够在转让价格上做文章,使公司能适应不断变化着的环境特征以及在税务、竞争和风险等方面的复杂情况。

二、制定国际转让价格的制约因素

影响国际转让价格制定的因素很多,如所得税制的差别、关税壁垒、竞争、通货膨胀、外汇管制、政治风险等。各种因素在不同时间内的重要性以及各种因素间的相互作用影响都不尽相同,这给跨国公司转让价格决策带来了极大的困难。

(一)制定国际转让价格时需要考虑的因素

1. 税负

在税负因素中主要考虑的是所得税。各国所得税率的不同使跨国公司通过人为地抬高或压低转让价格来减轻税负成为可能。具体地说,跨国公司可通过以较高的转让价格输入产品,而以较低的转让价格输出产品的方式,把设在税率较高国家的子公司的利润转移出来,再用相反的方法把利润转移到税率较低的国家的子公司去,从而减少应交所得税,增加整个跨国公司集团的税后利润。跨国公司利用转让价格转移收益,减轻税负对各国政府的影响是:会使相关国家在税收利益方面的关系发生变化。一般地讲,由于跨国公司是将收入由税率较高的国家向税率较低的国家转移,而将费用由税率较低的国家向税率较高的国家转移,因此,税率较高国家的所得税收入将相应的减少,而税率较低国家的所得税收入则相应的增加。对相关国家政府的上述影响如图 14-2 所示。

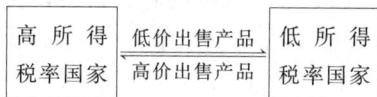

```
┌──────────┐  低价出售产品  ┌──────────┐
│ 高 所 得 │ ←──────────  │ 低 所 得 │
│ 税率国家 │  ──────────→ │ 税率国家 │
└──────────┘  高价出售产品  └──────────┘
```

图 14-2

在税负方面,除所得税之外,关税是跨国公司制定转让价格时需要考虑的另一个重要因素。通常,在向关税较高的国家销售产品时,跨国公司倾向于压低价格;而在向关税较低国家销售产品时,则倾向于抬高价格,借以节省关税支出,增加整个跨国公司集团的利润。跨国公司的上述倾向可用图 14-3 表示:

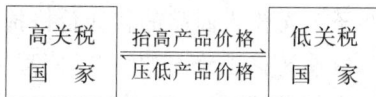

```
┌──────────┐  抬高产品价格  ┌──────────┐
│ 高关税   │ ←──────────  │ 低关税   │
│ 国   家  │  ──────────→ │ 国   家  │
└──────────┘  压低产品价格  └──────────┘
```

图 14-3

从图 14-2 和图 14-3 不难看出,就税率而言,所得税与关税对转让价格制定的影响,其方向刚好相反。正因为如此,如果向所得税税率和关税税率都较

Accounting

国
际
会
计

高或者都较低的国家销售产品,则跨国公司在制定转让价格的问题上就不得不权衡得失,在所得税与关税的影响之间作出取舍。

2.通货膨胀

持续的通货膨胀会使企业持有的货币性资产的购买力下降。跨国公司为了减少这种损失,通常将设在通货膨胀率较高的国家子公司的货币性资产保持在最低限度。因此,跨国公司往往通过抬高提供给这些子公司的产品转让价格,或者压低这些子公司所提供的产品的价格,尽可能地将子公司的货币性资产转移至通货膨胀率较低的国家中去。

3.外汇管制

子公司东道国的货币能否自由地兑换成外汇,或者,外汇兑换后能否自由地汇出国外,也是母公司非常关心的问题。有的国家对跨国公司在本国赚取的收益在汇出本国国境时施加了很多限制,或者课以相当重的税收。此外,许多国家出于改善本国国际收支状况的需要,有时会采取货币贬值的办法,使跨国公司的子公司遭受类似通货膨胀下的购买力损失。为了避免这种损失,跨国公司往往以抬高向这些子公司提供产品的转让价格,或者压低这些子公司所提供的产品价格,将现金转回母公司。

4.竞争

转让价格是跨国公司增强国外子公司竞争能力的重要手段。对于在国外新设立的子公司,跨国公司通常以低廉的转让价格,向该子公司提供所需的商品,以扶持新创子公司,增强其市场竞争能力。同样,对于在竞争中处境不佳的子公司,跨国公司可以调低其输入产品的转让价格,同时抬高其输出产品的转让价格,人为地使子公司的盈利水平和财务状况得到改善,借以增强其竞争能力,削弱国外竞争对手的地位。

5.东道国政局的稳定性

东道国政治局势是否稳定,关系到跨国公司的合法权益是否有保障。在政治不稳定的国家里,跨国公司的经营活动将面临较高的风险。例如,跨国公司的财产有可能遭受被东道国政府剥夺的风险。为避免这种可能出现的损失,跨国公司通常将这些子公司输入商品的转让价格抬高,或者压低这些子公司输出商品的转让价格,以便转移子公司的财产,使其可能遭受的风险降低至最低限度。然而,值得指出的是,跨国公司利用转让价格转移财产的做法如不加以节制,有可能会加剧东道国政局的不稳定性,从而使其自身的利益受到更大的伤害。

（二）转让价格制定的限制因素

国际转让价格的制定及实施，不仅对跨国公司，而且对跨国经营东道国，在社会、政治、经济等诸方面都有广泛的影响。因此，跨国公司在制定价格时不能毫无顾忌。事实上，国际转让价格的制定和实施，受到诸多限制因素的制约。这些因素主要表现在以下两个方面：

1.跨国公司与东道国的关系

跨国公司转让价格的制定和实施，首先受到与东道国关系的制约。跨国公司利用转让价格虽可达到减轻税负的目的，但同时也导致了各国税收利益的不平衡。例如，以压低的价格从所得税率较高的国家向所得税率较低的国家销售商品的结果，是使低税率国家的税收相对增加，而使高税率的国家税收利益受到损害。如果税收利益受到伤害的国家强行对跨国公司的转让价格加以调整，而另一国又对这一调整不予承认，那么，跨国公司就可能面临双重的风险。为了使转让价格被有关国家所承认，跨国公司就必须合理地制定转让价格，不可在人为地调节转让价格方面走得太远。其次，跨国公司为增强其国外子公司的竞争能力，以压低转让价格向其提供商品或劳务的行为，很容易引起东道国政府采取反倾销行动。反倾销行动简便的方式之一是建立关税壁垒，提高关税。此外，跨国公司压价销售的行为也可能招致东道国当地竞争对手的报复。无论是东道国政府的反倾销，还是当地竞争对手的报复，其结果往往与跨国公司压价销售的初衷背道而驰。

为了给东道国政府及竞争对手竖立一个良好的形象，跨国公司在制定和利用转让价格时应格外谨慎，否则将使跨国公司的信誉遭到损害，而更不利于公司的长期经营。

2.对子公司业绩的正确评估

过度地利用转让价格，往往会扭曲对子公司的真实业绩评估，而不真实的业绩评估不但会使管理人员的工作热情涣散，而且将损害一般雇员的士气。此外，不合理的转让价格也会损害各子公司之间的利益均衡，影响各子公司之间的协调和互助，最终不利于整个跨国公司的协调发展。

综上所述，跨国公司在制定转让价格时，必须在全面考虑各种影响因素的基础上，从公司整体利益出发，对转让价格利弊得失作全面的权衡和取舍，最终确定出适合自身情况的转让价格。

三、制定国际转让价格的基本方法概述

转让价格并不是跨国公司的发明创造，而是企业组织分权化经营的结果。

转让价格可以在小至一个企业内部的各利润中心之间制定，也可以扩展到在跨国公司母公司与子公司、子公司与子公司之间制定。为了达到整个企业分权经营的目的，企业必须合理运用制定转让价格的方法。在几十年的实践中，各国会计界已形成若干种制定转让价格的基本方法。但归纳起来可分为两类：(1)以市价为基础；(2)以成本为基础。两类方法各有优缺点，在实务中，企业往往是根据自身的特点加以选择和运用的。以下就制定转让价格的两类基本方法作简要的介绍。

（一）以市价为基础

以市价为基础的定价方法，就是要使转移的商品或劳务按转移时外部市场通行的价格，亦即这些商品或劳务的买入公司愿意以对外支付的价格作为公司间转让价格的定价基础。

采用市价为基础的定价方法的优点主要表现在两个方面。首先，采用这种定价方法在公司内部转让产品，实际上是将母公司及所属各子公司视为完全独立经营的企业。这不仅能达到公司分权化经营的目的，还有利于发挥子公司的自主权，促使子公司管理人员充分利用市场，增强其适应市场的能力。同时，利用这种转让价格确定各子公司的经营业绩也比较真实。其次，由于市场价格代表了无关联关系的买卖双方在公开竞争的市场上所愿达成的交易价格，排除了人为调节的因素，因此这种转让价格易于为东道国政府所接受。正是由于上述优点，目前大部分国家和许多国际组织，如经济合作与发展组织以及联合国等，均倾向于采用此法。

但采用市场价格也有一定的局限性。在实务中，选定一个公允的市场价格往往是很困难的。首先，很难找到一个完全竞争的市场，而只要是在不完全竞争的市场上，跨国公司就有能力操纵市场价格。其次，对跨国公司内部转移的半成品或零部件来说，很少有一个现成的中间市场，可借以寻找可靠的市价资料。再次，商品或劳务的市场价格只有在信用条件、等级、质量、运输条件等方面确实相同时，才具备较强的可比性。而上述条件往往是不相同的。最后，对于一些特殊行业，如电子、仪器等行业，产品成本中研究和开发费用占了相当的比重，但其仿制者则可避免这类成本而以较便宜的价格出售其仿冒产品。因此，开发产品的跨国公司很难接受这种市场价格。

（二）以成本为基础

以成本为基础的转让价格按其所包括的内容可分为三种类型：(1)全部成本；(2)全部成本加成；(3)变动成本加一个固定额。其中，"成本"可以是实际成本，也可以是标准成本或预算成本。

采用以成本为基础的定价方法,可以克服按市价定价的局限性。首先,各公司的成本资料容易搜集,所以这种方法简便易行。同时,这种方法还有助于各公司重视成本管理和成本数据的搜集,避免在定价上的人为判断,有利于跨国公司内部间的相互协作。其次,由于成本资料有据可依,也经得起各国税务当局的核查。

但是,以成本为基础的定价方法也有其局限性。以全部成本为基础制定的转让价格,使转出产品的子公司或利润中心无任何利润。其结果是,既损害了转出产品子公司的积极性,又致使这些子公司不关心其自身对成本的控制和管理,因为无论转出产品的全部成本高低如何,转入产品的子公司原则上都得接受。另一方面,对于接受产品的子公司来说,不正常的、过高的成本无形中使其承担了一部分转出产品子公司因经营不善所造成的责任。采用变动成本加一个固定额作为定价的基础,若这个固定额等于边际利润,则与以全部成本为基础的转让价格相同。

尽管全部成本加成法可以克服上述两种方法的缺点,易于为转入产品的子公司所采用,但成本如果是实际成本,据以确定的转让价格同样会使转入产品的子公司承担那种由其他子公司造成的、但自己又无法控制的责任。如改用标准成本或预算成本,这种情况虽然可以得到一定程度的改善,但成本基础仍难保证企业作出最佳决策。

除上述缺点之外,由于"成本"通常为历史成本,在通货膨胀剧烈的国家里,按成本为基础制定的转让价格将与现行市场价格远远地脱节。不难看出,以成本为基础制定转让价格的方法忽视了市场竞争的要求和供求关系的影响。

以市价为基础和以成本为基础的定价方法各具所长和所短,两者孰优孰劣,难以判断。美国的一项调查表明,虽然有2/3的公司采用以某种成本为基础的转让价格形式,但其中有相当多的公司同时又采用以市场价格为基础的定价方法。可见,任何一种单一的定价方法都难以满足跨国公司的需要。

(三)转让价格制定方法的选择

跨国公司在选择转让价格的制定方法时,首先,应联系公司的经营目标、组织结构、生产规模、定价战略以及各国经济、文化背景等因素加以确定。

以公司的组织结构为例,在高度分权经营的跨国公司中,各子公司在确定转让价格方面往往享有较大的自主权,子公司间的相互依赖程度也相对较弱。在此情形下,子公司往往会选择以市价为基础的定价方法。但就跨国公司总体而言,选择以成本为基础的方法却有利于其总目标的实现。

其次,公司经营的规模和介入国际经营的程度也与定价方法密切相关。经营规模大的企业,可以通过垄断控制市场的经营,他们往往从整个公司的总目标出发,在制定转让价格时都倾向于以成本为基础。而小公司往往不能独立于市场,只能接受既定的市场价格。另外,公司介入国际经营程度不同,所受的国际环境影响也不同。在定价决策中,介入国际经营程度越深,所经受风险的范围也越广泛,因而只有将各种影响定价的因素综合加以分析,才能作出合理的定价决策。

最后,各国的文化背景也是定价方法选择的一个重要决定因素。譬如,美、英、日、法等国的经理人员一般都偏向于以成本为基础的定价方法,加拿大、意大利等国的经理人员则更倾向于按市价为基础的定价方法,而德国、比利时、瑞士、荷兰等国则无特定的倾向性。此外,不同的决策人员对上述各种影响转让价格的因素考虑的侧重点也有不同。有的看重所得税,有的看重子公司在东道国的财务形象,有的则重视东道国的通货膨胀因素等。这一切均与决策者所受的文化影响密切相关。

跨国公司在全面考虑各种影响因素的基础上所确定的转让价格能否为子公司东道国和母公司所在国政府所接受,这个问题始终贯穿于国际转让价格的制定过程中。在实务中,大部分跨国公司倾向于以某种形式的成本作为制定转让价格的基础,各国政府部门却明显地倾向于以市价为基础。由于在取得市场价格和判断价格是否公允等方面存在着难以克服的障碍,限制了各国政府对转让价格进行全面和有效的检查和监督。各国政府对市价的规定并不十分严格,因此,跨国公司在各国政府所规定的范围内,仍能在转让价格上大做文章。

研 讨 题

14-1 在国际税务中,对"税额衡平"和"不偏不倚"原则有哪两种理解?对此,你有何评论?

14-2 你对扣缴税的性质如何理解?

14-3 评述增值税计算的三种方法。

14-4 "国际税务问题实质上是跨国经营中的所得税问题",你同意这种观点吗?试评论之。

14-5 何谓"属地原则"、"属人原则"和"全球原则"?假如世界各国都采用"属地原则",你认为是否还会存在国际双重课税问题?另外,这种假想的影响如何?它可能吗?

14-6 在国际税务中,"税款抵减"起什么作用? 对税款抵减的有效范围有什么限制?

14-7 请从跨国纳税人(跨国公司)的角度,简要说明:(1)古典制度,(2)税率分割制度,(3)转嫁制度这三种税收征管制度的优缺点。

14-8 "各国法定税率的差别是最明显的,但在决定公司的实际税负时的作用是很小的。"你同意这种观点吗? 请评述之。

14-9 对避免国际双重课税的三种基本方法,你作何评价?

14-10 "跨国公司与单纯的国内企业相比具备固有的税务计划优势",你同意这种观点吗? 请评述之。

14-11 说明国内经营中的转让价格与国际经营中的转让价格的相同之处和不同之处。

14-12 请列举本章论述的影响关联公司间的转让价格问题的 5 个主要因素,并简要说明它们怎样影响转让价格政策。

作 业 题

14-1 设于美国的某公司 200×年的收益为 US$ 300 000,公司所得税税率为 30%,当年向股东分派了 60%的股利,假设股东的个人所得税税率均为 25%。试计算:在古典制度下公司收益实际缴纳的所得税款总额。

14-2 沿用题 14-1 关于公司收益和分派股利及个人所得税税率的数据,现改设在税率分割制度下对已分配收益课征公司所得税 20%,对留存收益则课税 40%。试计算公司收益实际缴纳的所得税款总额。

14-3 沿用题 14-1 的数据,现假设在转嫁制度下给予股东应派得股利以 25%的抵减应缴个人所得税税额。试计算公司收益实际缴纳的所得税款总额。

14-4 某美国公司在国外的子公司获利 US$ 100 000,设当地的所得税税率为 40%,税后净收益为 US$ 60 000,子公司将分派的股利 US$ 42 000 汇给美国母公司,设美国所得税税率为 35%。请计算向美国缴纳所得税时可获得的税款抵减额。并请说明为什么这样处理。

Accounting

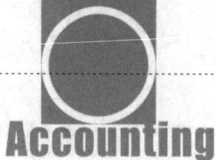

参考书目及文献

1. Nobes and Parker, *Comparative International Accounting*, 10th ed., 9th ed., 8th ed., 7th ed., Prentice-Hall Inc., 2008, 2006, 2004, 2002.

2. Choi and Meek, *International Accounting*, 6th ed., 5th ed., Prentice-Hall Inc., 2008, 2004.

3. Choi, Frost, and Meek, *International Accounting*, 4th ed., 3rd ed., Prentice-Hall Inc. 2002, 1999.

4. Choi and Mueller, *International Accounting*, 2nd ed., Prentice-Hall Inc., 1984.

5. Radebaugh and Gray, *International Accounting and Multinational Enterprises*, 5th ed., John Wiley & Sons., 2002.

6. Mueller, Gernon, and Meek, *Accounting, an International Perspective*, 4th ed., McGraw-Hill Company, 1997.

7. 常勋:《财务会计四大难题》,第三、四版,立信会计出版社 2006 年 9 月、2008 年 11 月出版。

8. 常勋:《国际会计》,第四、五、六版,东北财经大学出版社 2007 年 2 月、2008 年 6 月、2009 年 7 月出版。

9. 常勋主编:《国际会计研究》,中国金融出版社 2005 年版。

10. 王松年:《国际会计前沿》,上海财经大学出版社 2001 年版。

11. IASC, *International Accounting Standards*, 2000, 及中译本, 中国财政经济出版社。

12. IASB, *International Accounting Standards*, 2002, 及中译本, 中国财政经济出版社。

13. IASB, *International Financial Report Standards*, 2004、2008, 及中译本, 中国财政经济出版社。

14. 张象至、李红霞:《〈改进国际会计准则〉项目 13 项国际会计准则主要变化》,载《会计研究》2005 年 1~5 期。

Accounting

15. IAASB, *Handbook of International Auditing, Assurance, and Ethics Pronouncements*, 2004、2008。

16. 谢剑平:《期货与期权——金融工程入门》,中国人民大学出版社 2004 年版。

17. 财政部会计司准则二处:《会计国际趋同及国外相关组织近期动态》,《会计研究》2004 年第 11 期至 2010 年第 2 期。

18. 朱青:《国际税收》,第三版,中国人民大学出版社 2005 年版。

图书在版编目(CIP)数据

国际会计/常勋,常亮编著.—9 版.—厦门:厦门大学出版社,2012.3(2020.1 重印)

(普通高等教育"十一五"国家级规划教材)

(21 世纪会计学系列教材)

ISBN 978-7-5615-1789-5

Ⅰ.①国…　Ⅱ.①常…　②常…　Ⅲ.①国际会计-高等学校-教材　Ⅳ.①F811.2

中国版本图书馆 CIP 数据核字(2011)第 154415 号

出 版 人	郑文礼
责任编辑	陈丽贞
装帧设计	李夏凌
技术编辑	朱　楷

出版发行 厦门大学出版社

社　　址	厦门市软件园二期望海路 39 号
邮政编码	361008
总 编 办	0592-2182177　0592-2181253(传真)
营销中心	0592-2184458　0592-2181365
网　　址	http://www.xmupress.com
邮　　箱	xmupress@126.com
印　　刷	厦门集大印刷厂

开本	720 mm×1 000 mm　1/16
印张	31.75
字数	560 千字
印数	120 501～125 500 册
版次	2001 年 9 月第 1 版　2012 年 3 月第 9 版
印次	2020 年 1 月第 9 次印刷
定价	66.00 元

本书如有印装质量问题请直接寄承印厂调换

厦门大学出版社
微信二维码

厦门大学出版社
微博二维码